UNIX für ~~Dumme~~ Anfänger

John R. Levine
Margaret Levine Young

UNIX für ~~Dumme~~ Anfänger

Übersetzung aus dem Amerikanischen:

Karin Diler-Manning

IWT Verlag GmbH
An International Thomson Publishing Company

Bonn • Albany • Belmont • Boston • Cincinnati • Detroit • London • Madrid
Melbourne • Mexico City • New York • Paris • Singapore • Tokyo

INTERNATIONAL THOMSON PUBLISHING

Die Deutsche Bibliothek – CIP-Einheitsaufnahme:

Levine, John R.:
UNIX für Anfänger : UNIX für Dumme Anfänger / John R.
Levine ; Margaret Levine Young. – 2. unv. Aufl. – Bonn [u.a.] :
IWT-Verl., 1995
Einheitssacht.: UNIX for dummies <dt.>
ISBN 3-88322-480-4
NE: Levine Young, Margaret

ISBN 3-88322-480-4
2. unv. Auflage 1995

Übersetzung der amerikanischen Originalausgabe:
J. R. Levine & M. Levine Young: UNIX for Dummies

Herstellung: Freiburger Graphische Betriebe, Freiburg
Umschlaggestaltung: CommunAction, München
Satz und Layout: Conrad Neumann, München
Graphik UNIX-Männchen: Christian Beer

INHALT

»Was meinen Sie mit 'Es wartet ein UNIX Operating System in der Halle'?«

EINFÜHRUNG

Willkommen bei UNIX für Dumme bzw. Anfänger! Es gibt zwar viele UNIX-Bücher, aber um die zu verstehen, müssen Sie zumindest einen Abschluß in Informatik haben, jeden noch so eigenartigen und nutzlosen UNIX-Befehl lernen wollen und darauf brennen, sich unaussprechliche Befehle und Verfahrensweisen einzuprägen. Dieses Buch ist anders.

Dieses Buch beschreibt statt dessen, was man wirklich mit UNIX macht, wie man einsteigt, welche Befehle man wirklich benötigt, und wann man es aufgeben und Hilfe holen sollte. Und das alles in unserem guten alten Deutsch.

Über dieses Buch

Dieses Buch will Ihnen zur Seite stehen, wenn Sie einmal nicht mehr weiterwissen. Auch wenn es sehr schmeichelhaft wäre, wir erwarten von Ihnen nicht soviel Interesse an UNIX, daß Sie sich hinsetzen und das ganze Buch auf einmal durchackern. Wenn Sie beim Arbeiten mit UNIX vor einem Problem stehen (»Ich dachte, ich hätte einen Befehl zum Kopieren einer Datei eingegeben, aber irgendwie paßt keine der Meldungen dazu ...«), dann vertiefen Sie sich solange in dieses Buch, bis Sie Ihr Problem gelöst haben.

Es enthält u.a. Abschnitte über Folgendes:

- Befehle eingeben
- Dateien kopieren, umbenennen oder löschen
- Dateien drucken
- Herausfinden, wohin Ihre Datei verschwunden ist
- UNIX-Befehle für Leute, die DOS kennen

Wie Sie dieses Buch benutzen

Verwenden Sie dieses Buch zum Nachschlagen. Suchen Sie Ihr Stichwort oder Ihren Befehl im Inhaltsverzeichnis oder im Index. Dort ist der Teil des Buches angegeben, wo wir beschreiben, was zu tun ist, oder falls unbedingt nötig, ein paar Begriffe definieren.

Wenn etwas einzugeben ist, so sieht das in diesem Buch folgendermaßen aus:

```
cryptic UNIX command to type
```

Tippen Sie es genau so ein, wie es dasteht. Benutzen Sie dort Großbuchstaben, wo wir es tun – UNIX macht sich viel aus GROSS- und Kleinschreibung. Dann drücken Sie die Enter- oder Return-Taste. Was nach Eingabe des Befehls passieren sollte, und welche weiteren Möglichkeiten Sie haben, sagt Ihnen dieses Buch. Manchmal ist ein Teil des Befehls *kursiv* gedruckt; das ist dann nur ein Beispielname, und Sie müssen ihn durch den entsprechenden Namen der Datei, des Rechners oder des Benutzers ersetzen.

In manchen Kapiteln sind neben häufigen Bedienungsfehlern auch Fehlermeldungen, die Sie erhalten können, aufgelistet. Vielleicht schauen Sie sich diese Liste einmal an, um solche Fehler von vornherein zu vermeiden.

Wer sind Sie eigentlich?

Als wir dieses Buch schrieben, haben wir Sie uns so vorgestellt:

- Sie haben einen UNIX-Rechner oder -Arbeitsplatz.
- Sie möchten damit Arbeiten erledigen.
- Jemand hat Ihren Rechner so eingerichtet, daß Sie – sobald Sie ihn anschalten (oft bleibt der Rechner ständig an) – mit UNIX verbunden sind.
- Sie sind nicht darauf aus, auch ein UNIX-Experte zu werden.

Der Aufbau dieses Buches

Dieses Buch besteht aus acht eigenständigen Teilen. Sie können zu lesen anfangen, wo immer Sie möchten. In diesem Abschnitt sind die einzelnen Teile des Buches samt Inhalt aufgeführt:

Teil I: Bevor es richtig losgeht

Hier wird erklärt, wie man UNIX startet, und wie man herausfindet, was für eine UNIX-Version man überhaupt hat. (Diese Information ist später wichtig, da manche Befehle sich bei den einzelnen Versionen unterscheiden.) Sie lernen, wie man sich einloggt, UNIX-Befehle eingibt und Hilfe anfordert.

Teil II: Was Sie schon immer über Programme, Dateien und Verzeichnisse wissen wollten

Wie die meisten Rechner speichert UNIX alle Informationen in Dateien. Es wird erklärt, wie man mit Dateien umgeht – wie man sie also erstellt, kopiert und wieder los wird. Außerdem erfahren Sie einiges über Verzeichnisse, damit Sie Ordnung in Ihren Dateienwust bringen können.

Teil III: Eine Spritztour ins Innere und in die Nähe eines Computers

Wenn Sie mit UNIX arbeiten, arbeiten Sie auch mit dem Rechner. Dieser Abschnitt sagt Ihnen, was Sie über den Rechner und die Geräte, die an ihm hängen, wissen müssen.

Teil IV: Von Mäusen und Computern

Viele UNIX-Benutzer haben es mit einer GUI – einer graphischen Benutzeroberfläche (graphical user interface) – zu tun. In diesem Abschnitt werden Sinn und Zweck dieser GUIs erklärt und die verbreitetsten vorgestellt: OPEN LOOK, Motif und das einfache X-Window-System.

Teil V: Wie man sich Arbeit abnehmen läßt

Sie wollen auch mit UNIX arbeiten?. Hier werden Schritt-für-Schritt-Anweisungen gegeben, wie man die drei meistverwendeten Texteditoren nutzt, wie man damit Textdateien erstellt und ändert, wie man mehrere Programme auf einmal laufen läßt (um noch schneller verwirrt zu werden), und nicht zu vergessen der Kompaß zur Hilfe für DOS-Anwender, damit auch Sie mit UNIX klarkommen.

Teil VI: Die Welt außerhalb von UNIX

Die meisten UNIX-Systeme sind in Netzwerke eingebunden. Dieses Kapitel bereitet Sie auf die weite Welt der Kommunikation vor, unter anderem finden Sie darin Befehle zum Senden und Empfangen elektronischer Post.

Teil VII: Hilfe!

Wenn die Katastrophe über Sie hereingebrochen ist, dann brauchen Sie diesen Teil des Buches. Er erklärt, was zu tun ist, wenn etwas ganz Schreckliches geschieht, was Sicherungskopien sind, und er enthält eine Liste häufiger UNIX-Fehlermeldungen.

Teil VIII: Der Teil der magischen Zehn

Dieser Abschnitt ist eine willkürliche Zusammenstellung weiterer Leckerbissen zum Thema UNIX, zum Beispiel: häufige Fehler (wie man verlorene Dateien wiederfindet, wie man Online-Hilfe erhält) – und das alles in netten handlichen Zehn-Punkte-Listen. Darüber hinaus werden die meisten UNIX-Befehle aufgeführt, solche, die man ständig, häufig oder nur selten benutzt, und auch solche, die man sonst nur sieht, wenn man einem UNIX-Profi einmal über die Schulter guckt. Seien Sie klug, versuchen Sie nie, UNIX-Referenzhandbücher zu lesen – sie sind in einem seltsamen und unverständlichen Dialekt geschrieben. Nutzen Sie statt dessen dieses Kapitel von *UNIX für Dumme.*

Woran Sie sich festhalten können – besondere Symbole

Das Symbol sagt Ihnen, daß die Erläuterung ausgesprochen findiger technischer Details auf Sie zukommt, und gibt Ihnen so die Möglichkeit, schnell weiterzublättern.

Dieses Symbol weist auf eine nette kleine Abkürzung hin, mit der Sie Zeit sparen können.

Gefahr im Verzug – Hinlegen und Kopf einziehen!

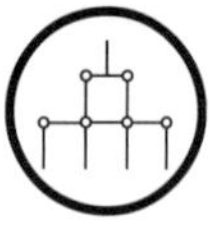

Das, was nach diesem Symbol kommt, brauchen Sie nur, wenn Ihr Computer in ein Netz eingebunden ist. Ist das nicht der Fall, dann fahren Sie mit dem nächsten Abschnitt fort.

Dieses Symbol erinnert an etwas aus einem früheren Kapitel des Buches oder daran, daß Sie irgend etwas tun sollten.

Und jetzt?

Das ist alles, was Sie wissen müssen, um anzufangen. Wenn Sie mit UNIX auf ein Problem stoßen, suchen Sie über das Inhaltsverzeichnis oder den Index den entsprechenden Abschnitt in diesem Buch. Das Problem wird entweder im Nu gelöst sein – oder Sie werden wissen, wie und wo Sie fachkundige Hilfe finden.

UNIX wurde nicht entwickelt, damit es sich besonders gut handhaben läßt. Seien Sie also bloß nicht gleich frustriert, wenn Sie immer mal wieder hier nachschlagen müssen, ehe Sie mit dem Computer umgehen können. Immerhin sind die wenigsten Computer-Anwender je mit etwas so furchterregendem wie UNIX konfrontiert worden (dies als Hinweis für Ihre DOS- und Macintosh-Freunde!).

Teil I

Bevor es richtig losgeht

Poet e.e. cummings makes his last service call.

Der Dichter E.E. Cummings tätigt seinen letzten Anruf beim Service.

»Ja, am Bildschirm funktioniert die Taste für die Großschreibung, aber der verdammte Drucker druckt keine Großbuchstaben! Warten? Klar warte ich.«

In diesem Teil...

Na gut, jetzt sind Sie also ein UNIX-Anwender. Das bedeutet, Sie wurden unter viel Getöse in eine Bruderschaft hartgesottener humorloser Kreaturen aufgenommen, die ihr Leben einem 20 Jahre alten Computersystem geweiht haben, das von Leuten entwickelt wurde, die auch die Direktwahl beim Telefon auf den Markt brachten. Wie? Sie haben keine frommen und hingebungsvollen Gefühle? Daraus können wir Ihnen keinen Vorwurf machen!

Wenn es Ihnen wie den meisten UNIX-Neulingen ergangen ist, dann ist einer von diesen Fanatikern vorbeigekommen, hat Ihnen Ihre Workstation oder Ihr Terminal angeschlossen, Ihnen fünf Minuten lang unverständliche Ratschläge gegeben, einige nicht sonderlich aufregende Spiele gezeigt (Seit wann kann man Solitär besser mit einem 10 000 Mark teuren Computer als mit einem Kartenspiel für 1,99 spielen?) und ist dann verschwunden. Jetzt stehen Sie da.

Da Sie nun mal hier sind, sollten wir uns über das äußerste Minimum dessen unterhalten, was Sie brauchen, um die Aufmerksamkeit Ihres UNIX-Systems zu erregen, es zu überzeugen, daß Sie berechtigt sind, es zu nutzen, und vielleicht sogar etwas Sinnvolles zustande zu bringen.

KAPITEL 1

Mach schon, UNIX!

In diesem Kapitel

- Den Computer anschalten und seine Aufmerksamkeit erregen
- Den Rechner überzeugen, daß man berechtigt ist, ihn zu nutzen
- Benutzerkennwörter, Paßwörter und ähnliches verwenden
- Abmelden, wenn man fertig ist

An- und Ausschalten des Rechners

Sollten Sie meinen, An- und Ausschalten des Rechners wäre einfach, so täuschen Sie sich. UNIX läuft auf vielen sehr ähnlichen, aber doch nicht ganz identischen Geräten, die alle ein bißchen anders funktionieren. Daher müssen Sie zunächst herausfinden, was für einen Rechner Sie haben, ehe Sie ihn einschalten können.

Ein dummes Terminal

Die einfachste Art und Weise, sich an ein UNIX-System anzuhängen, ist dumm – als dummes Terminal. Sie erkennen ein dummes Terminal daran, daß weit und breit weder Mäuse, noch Diskettenlaufwerke oder ähnliche Dinge zu entdecken sind, die bei einem fortschrittlicheren Rechner Verwirrung stiften. Dumme Terminals haben einige Vorteile: sie sind einfach und zuverlässig. Bei UNIX kann man hundert, wenn nicht tausend Dinge falsch machen, die einen besseren Rechner völlig durcheinander bringen würden; diese Streiche machen einem dummen Terminal nichts aus.

Es ist einfach, ein dummes Terminal einzuschalten. Suchen Sie den Schalter für die Stromversorgung (vorzugsweise hinten) und legen Sie ihn um. Da es keine lästigen Festplatten und dergleichen gibt, kann man ihn an- und ausschalten, wann immer man möchte, ohne daß dabei etwas kaputtgeht. Es gibt Leute, die schier endlose Grundsatzdebatten darüber führen können, ob man das Terminal ständig anlassen sollte oder nicht. Wir selbst schalten unsere Terminals nachts aus und sorgen uns die restliche Zeit nicht um sie.

Haben Sie das Terminal eingeschaltet, dann benutzen Sie es, um mit dem Rechner zu kommunizieren, auf dem UNIX läuft. Ist er direkt mit dem Rechner verbunden, dann fordert UNIX Sie auf, sich anzumelden, ehe Sie irgendetwas anderes tun können (sehen Sie sich den Abschnitt »Hallo, UNIX! Ich möchte rein!« weiter unten in diesem Kapitel an). Falls nicht, müssen Sie wahrscheinlich noch einige weitere Dinge tun, um den Rechner anzusprechen oder die Verbindung herzustellen.

An einer Bahnstation halten Züge – und an einer Workstation???

Eine Workstation ist ein Computer mit einem großen Bildschirm, einer Maus und einer Tastatur. Vielleicht sagen Sie »Ich habe einen PC mit einem großen Bildschirm, einer Maus und einer Tastatur. Ist das wirklich eine Workstation?« Auch wenn UNIX-Fanatiker über diese Frage in lange Erörterungen ausbrechen, so genügt es doch für unsere Zwecke zu sagen, daß dem so ist.

Eine Workstation einzuschalten, ist recht einfach: fassen Sie an die Hinterseite und schalten Sie sie ein. Die Hieroglyphen am Bildschirm zeigen Ihnen, daß UNIX sich durch einen langen und vollkommen uninteressanten Startvorgang hangelt. Der Startvorgang kann irgendwas zwischen zehn Sekunden und zehn Minuten dauern, je nachdem, welche UNIX-Version läuft, wieviele Festplatten verwendet werden, welche Mondphase wir gerade haben und so weiter. Früher oder später fordert UNIX Sie auf, sich anzumelden. Wollen Sie wissen, wie das geht, dann schauen Sie sich den Abschnitt »Auf geht's, UNIX!« später in diesem Kapitel an.

Eine Workstation wieder auszuschalten, ist schon etwas schwieriger. Workstations wachen eifersüchtig über ihre Rechte und werden Sie bestrafen, wenn Sie sich beim Ausschalten nicht ganz korrekt verhalten. Die beliebteste Strafe ist es, alle Dateien wegzuwerfen, mit denen man gerade gearbeitet hat. Die korrekte Prozedur unterscheidet sich je nach Modell der Workstation, so daß Sie am besten einen der UNIX-Gurus vor Ort um Rat bitten. Normalerweise gibt man einen Befehl wie den folgenden ein:

```
shutdown +3
```

Dieser Befehl schaltet die Workstation in drei Minuten ab. Bei einigen UNIX-Versionen wäre das zu simpel. Die Version, die am häufigsten eingesetzt wird, verwendet:

```
init 5
```

Dann braucht die Workstation etwas Zeit, weil sie ein Programm zu Bett bringt oder sich mit irgend etwas anderem wichtig machen will. Sie weiß ja, daß man dasteht und wartet. Schließlich sagt sie, daß es vollbracht ist; schalten Sie sie dann schnell aus, bevor sie wieder einen dieser geistreichen Einfälle bekommt.

Eine bewährte Möglichkeit, sich nicht mühevoll einprägen zu müssen, wie die Workstation ausgeschaltet wird, ist es, sie überhaupt nicht auszuschalten (den Bildschirm kann man natürlich ausmachen). So machen wir's.

X markiert das Endgerät

Ein X-Terminal ähnelt einer auf das Nötigste abgespeckten Workstation, auf der nur ein einziges Programm ablaufen kann – dasjenige, das dafür sorgt, daß X-Window läuft. (Lesen Sie Kapitel 23 »Wenn etwas mit X schiefgeht«, um zu sehen, was X-Window ist, bzw. was es nicht ist. Für uns ist das dasselbe.) Ein X-Terminal an- und auszuschalten ist ungefähr vergleichbar damit, ein dummes Terminal an- und auszuschalten. Da auf dem X-Terminal keine Programme laufen, entstehen nicht die schrecklichen Probleme, die beim Ausschalten einer Workstation auftauchen können.

Der PC Maskenball

PCs sind inzwischen so billig geworden, daß es zur Gewohnheit geworden ist, einen PC als Terminal an die Kandarre zu nehmen. Man läßt auf dem PC ein Terminal-Emulationsprogramm laufen, und plötzlich verwandelt sich dieser wohlerzogene PC in ein super UNIX-Terminal. (In Wahrheit ist es eher andersherum: da läßt man einen tollen PC, auf dem Leisure Suit Larry und andere produktivitätssteigernde Anwendungen laufen könnten, sich wie ein dummes Terminal verhalten, das von sich aus so gut wie nichts kann.)

Beendet man UNIX, dann verläßt man das Emulationsprogramm, normalerweise indem man Alt-X oder eine andere, ähnlich geheimnisvolle Tastenkombination drückt (fragen Sie Ihren Guru vor Ort, es gibt da keine

Vereinheitlichung). Wie Aschenputtel um Mitternacht, so verwandelt sich der Bildschirm-emulierende PC wieder in einen echten PC. Warten Sie, bis die Platten nicht mehr laufen (achten Sie sorgfältig darauf, daß alle roten oder grünen Lämpchen an der Vorderseite ausgegangen sind) und fassen Sie dann nach hinten, um den großen roten Schalter umzulegen. Warten Sie nicht, bis die Lichter ausgehen, dann riskieren Sie, einige Dateien zu verlieren.

Hallo, UNIX! Ich möchte rein!

Egal, ob Sie ein Terminal oder eine Workstation benutzen, Sie müssen die Aufmerksamkeit von UNIX auf sich ziehen. Sie erkennen, daß Sie seine Aufmerksamkeit erregt haben, wenn Sie zum Einloggen aufgefordert werden. Bei einer Workstation ist UNIX sofort, wenn es sich geladen hat, zum Anmelden bereit (Springen Sie weiter zum Abschnitt »Anmelden: Ich bin's, UNIX, Al«). Aber Sie mit dem Terminal (X oder sonstwie), Sie haben's nicht so gut.

Mit etwas Glück hängt Ihr Terminal direkt an einem Hauptrechner; er zeigt dann sofort eine freundliche Aufforderung zum Arbeiten, etwa so

```
ttyS034 login:
```

Na ja, vielleicht ist diese Einladung doch nicht so freundlich. Übrigens, das `ttyS034` ist der Name, den UNIX Ihrem Terminal gibt. Warum nimmt es nicht etwas, das man sich leichter merken kann, wie Fred oder Muffy? Das kapieren wir nicht!

Dieser einprägsame Ausdruck also teilt Ihnen mit, daß UNIX auf Sie aufmerksam geworden und (bildlich gesprochen) ganz Ohr ist, auf daß Sie sich anmelden. Sie können den nächsten Abschnitt überspringen und direkt weitermachen mit dem Abschnitt »Anmelden: Ich bin's, UNIX, Al«.

Wenn Ihr UNIX-System einen Terminalnamen anzeigt, notieren Sie ihn. Ihnen ist es gleich, wie Ihr Bildschirm heißt, aber wenn etwas schiefläuft und Sie einen Experten um Hilfe bitten müssen, wird das erste, was dieser Guru fragt, sein »Wie ist der Terminalname?«. Soviel können wir Ihnen schon jetzt versprechen. Kennen Sie ihn dann nicht, wird der Guru möglicherweise einige nur einem Genie gebührende verächtliche Kommentare loslassen. Aber wenn Sie sagen können »Ach ja, klar, Roger, das ist Terminal `tty125`«, wird Ihr Guru annehmen, daß Sie ein Anwender sind, der auf Draht ist, und Ihnen vielleicht sogar versuchen zu helfen.

Auf geht's, UNIX!

Wenn Sie einen PC mit Modem haben, müssen Sie dem Modem möglicherweise sagen, daß es das UNIX-System ansprechen soll. Bei allen Terminal-Emulatoren erfolgt dieser Aufruf mit einer Tastenkombination, aber natürlich gibt es da große Unterschiede (Wundert Sie das?). Fragen Sie Ihren Guru vor Ort.

Hängt Ihr Terminal am Rechner, und Ihr Computer ist insgesamt bereit, ein bißchen Arbeit zu leisten, so wird UNIX in der Hälfte aller Fälle nicht wahrhaben wollen, daß Sie das wollen. Es ist nur einfach da und sagt nichts. Darin ähnelt UNIX einem widerspenstigen Kind – strenge, aber freundliche Disziplin ist jetzt gefordert.

Hier sind die wirksamsten Möglichkeiten, UNIX auf sich aufmerksam zu machen:

- Drücken Sie die Return- oder Enter-Taste. (Wir nennen sie in diesem Buch Enter-Taste, wenn es Ihnen recht ist.) Klappt es beim ersten Mal nicht, versuchen Sie es zwei-, dreimal. Sind Sie schlecht gelaunt, dann versuchen Sie es ruhig 20 oder 30 Mal in einem mitreißenden Cha-Cha- oder Conga-Rhythmus. Kaputt geht nichts dabei, aber es ist eine ausgezeichnete Weise, Dampf abzulassen.
- Probieren Sie andere Aufmerksamkeit erregende Tasten. Ctrl-C (halten Sie die Ctrl-Taste, manchmal ist sie mit Control beschriftet, gedrückt, und drücken Sie C) ist eine gute Möglichkeit. Ebenso Ctrl-Z. Wiederholen Sie das, um auf den Geschmack zu kommen.
- Wenn Sie mittels eines Modems mit UNIX verbunden sind, müssen Sie es mit Speed-matching versuchen (wird sofort erklärt). Machen Sie das, indem Sie die Break-Taste einige Male drücken. Haben Sie ein Emulationsprogramm, dann kann sich die Break-Taste hinter der Alt-B-Taste oder einer ähnlich schwer zu findenden Kombination verstecken. Fragen Sie Ihren Guru.

Zwei Modems können sich auf ungefähr 14.000 verschiedene Weisen unterhalten, und diese haben so einprägsame Namen wie B212, V.32 und V.22bis (*bis* ist französich für »und ein halb.« Wirklich.) Haben Sie mit

Ihrem Modem die Verbindung hergestellt zum Modem des UNIX-Systems, so wissen die beiden Modems sehr wohl, auf welche Weise sie sich unterhalten, aber manchmal weiß UNIX das nicht. Jedes seit ungefähr 1983 gebaute Modem kündigt bei Herstellung der Verbindung an, auf welche Weise es kommuniziert. Da jedoch der entsprechende Part des UNIX-Codes auf ca. 1975 zurückgeht, ignoriert UNIX die Ankündigung des Modems und rät, in der Regel falsch, was verwendet wird.

Erscheint etwas wie `~xxx~~r.!"` auf dem Bildschirm, dann müssen Sie es mit *Speed-matching* versuchen. Jedesmal, wenn Sie die Break-Taste (oder die Taste, die die Bildschirm-Emulation dafür verwendet) drücken, versucht UNIX erneut, die Arbeitsweise des Modems zu erraten. Hat es richtig geraten, dann erscheint die Anmelde-Aufforderung; rät es falsch, sehen Sie einen erneuten Wust von `~xxx~~~@(r)!"`, oder Sie sehen überhaupt nichts. Wenn UNIX falsch rät, versuchen Sie es wieder mit der Break-Taste. Die Break-Taste durchdringt alle Zyklen; wenn es beim ersten Mal nicht klappt, dann drücken Sie sie wieder und wieder, bis der richtige Zyklus erreicht ist.

Nach einer Weile werden Sie herausfinden, wieviele Returns, Enters, Breaks und was sonst noch Ihr System braucht, um UNIX auf sich aufmerksam zu machen. Es wird Ihnen zur zweiten Natur werden, sie einzugeben, und Sie werden nicht mehr wahrnehmen, daß Sie dabei wie ein Nerd (siehe Glossar) aussehen. Unglücklicherweise führt an letzterem kein Weg vorbei.

Anmelden: Ich bin's, UNIX, Al

Jeder UNIX-Anwender hat ein Benutzerkennwort und ein Paßwort. Ihr Systemverwalter weist Ihnen einen Benutzernamen und ein Paßwort zu. Mit dem Benutzernamen müssen Sie sich abfinden, aber das Paßwort können und sollten Sie ändern.

Bevor Sie anfangen können, müssen Sie Ihre guten Absichten beweisen, indem Sie sich anmelden, also Ihr Benutzerkennwort und Ihr Paßwort eingeben. Wie schwierig kann es sein, zwei Wörter zu schreiben? Ernsthaft! Das Problem dabei ist, daß es Ihnen aufgrund einer Besonderheit in der Verdrahtung des menschlichen Gehirns unmöglich ist, Ihr Benutzerkennwort und Ihr Paßwort einzutippen, ohne dabei einen Fehler zu machen. Ganz egal, ob Ihr Kennwort vielleicht nur *al* ist, Sie werden `Al`, `la`, `a;L` und jede andere mögliche Kombination eingeben.

Für UNIX sind Groß- und Kleinbuchstaben unterschiedliche Buchstaben: wenn Ihr Kennwort (manchmal wird es auch Login-Name genannt) `egbert` heißt, dann müssen Sie es genau so eingeben. Tippen Sie nicht `Egbert`, `EGBERT` oder irgen detwas anderes. Ja, natürlich, wir wissen, daß Sie Egbert, und nicht egbert heißen, aber Ihr Rechner weiß das nicht. UNIX-Benutzerkennwörter werden fast immer ganz in Kleinbuchstaben geschrieben. Tun Sie, als wären Sie ein Schüler von e.e.cummings.

Geben Sie Ihr Benutzerkennwort und Ihr Paßwort ein und machen dabei einen Fehler, könnten Sie in Versuchung geraten, den Fehler mit Backspace zu korrigieren. Wenn das Leben doch so einfach wäre. Raten Sie mal, wie Sie mit Backspace über Tippfehler gehen, wenn Sie Ihr Kennwort und Paßwort eingeben? Sie nehmen die #-Taste, natürlich! (Wir sind überzeugt, daß das 1975 Sinn machte.) Einige, aber nicht alle Versionen von UNIX wurden dahingehend geändert, daß Sie die Backspace- oder Delete-Taste verwenden können; Sie werden es ausprobieren müssen. Wollen Sie, daß UNIX ignoriert, was Sie eingegeben haben, müssen Sie @ drücken, außer wenn bei Ihrer UNIX-Version die Befehlstaste in Ctrl-U (für untype – doppelt ungut) geändert wurde. Also, Egbert, als Sie Ihren Benutzernamen eingegeben haben, war das wohl etwas wie dieses:

```
ttyS034 login: Eg##egberq#t
```

Beenden Sie die Eingabe Ihres Kennwortes durch Drücken von Enter oder Return.

Haben Sie Ihr Benutzerkennwort eingegeben, dann will UNIX auch Ihr Paßwort wissen, das Sie genauso eingeben und durch Drücken von Enter beenden (oder Return, aber wir sagen Enter). Da Ihr Paßwort geheim ist, wird es beim Eintippen nicht angezeigt. Woher wissen Sie, ob Sie es richtig eingegeben haben? Überhaupt nicht! Wenn UNIX einverstanden ist mit der Schreibweise Ihres Kennwortes und Ihres Paßwortes, dann zeigt es eine Menge uninteressanter Nachrichten und eine Meldung Ihres Systemverwalters an (gewöhnlich: `löschen Sie einige Dateien, die Platte ist voll`), und Sie landen bei der Shell, die Sie in Kapitel 2 kennenlernen werden.

Hat UNIX entweder Ihr Kennwort oder Ihr Paßwort nicht gefallen, dann sagt UNIX `Login incorrect` und fordert Sie auf, noch einmal von vorne zu beginnen.

Aus Sicherheitsgründen fordert UNIX Sie auch dann auf, Ihr Paßwort einzutippen, wenn Sie bereits das Benutzerkennwort falsch geschrieben haben. Diese Regelung verwirrt böse Buben, aber lange nicht so sehr wie durchschnittliche Anwender. Wenn UNIX also Ihr Paßwort zurückweist, obwohl Sie sich sicher sind, es richtig geschrieben zu haben, dann war vielleicht das Kennwort falsch.

Spitzfindigkeiten bei der Suche nach dem passenden Wort für's Paßwort

Wie jeder UNIX-Anwender, sollten Sie ein Paßwort haben. Nur unter folgenden Umständen kommen Sie ohne Paßwort aus:

- Sie haben den Rechner in einem verschlossenen Raum, zu dem nur Sie einen Schlüssel haben.
- Es läßt Sie kalt, wenn ungestüme 14-Jährige Ihr Konto beleihen und nebenbei dreckige Witze in den Bericht einfügen, den Sie morgen Ihrem Chef vorlegen sollen.

Die Wahl Ihres Paßwortes verdient einige Aufmerksamkeit. Sie brauchen etwas, das für Sie einprägsam, aber für andere nicht leicht zu erraten ist. Hier einige schlechte Beispiele für Paßwörter: einzelne Buchstaben oder Ziffern, Ihr Name, der Name Ihres Partners oder einer anderen wichtigen Person, der Name Ihres Kindes, Ihrer Katze oder überhaupt etwas mit weniger als sechs Zeichen. (Böse Buben können in einigen wenigen Stunden alle möglichen fünfstelligen Paßwörter ausprobieren.)

Eine gute Wahl ist zum Beispiel der Name Ihres Zimmernachbarn vom College falsch und rückwärts geschrieben. Streuen Sie ein oder zwei Interpunktionszeichen ein und verwenden einige Großbuchstaben, um Verwirrung zu stiften, so daß Sie schließlich bei etwas wie `yeLLas12` landen. Eine andere gute Idee ist es, ein Wortpaar zu verwenden, wie zum Beispiel `fat;Head`. Für Paßwörter gibt es keine Begrenzung der Zeichenanzahl, aber meist sind nur die ersten acht von Bedeutung.

Wenn Sie angemeldet sind, können Sie Ihr Paßwort jederzeit mit dem Programm `passwd` ändern. Es fordert Sie auf, Ihr altes Paßwort einzugeben, als Beweis dafür, daß Sie noch der sind, der Sie beim Abmelden waren (Computer sind von Haus aus skeptisch). Dann bittet Sie das Programm passwd, das neue Paßwort zweimal einzugeben, um sicherzustellen, daß Sie es, wenn schon nicht korrekt, so dann wenigstens einheitlich eingeben. Natürlich erscheint keines der drei Paßwörter, die Sie eingeben, auf dem Bildschirm. Wir sagen Ihnen in Kapitel 2, wie Sie das Programm passwd aufrufen.

Manche Systemverwalter betreiben ein sogenanntes »*password ageing*« nach dieser Strategie müssen Sie Ihr Paßwort mindestens einmal im Monat ändern. Andere nehmen Regeln in das Programm passwd auf, um zulässige Paßwörter durchzusetzen, und einige vergeben sogar Paßwörter nach dem Zufallsprinzip. Dieser Gedanke ist furchterregend, da Sie sich ein Paßwort, daß Sie nicht selbst gewählt haben, nur dadurch merken können, daß Sie es auf einen Zettel notieren und den an Ihren Bildschirm kleben, was jeglichen Nutzen von Paßwörtern zunichte macht. Sorgen Sie auf jeden Fall dafür, daß niemand außer Ihnen Ihr Paßwort kennt. Ändern Sie es, wenn Sie den Eindruck haben, jemand anderes könnte es kennen. UNIX speichert Paßwörter in verschlüsselter Form, so daß auch der Systemverwalter nicht herausfinden kann, wie das Ihrige lautet. Wenn Sie Ihr Paßwort vergessen, kann Ihnen der Systemverwalter ein neues geben, aber er kann Ihnen nicht sagen, wie das alte lautete.

Wenn Sie es mit dem Paßwort auf die Spitze treiben wollen, dann verwenden Sie keines, das in irgendeinem Wörterbuch steht. Ein wirklich findiger Systemknacker könnte auf die Idee kommen, das UNIX-Verschlüsselungsprogramm zu nutzen, um jedes Wort eines Wörterbuches zu verschlüsseln und dann das verschlüsselte mit Ihrem Paßwort zu vergleichen - noch etwas, das Sie nachts wachliegen läßt.

Ciao, UNIX!

Abmelden ist einfach – verglichen mit dem Anmelden zumindest. Normalerweise können Sie logout eingeben. Je nachdem, welche Oberfläche Sie einsetzen (ein Auswuchs, um den wir uns in Kapitel 2 kümmern), müssen Sie statt dessen vielleicht exit eingeben. In vielen Fällen können Sie Ctrl-D drücken zum Abmelden. Sie werden sofort sehen, ob Sie erfolgreich waren beim Abmelden, da UNIX entweder den nächsten Simpel zum Anmelden auffordert oder einfach den Hörer auflegt (falls ein Modem im Spiel ist).

KAPITEL 2

UNIX, was ist das überhaupt?

In diesem Kapitel

- Etwas über die langweilige UNIX-Geschichte, warum auch nicht
- Wie man herausfindet, welche UNIX-Version man hat
- Wie man die UNIX-Oberfläche nutzt
- Tücken und Hindernisse der Shell

In diesem gesamten Kapitel geht es darum, wie Sie herausfinden, auf was für ein UNIX-System Sie sich eingelassen haben. Sollte Ihnen das tatsächlich egal sein, dann überspringen Sie dieses Kapitel. Wenn Sie in diesem Buch weiterlesen und auf Stellen stoßen, wo es erforderlich ist, die UNIX-Version oder -Oberfläche zu kennen, können Sie jederzeit hierher zurückblättern.

Warum stellen wir solch dumme Fragen?

»Was ist UNIX?« UNIX ist UNIX, nicht wahr? Nicht ganz. UNIX hat sich in den vergangenen 20 Jahren wie wild entwickelt, ungefähr wie eine Bakterienkolonie in einer Jauchegrube – nur nicht ganz so ansprechend. Als Folge davon entstanden viele verschiedene UNIX-Versionen. Sie haben alle eine Anzahl gemeinsamer Eigenschaften, aber (wetten, daß Sie nicht überrascht sind) sie unterscheiden sich gerade soviel, daß auch erfahrene Anwender über die Unterschiede der Versionen stolpern.

Laßt hundert Blumen blühen

Seien Sie nachsichtig mit uns, wenn wir auf ein historisches Gleichnis zurückgreifen (haben Sie nichts dafür übrig, dann überspringen Sie es und schauen sich die nächsten Abschnitte mit den verschiedenen, bedeutenderen UNIX-Versionen an). Stellen Sie sich einmal vor, UNIX wäre so etwas wie ein Auto und kein Computersystem. In den Anfangszeiten wurde UNIX mit einem kompletten Satz Quellcode und Entwicklungswerkzeugen ausgeliefert. Wäre UNIX ein Auto gewesen, so würde diese Form der Auslieferung dem gleichkommen, alle Autos mit einem Schaltplan, Schraubenschlüsseln, Schweißgeräten und anderen Werkzeugen zum Autobau auszustatten.

Jetzt stellen Sie sich vor, fast alle diese Autos wären an Ingenieurschulen verkauft worden. Sie würden sicher erwarten, daß die Studenten sich sofort an die Arbeit machten, und bald kein Auto dem anderen mehr gleiche. So ungefähr lief es auch mit UNIX.

Die Bell Laboratorien haben die frühen Ausgaben von UNIX nur an Colleges und Universitäten ausgegeben (da die Bell Laboratorien damals *die* Telefongesellschaft waren, hatten sie nichts im Software-Geschäft zu suchen); aus dieser Saat erwuchs eine Vielzahl mehr oder weniger schlampiger Mutationen, und unterschiedliche Leute modifizierten und erweiterten unterschiedliche UNIX-Versionen.

Obwohl ungefähr 75 % des wichtigen Zeugs bei allen UNIX-Systemen gleich ist, kann es aus zwei Gründen hilfreich sein zu wissen, mit welcher UNIX-Version man gerade arbeitet. Zum einen wissen Sie, welche von mehreren Möglichkeiten auf Sie zutrifft. Und Sie können Ihre Freunde beeindrucken mit Aussprüchen wie »HP-UX ist ein recht gutes Implement von BSD, obwohl es nicht so reichhaltig ist wie SunOS.« Es ist egal, ob Sie wissen, was das bedeutet; Ihre Freunde werden erstaunt und sprachlos sein.

Im gesamten Buch vermerken wir es, wenn ein Befehl oder eine Eigenschaft, die gerade besprochen werden, sich bei den drei Haupt-UNIX-Versionen unterscheidet. Wir werden Ihre Zeit nicht mit einem Stammbaum von UNIX-Versionen verschwenden. Die folgenden Abschnitte beschreiben die drei am weitesten verbreiteten Systeme mit einer Randbemerkung für eine vierte.

Die beiden wichtigsten Versionen von UNIX sind BSD UNIX und System V. Zwar unterscheiden sie sich in vielen Kleinigkeiten, aber die einfachste Methode, um herauszufinden, welche man gerade nutzt, ist der Druckbefehl. Wenn er `lp` heißt, dann haben Sie System V; heißt er `lpr`, dann haben Sie BSD (heißt der Befehl `print`, dann arbeiten Sie nicht mit UNIX: in UNIX ist nichts derart einfach). Die anderen beiden Versionen, die wir beschreiben werden, heißen OSF/1 und XENIX.

Uni-x aus Berkeley: das Techno-UNIX

Eine der Hochschulen, die eine frühe UNIX-Kopie erhielt, war die Universität von Kalifornien, in Berkeley. Dann bekam sie etwas Geld von der Regierung (unsere Steuergelder als Spieleinsatz) und fügte ihrer UNIX-Version alles hinzu, was ihr so einfiel. Die Laufbahn eines Studenten war nicht beendet, wenn er Berkeley-UNIX nicht um (mindestens) ein kleines Detail erweitert hatte; auch noch auf den kleinsten Kleinigkeiten von BSD-UNIX kann man die fettigen Fingerabdrücke von Generationen von Studenten entdecken, insbesondere die eines Typs mit Namen Bill, von dem Sie später noch mehr hören werden.

Als bekannt wurde, was für schlaue Sachen in Berkeley gemacht wurden, fertigten die Berkeley-Leute eine offizielle Berkeley Software Distribution Version ihres kleingehackten UNIX-Codes (Code mit Namen BSD-UNIX) an. Da Berkeley weiterhin Änderungen vornahm, wurden den Versionen Nummern vergeben. Die am weitesten verbreiteten Versionen von BSD-UNIX sind die Versionen 4.2. und 4.3. Berkeley verspricht, daß 4.4. die letzte Version sein wird. Wir können nur hoffen.

Absolventen von Berkeley schwärmten über das Land aus, arbeiteten für Computerfirmen oder gründeten sogar selbst welche. Die meisten dieser Firmen verkauften irgendwann Abkömmlinge von BSD-UNIX. Viele der Gründungsmitglieder von Sun Microsystems kamen aus Berkeley; Sun brachte SunOS und Solaris auf den Markt. Hewlett-Packard hat HP-UX, Digital Equipment hat Ultrix und IBM hat AIX (eine Mischung aus BSD-UNIX und zu viel anderem Zeug bei näherem Hinsehen).

Die meisten Workstations arbeiten mit einer Version von BSD-UNIX.

V wie Victory

Inzwischen waren bei der Telefongesellschaft Heerscharen von Programmierern dabei, verschiedene Änderungen in UNIX einzufügen. Sie gaben ihren UNIX-Versionen römische Nummernzeichen, was mehr Klasse hat als die stinknormalen Ziffern. Ihre gegenwärtige UNIX-Version ist als System V bekannt.

Es gibt viele Versionen von System V; diese Unterversionen heißen System V Release 1 – oder SVR1 – und SVR2, SVR3, SVR3.2 und SVR4. Die neueste Version ist SVR4.2 (*Wo* kriegen die bloß diese Nummern her?).

Die meisten UNIX-Versionen, die nicht auf Workstations laufen, basieren auf System V, gelegentlich auch auf seinem Vorgänger, System III (Was ist mit System IV passiert? Nicht reif für die Zeit, können wir nur vermuten.)

Nach jahrelangen gegenseitigen Angriffen beschlossen die BSD- und System V-Lager, das Kriegsbeil zu begraben und alle Eigenschaften von BSD und System V zusammenzufassen zur neuesten System V-Version – SVR4. Sie enthält so viele Leckerbissen, daß sie nur einen geringfügig kleineren Umfang als ein Heißluftballon hat. Ein Geschenk Gottes für Hersteller großer Platten, ohne die man nämlich das ganze System nicht einmal speichern kann. Wenn Ihr System mit SVR4 läuft, müssen Sie auf die Tips sowohl für BSD, als auch für System V achten.

Nützlicher Ratschlag für Sun-Anwender: Sun hat zwar den Namen seines Systems von SunOS in Solaris geändert, nicht aber seine Funktionsweise (zumindest nicht bei Solaris 1.0, das immer noch ein UNIX mit BSD-Flair ist). Wenn Sie also Solaris 1.0 einsetzen, befolgen Sie die Anweisungen für BSD-UNIX. Solaris 2.0 basiert allerdings auf SVR4, daher müssen Sie sowohl auf BSD, als auch auf System V achtgeben. Klar? Wir sind noch immer verwirrt.

Damit die Verwirrung komplett ist, hier noch OSF/1

Als System V und BSD UNIX zusammengingen, um SVR4 zu bilden, sorgten sich viele UNIX-Verkäufer, daß es mit nur einer UNIX-Version nur ungenügende Verwirrung auf dem Markt gäbe. Sie gründeten die Open Systems Foundation, die wiederum ein neues UNIX erstellte: OSF/1. OSF/1 ist zum größten Teil BSD, enthält aber ein Gulasch aus System V, ein bißchen dies und ein bißchen jenes. Obwohl die Digital Equipment Corp. führend in der Unterstützung von OSF/1 ist, ist auch AIX von IBM mit OSF/1 verwandt.

Verwenden Sie OSF/1, dann achten Sie in diesem Buch auf die Hinweise für BSD, und Sie kommen zurecht.

XENIX: einfach nicht kleinzukriegen

Einige ältere Versionen von UNIX wollen einfach nicht sterben. Die erwähnenswerteste Version ist XENIX, ursprünglich von der Microsoft Corporation entwickelt, später vertrieben von der Santa Cruz Organization (SCO), einer Tochter von Microsoft.

XENIX gilt als hoffnungslos überholt. Einerseits belegt es viel weniger Plattenspeicher als moderne Versionen von UNIX, andererseits läuft es viel schneller. (Zugegeben, es fehlen einige der wirklich scharfen Eigenschaften modernerer Versionen; aber ob Sie das überhaupt bemerken würden?)

XENIX basiert auf einem der Vorläufer von System V. Außerdem hat SCO, der größte Vertreiber von XENIX, den späteren Versionen von XENIX viele Besonderheiten von System V hinzugefügt, daher kann man die meisten Hinweise für System V auch auf XENIX anwenden.

Und woher weiß man nun Bescheid?

Wenn Sie sich bei Ihrem UNIX-System anmelden, rauschen normalerweise eine Menge Copyright-Meldungen vorbei, darunter eine Identifikation der UNIX-Version, auf die Sie zugreifen. Schauen Sie sich die Informationen am Bildschirm genau an, vielleicht erkennen Sie, was für ein UNIX Sie haben.

Können Sie es nicht erkennen, dann fallen Sie demütig auf die Knie und fragen Ihren UNIX-Experten vor Ort. Sie sollten sich Ihre UNIX-Version notieren, sobald Sie sie identifiziert haben. Man kann nie wissen, wann man das mal brauchen kann.

Wenn Sie ein dummes Terminal oder ein X-Terminal (oder einen PC, der sich wie ein dummes Terminal verhält) haben, hängt die UNIX-Version nicht vom Hersteller des Terminals, sondern vom Hersteller des Hauptrechners ab, an dem Sie hängen. Im Allgemeinen erkennen Sie die Identifikation des Hauptrechners an einer Meldung, die kurz vor oder kurz nach dem Anmelden ans Terminal gesendet wird.

Wie Sie die Nuß knacken können

Da Sie jetzt gesehen haben, welche Vielfalt von UNIX-Systemen es gibt, müssen Sie eine weitere wichtige Überlegung anstellen: welche Oberfläche (Shell) Sie einsetzen. Auch wenn Sie meinen, »Ich möchte *überhaupt keine* Shell einsetzen, ich möchte einfach nur arbeiten«, ist die Shell doch der einzige Weg, dahin zu kommen, wo Sie hin möchten.

Das Herz von UNIX ist tief in den Eingeweiden des Computers verborgen. Es gibt sich nicht mit so unbedeutenden Details ab, wie z.B. dem, was Anwender vielleicht tun möchten. Solche unangenehmen Aufgaben sind einer Gruppe von Programmen übertragen, die man Shell nennt. Eine *Shell* ist ein Programm, das auf die Eingabe eines Befehls wartet und diesen dann ausführt. Aus UNIX-Sicht ist die Shell nichts Besonderes, nichts anderes als das erste Programm, das UNIX ausführt, wenn Sie sich anmelden. Da Sie nach dem Anmelden jedes beliebige Programm ablaufen lassen können, kann jeder Simpel eine Shell schreiben – und tatsächlich haben das auch viele getan. Es schwirren ungefähr ein Dutzend UNIX-Shells herum, die alle nicht unbedingt miteinander kompatibel sind (das haben Sie sich sicherlich schon gedacht).

Glücklicherweise lassen sich die gebräuchlichsten Shells in zwei Gruppen einteilen: die Bourne- (oder Korn-) Shell und die C-Shell. Wenn Sie feststellen können, zu welcher dieser beiden Gruppen Ihre Shell gehört, können Sie arbeiten. (Sie kommen der Sache langsam näher!)

Haben Sie eine GUI (dazu Kapitel 10), dann erscheinen anstelle eines langweiligen kleinen UNIX-Prompts Fenster und Bildsymbole beim Anmelden. Dennoch werden Sie hin und wieder die UNIX-Shell benötigen, meist um ein paar haushälterische Aufgaben zu erledigen. Wenn die GUI geladen wird, sieht normalerweise eines der Fenster wie ein kleiner Bildschirm mit einem Shell-Prompt aus; dort können Sie Ihre Shell-Befehle eingeben.

Diese Abhandlung über die wahre Natur von Shells können Sie getrost überblättern

Was UNIX eine Shell nennt, heißt bei anderen Leuten – insbesondere DOS-Anwendern – Befehlsprozessor. Was bei DOS-Anwendern Shell genannt wird, ist ein schönes graphisches Programm, das die Handhabung des Computers erleichtern soll. Es zeigt nette kleine Bildchen, die Icons, für Programme und Dateien an und enthält ähnlich benutzerfreundliche Leckereien.

Die Leute, die UNIX geschrieben haben, hatten keinen Sinn für so eine grell aufgemotzte Anbiederei, daher stellten sie sich unter einer Shell ein Programm vor, bei dem man `zq` eingeben solle, um ein Programm mit Namen `zq` aufzurufen. (Diese Typen waren chronisch faule Tipper.) Es gibt benutzerfreundliche Shells für UNIX, aber sie sind nicht sehr weit verbreitet. Wir werden sie in diesem Buch nicht wieder erwähnen.

Sollte ein Windows- oder Macintosh-Fanatiker unfeine Dinge über die UNIX-Shell sagen, dann können Sie erwidern, daß – auch wenn UNIX in der Benutzung eine gewisse Herausforderung darstelle – Sie als UNIX-Anwender wenigstens kein Wimp (siehe Glossar) seien.

Es ist einfach festzustellen, mit welcher Shell man arbeitet. Zeigt UNIX nach dem Anmelden ein $, dann handelt es sich um die Bourne-Shell; wird ein % angezeigt, dann arbeitet man mit der C-Shell. Im Allgemeinen setzt System V die Bourne-Shell, BSD UNIX die C-Shell ein. Da aber heutzutage alle UNIX- Versionen mit beiden Shells ausgeliefert werden, bekommmt man die Shell, die dem Systemverwalter besser gefällt. Vorlieben bei Befehlsprozessoren sind vergleichbar mit Vorlieben bei der Unterwäsche: Leute mögen das, was sie mögen, also bekommen Sie das, was Sie bekommen.

Haben Sie festgestellt, ob Sie es mit der Bourne- ($) oder der C-Shell (%) zu tun haben, dann notieren Sie dies im Cheat Sheet.

Die Bourne-Shell

Die am häufigsten eingesetzte Shell ist die Bourne-Shell, nach Steve Bourne benannt, der sie ursprünglich geschrieben hatte. Die Bourne-Shell gibt es auf allen UNIX Rechnern. Sie verwendet $ als Promptzeichen, danach geben Sie einen Befehl ein und drücken Enter (oder Return). Wie alle UNIX-Programme, so ist auch die Bourne-Shell selbst ein Programm: der Name des Programms lautet `sh`. Clever, nicht?

Es gibt einige von der ursprünglichen Bourne-Shell abweichende Versionen, die interessanteste ist die Bourne-Again-Shell (auch `bash` genannt). Diese Ausgabe der Bourne-Shell wird häufig ihres Preises wegen verwendet, sie ist nämlich kostenlos. Zwar gibt es Leute, die das immer noch zu teuer finden, aber darüber sollten wir uns hier nicht aufhalten. Das Programm `bash` hat ausreichend Ähnlichkeiten mit der ursprünglichen Bourne-Shell, so daß alles, was wir über die Bourne-Shell sagen, auch für die `bash`-Version gilt.

Die Korn-Shell

Die Bourne-Shell war über einige Jahre im allgemeinen Gebrauch, bis ersichtlich wurde, daß sie so einfach und verständlich war, daß eine einzelne Person ihre sämtlichen Eigenarten kennen und sinnvoll nutzen konnte. Glücklicherweise fand sich jemand, der dieser skandalösen Situation entgegentrat und der Bourne-Shell ungefähr 1000 neue Funktionen hinzufügte. Es entstand die Korn-Shell (sie wird mit `ksh` aufgerufen und ist nach dem benannt, der das ganze neue Zeugs hinzugefügt hat). Eigentlich interessieren sich nur Leute, die Shell-Skripten (Folgen von Shell-Befehlen, die in einer Datei gespeichert sind) schreiben, für alle diese neuen Eigenschaften; man kann daher die Korn-Shell und die Bourne-Shell gleichsetzen.

Die C-Shell

Nein, die C-Shell wurde nicht von jemanden geschrieben, der C hieß, sie wurde von Bill geschrieben, jenem Typen, den wir schon früher erwähnten. Wir würden unsere Meinung zur C-Shell gerne ausführlicher erläutern, aber Bill ist 1,95 m groß, in vorzüglicher körperlicher Verfassung, und er weiß, wo wir wohnen. Der Name der C-Shell lautet `csh`.

Wer sagt da, die C-Shell wäre nicht benutzerfreundlich?

Arbeiten Sie mit der C-Shell, dann beachten Sie, daß einige Interpunktionszeichen spezielle, recht nützliche Bedeutungen haben. Ein Ausrufezeichen (!) sagt der C-Shell, sie solle einen Befehl wiederholen. Zwei davon (!!) bedeuten, der zuletzt eingegebene Befehl soll wiederholt werden. Ein Ausrufezeichen, gefolgt von den ersten paar Zeichen eines Befehls wiederholt den letzten Befehl, der mit diesen Zeichen anfing. Geben Sie z. B. diese Zeile ein:

```
!cp
```

um den letzten `cp`-Befehl, den Sie eingegeben haben, zu wiederholen. Großartig für Tippfaule!

Man kann auch das ^-Zeichen verwenden, um der C-Shell mitzuteilen, daß ein Befehl abgeändert wiederholt werden soll. Wenn Sie

```
^alt^neu
```

eingeben, wiederholt die C-Shell den letzten Befehl und ersetzt `alt` durch `neu`, wo auch immer es in dem, was Sie eingegeben hatten, auftaucht. Außerdem verwendet die C-Shell Doppelpunkte (:) und Schrägstriche (/), um vorausgegangene Befehle in wirklich verwirrender Weise zu editieren, aber das wollen wir jetzt nicht vertiefen.

Der bemerkenswerteste Unterschied zwischen einer C-Shell und anderen führenden Arten von Shells ist der, daß die C-Shell viel mehr magische Zeichen kennt (Zeichen, die etwas Besonderes auslösen, wenn Sie sie eingeben). Zum Glück ist das nicht problematisch, wenn Sie nicht gerade viele Befehle mit Namen wie `ed!3x` verwenden.

Es gibt viele Arten von C-Shells; der Unterschied liegt jeweils darin, wieviele Fehler bereits behoben sind und wieviele noch nicht. Vielleicht begegnet Ihnen einmal ein Programm, das `tcsh` heißt, eine geringfügig erweiterte C-Shell.

Gibt's was Spannendes im Programm?

Vielleicht wundern Sie sich, daß wir manchmal von Befehlen und manchmal von Programmen sprechen. Wo liegt der Unterschied?

Ein Befehl ist etwas, das Sie eingeben und das UNIX (eigentlich der Shell) mitteilt, was getan werden soll. Ein Programm ist eine Datei, die ausführbaren Code enthält. Die Verwirrung entsteht dadurch, daß Sie in UNIX, wenn Sie ein Programm aufrufen wollen, einfach seinen Namen eingeben. (Bei Betriebssystemen der alten Art mußte man etwas wie RUN BUDGET_ANALYSIS eingeben, um ein Programm BUDGET_ANALYSIS aufzurufen.)

Wenn Sie einen Befehl, z.B. `ls` oder `cp` oder `emacs` eingeben (das letzte ist ein Texteditor, über den wir in Kapitel 12 sprechen), dann schaut sich die Shell diesen genau an. Bei manchen Befehlen weiß die Shell von alleine, was zu tun ist, so bei `cd` und `exit`. Kann der Befehl nicht direkt von der Shell ausgeführt werden, sucht sie nach einem Programm mit dem entsprechenden Namen.

DOS-Anwender erkennen diese Vorgehensweise sicherlich: Befehle, die DOS selbst ausführen kann, sind interne Befehle, Befehle, für die ein anderes Programm ablaufen muß, heißen externe Befehle. Interne Befehle werden auch eingebaute Befehle genannt.

Jetzt oder nie – Packen Sie's an!

Wir packen in dieses Kapitel noch ein paar Ratschläge für den Nahkampf mit der Shell. Es gibt viele Befehle, die Sie Ihrer Shell geben können. Jede Shell hat eine Handvoll eingebauter Befehle, aber die meisten davon sind für den täglichen Gebrauch nicht sehr nützlich. Alle anderen Befehle sind Namen anderer Programme. Da jedes UNIX-System hunderte von Programmen herumliegen hat, gibt es entsprechend hunderte möglicher Shell-Befehle.

Ein Vorteil von UNIX ist, daß innerhalb einer bestimmten Shell die Art und Weise Befehle einzugeben, vollkommen einheitlich ist. Wenn Sie z.B. eine Datei namens my_calendar mit einem Editor namens e editieren möchten, müssen Sie folgende Zeile eingeben:

```
$ e my_calendar
```

Drücken Sie am Ende der Zeile wie immer die Enter-Taste, um der Shell mitzuteilen, daß Sie fertig sind. Die Shell ruft den Editor e auf, der dann macht, was er eben so macht. Wenn Sie fertig sind, kehren Sie zur Shell zurück, wo Sie einen neuen Befehl eingeben können.

Wann immer Sie ein UNIX-Promptzeichen (entweder $ oder %) sehen, läuft eine Shell und wartet darauf, was Sie ihr gebieten. In diesem Buch meinen wir, wenn wir UNIX sagen, das Paket UNIX und Shell – nur damit wir hier nichts durcheinanderbringen. Wir sagen also »Nehmen Sie den Befehl `ls`, um UNIX eine Dateiliste anzeigen zu lassen« und nicht »Nehmen Sie den Befehl `ls`, um die Shell dazu zu bringen, UNIX eine Dateiliste anzeigen zu lassen.« OK?

Sie wissen jetzt also, was für eine UNIX-Version Sie haben, welche Shell läuft und warum. Schauen wir uns jetzt einige UNIX-Befehle an, die Sie brauchen, um mit der Arbeit zu beginnen.

IRIX 3.2.4 Korn shell

Befehlseingaben ohne schlechtes Gewissen beenden

Merken Sie sich, daß Sie jede Befehlszeile durch Drücken der Enter-Taste abschließen. UNIX ist ziemlich dumm; in den meisten Fällen merkt UNIX nur aufgrund Ihrer Enter-Eingabe, daß Sie etwas beendet haben.

Bei einigen Programmen, insbesondere den Texteditoren `vi` und `emacs`, brauchen Sie nirgends Enter zu drücken; diese Ausnahmen zeigen wir noch. Prägen Sie sich ein, ansonsten überall am Ende jeder Zeile die Enter-Taste zu drücken.

Wir könnten Ihnen unser Paßwort verraten, aber dann wäre Ihr Leben in Gefahr...

Vielleicht haben Sie beim Anmelden Ihr Paßwort nicht leiden können. Sein Paßwort nicht leiden zu können, ist ein guter Grund, es zu ändern. Möglicherweise wollen Sie es aber auch ändern, weil Sie, um überhaupt bis hierher zu kommen, sich der Hilfe irgendeines Experten bedient haben, und daher Ihr Paßwort preisgeben mußten. Dieser Abschnitt zeigt Ihnen, wie Sie Ihr Paßwort ändern. Verwenden Sie den Befehl `passwd`.

Das ist leicht. Tippen Sie einfach die folgende Zeile ein:

```
passwd
```

Drücken Sie wie immer die Enter-Taste nach Eingabe des Befehls. Der Befehl `passwd` fordert Sie auf, Ihr jetziges Paßwort einzugeben, um sicherzustellen, daß Sie wirklich Sie selbst sind. (Täte er dies nicht, dann könnte irgendjemand, wenn Sie gerade mal weglaufen, um sich noch eine Tasse Kaffee zu holen, zu Ihrem Schreibtisch schleichen und Ihr Paßwort ändern. Nicht gerade gut.) Geben Sie Ihr jetziges Paßwort ein, und drücken Sie Enter. Das Paßwort wird beim Eingeben nicht am Bildschirm angezeigt (sorry – Sicherheitsgründe).

Dann fragt `passwd` nach Ihrem neuen Paßwort. (Kapitel 1 enthält viele gute Ratschläge zum Thema Auswahl eines Paßwortes.) Sie müssen das neue Paßwort zweimal eingeben, damit das Programm `passwd` weiß, ob Sie es auch richtig eingegeben haben. Angenommen, Sie schreiben das neue Paßwort beide Male gleich, dann ändert `passwd` Ihr Paßwort. Beim nächsten Anmelden müssen Sie es kennen.

Haben Sie Ihr Paßwort vergessen, gibt es keine Möglichkeit, es zurückzuholen, nicht einmal für den Systemverwalter. Der Systemverwalter kann Ihnen aber ein neues zuordnen, und das können Sie wieder ändern, hoffentlich in eines, das Sie sich leichter einprägen können.

Her mit meinen Dateien

Dieser Abschnitt handelt von einem Befehl, den Sie oft benötigen: den Befehl `ls` zum Listen von Dateien. Kapitel 3 enthält noch mehr über Dateien, Verzeichnisse und anderen Kram, bei dem `ls` Ihnen hilft; für den Anfang hier die erste `ls`-Lektion. Geben Sie die folgende Zeile ein (wir sagen Ihnen jetzt nicht mehr, daß Sie Enter drücken sollen, da wir wissen, daß Sie mittlerweile den Dreh 'raushaben):

```
ls
```

Der Befehl `ls` listet die Namen der Dateien, die sich in Ihrem »home directory« befinden (Kapitel 3 erzählt mehr über »home directories«).

Oops!

Wenn Sie perfekt im Maschineschreiben sind, überspringen Sie diesen Abschnitt. Wenn Sie täglich Tausende von Tippfehlern machen, so wie wir, dann geben Sie gut acht. Haben Sie etwas falsch eingegeben, dann können Sie natürlich die Backspace-Taste nehmen, um zurückzusetzen und neu zu tippen. Aber wenn das nicht funktioniert, ist trotzdem noch nicht alles verloren. Versuchen Sie es mit der Delete-Taste, der #-Taste (Shift 3) oder Ctrl-H (halten Sie die Control-Taste nieder und drücken Sie H). Eine dieser Tasten sollte eigentlich funktionieren und Ihnen helfen.

Wollen Sie alles hinschmeißen und die ganze Zeile neu schreiben (etwas das normalerweise bei netten kurzen Befehlen wie `ls` nicht nötig ist), betätigen Sie Ctrl-U. Nützt das nicht, drücken Sie @ (Shift-2).

Play it again, Sam

Vielleicht möchten Sie irgendwann einmal einen Befehl erneut eingeben (beim ersten Mal hat es soviel Spaß gemacht). Geben Sie dazu folgendes ein:

```
!!
```

Dieser Befehl funktioniert nur bei der C-Shell. Haben Sie die Bourne-Shell, dann haben Sie eben Pech und dürfen den Befehl nochmals tippen. Bei der Korn-Shell können Sie zur Wiederholung eines Befehls diese Zeile eingeben:

```
r
```

Schalten Sie nicht den Rechner aus, wenn Sie einen Tippfehler gemacht haben

Wir haben schon einmal darauf hingewiesen: Wenn Sie einen Fehler gemacht haben und alles nicht so recht laufen will, dann schalten Sie nicht den Rechner aus, ziehen Sie nicht den Stecker und werden Sie auch sonst nicht unnötig grob. PC-Anwender sind gewöhnt, das verdammte Ding einfach auszumachen, wenn etwas danebengeht, aber UNIX-Rechner sprechen nicht so gut auf diese Behandlung an.

Statt dessen sollten Sie UNIX höflich vorschlagen, aufzuhören, das zu tun, was Ihnen mißfällt. Um einen Befehl zu stoppen, drücken Sie Ctrl-C oder die Delete-Taste (wenn Sie die haben).

Gerät die Situation außer Kontrolle, und UNIX führt ein von Ihnen nicht gewolltes Programm aus, und es gelingt Ihnen nicht, es davon abzubringen, dann gibt es einige fortgeschrittene und obskure Techniken, besonders widerspenstige Programme wieder zur Räson zu bringen. Sollten Sie am Verzweifeln sein, schauen Sie sich Kapitel 21 an.

Alles, was Sie über die Eingabe von Befehlen wissen wollten (aber nicht zu fragen wagten)

Diese Liste faßt zusammen, was zu tun ist, wenn UNIX ein Promptzeichen (entweder $ oder %) anzeigt, und Sie einen Befehl eingeben wollen:

- Wenn Sie tippen, bewegt sich der Cursor, um anzuzeigen, wo Sie gerade sind. Der Cursor sieht wie ein Unterstrich oder wie ein Kästchen aus.
- Bei einem Tippfehler drücken Sie Backspace (oder Delete, # oder Ctrl-H).
- Zum Löschen einer ganzen Zeile drücken Sie Ctrl-U (oder versuchen es mit @) vor dem Enter oder Return.
- Nach Eingabe eines Befehls drücken Sie Enter oder Return (tun Sie das nicht, dann wird UNIX – und Sie mit – ewig warten).
- Haben Sie einen Befehl eingegeben, den UNIX (eigentlich: die Shell) nicht kennt, erscheint eine Meldung wie die folgende:

  ```
  blurfle: Command not found
  ```

  Diese Meldung bedeutet, daß der Befehl falsch geschrieben wurde, ein Befehl eingegeben wurde, den UNIX nicht kennt (vielleicht hat sich ein Befehl eines anderen Rechners eingeschlichen), oder irgendjemand hat UNIX nicht richtig erklärt, wo es nach Ihren Programmen suchen soll.
- Fügen Sie keine zusätzlichen Leerzeichen in Befehle ein, wie `pass wd`. Schreiben Sie den Befehl genau so, wie wir ihn zeigen. Tippen Sie andererseits Leerzeichen nach Befehlsnamen, vor zusätzlichen Informationen, die in die Zeile eingegeben werden (mehr zu diesem Thema in Kapitel 3). Verwenden Sie auch keine Großbuchstaben, außer Sie wissen, daß der Befehl Großbuchstaben enthält.
- Sie wissen, daß ein Befehl Ähnlichkeit mit einem Satz hat, aber beenden Sie ihn nicht mit einem Punkt. UNIX mag diesen Punkt nicht, und UNIX ist unversöhnlich.

Der UNIX-Vorrat an Sonderzeichen

Einer der interessanteren Aspekte bei der Eingabe von Shell-Befehlen ist der, daß es viele Sonderzeichen gibt. Sie haben für UNIX eine besondere Bedeutung; die folgenden Kapitel behandeln einige von ihnen. Zu den Sonderzeichen gehören die Zeichen in der folgenden Liste:

```
?  <  >  ,
*  !  \  »
#  |  @  $
```

Auch Leerzeichen werden zu den Sonderzeichen gezählt, da sie zwei Worte in einem Befehl trennen. Wenn Sie in einem Befehl Sonderzeichen verwenden wollen, müssen Sie sie in Hochkommata setzen. Angenommen, Sie haben eine Datei, die `c*` heißt (kein grandioser Einfall, aber manchmal entsteht sowas aus Versehen). Mit folgendem Befehl können Sie sie editieren:

```
e »c*«
```

Sie können sowohl einfache, wie auch doppelte Hochkommata verwenden, solange sie einheitlich sind. Sie können auch einfache Hochkommata mit doppelten, oder doppelte Hochkommata mit einfachen verwenden. Klar? Machen Sie sich nichts draus.

## KAPITEL 3

Der Schrei nach Hilfe

In diesem Kapitel

- Wann um Hilfe rufen
- Wen fragen
- Wie fragen
- Bestechungen und Verführungen

Oh nein! Das klappt nie!

Früher oder später stoßen Sie auf ein Problem, das Sie nicht alleine lösen können. Wenn mehr als 15 Sekunden verstreichen, bis Sie aufgeben, sind Sie schon besser als der Durchschnitt.

Sie müssen um Hilfe bitten. In einer idealen Welt greifen Sie nach dem Telefon, rufen jemanden an und beschreiben, was falsch gelaufen ist; die entsprechende Person sagt Ihnen genau, was zu tun ist. In dieser idealen Welt gibt es natürlich auch den Weihnachtsmann. In der wirklichen Welt reicht die Auswahl der Leute, die Sie anrufen können von solchen, die Ihnen nicht helfen wollen, bis zu solchen, die Ihnen nicht helfen können, auch wenn sie es wollten.

Sie bekommen Hilfe, wenn Sie sorgfältig überlegen, wen Sie um Hilfe bitten und wie Sie darum bitten.

Was Ihnen blüht, wenn Sie sich helfen lassen

Es gibt grob gesagt, zwei Kategorien von Leuten, die man um Hilfe bitten kann: normale Leute und nicht normale Leute. Letztgenannte Kategorie besteht aus Wizards (Leute, die mehr über UNIX wissen, als gesund ist; siehe Glossar) und Systemverwaltern (Leute, deren Job es ist, den Rechner am laufen zu halten).

Hilfe von normalen Leuten

Normalerweise ist es das Beste, einen anderen Anwender mit etwas mehr Erfahrung zu fragen. Dafür gibt es mehrere Gründe: vielleicht haben diese Leute den Kram erst vorige Woche gelernt und brennen jetzt darauf, damit anzugeben. Sie haben nicht soviel Erfahrung, daß sie all Ihre Fragen in unverständlichem Kauderwelsch beantworten. Statistisch gesehen gibt es weit mehr normale Anwender als Wizards und Systemverwalter, daher sind sie einfacher zu finden.

Hilfe vom großen UNIX-Zauberer

Nein, ein UNIX Wizard ist kein Zauberer mit spitzem Hut, der sich – biotechnisch gesehen – nicht fortpflanzen kann. Es handelt sich um jemanden, der unheimlich viel über UNIX weiß, und der schon so viel Zeit damit zugebracht hat, daß er vergessen hat, daß nicht jeder diesen Kram kennt.

Hier einige Vor- und Nachteile davon, einen Wizard um Hilfe zu bitten:

Pro: Ein echter UNIX-Wizard kann jede nur denkbare Frage beantworten.

Kontra: Der Wizard ist wirklich vielbeschäftigt und hat wahrscheinlich keine Lust, Ihre Fragen zu beantworten.

Kontra: Auch wenn der Wizard Ihre Frage beantwortet, verstehen Sie die Antwort wahrscheinlich nicht.

Hilfe von Systemverwaltern

Der Systemverwalter ist derjenige, der für Ihr UNIX-System verantwortlich ist. UNIX-Systeme sind in der Regel so kompliziert, daß irgendjemand die formale Aufgabe hat, Benutzernamen zu vergeben, sicherzustellen, daß Drucker drucken, Netzwerke laufen, Modems modulieren und demodulieren und so weiter. In der Vergangenheit waren Systemverwalter gewöhnlich auch Wizards (sie mußten es sein). Die Nachfrage nach Systemverwaltern stieg und (eigenartig, aber wahr) die Aufgabe des Verwaltens von UNIX-Systemen wurde einfacher; der normale Systemverwalter weiß daher nicht mehr über UNIX, als was man für die Verwaltungsaufgaben benötigt. Nicht, daß wir dies herabwürdigen wollen, er weiß sicher immer noch mehr als der durchschnittliche Anwender.

Eines haben alle Systemverwalter gemeinsam: sie sind außerordentlich überarbeitet. Sie haben viel zu viele Systeme zu verwalten, keine Zeit, sie zu verwalten, kein Geld und so weiter. Seien Sie gewiß: wie nett ein Systemverwalter auch im wirklichen Leben sein mag, er wird Ihren dringenden Bitten um Hilfe mit etwa soviel Begeisterung begegnen wie einem Paar Schweißfüße. Aber es gibt ein paar Probleme, die kann nur Ihr Systemverwalter lösen.

Jedes UNIX-System hat einen Anwender, der *Superuser* heißt. (Auch *root* genannt, vermutlich weil einer der UNIX-Erfinder gutes Essen liebte und ein Fan von Waverly Root war, dem der über Essen schreibt.) Es gibt einige Dinge, die nur der Superuser tun kann, so z.B. Anwender hinzufügen oder löschen, neue Software installieren und Platten umorganisieren, um mehr Plattenspeicher zur Verfügung zu stellen. Da der Systemverwalter der einzige sein sollte, der das Paßwort des Superusers kennt, gibt es niemanden sonst, den man für solche Sachen um Hilfe bitten kann. Der Systemverwalter weiß sehr wahrscheinlich auch auf andere Fragen die richtigen Antworten, wie z.B. welche Version des Betriebssystems Sie haben (das kann gelegentlich bei der Lösung eines Problems wichtig sein), auf Fragen zur Netzwerk-Konfiguration usw. Oft ändern sich diese Informationen wöchentlich, und ein Anwender mit dem Wissen der letzten Woche lügt Sie ohne böse Absicht an.

Hier einige Vor- und Nachteile, wenn man einen Systemverwalter um Hilfe bittet:

Pro: Er oder sie kennt die Systemkonfguration gut...

Kontra: ... ist überarbeitet und wird sich über Ihre Fragen nicht freuen.

Die helfende Hand und ähnliches

Arbeiten Sie in einer großen Firma, dann gibt es dort vielleicht ein Helpdesk mit Leuten, deren Aufgabe es ist, die Fragen der Mitarbeiter in der Firma zu beantworten. Was soll's, versuchen Sie es! Die Qualität der Antworten variiert; wenn sie sonst auch nichts wissen, so haben diese Helpdesks zumindest eine Menge Fragen gehört. Auch eine Antwort wie »Wir haben keine Ahnung, wie Sie Ihr Problem lösen können, aber Maria im Einkauf hatte vorige Woche das gleiche Problem« kann häufig in die richtige Richtung weisen.

Elektronische Hilfe

Die meisten UNIX-Systeme sind mit einem Rechner-Netzwerk verbunden; das bedeutet, Sie können eine Frage gleich an tausende andere Leute dort draußen adressieren. Es lohnt sich zu lernen, wie man mit der elektronischen Post umgeht, da man oft schneller von jemanden im Netzwerk eine Antwort bekommt, tausende Kilometer entfernt, als von jemanden drei Türen weiter. Schauen Sie sich in Kapitel 18 weitere Einzelheiten über die Nutzung der elektronischen Post an.

Wie sag ich's richtig?

Egal, wen Sie fragen, es gibt gute und weniger gute Arten, um Hilfe zu bitten. Dieser Abschnitt hilft Ihnen, sich durch dieses unwegsame Gelände zu manövrieren.

Seien Sie nett

Es sollte selbstverständlich sein, nett zu fragen, aber aus bitterer Erfahrung wissen wir, daß dem nicht so ist. Denken Sie daran, daß niemand Ihnen über seine Arbeitsplatzbeschreibung hinaus helfen muß. Und Antworten können von brutal kurzen (»Tippen Sie Kill -9 `ps | grep 123 | cut -fl` und fragen Sie mich nicht warum«) bis hin zu wirklich nützlichen Antworten variieren. Also, seien Sie nett. Und sagen Sie hinterher »Danke«, wie es Ihnen Ihre Mama beigebracht hat.

Bei mir läuft FrameMaker 11.72 auf ttySO34, und es verschwand einfach als ich F7 drückte!

Je detaillierter Sie Ihre Fragen stellen können, umso eher erhalten Sie nützliche Hilfe. Ist etwas nicht so gelaufen, wie Sie es erwartet hatten, überlegen Sie, was Sie gerade gemacht haben, bevor es schieflief. Merken Sie sich die Befehle genau und auch die Meldungen, die ausgespuckt wurden. Haben Sie etwas anders gemacht als sonst? Haben Sie ein anderes Datum oder andere Programme verwendet? Einen anderen Bildschirm? Kennen Sie den Namen Ihres Bildschirms (vgl. Kapitel 1)? Kennen Sie die Namen der Programme und Dateien, die verwendet werden? Ist die Antwort auf die letzte Frage Nein, dann machen Sie sich auf heftiges Augenrollen und tiefe, zu Herzen gehende Seufzer gefaßt.

Stellen Sie nicht dreimal dieselbe Frage

Nichts beeinträchtigt die Art, wie Sie begrüßt werden, stärker, als dieselbe Frage (oder was für denjenigen, den Sie fragen, wie dieselbe Frage aussieht) wieder und wieder zu stellen. Es kann ja sein, daß Sie – nachdem Sie von irgendjemanden eine nette klare Antwort bekommen haben, die Sie auch verstehen können, und mit der Sie Ihr Problem lösen und weiterarbeiten können – wenn Sie nicht aufpassen, die Antwort vergessen. Beim nächsten Mal wissen Sie dann nicht, was zu tun ist, wenn Sie auf das gleiche Problem stoßen. Dann stellen Sie nicht nur erneut die Frage, sondern Sie werden vor Verlegenheit auch einen knallroten Kopf bekommen.

Passen Sie auf, daß Ihnen das nicht passiert! Viele Leute finden es nützlich, Dinge aufzuschreiben, am besten in ein kleines Notizbuch, auf dem etwas wie »Jeffs vollständiges Kompendium von UNIX-Tips und -Tricks« steht. (Sie können den Titel gerne entsprechend ändern, wenn Sie nicht Jeff heißen. Unseres heißt »Doofe UNIX-Tricks«.) Wir haben sogar festgestellt, daß Sie eine Antwort oder einen Tip, die oder den Sie einmal niedergeschrieben haben, gar nicht mehr aufsuchen müssen, da das Niederschreiben schon reicht, um sie dem Gedächtnis einzuprägen.

Schreiben Sie Lösungen zu Ihren Problemen auf, außer Sie sind sich hundertprozentig sicher, daß Sie nie wieder vor diesem Problem stehen werden oder sich die Antwort auf ewige Zeiten eingeprägt haben. Schreiben Sie sie dann trotzdem auf.

»Sonst hat sich nichts getan, aber...«

Sagen Sie das nie. Es gibt nichts, was einen Wizard oder auch eine wirklich hilfsbereite normale Person mehr in Rage versetzt, als wenn jemand zu ihnen kommt und meint: »Es hat sich nichts geändert, aber der Befehl `furble` geht auf einmal nicht mehr.« Etwas muß anders sein. Eine andere Datei? Bildschirm? Programm? Vielleicht hat Ihr Systemverwalter hinter Ihrem Rücken etwas geändert, aber es ist tatsächlich viel wahrscheinlicher, daß Sie etwas getan haben, daß Ihnen unwichtig erschien. Denken Sie dran, der Schlüssel zur Macht ist: wenn Sie es durcheinander gebracht haben, dann können Sie es vielleicht auch selbst wieder in Ordnung bringen! Andererseits: ist es hin, dann werden Sie es wohl hingemacht haben!

Lassen Sie sich nicht durcheinanderbringen!

Hüten Sie sich: Es gibt Situationen, in denen Sie meinen, Sie hätten ein Problem dreiviertels gelöst, dabei bewegen Sie sich in die verkehrte Richtung. Wir wollten z.B. einmal eine Dateiliste mit Zeilennummern auf der linken Seite drucken. Wir hatten gerade das UNIX-Programm `sed` kennengelernt (ein Programm nach Art der Schweizer Klappmesser, um Text in Dateien herumzuschieben) und beschlossen, daß dies die natürlichste Art zum Drucken von Zeilennummern sei. Wir fragten unseren Wizard vor Ort, wie man mit dem Programm `sed` Zeilennummern einfüge, und er sagte es uns. Es stellte sich heraus, daß sich `sed` nicht besonders dafür eignet, aber wenn man sich auf den Kopf stellt, die Luft anhält, Dixie pfeift und die Unabhängigkeitserklärung auf Bulgarisch aufsagt, dann kann man `sed` in der Tat dazu bringen, Zahlen in eine Datei einzufügen. (Wir übertreiben hier zwar, aber nicht sehr.) Wir haben die Sache also mit einigen Stunden Aufwand hinbekommen.

Was wir allerdings nicht wußten, und was uns der Zauberer auch nicht sagte, weil wir ihn nicht danach gefragt hatten, ist, daß ein anderes Programm namens `nl` nichts anderes tut, als Zeilennummern in Dateien einzufügen und daß wir das Ganze – auch ohne Verrenkungen – in zwei Minuten hätten haben können. Tja.

Wenn Sie fragen, tun Sie sich einen Gefallen und fragen Sie das, was Sie wirklich wissen wollen.

Pflege und Hege eines UNIX-Zauberers

Ihre hilfsbereiten Mitmenschen vor Ort (die normalen, die zaubernden oder sogar die systemverwaltenden) werden Ihren Bestechungsversuchen am ehesten erliegen, wenn diese schmackhaft aufbereitet werden. Geld ist ein bißchen schäbig, aber es gibt viele andere Möglichkeiten, seine Wertschätzung auszudrücken:

- Essen ist die verläßlichste Bestechungsart; Details später in diesem Kapitel.
- Blumem, unnütze kleine Figuren für den Schreibtisch, neue Klebeetiketten oder ähnliches erinnern den Guru daran, was Sie doch für ein reizender, dankbarer Anwender sind.

- Sind Sie ein attraktiver Vertreter des anderen Geschlechts, kann manchmal eine nette Umarmung oder ein Kuß auf die Backe das Richtige sein, obwohl Nerds hier vielleicht überreagieren und mit einem Heiratsantrag antworten. Seien Sie umsichtig.
- Es ist natürlich immer angemessen, dem Chef des Betreffenden eine begeisterte Notiz zu schreiben, um auszudrücken, was für wunderbare Unterstützung Ihnen zuteil wurde. Wenn es jedoch nicht die Aufgabe der betreffenden Person ist, Hilfe zu erteilen, dann ist das keine so gute Idee. (»Sie ist viel zu teuer, um ihre Zeit damit zu verschwenden, sich mit gewöhnlichen Anwendern abzugeben.«)

Fachidioten und ihre Ernährung

Es existiert ein weitverbreitetes Vorurteil, daß technische Typen nur Essen zu sich nehmen, das man aus dem Automaten ziehen kann, insbesondere Soda Pop. Vielleicht trifft das gelegentlich noch zu, verlassen Sie sich aber nicht darauf. Die Babyboomer-Jahrgänge werden langsam grau, und die Leute, die sich sonst von einer Cola ernährt haben (die Sorte mit massenhaft Zucker und der doppelten Menge Koffein), finden jetzt, daß das eine Reihe von Symptomen erzeugt, die wir nicht im Detail zu beschreiben brauchen; sie sind auf Perrier umgestiegen, weil das besser für ihre Nieren ist. Eine komplett neue Generation von UNIX-Nerds steht auf Getreide und Tofu. Hoffentlich kennen Sie den Ihren.

Ein Dankeschön mit persönlicher Note (z.B. Schokoladenkuchen oder Plätzchen) wird immer gerne gesehen. Manche Leute können wirklich selbstgebackene Plätzchen nicht von solchen unterscheiden, für die man den Teig in der Tube kauft, in kleine Scheiben schneidet und bäckt (was viel einfacher ist, als sie ganz und gar selbst zu machen).

Wenn Sie fertigen Teig verwenden, passen Sie auf, daß Sie die Plastikhülle entfernen, ehe Sie ihn in Scheiben schneiden, sonst verraten Sie sich. Manche Leute merken zwar selbst das nicht, aber verlassen Sie sich besser nicht darauf.

Pizza

Für die meisten technischen UNIX-Typen ist Pizza das beliebteste Gericht, erst recht wenn sie mittags eintrifft, an einem Tag, an dem der Guru sonst bei eisiger Kälte und Schneeregen aus dem Haus müßte. Da man sich heutzutage überall auf der Welt Pizzas liefern lassen kann, brauchen auch Sie nicht bei Schneeregen aus dem Haus. Denken Sie einfach so um 11:30 Uhr daran, ein paar Anrufe zu tätigen.

Die Auswahl des Pizzabelags ist wichtig. Einige jüngere UNIX-Wizard-Typen essen überhaupt nichts Grünes, wodurch so tolle Zutaten wie Spitzpaprika und Broccoli ausfallen. Manche eher hochspezialisierten Techniker, insbesondere Absolventen technischer Hochschulen wie Berkeley, Kalifornien, und Cambridge, Massachusetts, leben besonders bewußt und essen keine Pizza, bei der der Käse nicht von einer Milchgenossenschaft kommt, die von den Kühen selbstverwaltet wird. Andererseits kennen wir strenge Vegetarier, die unter der Pizza-Perspektive Pepperoni zu einem ehrenvollen Gemüse erklärt haben. Bis Sie den Geschmack Ihres Pizzaliebhabers kennen, wird es das Beste sein, mehrere verschiedene Pizzen zu bestellen. Das Phänomen eines Überangebots an Pizza existiert in technischen Kreisen nicht, also lassen Sie sich von Ihrem Geldbeutel leiten.

Chinesisches Essen

Eine Alternative zu Pizza sind chinesisches Essen oder Gerichte, die bei eisiger Kälte angeliefert werden. Aber seien Sie vorsichtig, viele technische Hochschulen sind von chinesischen Restaurants umringt, und der durchschnittliche M.I.T-Absolvent kennt sich erstaunlich gut aus mit der fernöstlichen Küche und kann sehr ungeduldig werden bei drittklassigem chinesischen Essen. Chinesisches Essen ist nur dann zur Bestechung oder als Dankeschön geeignet, wenn es wirklich gut ist; in dieser Hinsicht ist Pizza wesentlich verläßlicher. Man kann eine Pizza ruinieren, indem man sie mit Sauerkraut belegt, das haben wir in einem Pizzaladen hoch in den Rocky Mountains festgestellt, der von einer Person namens Heidi geführt wurde (kein sehr gängiger Name für Pizzabäcker); aber ansonsten ist Pizza idiotensicher.

Teil II

Was Sie schon immer über Programme, Dateien und Verzeichnisse wissen wollten

»Oh, jetzt hab' ich wieder vergessen, mich auszuloggen!«

In diesem Teil...

Wie andere Computersysteme speichert auch UNIX Ihre Daten in etwas, das Datei heißt. Wenn Sie mit UNIX arbeiten, müssen Sie häufig neue Dateien erstellen, vorhandene umbenennen, Kopien besonders interessanter Dateien ziehen, oder Dateien, die nicht mehr gebraucht werden, loswerden.

In diesem Abschnitt geht es um Dateien und um das, was Sie mit ihnen machen können, wie Sie sie erstellen und wie Sie sie wegpusten.

Dateien für alle Lebenslagen

In diesem Kapitel

- Informationen über Dateien listen
- Eine Datei duplizieren
- Eine Datei löschen
- Eine Datei umbenennen
- Sich den Inhalt einer Datei anschauen
- Eine Textdatei drucken

Eine Datei ist ein Bündel von Informationen, die zusammen abgespeichert werden, wie z.B. ein Brief an Ihre Mutter oder eine Datenbank mit Kundenrechnungen. Jede Datei hat einen Namen. Irgendwann werden Sie Unmengen von Dateien haben.

Dieses Kapitel erklärt, wie man mit Dateien arbeitet, unter anderem auch, wie man die loswird, die man nicht mehr haben möchte.

Nur zur Erinnerung: Sie müssen sich anmelden (vgl. Kapitel 1), bevor Sie all die raffinierten Dinge, über die wir in diesem Kapitel sprechen werden, tun können. Wenn Sie das UNIX-Promptzeichen (% oder $) sehen, dann können Sie loslegen.

Was für Dateien haben Sie?

Um eine Liste Ihrer Dateien zu sehen (eigentlich eine Liste der Dateien im Arbeitsverzeichnis, über das wir noch in Kapitel 5 sprechen), geben Sie folgendes ein (drücken Sie wie immer am Ende der Befehlszeile Enter):

```
ls
```

Dieser Befehl steht für *list*, aber hätten diese Tippfaulen, die UNIX geschrieben haben, nicht die anderen beiden Buchstaben nehmen können? Neeeiin... Dieser Befehl listet alle Dateien in Ihrem Arbeitsverzeichnis auf (Kapitel 5 handelt von Arbeitsverzeichnissen und wie man viele davon macht).

Der Befehl `ls` zeigt nur die Namen der Dateien in alphabetischer Folge an. Um mehr Informationen zu jeder Datei zu erhalten, geben Sie folgende Zeile ein:

```
ls -l
```

Das `-l` wird *Schalter* oder *Option* genannt. Es handelt sich um den Buchstaben `l`, nicht die Ziffer `1`. Auch wenn sich diese Zeichen sehr ähneln, besteht der Computer darauf, sie völlig unterschiedlich zu behandeln. In diesem Fall veranlaßt `-l` den Befehl `ls`, das ausführliche List-Format anzuzeigen, also zu jeder Datei eine komplette Zeile mit Informationen zu geben, wie hier:

```
-rwxr-xr-x 1 staff john   14632 Dec 14 12:15 budget
drw-rw-rw- 3 staff john   128   Apr 3  10:34 Letters
-rw-rw-rw- 2 staff margy  25785 Jul 5  18:12 chocolate.cake.recipe
```

Sie können die erste Hälfte jeder Zeile ignorieren. Sie enthält Informationen darüber, wer mit der Datei was machen darf und wem sie gehört (Sicherheitsinformationen, in Kapitel 28 beschrieben). Die zweite Hälfte der Zeile enthält die Größe der Datei in Byte (Zeichen), Datum und Uhrzeit der letzten Änderung der Datei und den Dateinamen.

Switchen oder nicht switchen?

Viele UNIX-Befehle haben Optionen (diese nennt man auch Schalter, weil man die Optionen an- und abschaltet, wenn man sie bei Eingabe des Befehls angibt bzw. wegläßt). Durch Optionen werden Befehle einerseits vielseitiger, andererseits auch verwirrender. Wenn Sie einen Befehl mit einer oder mehreren Optionen eingeben, sollten Sie diese Regeln im Kopf haben:

- Lassen Sie ein Leerzeichen nach dem Befehlsnamen (z.B. dem Befehl `ls`) und vor der Option (dem `-l` Teil).
- Geben Sie als erstes Zeichen der Option einen Bindestrich (z.B. `-l`) ein.
- Wollen Sie nach dem Befehl noch weitere Informationen in die Befehlszeile eingeben, dann kommt nach der Option nochmals ein Leerzeichen.

Eine lange Liste stoppen und wieder starten, wenn Sie soweit sind

Haben Sie viele Dateien, dann fliegt die `ls`-Liste womöglich über Ihren Bildschirm. Ist das bei Ihnen der Fall, dann geben Sie folgende Zeile ein:

```
ls | more
```

Der vertikale Strich wird *Pipe* genannt (in Kapitel 6 werden wir mehr über Pipes sprechen). Der Befehl `| more` nach dem einfachen Befehl `ls`, teilt UNIX mit, daß es mit Auflisten von Informationen am Bildschirm aufhören soll, sobald die Bildschirmseite voll ist. Drücken Sie die Leertaste, um die nächste Bildschirmseite mit Dateinamen zu sehen.

Dateien kopieren

Sie können von einer Datei ein exaktes Abbild erstellen. Dann müssen Sie den Namen der Datei kennen, die Sie kopieren wollen, und sich einen neuen Namen ausdenken, den Sie der Kopie geben. Enthält eine Datei Ihr Budget für Januar (und heißt z.B. `budget.jan`) und Sie wollen sie kopieren, um Ihr Februarbudget abzuspeichern (`budget.feb`), dann geben Sie folgende Zeile ein:

```
cp budget.jan budget.feb
```

Da war wohl mal wieder jemand zu faul zum Tippen! Lassen Sie jeweils ein Leerzeichen nach dem Befehl `cp` und zwischen den aufregenden und neuen Dateinamen. Der Befehl verändert die bestehende Datei (`budget.jan`) nicht, er erzeugt nur eine neue Datei mit einem neuen Namen.

Wie man ziemlich viel Arbeit verlieren kann

Was ist, wenn es schon eine Datei mit dem Namen `budget.feb` gibt? Ein harter Schlag: UNIX putzt sie weg und ersetzt sie durch die Kopie von `budget.jan`. Da ist es eine wirklich gute

Idee, zunächst mit Hilfe des Befehls `ls` sicherzustellen, daß Sie nicht schon eine Datei mit dem neugewählten Namen haben.

Bei UNIX System V Release 4 können Sie einen Schalter `-i` benutzen, der dafür sorgt, daß der Befehl `cp` Ihnen mitteilt, ob bereits eine Datei mit dem neuen Namen existiert. Ist dies der Fall, dann fragt die Option `-i`, ob Sie fortfahren wollen oder nicht. Wenn Sie also diese UNIX-Version haben, dann geben Sie lieber `cp -i` als nur `cp` ein und nutzen diese nette kleine Eigenschaft.

Wenn alles gut geht und `cp` funktioniert richtig, dann erscheint keine Meldung. Gesegnetes Schweigen seitens UNIX bedeutet normalerweise, daß alles in Ordnung gegangen ist. Sie sollten den Befehl `ls` verwenden, um zu prüfen, ob die neue Datei wirklich besteht, nur für den Fall...

Wie macht man sich einen guten Namen?

Wenn Sie eine Datei erstellen, geben Sie ihr einen Namen. In UNIX gibt es Regeln dafür, wie ein guter Dateiname aussieht:

- Dateinamen können ziemlich lang sein; sie sind nicht auf acht Zeichen und eine dreistellige Erweiterung beschränkt, wie bei einigen anderen Betriebssystemen, die wir hier anführen könnten. Bei älteren Versionen von UNIX dürfen Dateinamen allerdings nur 14 Zeichen lang sein; neuere haben kein Stellenlimit, Sie können eine Datei so nennen:

  `Einige_Notizen_die_ich_irgendwann_aufschreiben_will_wenn_ich_solange_lebe.`

- Verwenden Sie keine komischen Zeichen, die für UNIX oder irgendeine Shell, die Ihnen über den Weg laufen könnte, eine besondere Bedeutung haben. Lassen Sie beim Benennen von Dateien die Finger weg von folgenden Zeichen:

  ```
  /    !    @
  #    $    ^
  &    *    -
  (    )    +
  ‘    “    \
  |    ?
  ```

  Halten Sie sich also in erster Linie an Buchstaben und Ziffern.

- Fügen Sie keine Leerzeichen in Dateinamen ein. Auch wenn einige Programme dies zulassen, verursacht es nichts als Ärger, weil andere Programme einfach nicht glauben können, daß ein Dateiname Leerzeichen enthalten könnte. Also, sparen Sie sich Ärger. Die meisten UNIX-Leute verwenden Punkte, um Worte aneinanderzufügen und Dateinamen wie `budget.jan.94` oder `pumpkin.soup` zu bilden. Unterstriche und Bindestriche gehen auch.

- Für UNIX sind Groß- und Kleinbuchstaben völlig verschieden. `Budget`, `budget`, `BUDGET` und `BuDgEt` sind alles unterschiedliche Dateinamen.

Dateien ins Nirwana schicken

Sie können Dateien auch loswerden, indem Sie den Befehl verwenden, den Tippfaule `rm` nennen. Um eine Datei zu löschen, geben Sie folgende Zeile ein:

```
rm budget.feb
```

Läuft alles richtig, zeigt UNIX nichts an und es erscheint wieder das Promptzeichen. Sehen Sie mit dem Befehl `ls` nach, ob der Befehl `rm` richtig funktioniert hat und die Datei weg ist. Wenn Sie mehrere Dateien loswerden wollen, können Sie alle Namen in einem `rm`-Befehl aufführen, durch Leerzeichen voneinander getrennt.

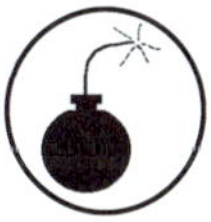

Passen Sie auf! Nur unter ganz bestimmten Bedingungen können Sie eine einmal gelöschte Datei zurückholen.

Um sicher zu gehen, können Sie die Option `-i` verwenden, damit `rm` um Bestätigung zum Löschen der Datei bittet. Dies ist insbesondere dann anzuraten, wenn Sie Wildcard-Zeichen zum Löschen einer Gruppe von Dateien verwenden (vgl. Kapitel 6).

Riesengroßer Ärger

Wenn Sie etwas wirklich ganz wichtiges gelöscht haben und wenn Sie das nicht rückgängig machen können, und dann noch aufgefordert werden, den rituellen Seppuku zu begehen, verzweifeln Sie nicht. Wahrscheinlich macht Ihr Guru vor Ort mit einer gewissen Regelmäßigkeit etwas, das *Backup* genannt wird. Backups enthalten Kopien einiger oder aller Dateien auf dem UNIX-System. Vielleicht enthält der Backup auch Ihre Dateien. Gehen Sie zu Ihrem Guru, fallen Sie vor ihm auf die Knie, und fragen Sie, ob Ihre Datei zurückgeholt werden kann. Wenn die Datei in jüngster Zeit nicht gesichert wurde, erhalten Sie vielleicht eine ältere Version von ihr, aber immerhin, besser als nichts!

Holen Sie sich lieber, noch bevor Sie in so haarige Situationen geraten, die Bestätigung Ihres UNIX-Experten, daß regelmäßige Sicherungen gemacht werden. Sorgen Sie dafür, daß Ihre wichtigsten Dateien mitgesichert werden. Wenn es niemanden gibt, der regelmäßige Backups macht, dürfen Sie in Panik ausbrechen. Eine solche Situation ist nicht sicher. Lesen Sie dazu die Kapitel 7 und 22.

Gute Haushaltsführung

Es gibt mehrere Gründe, warum Sie Dateien, die Sie nicht mehr benötigen, entfernen sollten:

- Es ist verwirrend, die Kiste voll mit irgendwelchen Dateien zu haben, und es ist schwer, sich zu merken, welche davon wichtig sind.
- Die überflüssigen Dateien verschlingen Plattenspeicher. Wer auch immer für Ihr UNIX-System zuständig ist, er wird Sie sicherlich regelmäßig bitten, »Ihren Müll rauszubringen«, d.h. unnötige Dateien zu löschen und Plattenspeicher freizugeben.

Andererseits kann es von Vorteil sein, zusätzliche Kopien anzulegen. Wenn Sie seit drei Wochen an einem Bericht arbeiten, ist es keine schlechte Idee, ungefähr jeden Tag eine zusätzliche Kopie zu machen. Auf diese Weise können Sie immer wieder auf eine frühere Version zurückgreifen, wenn Sie einmal Änderungen gemacht haben, die Sie im nachhinein bereuen.

Was muß rein in einen Namen? (Nachschlag)

Vielleicht wollen Sie später einmal den Namen einer Datei ändern. Vielleicht haben Sie ihn ja von Anfang an falsch geschrieben. Auf jeden Fall können Sie eine Datei mit dem Befehl `mv` umbenennen (die Version von *move* für Tippfaule).

Nehmen wir einmal an, Sie haben eine Datei namens `bugdet.march` erstellt. Oh, verflixte Finger... Geben Sie folgende Zeile ein, um den Fehler im Dateinamen zu korrigieren:

```
mv bugdet.march budget.march
```

Nach `mv` geben Sie den aktuellen Namen der Datei ein, dann den gewünschten. Passen Sie auf, es kann schwieriger sein, den Fehler nochmals zu tippen, als den Namen korrekt zu schreiben!

Da Sie keine zwei Dateien mit gleichen Namen im gleichen Verzeichnis haben können, wird `mv` – wenn Sie bereits eine Datei mit dem Namen, den Sie eingegeben, haben – diese Datei verständnisvoll weghauen (wahrscheinlich nicht gerade das, was Sie wollten). Seien Sie sorgfältig beim Tippen. SVR4-Anwender können `mv -i` (wie `cp -i`) verwenden, um unbeabsichtigtes Abschießen von Dateien zu vermeiden.

Das Innenleben einer Datei

Wir halten uns nun schon seit einer ganzen Weile mit dem Thema Dateien auf, aber Sie haben noch immer nicht das Innere einer Datei gesehen. Es gibt zwei grundlegende Arten von Dateien:

- Dateien, die Text enthalten, den UNIX wohlgeordnet am Bildschirm anzeigen kann.
- Dateien, die besondere Codezeichen enthalten, und die am Bildschirm aussehen, als hätten Äffchen an der Tastatur gesessen.

Die erste Sorte Dateien heißt Textdateien; Dateien von Spreadsheats, Datenbankdateien, Programmdateien und so ziemlich dem übrigen Rest machen die zweite Gruppe aus. Texteditoren erstellen Textdateien, wie einige andere Programme auch.

Um eine Textdatei anzuzeigen, geben Sie folgende Zeile ein:

```
cat eggplant.recipe
```

Das `cat` steht für *catalog* oder vielleicht *catenate*, wer weiß? Wir sind schon reichlich erstaunt, daß unsere Tippfaulen den Befehl nicht einfach nur q genannt haben. Wenn Sie versuchen, `cat` auf eine Datei anzuwenden, die gar keinen Text enthält, dann sieht Ihr Bildschirm aus, als wäre ein Laster darübergefahren, aber kaputt machen Sie damit nichts. Manchmal kann es passieren, daß der Schrott in der Datei den Bildschirm in einen anderen Modus versetzt, in dem die Zeichen, die Sie eintippen, nicht angezeigt oder wie griechische Hieroglyphen angezeigt werden. Schauen Sie sich Kapitel 21 an, um zu sehen, wie Sie Ihren Bildschirm wieder von diesem Zeug befreien.

Ist die Datei lang, fliegt die Auflistung nur so an Ihren Augen vorüber (in Kapitel 6 lernen Sie, wie Sie sich jeweils eine Bildschirmseite anschauen können). Bei BSD-Versionen von UNIX können Sie sich auch nur die ersten zehn Zeilen einer Datei ansehen, dazu geben Sie ein:

```
head eggplant.recipe
```

Ist das, was ich hier sehe, wirklich ein Ausdruck?

Sieht eine Datei bei Ausgabe mit dem Befehl `cat` gut aus, können Sie versuchen, sie zu drucken. Haben Sie UNIX-System-V, geben Sie folgendes ein:

```
lp eggplant.recipe
```

Bei BSD-UNIX geben Sie ein:

```
lpr eggplant.recipe
```

Vorausgesetzt, Sie haben einen Drucker, er ist angeschlossen, eingeschaltet, mit Papier versorgt, und Ihr Benutzerkennwort ist so eingerichtet, daß Sie Ihn nutzen dürfen, dann wird die Datei `eggplant.recipe` gedruckt. Wenn nicht, schauen Sie sich Kapitel 9 an, um das in Ordnung zu bringen. Ist Ihr Rechner mit einem Netzwerk gesegnet, landet die Druckausgabe vielleicht irgendwo den Gang runter oder im anderen Stockwerk. In einem nie geklärten Fall erschien jede Druckausgabe von Leuten, die in New York eine Datei drucken wollten, auf einem Drucker irgendwo in Japan. Hängt Ihr Drucker nicht direkt an Ihrem Rechner, müssen Sie wahrscheinlich nachfragen, wo Sie Ihre Druckausgaben abzuholen haben. Können Sie Dateien auf mehr als einem Drucker drucken, dann schauen Sie sich den Abschnitt »Drucker, überall Drucker« in Kapitel 9 an, um zu sehen, wie Sie einen Drucker auswählen.

## KAPITEL 5

Verzeichnisse für alle Fälle

In diesem Kapitel

- Ein Verzeichnis definieren
- Zum richtigen Verzeichnis gelangen
- Ein Home Directory definieren
- Ein neues Verzeichnis einrichten
- Ein Verzeichnis löschen
- Ein Verzeichnis umbenennen
- Eine Datei in ein anderes Verzeichnis verschieben
- Dateien ordnen
- Dateien finden

Haben Sie einmal angefangen, mit UNIX zu arbeiten, dann werden Sie mehr und mehr Dateien erstellen. Sie werden Dateien mit wichtigen Notizen für Mitarbeiter und Kunden haben, Programme, die Produktivität und Kosten analysieren, Rezepte für Kürbissuppe und Spielprogramme. Dies alles ist wichtig, daher wollen Sie nichts davon verlieren. In diesem Kapitel wird erklärt, wie Sie Ihre UNIX-Dateien in Verzeichnisse ordnen und wie Sie anschließend Ihre Sachen wiederfinden.

Gute Nachrichten für DOS-Anwender

Für die erfahrenen DOS-Anwender unter Ihnen haben wir gute Nachrichten. In Bezug auf Verzeichnisse und Dateien arbeitet UNIX fast so wie DOS. Eigentlich ist es umgekehrt, jemand namens Mark hat 1982 dem DOS-System Verzeichnisse hinzugefügt, und auch die Art, wie UNIX diese Sachen macht, emuliert, natürlich nicht ohne ein paar verwirrende Änderungen vorzunehmen.

Kurzgefaßt sollten DOS-Anwender folgende Punkte über UNIX-Verzeichnisse wissen:

- All die Backslashes (\), an die Sie sich in DOS gewöhnt haben, werden in UNIX zu normalen Schrägstrichen. Mark war der Meinung, daß die DOS-Schrägstriche nach hinten kippen sollten, weil DOS bereits für die Umschaltung der Befehlszeile den nach vorne gekippten Schrägstrich verwendete. Der Grund hierfür war, daß das ursprüngliche DOS ein Remake des früheren CP/M war, das seinen Schrägstrich der Syntax eines Timesharing-Systems für die DEC PDP/10 Jahrgang 1960 entlehnte. Aber wir schweifen ab.
- Der UNIX-Befehl `cd` (change directory) funktioniert (mehr oder weniger) wie der DOS-Befehl CD; achten Sie darauf, ihn nicht mit Großbuchstaben zu schreiben.
- Der UNIX-Befehl zum Erstellen eines Verzeichnisses lautet `mkdir`, nicht wie das DOS-Kommando MD; um ein Verzeichnis zu entfernen, verwenden Sie bei UNIX den Befehl `rmdir`, nicht wie bei DOS RM. (Wo waren die Tippfaulen, als wir sie hätten brauchen können?) Diese beiden Befehle funktionieren ebenfalls wie die DOS-Versionen. Auch hier, bitte keine Großbuchstaben.
- Wie immer ist UNIX davon überzeugt, Klein- und Großbuchstaben hätten nichts miteinander zu tun. Sie haben ganz unterschiedliche Bedeutungen, also achten Sie darauf – man kann das nicht oft genug sagen -, Großbuchstaben richtig einzusetzen, wenn Sie Verzeichnis- und Dateinamen eingeben.
- Mögen Sie die DOS-Befehle besonders und wollen, daß UNIX sie versteht, dann können Sie Shell-Skripten (das UNIX-Gegenstück zu den DOS-Batchfiles) erstellen und damit DIR und COPY eingeben, obwohl Sie mit UNIX arbeiten. (In Kapitel 14 sehen Sie, wie man Shell-Skripten erstellt.) Oder, falls Sie ganz verliebt sind in UNIX-Befehle (wer ist das nicht?), können Sie auf Ihrem PC DOS-Batchfiles erstellen, damit Sie `ls` oder `cp` eingeben können.

Haben Sie aufgrund Ihrer umfangreichen Erfahrung mit dem PC ein intuitives Verständnis für Verzeichnisse und Pfade entwickelt, dann können Sie mit dem Kasten mit der Überschrift »Ein großes Bild bekommen« weitermachen.

Was ist ein Verzeichnis?

Für alle, die keine DOS-Leute sind: ein *Verzeichnis (Directory)* ist eine Gruppe von Dateien oder ein Arbeitsbereich. (Macintosh-Anwender erkennen hier vielleicht den »Folder« bzw. »Ordner«). Ein Verzeichnis bekommt einen Namen, z.B. Budget oder Letters oder Games oder Harold. Sie können in ein Verzeichnis so viele Dateien packen, wie Sie möchten.

Das gute an Verzeichnissen (manchmal auch *Unterverzeichnisse – Subdirectories* – genannt) ist, daß Sie damit Gruppen verwandter Dateien bilden können. Legen Sie z.B. ein Verzeichnis für alle Ihre Budget-Dateien an, dann sind das die einzigen Dateien, die Sie sehen, wenn Sie in diesem Verzeichnis arbeiten. Verzeichnisse erleichtern es, sich auf seine Arbeit zu konzentrieren und sich nicht von Unmengen anderer Dateien auf der Platte ablenken zu lassen.

Sie können Verzeichnisse erstellen, Dateien dort eröffnen, Verzeichnisse umbenennen und sich ihrer wieder entledigen. Dieses Kapitel beschreibt die Befehle, mit denen Sie all diese waghalsigen Unternehmungen ausführen können.

Teile und siege

Interessanterweise kann ein Verzeichnis andere Verzeichnisse enthalten. Sie können z.B. für Ihr Abteilungsbudget ein Verzeichnis mit dem Namen Budget erstellen. Das Verzeichnis Budget kann wiederum einige andere Verzeichnisse (auch Unterverzeichnisse genannt) enthalten, z.B. Year1993, Year1994 und Estimates. Enthält ein Verzeichnis so viele Dateien, daß Sie den Überblick verlieren, dann sollten Sie einige Unterverzeichnisse einrichten und eine Aufteilung vornehmen.

Dateien und Verzeichnisse sind auf der Platte gespeichert. Jede Platte hat ein Hauptverzeichnis, das alles, was auf der Platte ist, enthält. Dieses Verzeichnis wird *Root Directory* genannt. Die UNIX-Designer dachten dabei allerdings mehr an Bäume als an Wurzeln. Sie stellten sich einen umgedrehten Baum vor mit den Wurzeln nach oben und den Ästen nach unten verzweigend, wie in Abbildung 5-1 dargestellt. Diese Dateianordnung wird *Verzeichnis mit Baumstruktur* genannt.

Eigenartigerweise tippt sich das Root Directory nicht `root`. Statt dessen gibt man / ein. Einfach so: ein einzelner Schrägstrich heißt im UNIX-Jargon »root«.

Wege zur Macht

Leider präsentiert UNIX die Struktur eines Verzeichnisses nie als nettes Bildchen wie in Abbildung 5-1. Das wäre zu einfach. Statt dessen müssen Sie den Pfadnamen einer Datei eingeben, um UNIX mitzuteilen, mit welcher Datei Sie arbeiten wollen. Der Pfadname ist eine Schatzsucherkarte, der UNIX bei der Root beginnend Schritt für Schritt folgt, um zur betreffenden Datei zu gelangen.

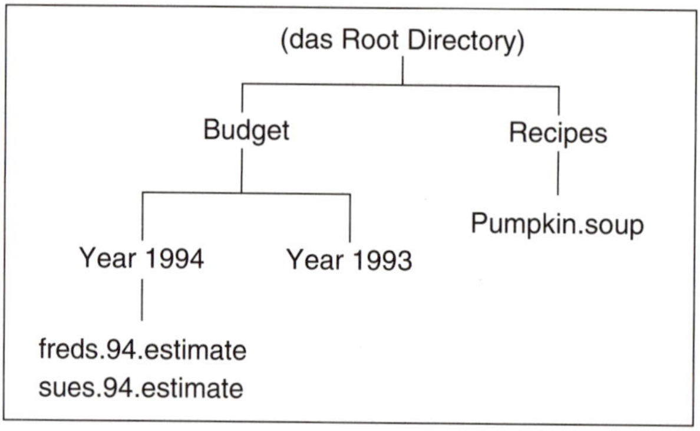

Abbildung 5-1:
Ein Verzeichnis mit Baumstruktur

Der Pfadname für die Datei `freds.94.estimate` aus Abb. 5-1 enthält z.B. diese Schritte:

`/`	Die Root, an der begonnen wird.
`Budget`	Der Name des ersten Verzeichnisses, das Sie auf Ihrem Weg zu der Datei begehen.
`/`	Verwirrenderweise bezieht sich dieser Schrägstrich nicht auf eine weitere Root: er ist nur ein Zeichen, mit dem ein Name vom folgenden im Pfadnamen getrennt wird.
`Year1994`	Das nächste Verzeichnis auf dem Weg zur Datei.
`/`	Ein weiteres Trennzeichen.
`freds.94.estimate`	Der gewünschte Dateiname.

Wenn Sie den Pfadnamen eingeben, hängen Sie wie folgt alles ohne Leerzeichen aneinander:

```
/Budget/Year1994/freds.94.estimate
```

Zum Glück müssen Sie dermaßen lange Pfadnamen nicht sehr häufig eingeben, denn es ist höllisch schwer, das beim ersten Versuch richtig hinzukriegen!

Familienangelegenheiten

Sie können sich die Baumstruktur von Verzeichnissen auch als Stammbaum vorstellen. Das hieße, das Verzeichnis `Year1994` ist ein Kind des Verzeichnisses `Budget`, und das Verzeichnis `Budget` ist ein Elternteil des Verzeichnisses `Year1994`. Diese Begriffe werden Ihnen vielleicht noch öfters begegnen, wenn Sie mehr über UNIX lesen.

Namen für Verzeichnisse

Wählen Sie Namen für Verzeichnisse nach den gleichen Kriterien, nach denen Sie Namen für Dateien wählen: vermeiden Sie ausgefallene Zeichen, wählen Sie keinen zu langen Namen, so daß Sie ihn nicht jedesmal falsch eintippen. Manche Leute schreiben die Namen von Verzeichnissen am Anfang mit einem Großbuchstaben, so daß sie Verzeichnisse und Dateien auseinanderhalten können. Wenn Sie mit `ls` den Inhalt eines Verzeichnisses auflisten, dann zeigt der Befehl sowohl Dateien als auch Unterverzeichnisse. Verwenden Sie Großbuchstaben, um Verzeichnisnamen und Dateinamen zu unterscheiden, wissen Sie schnell, was was ist.

Den Überblick behalten

Haben Sie eine UNIX Workstation ganz für sich, sind die meisten oder alle Dateien auf der Platte von Ihnen. Haben Sie nur ein Terminal und teilen den UNIX-Rechner mit anderen, dann enthält die Festplatte des Rechners Dateien von allen Anwendern. Wie Sie sich vorstellen können, sprechen wir über Unmengen von Dateien. Um eine gewisse Ordnung in diese Dateien – und die Benutzer – zu bekommen, gibt es eine Menge verschiedener Verzeichnisse.

Es gibt zahlreiche Verzeichnisse für die UNIX-eigenen Programmdateien, für Programmdateien anderer Programme und anderen Kram, an dem Sie sicherlich kein Interesse haben. Die Dateien, die Benutzern (wie Ihnen) gehören, sind normalerweise in einem eigenen Bereich gespeichert. Ein Verzeichnis mit dem Namen `/usr` (oder manchmal `/home`) enthält ein Unterverzeichnis für jeden Anwender. Ist Ihr Benutzername z.B. `bclinton`, enthält das Verzeichnis `/usr` ein Unterverzeichnis `bclinton`, das Ihre Dateien enthält.

Nirgends ist es so schön wie zuhause

Jeder Benutzer hat ein Home Directory (nett, nicht?), in dem er seinen persönlichen Kram, Post und so weiter, speichert. Wenn Sie sich anmelden, sorgt UNIX dafür, daß Sie in Ihrem Home Directory arbeiten, wo Sie bleiben, bis Sie irgendwo anders hingehen. Ihr Home Directory ist Ihr Unterverzeichnis im Verzeichnis `/usr`, also ist das Home Directory von Bill C. das Verzeichnis `/usr/bclinton`. Weil sich bei den meisten UNIX-Systemen viele Leute Plattenspeicher und Dateien teilen, enthält UNIX ein Sicherheitssystem, um zu verhindern, daß Leute die private Post anderer lesen oder sich gegenseitig die Arbeit zunichtemachen (aus Versehen, natürlich). Kapitel 28 behandelt dieses Sicherheitssystem. In Ihrem Home Directory dürfen Sie normalerweise alle Dateien und Unterverzeichnisse erstellen, editieren und löschen. Das dürfen Sie im Home Directory eines anderen nicht, es sei denn, derjenige gibt Ihnen die Erlaubnis dazu.

Pfadfinder

Wenn Sie mit UNIX arbeiten, dann ist das Verzeichnis, in dem Sie arbeiten, das *Arbeitsverzeichnis* (*Working Directory*). Manche Leute nennen es Current Directory (aktuelles Verzeichnis), was auch Sinn macht.

Wenn Sie sich anfangs anmelden, dann ist Ihr Home Directory Ihr Arbeitsverzeichnis. Aber auch wenn Sie mit dem Home Directory starten, so können Sie sich doch herumbewegen. Gehen Sie z.B. zum Verzeichnis `/Budget`, dann wird das Verzeichnis `/Budget` das Arbeitsverzeichnis (Ihr Home Directory bleibt allerdings immer Ihr Home Directory, da verändert sich nichts).

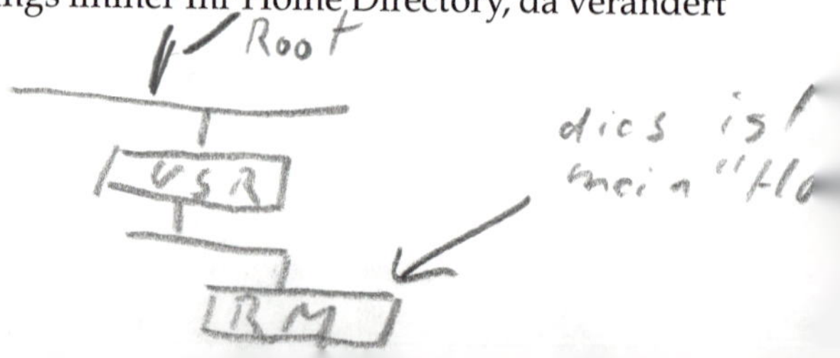

Haben Sie vergessen, wo in der Verzeichnis-Struktur Sie sich befinden, können Sie UNIX danach fragen. Geben Sie folgende Zeile ein, um UNIX zu fragen, wo Sie sind:

```
pwd
```

Diese Zeile ist die Kurzform von *print working directory.* UNIX druckt diese Information nicht auf Papier aus, es zeigt sie nur an Ihrem Bildschirm an. Sie sehen z.B. folgendes:

```
/Budget/Year1994
```

Verwenden Sie den Befehl `ls` (oder einen der meisten anderen UNIX-Befehle), dann nimmt UNIX an, daß Sie mit den Dateien im Arbeitsverzeichnis arbeiten wollen. Der Befehl listet nur die Befehle im Arbeitsverzeichnis auf, es sei denn, Sie geben an, daß er woanders schauen soll.

Wollen Sie zu einem anderen Verzeichnis gehen, um dort zu arbeiten (wenn Sie es z.B. satt haben, am Budget zu arbeiten und sich dieses leckere Rezept für Kürbissuppe ansehen wollen), dann können Sie das Verzeichnis wechseln. Sie wechseln von irgendeiner Stelle des Verzeichnisses `/Budget` zum Verzeichnis `/Recipes`, indem Sie folgendes eingeben:

```
cd /Recipes
```

Denken Sie daran, daß `cd` für den Befehl change directory steht. Nach dem `cd` (und einem Leerzeichen) geben Sie das Verzeichnis an, zu dem Sie wollen. Es gibt zwei Möglichkeiten, wie man UNIX mitteilt, zu welchem Verzeichnis man möchte:

- Geben Sie einen *vollständigen Pfadnamen* – oder einen *absoluten Pfadnamen* - ein (der Pfadname, der bei der Root beginnt).
- Geben Sie einen *relativen Pfadnamen* ein (der Pfadname, der dort beginnt, wo Sie jetzt sind).

Das ist verwirrend; wir wissen, in welches Verzeichnis wir wollen, aber UNIX muß, bevor es die Verschiebung vornimmt, genau wissen, welches Verzeichnis wir haben wollen. Da es auf der Platte mehrere Verzeichnisse geben kann, die `Recipes` heißen, muß UNIX wissen, welches gemeint ist.

Ein vollständiger Pfadname, bei dem Sie bei der Root beginnen, fängt mit / an. Ein relativer Pfadname, der bei Ihrem aktuellen Arbeitsverzeichnis beginnt, fängt nicht mit / an. Daran erkennt UNIX (und Sie auch), um was für einen Pfad es sich handelt.

Sind Sie z.B. im Verzeichnis `/Budget` (auf dem Ast `/Budget` des Verzeichnisbaumes) und wollen zum Unterverzeichnis `/Year1994` gehen (einem Zweig am Hauptast `/Budget`), dann geben Sie einfach `cd Year1994` ein. Um zu einem anderen Ast zu gehen oder sich hinauf Richtung Wurzel zu bewegen, müssen Sie die Schrägstriche verwenden. Möchten Sie vom Verzeichnis `/Budget/Year1994` wieder zum Hauptast `/Budget`, dann geben Sie `cd /Budget` ein. Wollen Sie z.B. vom Ast `/Budget` zum Ast `/Recipes`, dann geben Sie `cd /Recipes` ein.

Nach Hause!

Sind Sie in ein anderes Verzeichnis gewechselt (z.B. `/Oz`) und wollen wieder zurück in Ihr Home Directory (`/Kansas`, in diesem Fall), dann ist das so einfach, wie dreimal mit den Absätzen Ihrer roten Schuhe aneinanderzuschlagen. Geben Sie einfach diese Zeile ein:

```
cd
```

Teilen Sie UNIX nicht mit, wohin Sie gehen wollen, dann nimmt es einfach an, daß Sie nach Hause wollen.

Versuchen Sie, zu einem Verzeichnis zu wechseln, das nicht existiert, oder haben Sie den Verzeichnisnamen oder Pfadnamen falsch geschrieben, dann meldet sich UNIX mit:

```
Dudget: No such file or directory
```

(oder mit einem anderen falschen Verzeichnisnamen, Sie eben eingegeben haben).

Wie man seine Schäfchen zusammenhält

Wie bei allem im Leben, zahlt es sich beim Benennen von Dateien und Speichern in Verzeichnissen aus (dürfen wir so kühn sein, dies vorzuschlagen?), eine gewisse Ordnung walten zu lassen. Wenn Sie nicht wenigstens ein bißchen Ordnung halten, werden Sie nie etwas finden. Überlegen Sie sich, welche Arten von Dateien Sie haben und verwenden werden: Dateien für die Textverarbeitung? für Spreadsheets? Dann legen Sie für jede Dateiart oder für jedes Projekt, an dem Sie arbeiten, ein Verzeichnis an. Dieser Abschnitt zeigt Ihnen, wie das geht.

Verzeichnisse erstellen

Ehe Sie ein Verzeichnis erstellen, sollten Sie sich vergewissern, daß Sie es auch an der richtigen Stelle erstellen. Denken Sie daran, daß Sie sich mit dem folgenden Befehl Ihr Arbeitsverzeichnis (also das aktuelle Verzeichnis) ansehen können:

```
pwd
```

Das naheliegendste wäre es, das neue Unterverzeichnis in Ihrem Home Directory zu plazieren. Befinden Sie sich dort gerade nicht, dann gehen Sie mit folgendem Befehl dorthin:

```
cd
```

Wenn Sie ein Verzeichnis erstellen, geben Sie ihm einen Namen. Wollen Sie z.B. ein Verzeichnis mit dem Namen `/Temp` für die Aufnahme temporärer Dateien erstellen, geben Sie diese Zeile ein:

```
mkdir Temp
```

Die meisten Benutzer haben ein Verzeichnis `Temp` für temporäre Dateien. Das können Dateien sein, die Sie eben mal zum Drucken, zum Kopieren von der Diskette auf Platte oder Band oder wozu auch immer brauchen. Ist ja auch egal, jetzt haben Sie auf jeden Fall eins. Um sich bestätigen zu lassen, daß das Verzeichnis `Temp` auch da ist, geben Sie diese Zeile ein:

```
ls
```

Sie können jetzt natürlich zu `Temp` wechseln und sich dort umsehen:

```
cd Temp
ls
```

Ein neues Verzeichnis ist zunächst leer (es enthält keine Dateien).

Die meisten Leute haben Verzeichnisse mit Namen wie:

`Mail` Für elektronische Post (vgl. Kapitel 16).

`Docs` Für verschiedene Dokumente, Notizen und Briefe.

`Temp` Für Dateien, die Sie voraussichtlich nicht weiter brauchen werden. Verwenden Sie also `Temp` für Dateien, die Sie bald wegwerfen wollen. FallsSie sich in einem anderen Verzeichnis befinden und Sie die Dateien nicht gleich löschen, wenn Sie fertig mit ihnen sind, vergessen Sie vielleicht, wozu sie gut waren, und zögern später, sie zu löschen. So häuft sich gewöhnlich eine Menge

Kram in Verzeichnissen an. Machen Sie es sich zur Gewohnheit, daß Dateien, die im Verzeichnis `Temp` stehenbleiben, als löschbar anzusehen.

`bin` Für Programme, die Sie verwenden, die aber nicht irgendwo zentral gespeichert sind. Vielleicht hat Ihnen Ihr Systemverwalter schon Ihr eigenes Verzeichnis `bin` eingerichtet. (In Kapitel 14 finden Sie Informationen über das Verzeichnis `bin` und über das Erstellen eigener Programme.)

Sie können sich auch ein oder mehrere Verzeichnisse erstellen, die Sie richtig zum Arbeiten verwenden.

Punkt und Punkt Punkt

Es gibt zwei lustige Pseudo-Verzeichnisnamen, die Sie – insbesondere mit den Befehlen `cd` und `ls` – verwenden können. Der eine ist . (ein einzelner Punkt), mit dem das aktuelle Verzeichnis gemeint ist. Wenn Sie UNIX z.B. veranlassen wollen, die Dateien im aktuellen Verzeichnis aufzulisten, geben Sie folgende Zeile ein:

```
ls .
```

Das ist natürlich ziemlich witzlos, weil die folgende Zeile genau dasselbe macht:

```
ls
```

Ok, vergessen Sie . (den einzelnen Punkt). Aber .. (der doppelte Punkt oder Punkt Punkt) kann hilfreich sein. Damit ist das Elternverzeichnis des aktuellen Arbeitsverzeichnisses gemeint. Das Elternverzeichnis ist das Verzeichnis, in dem das Arbeitsverzeichnis Unterverzeichnis ist. Es ist also die nächsthöhere Stufe im Baum. Sind Sie z.B. im Verzeichnis `/usr/home/bclinton/Budget`, dann ist das Verzeichnis .. (Punkt Punkt, oder Elternverzeichnis) das Verzeichnis `/usr/home/bclinton`.

Angenommen, Sie geben folgendes ein:

```
ls..
```

Dann sehen Sie eine Liste der Dateien im Elternverzeichnis des jetzigen Verzeichnisses. Das kann Ihnen einiges an ernsthafter Tipparbeit ersparen (und damit verbundene Fehler).

Nette kleine Funktionen, die man immer mal brauchen kann

Nachdem Sie einige Verzeichnisse haben, möchten Sie vielleicht ihre Namen ändern oder sie wieder loswerden. Vielleicht möchten Sie auch eine Datei von einem Verzeichnis in ein anderes stellen. Fangen wir zuerst damit an.

Dateien transplantieren

Kapitel 4 beschreibt die Verwendung des Befehls `mv`, um eine Datei umzubenennen. Mit dem gleichen Befehl können Sie eine Datei von einem Verzeichnis in ein anderes stellen. Damit der Befehl `mv` Dateien verschiebt und nicht nur umbenennt, müssen Sie ihm zwei Dinge mit auf den Weg geben:

- Den Namen der Datei, die Sie verschieben möchten.
- Den Namen des Pfades, wo Sie die Dateien hinhaben möchten.

Sie könnten die Datei beim Verschieben auch gleich umbenennen, aber wir wollen hier ja nichts überstürzen. Angenommen, Sie stellen die Datei `allens.94.estimates` in das Verzeichnis `/Budget/Year1993` und nicht in das Verzeichnis `/Budget/Year1994`. Der einfachste Weg, sie zu verschieben, ist zunächst in das Verzeichnis zu gehen, in dem sie steht. In diesem Beispiel geben Sie folgende Zeile ein:

```
cd /Budget/Year1993
```

Stellen Sie mit `ls` sicher, daß die Datei im aktuellen Verzeichnis ist. Wenn Sie sich dessen vergewissert haben, konnen Sie sie in das gewünschte Verzeichnis bringen, indem Sie folgende Zeile eingeben:

```
mv allens.94.estimates /Budget/Year1994
```

Achten Sie darauf, ein Leerzeichen nach `mv` zu lassen, sowie eines zwischen dem Dateinamen und dem Zielverzeichnis. Bei einem erneuten `ls` entdecken Sie, daß die Datei nicht mehr im Arbeitsverzeichnis (`Year1993`) ist. Sie sollten in das Verzeichnis gehen, in das Sie die Datei gestellt haben, und dort den Befehl `ls` ausführen, um sicherzustellen, daß die Datei auch angekommen ist. Ein einziger Tippfehler in einen `mv`-Befehl genügt, um eine wichtige Datei an irgendeine ungewünschte Stelle zu bringen.

Überflüssige Verzeichnisse verschwinden lassen

Mit dem Befehl `rmdir` können Sie ein überflüssiges Verzeichnis entfernen: aber was ist mit den Dateien darin? Hängen die jetzt in der Luft mit dem Boden unter den Füßen weggezogen? Nein, Sie müssen die Dateien in dem Verzeichnis entweder loswerden (sie löschen) oder irgendwo anders hinschieben, ehe Sie das Verzeichnis zerstückeln.

Um ein Verzeichnis zu löschen, tun Sie folgendes:

1. Löschen Sie mit dem Befehl `rm` alle die Dateien, die Sie nicht behalten möchten. (In Kapitel 4 finden Sie die blutrünstigen Details bei der Verwendung des Befehls `rm`.)

2. Die Dateien, die Sie behalten möchten, müssen Sie mit dem Befehl `mv` sonstwohin schieben (wie im vorangegangenen Abschnitt beschrieben).

3. Wenn das Verzeichnis, das Sie löschen wollen, leer ist, wechseln Sie in ein anderes Verzeichnis. UNIX läßt nicht zu, daß Sie das aktuelle Arbeitsverzeichnis löschen. Das einfachste ist, Sie gehen zum Elternverzeichnis des aktuellen Verzeichnisses:

   ```
   cd..
   ```

4. Entfernen Sie das Verzeichnis durch Eingabe folgender Zeile:

   ```
   rmdir OldStuff
   ```

   Ersetzen Sie *OldStuff* durch den Namen des Verzeichnisses, das Sie umnieten wollen.

5. Lassen Sie sich mit `ls` bestätigen, daß das Verzeichnis weg ist.

Es ist möglich, ein Verzeichnis inklusive aller Dateien oder sogar ein Verzeichnis inklusive der Unterverzeichnisse und Dateien darin zu löschen, aber das ist eine reichlich gefährliche Angelegenheit. Normalerweise fahren Sie besser, wenn Sie die einzelnen Dateien durchgehen und sie in kleineren Gruppen löschen oder verschieben.

Ein Verzeichnis umbenennen

Wenn Sie bisher mit DOS gearbeitet haben, werden Sie unter UNIX begeistert sein, daß Sie hier ein Verzeichnis sofort nach Erstellen umbenennen können. (DOS läßt das nicht zu.) Dabei hilft Ihnen wieder der Befehl `rm`.

Um ein Verzeichnis umzubenennen, sagen Sie `mv` den Namen des Arbeitsverzeichnisses und den des neuen Verzeichnisses. Gehen Sie in das Elternverzeichnis des Verzeichnisses, das Sie umbenennen wollen, und tippen Sie dann den Befehl `mv`. Um z.B. das Verzeichnis `/Budget` in `/Finance` umzubenennen, gehen Sie zum Verzeichnis / (tippen Sie `cd /`) und geben diese Zeile ein:

```
mv Budget /Finance
```

Denken Sie daran, zunächst sicherzustellen, daß es nicht bereits ein Verzeichnis mit diesem Namen gibt. Ist dies der Fall, dann macht UNIX aus dem erstgenannten Verzeichnis ein Unterverzeichnis des bereits vorhandenen Verzeichnisses. Mit anderen Worten, existiert bereits ein Verzeichnis `/Finance`, dann wird aus `/Budget` jetzt `/Finance/Budget`. Das kann nützlich sein, vorausgesetzt, es ist das, was Sie wollen.

Ich bin verloren! Wenn die Datei, die ich in einer halben Stunde für meinen Vortrag brauche, verschwunden ist…

Das Schöne an Verzeichnissen ist, daß Sie damit alle Ihre Dateien in ordentlich zusammengefaßten Gruppen haben. Das Problem mit Verzeichnissen ist, daß Dateien manchmal im falschen Verzeichnis landen und es dann schwer wird, sie zu finden. (Oft scheint es, als bekämen Dateien Beinchen und marschierten von allein davon, wie kleine Kinder in Einkaufspassagen.) Dieser Abschnitt zeigt einige Möglichkeiten auf, abspenstige Dateien ausfindig zu machen, vorausgesetzt Sie kennen den Namen der Datei.

Auf den Putz hauen

Die erste Methode, eine verlorene Datei zu finden, ist die Holzhammer-Methode. Beginnend mit Ihrem Home Directory, durchsuchen Sie jedes Verzeichnis mit `ls`. Geben Sie in jedem Verzeichnis folgende Zeile ein:

```
ls important.file
```

Wie unschwer zu erkennen ist, müssen Sie `important.file` durch den Namen der Datei ersetzen, nach der Sie suchen. Ist die Datei in dem Verzeichnis, dann listet `ls` sie auf. Ist die Datei nicht da, dann beschwert sich `ls`, daß es sie nicht finden kann. Diese Methode kann bei vielen Verzeichnissen eine Menge Zeit in Anspruch nehmen; ein echter Rückschlag wäre es natürlich, wenn Sie die Datei überhaupt nicht finden, weil sie in ein Verzeichnis eines anderen Benutzers abgewandert ist.

Auf die elegante Tour

Wenn Sie wissen – oder meinen zu wissen –, daß Ihre Datei in der Nähe ist, können Sie * (Asterisk) als Wildcard in Verzeichnisnamen einsetzen. (Wildcards werden in Kapitel 6 behandelt. Sie ermöglichen es, mit einer Menge von Dateien oder Verzeichnissen auf einmal zu arbeiten.) Um `important.file` in einem der Unterverzeichnisse des Arbeitsverzeichnisses zu finden, geben Sie diese Zeile ein:

```
ls */important.file
```

Dieses Verfahren funktioniert nicht mit Verzeichnissen innerhalb von Verzeichnissen: es wird nur eine Ebene tiefer gesucht. Um alles zu durchsuchen, also entweder Ihre eigene Verzeichnisstruktur oder sämtliche Verzeichnisse auf dem Rechner, nehmen Sie den Befehl `find`. Der Befehl `find` ist zwar trick-, aber auch außerordentlich hilfreich; in Kapitel 26 erzählen wir mehr über ihn. Um mit ihm die Datei `important.file` in irgendeinem Ihrer Verzeichnisse zu finden, gehen Sie in Ihr Home Directory und geben dann diese Zeile ein:

```
find . -name important.file -print
```

Denken Sie daran, `important.file` durch den Namen der Datei zu ersetzen, nach der Sie suchen. Stellen Sie sicher, daß Sie diese Komponenten eingeben, wenn Sie den Befehl `find` verwenden:

- Ein Leerzeichen nach dem Befehl `find`
- Einen Punkt (der `find` mitteilt, daß mit der Suche im Arbeitsverzeichnis begonnen werden soll)
- Ein weiteres Leerzeichen
- `-name` (dadurch weiß `find`, daß Sie den Namen der Datei kennen)
- Ein weiteres Leerzeichen
- Den Namen der Datei, nach der Sie suchen
- Ein weiteres Leerzeichen
- `-print` (damit sagen Sie `find`, daß der vollständige Pfadname ausgegeben werden soll, wenn die Datei gefunden wird; wenn Sie diese Option

nicht anhängen, dann sagt `find` – auch wenn die Datei gefunden wurde – überhaupt nichts)

Dieser Befehl `find` beginnt im Arbeitsverzeichnis (des Punktes wegen, den Sie im Befehl angegeben haben), sucht aber nicht nur im Arbeitsverzeichnis nach der Datei, sondern auch in allen seinen Unterverzeichnissen (und Unter-Unterverzeichnissen, ad infinitum).

Nützt der Befehl `find` nichts, und Sie meinen, die Datei könnte in einem Verzeichnis eines anderen Benutzers sein, dann nehmen Sie wieder den `find`-Befehl und ersetzen jetzt den . (Punkt) durch ein / (einen Schrägstrich). Bei dieser Version fängt `find` beim Root Directory mit der Suche an und durchsucht jedes Verzeichnis auf der Platte. Wie Sie sich vorstellen können, erfordert dieser Prozeß einige Zeit; also versuchen Sie es erst mit anderen Methoden.

Ein Dateiname verzweifelt gesucht

Wenn Sie zwar nicht den Namen der Datei kennen, die Sie verloren haben, aber ein Wort oder einen Satz, den die Datei enthält (am besten ein Satz, der nicht in Dutzenden anderer Dateien auch vorkommt), dann können Sie den Befehl `grep` verwenden, um sie zu suchen (dazu Kapitel 26).

Verbindungen zu Schattendateien

Sie geraten möglicherweise in eine Situation, in der es scheint, als wäre eine Datei gleichzeitig in verschiedenen Verzeichnissen (an dieser Stelle bitte Dämmerungsmusik). DOS-Anwender wissen, daß dies ganz und gar unmöglich ist. Überraschung! In UNIX *können* Sie eine Datei gleichzeitig an mehreren Stellen haben. Sie kann sogar mehrere verschiedene Namen haben. Und es kann sogar enorm nützlich sein, wenn eine Datei z.B. gleichzeitig in den Home Directories mehrerer Leute ist, so daß diese sie leicht gemeinsam nutzen können.

Um diese magische Wirkung zu erzielen, gibt es *links*. Wir erörtern *links* in Kapitel 26. Geraten Sie bis dahin nicht in Panik, wenn Sie sehen, daß eine Datei an einer Stelle herumlungert, obwohl Sie sicher wissen, daß sie woanders hingehört.

KAPITEL 6

Wirklich nette UNIX-Tricks

In diesem Kapitel

- Umleitung einsetzen
- Eine Datei bildschirmweise anschauen
- Die Ausgabe irgendeines Befehls drucken
- Mit Gruppen von Dateien arbeiten

Sie wissen jetzt, wie man mit Dateien arbeitet und kennen einige Befehle aus UNIX (Sie erteilen sie der Shell, wie Sie wissen – wir sollten uns an diesem Problem nicht festbeißen). UNIX hat eine schlaue Methode, die Wirkung seiner Befehle zu erhöhen: die Umleitung. In diesem Kapitel werden Sie sehen, wie Sie mit der Umleitung arbeiten und wie Sie Wildcards einsetzen, um mit Gruppen von Dateien zu arbeiten.

Diese Ausgabe geht in die Wüste: Umleitung

Benutzen Sie einen UNIX-Befehl wie `ls`, dann wird das Ergebnis (die *Ausgabe* – der *Output*) am Bildschirm angezeigt. In der Tat wird der Bildschirm standardmäßig für die Ausgabe der meisten UNIX-Befehle verwendet. Dafür gibt es sogar einen Namen: *Standardausgabe* (*standard output*). Wie Sie sich vorstellen können, gibt es auch eine *Standardeingabe*, normalerweise die Tastatur. Sie geben einen Befehl ein; braucht dieser weitere Angaben, dann geben Sie diese auch ein. Das Ergebnis ist eine Ausgabe am Bildschirm – alles ganz natürlich.

Diesen natürlichen Vorgang können Sie pervertieren, indem Sie die Ein- oder Ausgabe eines Programmes *umleiten*. Ein passenderes Wort wäre *kidnappen*. Sie sagen zu UNIX: »Zeige diese Ausgabe nicht am Bildschirm an, sondern tu' sie woanders hin.« Oder: »Für dieses Programm kommt die Eingabe diesmal nicht von der Tastatur; schau woanders nach.«

Das »woanders« kann irgendeine der folgenden Quellen sein:

- **Eine Datei**. Sie können z.B. die Ausgabe von ls (Ihre Dateienliste) in eine Datei speichern.
- **Der Drucker**. Macht nur bei der Ausgabe Sinn; eine Eingabe vom Drukker holen zu wollen ist ein verlorener Kampf.
- **Ein anderes Programm**.

Ganze Bündel von Programmen sind so entworfen, daß sie ihre Eingabe in erster Linie von einer anderen Quelle als der Tastatur holen und woanders hintransportieren als an den Bildschirm. Solche Programme werden *Filter* genannt. Leser, die alt genug sind, zu wissen, was Zigaretten sind, werden sich erinnern, daß die wirklich fortschrittlichen einen Filter zwischen der Zigarette und dem Mund hatten, um den Rauch glatter, gereifter und verfeinerter zu machen. UNIX-Filter funktionieren ähnlich, außer, daß sie nicht aus Asbest gemacht werden.

Die einzigen Ausnahmen bei diesem Umleitungsgeschäft sind Programme, wie Textverarbeitungs- und Spreadsheetprogramme, die den ganzen Bildschirm einnehmen. Auch wenn Sie deren Ausgabe z.B. auf den Drucker umleiten können, werden Sie nicht gerade begeistert vom Ergebnis sein (genausowenig wie Ihre Kollegen, die am Drucker auf einen Stapel Altpapier warten müssen). Full-Screen-Programme schreiben eine Menge Schrott (d.h. sie geben Anweisungen) an den Bildschirm, um zu bestimmen, wo was angezeigt wird, welche Farbe benutzt wird und so weiter. Diese Dinge funktionieren am Drucker nicht, weil der Drucker seinen eigenen anderslautenden Schrott verwendet. Kurz gesagt: *Umleitung und Texteditoren passen nicht zusammen*.

Schnappen Sie sich die Ausgabe

Sie fragen also, wie man diesen netten Umleitungskram nutzt? UNIX macht das natürlich mit lustigen Zeichen. Die beiden Zeichen < und > werden verwendet, um Ein- und Ausgaben von und nach Dateien und zum Drucker umzuleiten. Ein anderes Zeichen (|) wird dazu verwendet, die Ausgabe des einen Programms als Eingabe für ein anderes zu verwenden.

Um die Ausgabe eines Befehls umzuleiten, verwenden Sie >. Stellen Sie sich dieses Symbol als kleinen Trichter vor, *in den* die Ausgabe hineinläuft (zugegeben, wir nutzen jeden noch so blöden Witz als Eselsbrücke, um sich diese komischen Zeichen zu merken). Um z.B. eine Datei `list.of.files` zu erstellen, die Ihre Dateienliste enthält, geben Sie diese Zeile ein:

```
ls > list.of.files
```

UNIX erstellt eine neue Datei, in diesem Fall `list.of.files`, und leitet die Ausgabe des Befehls `ls` dort hin.

Existiert `list.of.files` bereits, dann fegt UNIX die alte Version weg.

Wenn Sie die bereits existierende Datei nicht löschen wollen, können Sie UNIX veranlassen, die neuen Informationen an deren Ende anzuhängen (append). Um dies zu tun, geben Sie folgende Zeile ein:

```
ls >> list.of.files
```

Das doppelte Symbol >> sorgt dafür, daß der Befehl die Ausgabe von `ls` ans Ende der Datei `list.of.files` hängt, wenn diese bereits existiert. Existiert `list.of.files` noch nicht, dann wird sie erstellt.

Wenn Sie > (größer) Umleitung verwenden, wird der ganze bestehende Inhalt der Datei, in den Sie die Ausgabe umleiten, weggeputzt. Aus diesem Grund ist >> Umleitung (Größer größer) viel sicherer. Einige (aber natürlich nicht alle) Versionen der C-Shell prüfen, ob die Datei bereits existiert, und lassen nicht zu, daß Sie eine vorhandene Datei durch Umleitung abschießen.

Eingaben umleiten

Die Eingabe umzuleiten ist sehr viel seltener von Nutzen, als die Ausgabe umzuleiten, uns fällt kein einziges einfaches Beispiel ein, wo man sie brauchen würde. Es muß also genügen zu erklären, daß die Umleitung der Eingabe genauso abläuft wie die Umleitung der Ausgabe, außer daß Sie dann das Zeichen < anstatt des > verwenden.

Gluck, gluck: Daten durch Pipes (Rohre) schicken

Es kann wirklich hilfreich sein, die Ausgabe eines Programms so umzuleiten, daß sie die Eingabe eines anderen wird. Dieser Vorgang ist das elektronische Gegenstück zum Flüsterspiel, wobei jedes Programm etwas mit der geflüsterten Information macht.

Um das Flüsterspiel in UNIX zu spielen, wird ein Rohr, die *Pipe*, gebraucht. Das Symbol für eine Pipe ist ein senkrechter Strich (|). Suchen Sie dieses Zeichen auf Ihrer Tastatur. Häufig ist es auf der gleichen Taste wie \ (Backslash). Manchmal zeigt die Darstellung auf der Taste den senkrechten Strich mit einer Lücke in der Mitte, aber das macht nichts. Wenn Sie zwei Befehle eingeben, die durch ein | getrennt sind, dann sagen Sie UNIX damit, daß es die Ausgabe des ersten Befehls als Eingabe für den zweiten nehmen soll.

Gib mir doch ein wenig Zeit

Wenn Sie viele Dateien in einem Verzeichnis haben, kann die Ausgabe des Befehls `ls` so schnell vorbeiflirren, daß Sie keine Zeit haben, sie zu lesen. Dadurch wird es unmöglich, die Dateien am Anfang der Liste zu lesen, ehe sie oben am Bildschirm wieder verschwinden. Ein UNIX-Programm mit dem Namen `more` löst dieses Problem. Das Programm `more` zeigt am Bildschirm die Informationen an, die Sie ihm geben, aber hält inne, sobald der Bildschirm damit gefüllt ist, und wartet, bis Sie eine Taste drücken, um fortzufahren. Wollen Sie sich Ihre Dateienliste bildschirmweise anzeigen lassen, dann geben Sie diese Zeile ein:

```
ls | more
```

Diese Zeile veranlaßt den Befehl `ls`, die Dateienliste an den Befehl `more` zu schicken. Der Befehl `more` zeigt dann die Dateienliste an. Man kann sich vorstellen, wie die Informationen des Befehls `ls` durch das kleine Rohr gluckern zum Befehl `more`. (So stellen wir uns das vor.)

Cat und Dateien

Wie in Kapitel 4 erläutert, können Sie den Befehl `cat` verwenden, um den Inhalt einer Textdatei anzuzeigen. Wenn allerdings die Textdatei so lang ist, daß sie nicht auf den Bildschirm paßt, dann verschwindet der Anfang des Textes, bevor Sie ihn lesen können. Um lange Dateien bildschirmweise an den Bildschirm zu bekommen, haben Sie zwei Möglichkeiten:

- Leiten Sie die Ausgabe des Befehls `cat` nach `more` um, indem Sie folgende Zeile eingeben (vorausgesetzt natürlich, die Datei heißt `really.long.file`):

  ```
  cat really.long.file | more
  ```

- Nehmen Sie nur den Befehl `more`, indem Sie diese Zeile eingeben:

```
more really.long.file
```

Wenn Sie den Befehl `more` ohne eine Pipe (ohne |) verwenden, nimmt `more` die Datei, die Sie vorschlagen, und zeigt sie seitenweise am Bildschirm an.

Sowas wie Sortierung

Ein Programm mit Namen `sort` sortiert eine Datei zeilenweise alphabetisch. Die Alphabetisierung aller Zeilen erfolgt aufgrund des oder der ersten Buchstaben in jeder Zeile. Jede Zeile der Datei bleibt unverändert, nur die Reihenfolge der Zeilen ändert sich.

Angenommen, Sie haben eine Datei, die `bonus.recipients` heißt und so aussieht:

```
Meg Young
Shelly Horwitz
Tyler Rioff
Eliot Mooiweer
Elana Kleiman
Kate Henoch
Timothy Kenny
Emily Miller
Alexander Milona
Becky Pittore
Gabrielle Zandi
```

Um sie Zeile für Zeile alphabetisch zu ordnen, geben Sie folgendes ein:

```
sort bonus.recipients
```

Das Ergebnis sieht so aus:

```
Alexander Milona
Becky Pittore
Elana Kleiman
Eliot Mooiweer
Emily Miller
Gabrielle Zandi
Kate Henoch
Meg Young
Shelly Horwitz
Timothy Kenny
Tyler Rioff
```

Sie können die Ausgabe eines Befehls auch so sortieren:

```
ls | sort
```

Da `ls` die Dateinamen ohnehin alphabetisch auflistet, bringt Ihnen dies nichts. Aber wenn Sie die Dateinamen *umgekehrt* alphabetisch geordnet wollen, dann können Sie mit dem Befehl `sort` die Option -r verwenden, wie hier:

```
ls | sort -r
```

Wenn Sie Zahlen sortieren wollen, dann müssen Sie UNIX das auch sagen. Ansonsten sortiert UNIX die Zahlen alphabetisch (auf so eine schwachsinnige Idee kommt nur ein Computer). Um Zahlen zu sortieren, geben Sie die Option -n an:

```
sort -n order.numbers
```

Was ist z.B., wenn Ihre Datei mit Bonusempfängern die Bonusbeträge enthält, wie hier?

```
10000   Meg Young
8000    Shelly Horwitz
7000    Tyler Rioff
5000    Eliot Mooiweer
9000    Elana Kleiman
11000   Kate Henoch
8000    Timothy Kenny
7000    Emily Miller
5000    Alexander Milona
6000    Becky Pittore
7000    Gabrielle Zandi
```

Wenn Sie die Einträge alphabetisch nach Buchstaben ordnen und nicht als Zahlen, dann kommt eine 1 vor einer 8, auch wenn sie die erste Ziffer einer 10 ist. Wenn Sie Dinge als Zahlen ordnen, dann kommt 10 nach 8, nicht vorher. Wenn Sie die Datei also mit diesem Befehl nach Buchstaben sortieren:

```
sort bonus.recipients
```

bekommen Sie dieses Ergebnis:

```
10000    Meg Young
11000    Kate Henoch
5000     Alexander Milona
5000     Eliot Mooiweer
6000     Becky Pittore
7000     Emily Miller
7000     Gabrielle Zandi
7000     Tyler Rioff
8000     Shelly Horwitz
8000     Timothy Kenny
9000     Elana Kleiman
```

Dieses Ergebnis zeigt die Bonusbeträge in keiner sinnvollen Reihenfolge. Wenn Sie die Datei mit diesem Befehl nach Zahlen sortieren:

```
sort -n bonus.recipients
```

erhalten Sie diese sinnvollere Liste:

```
5000     Alexander Milona
5000     Eliot Mooiweer
6000     Becky Pittore
7000     Emily Miller
7000     Gabrielle Zandi
7000     Tyler Rioff
8000     Shelly Horwitz
8000     Timothy Kenny
9000     Elana Kleiman
10000    Meg Young
11000    Kate Henoch
```

Wenn die Datei Buchstaben und keine Zahlen enthält, dann macht die Option -n nichts, was sinnvoll wäre (wir könnten erklären, was passiert, aber – vertrauen Sie uns – Sie würden's nicht wissen wollen).

Das ist ein Fang – drucke ihn!

Die Ausgabe eines Befehls drucken zu können, ist verdammt hilfreich, wenn Sie etwas an den Drucker schicken wollen, das normalerweise am Bildschirm angezeigt wird. Um z.B. eine Dateienliste zu drucken, geben Sie diese Zeile ein:

```
ls | lp
```

Je nachdem, welche UNIX-Version Sie einsetzen, müssen Sie anstelle des `lp` vielleicht `lpr` eingeben. Während Sie damit beschäftigt sind, dürfen Sie sich ruhig über die Leute auslassen, die nicht mal in der Lage sind, *print* einheitlich falsch zu buchstabieren. (Kapitel 9 erläutert, wie man bestimmt, welcher Befehl zu nehmen ist, und gibt weitere Informationen über das Drucken. Aber hier eine kleine Hilfe: BSD-Systeme verwenden `lpr`, und System-V-Systeme verwenden `lp`.)

Wenn Sie zu den wirklich Fortgeschrittenen gehören wollen, können Sie mehr als eine Pipe verwenden. Um z.B. eine Dateienliste in umgekehrter Folge auszudrucken, nehmen Sie diesen verrenkten Befehl:

```
ls | sort -r | lp
```

Wilde Wildcards

Bei der Eingabe eines Befehls, möchten Sie vielleicht eine ganze Menge Dateinamen mit in die Befehlszeile eingeben. UNIX erleichtert die Eingabe mehrerer Dateinamen in gewisser Weise (so als sollten wir dankbar sein), indem es Wildcards zur Verfügung stellt.

Wildcards sind Sonderzeichen (noch mehr von dem Zeugs, das man sich merken muß!), die eine besondere Bedeutung in Dateinamen haben. Es gibt zwei Wildcards:

? bedeutet »irgendein einzelner Buchstabe«.

* bedeutet »einfach irgendetwas«.

Nimm irgendeinen Buchstaben

Sie können eine oder mehrere ?-Wildcards in einem Dateinamen verwenden. Jedes ? steht für genau ein Zeichen – nicht mehr und nicht weniger. Um z.B. alle Ihre Dateien mit Namen aus zwei Buchstaben aufzulisten, geben Sie diese Zeile ein:

```
ls ??
```

Der Dateiname `budget??` betrifft alle Dateien, die mit *budget* beginnen, und bei denen zwei – und nur zwei – Zeichen nach *budget* folgen, wie `budget93` und `budget94`; `budget1` und `budget.draft` würden dabei also herausfallen.

Sterne (***) tanzen Ihnen vor Augen

Die Wildcard * steht für irgendeine Anzahl Zeichen. Um z.B. alle Ihre Dateien zu listen, die mit c anfangen, geben Sie folgendes ein:

```
ls c*
```

Unter diese Bezeichnung fallen Dateien wie `customer.letter`, `c3` oder einfach nur `c`. Die Bezeichnung `budget.*` paßt auf `budget.1994` und `budget.draft`, aber nicht auf `draft.budget`. Der Name `*.draft` paßt auf `budget.draft`, `window.draft`, aber nicht auf `draft.horse` oder einfach nur `draft`. Ohne jeden Zusatz paßt der Dateiname * auf alles (passen Sie auf, wenn Sie den Stern solo loslassen!).

Sind Könige oder Zweien wild?

Anders als andere Betriebssysteme (wir wollen hier keine nennen, aber die Anfangsbuchstaben des einen sind *DOS*) behandelt UNIX die Wildcards ? und * für alle Befehle gleich. Sie brauchen sich nicht einzuprägen, bei welchen Befehlen Sie Wildcards einsetzen können und bei welchen nicht. In UNIX können Sie immer mit Wildcards arbeiten.

Gewöhnlich werden Wildcards bei den Befehlen `ls`, `cp`, `rm` und `mv` verwendet.

Wildcards für DOS-Anwender

Auch wenn UNIX-Wildcards wie DOS-Wildcards aussehen und sehr ähnlich funktionieren, gibt es doch ein paar Unterschiede:

- Da UNIX-Dateinamen nicht die dreistellige Erweiterung kennen, die DOS-Dateinamen haben, sollten Sie nicht `*.*` verwenden, um alle Dateien eines Verzeichnisses anzusprechen. Ein einfaches * reicht.
- In DOS können Sie nach der Wildcard * keine Buchstaben mehr angeben, DOS ignoriert die Buchstaben nach dem Sternchen. Für DOS ist z.B. D*MB das gleiche wie D*. Das ist dumm, wir wissen das. Die gute Nachricht ist, daß UNIX nicht so dumm ist. In UNIX funktioniert D*MB genau so, wie Sie das wollen.

Erst überlegen, dann löschen!

Die Kombination von Wildcards mit dem Befehl `rm` kann tödlich sein. Verwenden Sie Wildcards mit Bedacht, wenn Sie Dateien löschen. Sehen Sie sich zuerst die Dateienliste an, ehe Sie löschen, um sicherzugehen, daß es das war, was Sie wollten. Bevor Sie z.B. folgenden Befehl zum Löschen einer Reihe von Dateien eingeben:

```
rm *92
```

geben Sie zunächst den folgenden Befehl ein und sehen sich die daraus resultierende Liste von Dateien an:

```
ls *92
```

Vielleicht war da in der Liste von `.92`-Dateien noch etwas, das Sie vergessen hatten, das aber aufgehoben werden sollte.

Die absolut tödlichste Eingabe von allen ist diese (diese Zeile jetzt bitte nicht eingeben!):

```
rm * 92
```

Zwischen dem `*` und der `92` ist ein Leerzeichen. Auch wenn Sie vielleicht meinen, daß Sie alle Dateien löschen, die auf `92` enden, denkt UNIX, daß Sie zwei Dateinamen zum Löschen eingegeben haben:

- `*` Dieser »Dateiname« löscht alle Dateien im Verzeichnis.
- `92` Dieser Dateiname löscht eine Datei namens 92. Bis UNIX überhaupt dazu kommt, diese (nicht existente) Datei zu löschen, hat es schon sämtliche Dateien im Verzeichnis gelöscht!

Das Ergebnis ist ein leeres Verzeichnis und eine Menge fehlender Dateien. Geben Sie acht, wenn Sie `rm` und `*` zusammen benutzen!

Teil III

Eine Spritztour ins Innere und in die Nähe eines Computers

»Halten Sie sich fest! Ich habe gerade den kompletten 60-seitigen Bericht an den Drucker geschickt, uuund ich mußte schon wieder das Fenster aufmachen, als wär' ich der einzige hier, der frische Luft braucht!«

In diesem Teil...

Alles mögliche ist in Ihrem Computer drin, von winzigen und uninteressanten Mikrochips bis hin zu großen und uninteressanten Netzteilen und Plattenlaufwerken. Aber auf die geringe Chance hin, daß Sie aus purer Neugierde (Aaaahh) oder um eines besseren Verständnisses willen wissen möchten, warum Ihr Computer nie ganz das macht, was Sie wollen, und was den Computer am Laufen hält, wollen wir hier ein paar Worte darüber verlieren, was in diesem Kasten so steckt.

KAPITEL 7

Das Innenleben eines Computers

In diesem Kapitel

- Teile Ihres Rechners und beeindruckende Fachausdrücke, um sie zu beschreiben
- Erinnerungen (Dank- und nicht Danksagungen)
- Wie man Disketten in den Rechner steckt und wie man sie herausholt
- Wie man Bänder in den Rechner steckt und herausholt
- Einige andere nicht sonderlich interessante Teile Ihres Computers

Dieses Kapitel ist ein bißchen vage gehalten (als ob der Rest des Buches das nicht wäre), weil UNIX auf einer Vielzahl von Rechnern läuft, von riesigen IBM-Großrechnern und Cray-Supercomputern für mehrere Millionen bis hin zu süßen kleinen notebook-ähnlichen tragbaren Rechnern, die so groß wie dieses Buch sind (ohne den grellbunten schreienden Einband). Da alle diese Computer glücklicherweise viel mehr gemeinsam haben, als Sie vermuten, fangen wir mit der Beschreibung eines typischen UNIX-Rechners an.

Ein Treffen mit Mr. Computer

Bei allen Computern außer den kleinsten ist es leicht, zwischen dem Rechner und den verschiedenen anhängenden Zubehörteilen, die *Peripheriegeräte* genannt werden, zu unterscheiden. Der Computer selbst ist heutzutage nur eine langweilige Kiste mit vielleicht einem Lämpchen, das anzeigt, ob er eingeschaltet ist, und einer Menge Kabel, die hinten rauskommen. Man hat verschiedene ausgefallene Namen für den Computer wie z.B. *Systemeinheit*. Eine Pi-mal-Daumen-Regel besagt, daß das Teil, das am meisten gekostet hat, wahrscheinlich der eigentliche Computer ist.

Speichermedien wie Platten und Bänder gelten auch als Peripheriegeräte, auch wenn sie bei kleineren Computern normalerweise im Rechnergehäuse untergebracht sind.

In der guten alten Zeit gab es an der Vorderseite des Computers eine hübsche Leiste blinkender Lämpchen. Diese Lämpchen sagten den Technikern, was gerade passierte, und beeindruckte die anderen damit, was für tolle Sachen so ein Computer macht.

Schauen Sie sich als Beispiel dafür den alten Film *Desk Set* mit Katherine Hepburn und Spencer Tracy an. Kate glaubt, daß sie durch den neuen Computer, den Spencer installiert, ersetzt werden wird, was natürlich nicht der Fall ist, und sie behält beide, ihren Job und Spencer. Der Computer entpuppt sich als netter alter Metall-Koloß, der selbstverständlich nie irgendjemandem den Job wegnehmen würde. Die Rolle des Computers wird von einem IBM-Computer (IBM hat sich nie schwer getan mit Publicity) der fünfziger Jahre gespielt, der in vielen Szenen vorteilhaft ins Bild gerückt ist; der Computer hat eine große Schalttafel, übersät mit beeindruckend blinkenden Lämpchen. Darauf lief allerdings kein UNIX, weil UNIX erst so ungefähr 15 Jahre später geschrieben wurde, aber was soll's.

Seit den siebziger Jahren sind die Preise von Computerteilen so weit gefallen, daß ein humorloser vertrockneter Buchhalter entdeckte, daß die Lämpchen das teuerste Einzelteil des Computers geworden waren, und so erloschen sie. Wie traurig.

Ein Chip, zwei Chips, roter Chip, blauer Chip

Das Herz eines jeden Rechners ist die *Zentraleinheit* oder *CPU* (Central Processing Unit). Heutzutage ist die CPU in allen außer den größten Computern ein einzelner Mikrochip (ein kleines Plastikpäckchen, das wie ein von Winzlingen gebauter Roboter aussieht). Die Art des Chips, der eingebaut ist, bestimmt die Persönlichkeit des Computers.

Von-Neumann-Maschinen? Meinen Sie Alfred E. Neumann?

Es gibt einen erstaunlich einfachen Grund dafür, warum die meisten Computer sich heutzutage so ahnlich sind. Vor vielen, vielen Jahren (um genau zu sein, 1945) baute ein Haufen Männer in Philadelphia den ersten funktionierenden großen elektronischen Rechner, der den Namen ENIAC bekam. Sie verschwendeten nicht viele

Gedanken auf seine Programmierung; daher stellte es sich heraus, daß er verflixt schwierig zu programmieren war. Tatsächlich konnte ihn in dem ganzen Projekt nur eine einzige Person programmieren, und es gab erheblich mehr zu programmieren, als sie alleine hätte bewerkstelligen können.

Währenddessen gab es in Princeton, New Jersey, dieses Institute for Advanced Study, eine Schule, die so anspruchsvoll war, daß es zwar Professoren gab, aber keine Studenten, die die tiefgründigen Gedankengänge der Professorenhirne stören würden. Einer der Professoren, John Von Neumann, war ein brillanter ungarischer Mathematiker von der Art, die zwischen Mittagessen und Cocktailstunde zwei oder drei tiefgreifende mathematische Probleme löst. (Angeblich soll er auch an den Wochenenden erstaunliche Partys gegeben haben.) Eines Tages fuhr er nach Philadelphia, schaute sich den ENIAC an und sagte: »Baut den nächsten so und so, dann wird es viel leichter, ihn zu programmieren.« Das taten sie auch, und es funktionierte so gut, daß jeder Computer, der seither gebaut wurde, so konstruiert ist, wie Von Neumann es vorschlug. So ein Mensch war das.

Eine praktische Auswirkung hiervon ist, daß es möglich wurde, *portierbare* Software zu schreiben, Programme, die man leicht von einer Art Rechner auf eine andere übertragen kann. UNIX ist das beste Beispiel für portierbare Software, weil es auf ganz verschiedenen Rechnern laufen kann.

CPU-Chips werden mit Nummern benannt, 80486 und 68000. Technisch veranlagte Leute können sich in vielen Erörterungen über die relativen Verdienste der verschiedenen Prozessorchips ergehen, aber wir verraten Ihnen ein Geheimnis: sie sind alle gleich. Es ist nämlich so, daß die Unterschiede zwischen den verschiedenen Chips so minimal sind, daß sie Ihnen wurscht sein können. Die ganz großen Maschinen, Großrechner und Supercomputer, haben sich noch nicht in einzelne Chips pressen lassen; aber aus der Sicht des Anwenders oder Programmierers macht das kaum einen Unterschied, außer daß Ein-Chip-CPUs normalerweise billiger in der Anschaffung sind. (Dies trifft allgemein auf große Computer zu, auch wenn sie keine Ein-Chip-CPUs haben.)

Tabelle 7-1: Einige CPU-Chips, auf die Sie vielleicht stoßen

Name	Hersteller	Bits	Geschwindigkeit	Bauweise
80286	Intel	16	mittelmäßig	CISC
80386	Intel	32	mittelmäßig	CISC
80486	Intel	32	schnell	CISC
Pentium	Intel	32/64	sehr schnell	CISC
860	Intel	32	schnell	RISC
68020	Motorola	32	mittelmäßig	CISC
68030	Motorola	32	schnell	CISC
68040	Motorola	32	schneller	CISC
88000	Motorola	32	schneller	RISC
88100	Motorola	32	noch schneller	RISC
R2000	MIPS	32	schnell	RISC
R3000	MIPS	32	schneller	RISC
R4000	MIPS	32	wirklich schnell	RISC
Microvax	DEC	32	modellabhängig	CISC
Alpha	DEC	64	unglaublich schnell	RISC
Precision	HP	32/64	unglaublich schnell	RISC
RT PC	IBM	32	mittelmäßig	RISC
RS/6000	IBM	32	schnell	RISC
SPARC	Sun/andere	32	mittel bis schnell	RISC

Zugegeben – es gibt doch einige bedeutende Unterschiede

Einige Unterschiede bei CPU-Chips sind es vielleicht wert, erwähnt zu werden. Der eine ist, wieviel Daten jeweils auf einmal bearbeitet werden. Fast jeder CPU-Chip, der heute gebaut wird, arbeitet mit 32 Bit, was schon ganz ansehnlich ist. Einige ältere

CPU-Chips, besonders die Intel 8086, 80186 und 80286 (auch 86, 186 und 286 genannt – Tippfaule gibt es überall) arbeiten mit 16 Bit. Einige der neuesten können mit 64 Bit auf einmal arbeiten.

Die praktischen Unterschiede sind folgende:

- Die Größe des Programms, das die CPU verarbeiten kann, ist proportional zur Anzahl der Bits, die sie verarbeiten kann. Ein 32-Bit-CPU-Chip kann viel größere Programme verarbeiten, als dies ein 16-Bit-CPU-Chip kann. Dieses Problem hat sich als ein praktisches herausgestellt, da viele neue Programme entweder nicht auf 16-Bit-Maschinen passen oder intern so verdreht werden müssen, daß sie langsam oder fehlerhaft werden.
- CPU-Chips, die noch mehr Bits auf einmal verarbeiten können, sind etwas schneller, aber nicht soviel, wie man annehmen würde.
- CPU-Chips, die mehr Bits verarbeiten, können mehr RAM (dazu der Abschnitt »Ich hoffe, daß mich mein Gedächtnis nicht im Stich läßt«) verarbeiten, wodurch sie praktisch schneller werden.

Die meisten CPU-Chips in UNIX-Rechnern sind verhältnismäßig schnelle 32-Bit-Chips (sehen Sie sich Tabelle 7-1 an, wenn es Sie interessiert), was bedeutet, daß sie ungefähr die gleichen Fähigkeiten haben.

RISC, CISC und andere geheimnisvolle Wörter

Sie hören vielleicht UNIX-Wizards von »Risk-Chips« sprechen und sagen sich, »Komisch, sie sehen gar nicht aus wie Pokerspieler.« Sie sind es auch nicht – RISC ist der Name der neuesten Schrulle im Chip-Design. Lange Zeit versuchten CPU-Chip-Entwickler, so viele komplexe Dinge auf einen einzigen Chip zu packen wie nur irgend möglich, entsprechend der Theorie, je mehr tolles Zeug auf dem Chip sei, desto schneller wären die Programme.

Dann versuchte man herauszufinden, wie oft die meisten Programme die komplexen Eigenschaften nutzten; es stellte sich heraus, daß sie viel weniger genutzt wurden, als man angenommen hatte. Also produzierten die Entwickler eine neue Serie Chips, die viel weniger enthielten, aber das, was sie enthielten, war wirklich schnell. Die neuen Chips ließen Programme viel schneller laufen als die alten komplexen Chips. Die neuen Chips sind unter dem Namen *RISC* – das ist die Abkürzung für *Reduced Instruction Set Computer* – bekannt; die alten sind unter dem abschätzigen Namen *CISC* – das ist die Abkürzung für *Complex Instruction Set Computer* – bekannt (»kisk« gesprochen).

Das einzige kleine Problem mit den neuen RISC-Chips ist, daß keines der alten Programme mit den neuen Chips läuft, weil sie nicht kompatibel zu den älteren Chips sind. Was (für technisch veranlagte Typen) attraktiv an UNIX ist, ist die Tatsache, daß fast alle RISC-Rechner mit UNIX laufen, weil UNIX leicht auf einen neuen Rechner übertragen werden kann. Aber wie bereits gesagt, aus unserer Sicht ist – gesetzt den Fall, alles andere ist gleich (was natürlich nie der Fall ist) – der einzig interessante Unterschied zwischen CISC- und RISC-Rechnern, daß RISC-Rechner schneller sind.

Memory Lane

Die andere Schlüsselkomponente, die Ihr Computer zusätzlich zur CPU braucht, ist der Hauptspeicher oder RAM. Viel, viel Hauptspeicher. Je mehr, desto besser. Im Hauptspeicher sind die Programme und Daten, mit denen der Computer gerade arbeitet. Weniger wichtige Daten gehen auf Festplatte (wird später in diesem Kapitel besprochen). Der Inhalt des Hauptspeichers verflüchtigt sich, wenn die Stromversorgung unterbrochen wird, einer der Gründe, weshalb Sie sicherstellen sollten, daß alles ordnungsgemäß gespeichert ist, ehe Sie Ihren Computer abschalten.

Wieviel Speicher ist genug?

Speicher wird in etwas, das *Byte* heißt, gemessen. Jedes Byte reicht aus, um einen Buchstaben zu speichern, also braucht das Wort *Ketchup* sieben Byte. Eine gedruckte Seite Text enthält ungefähr 2000 Zeichen, also braucht man ungefähr 2000 Byte Speicherplatz. Speichergrößen werden in K gemessen, was für *Kilobyte*,, bzw. ungefähr 1000 Byte steht; M oder MB steht für *Megabyte* und ist ungefähr eine Million Byte; und GB, das für Gigabyte steht, ist ungefähr eine Milliarde Byte, was echt viel ist. (Jetzt können wir sagen, eine gedruckte Seite braucht 2K Speicherplatz.)

Eigentlich ist 1KB etwas mehr als 1000 Byte: es sind 1024 Byte, was zufällig eine Größe ist, die im internen Binärcode des Rechners gut zu verarbeiten ist. Ein Megabyte ist 1KB mal 1KB, was auf 1.048.576 Byte hinausläuft; ein Gigabyte ist 1KB mal 1KB mal 1KB, was (als ob einen das interessieren würde) genau 1.073.741.824 Byte sind. Marketing-Leute, die ja immer etwas überschwenglich sind, neigen dazu, 1KB eintausend Byte zu nennen, wenn es etwas, was sie verkaufen wollen, größer aussehen läßt. 64KB sind z.B. eigentlich 65.536 Byte (64 mal 1024), woraus in Verkaufsschriften immer irgendwie 65KB werden. Lassen Sie sich nicht zum Narren halten, in Wirklichkeit sind es 64 KB.

Wieso RAM?

RAM steht für *Random Access Memory*, weil die CPU jede bestimmte Dateneinheit, die dort abgespeichert ist, ohne weiteres holen kann. Jetzt wissen Sie's. Vor langer Zeit bestand der RAM aus zarten kleinen Metallringelchen, den *Kernen*, daher sprechen manche hartgesottenen Cracks heute noch manchmal davon, daß etwas, das im RAM gespeichert ist, im »Kernspeicher«ist.

Die ältesten Versionen von UNIX brauchten nur wenig RAM; eine Version benötigte ungefähr 50K. Als man anfing, eine Menge zusätzliche Eigenschaften in UNIX hineinzupacken, fing sein Speicherhunger an zu wachsen, so daß man UNIX jetzt mit weniger als zwei Megabyte überhaupt nicht starten kann; viele Workstations haben 100 oder mehr Megabyte RAM. Tabelle 7-2 gibt einen kurzen Überblick über die üblichen Happen Speicherplatz und ihre Bezeichnungen.

Tabelle 7-2: Wie man Speicher mißt

Menge	Techie Name	Marketing Name
1.024	1K	1K
65.636	64K	65K
262.144	256K	262K
1.048.576	1M	1M, manchmal 1.048K
268.435.546	256M	268M
1.073.741.824	1G	1G

Wenn Sie mehr Speicher brauchen als Sie eigentlich haben

UNIX verwendet auch etwas, das *virtueller Speicher* genannt wird und das es ermöglicht, sehr große Programme mit sehr kleinem Speicherplatz ablaufen zu lassen (wenn auch vielleicht nicht so schnell, wie Sie es gerne hätten). Vielleicht sind Sie mit anderen Arten von Rechnern vertraut, bei denen z.B. ein 640K großes Programm nicht in einem 512K-Rechner laufen kann. UNIX vermeidet dieses Problem, indem es mit virtuellem Speicher arbeitet: auch wenn zusätzlicher RAM Ihren Computer schneller macht, ist weniger RAM kein Hindernis, auch große Programme laufen zu lassen.

Tatsächlich kann ein Programm, das nicht genügend Speicherplatz zur Verfügung hat, so langsam werden, daß es eine Wohltat gewesen wäre, wenn es sich nicht abgemüht hätte, überhaupt zu laufen. Wir hatten ein Programm, das normalerweise in ungefähr fünf Sekunden hochgefahren war, aber als wir es auf einem Rechner mit weniger RAM laufen ließen, benötigte der Startvorgang 15 Minuten. Sie werden schnell merken, ob Ihr Computer ausreichend RAM hat; ist das nämlich nicht der Fall, dann wird die Angelegenheit so zäh, als hätte jemand ein Glas Sirup hineingekippt.

Bei jeder Art Computer gibt es eine Höchstgrenze für die Menge RAM, die man installieren kann. Bei PCs kann diese Höchstgrenze bei nur 8M liegen; bei Mainframes (Großrechnern) kann sie bei 1000M oder mehr liegen. Bei Mikrocomputern und Minicomputern ist es – solange die Speicherhöchstgrenze nicht erreicht ist – für den Systemverwalter technisch gesehen einfach, zusätzlichen RAM einzubauen, indem er weitere RAM-Chips oder manchmal Karten mit RAM-Chips darauf einsteckt. (Das Schwierigste daran ist, jemanden zu finden, der bezahlt.) Ist Ihr Computer chronisch zu langsam, wird eine RAM-Erweiterung das Beste sein, ihn zu heilen.

Für Technikfreaks! Diese Angaben zum virtuellen Speicher können Sie ruhig ignorieren

Vom Prinzip her ist die Arbeitsweise des virtuellen Speichers sehr einfach. (Vom Prinzip her ist es auch einfach, den nationalen Schuldenberg abzutragen.) Jedes Programm, das läuft, wird in 4K große Happen geteilt, sogenannte *Seiten* (*Pages*). Zu einem bestimmten Zeitpunkt nutzt das Programm immer nur einen kleinen Ausschnitt der Seiten, in die es eingeteilt wurde. UNIX kopiert alle Seiten, die innerhalb eines bestimmten Zeitraums nicht genutzt wurden, auf Platte und entfernt sie aus dem RAM. Benötigt das Programm später eine der auf Platte kopierten Seiten, hält es kurz inne, und UNIX hastet umher und sucht eine andere nicht genutzte Seite im RAM, kopiert die Seite auf Platte, zerrt die wieder gebrauchte Seite zurück in den RAM und läßt das Programm weiterlaufen. Erstaunlicherweise dauert dieses ganze Spielchen nur etwa 1/10 Sekunde. Solange dieser Vorgang nicht häufig erforderlich ist, läuft das Programm *virtuell* (dieses Wort), als ob alle seine Seiten im RAM wären. Je mehr Seiten im RAM sind, und je seltener dieses Shell-Spielchen erforderlich ist, desto schneller läuft das Programm natürlich.

Platten und Disketten – ein paar Platitüden

Die andere Art von Speicherplatz in UNIX-Rechnern ist der *Sekundärspeicher*. IBM nennt die Dinger, die den Sekundärspeicher zur Verfügung stellen, Direct-Access Storage Devices, mit dem unaussprechlichen Akronym DASD. (Vielleicht »dazz-dee»? Hört sich an wie ein Windel-Service.) Alle anderen nennen die Dinger *Platten*, denn das sind sie. Grob gesagt, gibt es zwei Arten von Sekundärspeichern: solche, die man entfernen kann, und solche, die festinstalliert sind.

Her mit den Platten

Platten zum Wechseln gibt es in vielen Variationen. Sie werden entfernbar genannt, weil man die Platten aus dem Laufwerk entfernen kann. Manchmal werden sie auch *Floppy Disks* oder *Disketten* genannt, insbesondere von PC- und Macintosh-Benutzern. Tabelle 7-3 listet die häufigsten Arten herausnehmbarer Platten auf.

Tabelle 7-3: Eine langweilige Tabelle mit allen Arten herausnehmbarer Platten

Art	Änderbarer Inhalt?	Größe (Durchm.)	Datenmenge (Bytes)
Minifloppy	Ja	5 ¼ Zoll	300KB bis 1,2MB
Mikrofloppy	Ja	3 ½ Zoll	400KB bis 2MB
CD-ROM	Nein	5 ¼ Zoll	600MB
Magneto-optisch	Ja	5 ¼ Zoll	600MB (manchmal mehr)

Minifloppies und Mikrofloppies

PCs und Macs verwenden diese Floppy Disks. Auch die eine oder andere Workstation kann sie verwenden. Manchmal können Workstations sogar Disketten, die mit PCs oder Macs beschrieben wurden, lesen und beschreiben – und umgekehrt. (Verlassen Sie sich aber nicht drauf – PCs und Macs können nicht einmal untereinander die Disketten des anderen lesen, obwohl die Disketten physikalisch betrachtet die gleichen sind. Typisch.) Jede Minifloppy steckt in einer kleinen Papierhülle, wenn sie nicht schon abhanden gekommen ist. Mikrofloppys haben eine feste Plastikschachtel und einen schicken kleinen Metallverschluß, so daß sie keinen Papierumschlag brauchen. Jede Floppy-Art gibt es in verschiedenen Ausführungen, die sich physikalisch entsprechen, aber nach Meinung des Computers nicht kompatibel sind. (Warum nur?) Fragen Sie den Experten vor Ort, welche Art Floppy Ihr Rechner genau braucht.

Wie man die Floppy in den Computer steckt

Das Diskettenlaufwerk hat eine Öffnung, in die Sie die Floppy stecken. Weil jede Diskette ein Oben, ein Unten und vier Seiten hat, gibt es acht verschiedene Möglichkeiten, die Floppy Disk in den Computer zu stecken, von denen sieben verkehrt sind. Die richtige ist, sie mit dem Etikett nach oben und der Geschäftsseite der Diskette – das ist der Teil mit der kleinen Öffnung (wenn es eine Minifloppy ist) oder dem Schieber (wenn es eine Mikrofloppy ist) – zuerst in den Computer zu schieben. Geht die Diskette hochkant in den Rechner, muß das Etikett nach links.

Wenn Sie die Diskette in den Schacht zwingen müssen, halten Sie sie wahrscheinlich verkehrt. Stellen Sie sicher, daß nicht schon eine Diskette im Laufwerk ist: es ist nur für jeweils eine Diskette Platz.

Manchmal ist an dem Computer ein kleiner Riegel, den Sie betätigen müssen, um die Diskette in den Computer einzusperren. Besonders bei Mikrofloppys müssen Sie vielleicht zwei- oder dreimal probieren, bis die Diskette ordnungsgemäß mit einem befriedigenden Klick im Computer verschwindet.

...und wie man sie wieder herauskriegt

Ehe Sie die Diskette herausnehmen, warten Sie, bis das Licht am Diskettenlaufwerk erlischt und das Laufwerk aufhört zu summen und zu schwirren. Bei den meisten UNIX-Arten müssen Sie einen »unmount«-Befehl eingegeben, um dem System mitzuteilen, daß es das Schreiben von aktualisierten Informationen beenden soll, damit Sie die Diskette herausnehmen können.

Sind Sie sicher, daß Sie jetzt die Diskette herausnehmen können, schieben Sie den Riegel zurück (wenn einer da ist); Sie müßten die Diskette jetzt herausziehen können. Bei Mikrofloppies drücken Sie gewöhnlich einen kleinen Knopf, der die Diskette wie Toastbrot aus dem Toaster springen läßt, dann ziehen Sie sie ganz heraus.

Von der Platte, äh, CD

Eine CD-ROM ist eine Computerdiskette, die ganz genau wie eine gewöhnliche Compact Disc aussieht. In der Tat entsprechen sich beide: man speichert Musik auf eine CD, indem man die Musik in eine ganze Menge Computerdaten umwandelt. Ein CD-Player ist eigentlich ein spezialisierter kleiner Computer, der die Daten in Elvis's Greatest Hits zurückverwandelt. Diese Computer-Leute wollten eben auch ihren Spaß haben, und so erfanden sie eine Art rückwärts verkabelten CD-Player, der den Elvis-Teil ausläßt und die Daten gleich in den Computer einspeist.

Das Gute an CD-ROMs und an Musik-CDs: sie brauchen im Regal nicht viel Platz, und sie sind stabil. Wie Musik-CDs können auch CD-ROMs nur in einer Fabrik aufgenommen werden. Das ROM in CD-ROM steht für *read-only memory*, weil Ihr Rechner sie lesen, aber nicht ändern kann. Obwohl eine CD-ROM ungefähr die gleiche Größe wie eine Diskette hat, kann sie viel mehr Daten aufnehmen: ungefähr 600M im Gegensatz zu 1M oder so bei einer Floppy. (Auf einer Musik-CD nimmt »Blue Suede Shoes« ungefähr 35M Daten auf der Platte ein – oder den Speicherplatz von 35 Floppys. Aber, was soll's, das ist es wert.)

Hilfreiche Tips für Floppy-Disketten zur Vermeidung eines digitalen Gedächtnisschwundes

- Bewahren Sie Disketten in der Schutzhülle, wenn sie nicht gebraucht werden. Verwechseln Sie die Schutzhülle aus Papier nicht mit der festen *Plastik*umhüllung, in der sie fest angebracht ist. Bittet Sie jemand, die Diskette aus der Hülle zu nehmen, dann nehmen Sie sie aus der *Papier*hülle. Versuchen Sie nie, sie aus der festen Hülle zu nehmen: Sie werden die Diskette brechen und jeder wird sich über Sie lustig machen. Das ist Platz 1 der »dumme Anwender»-Geschichten bei den Helpdesks. Passen Sie auf, daß Ihnen das nicht passiert!

- Befindet sich eine Diskette nicht in ihrer Hülle, dann geben Sie acht, nicht die innere Platte (den braunen, glänzenden Teil) mit den Fingern zu berühren.
- Legen Sie keine der Diskettenarten auf einen Heizkörper, in direktes Sonnenlicht oder in die Nähe eines starken Magneten (*Tip*: Die Rückseite jedes Computers enthält einen starken Magneten.) Halten Sie Disketten fern von Telefonen, Luft-Deionisierungsgeräten und Kühlschrank-Magneten.
- Verwenden Sie eine Diskette nicht als Untersetzer für Ihre Kaffeetasse, außer Sie sind sich sicher, diese Diskette nie wieder als Datenspeicher verwenden zu wollen. Tun Sie es auch dann nicht, denn früher oder später bringen Sie Ihren Untersetzer mit einer guten Diskette durcheinander, und dann kommen Sie sich reichlich dumm vor.
- Wo wir gerade dabei sind: legen Sie Ihre Disketten nicht in die Nähe Ihrer Kaffeetasse: eine Diskette, auf der Kaffee verschüttet wurde, war eine Diskette.
- Entfernen Sie eine Diskette nicht aus dem Computer, solange der noch damit arbeitet: geben Sie acht, daß das entsprechende Lämpchen aus ist, die Platte sich nicht dreht, und daß sie »unmounted«ist (falls Ihre UNIX-Version diesen Schritt erfordert).

Warum heißen sie Compact Discs mit einem c, aber Computer Disks mit einem k

Wir haben keine Ahnung. Tut uns leid.

CD-ROM-Laufwerke unterscheiden sich in der Art, wie die Diskette eingeschoben wird. Bei manchen legen Sie die Platte einfach ein wie bei Ihrer Musikanlage. Andere verwenden ein *Caddy*, eine kleine Lade, auf die Sie die CD-ROM legen; dann schieben Sie den Caddy in das Laufwerk.

Manche können auch Musik-CDs abspielen. Das ist dann meistens der wahre Grund dafür, daß jemand diese Art von CD-ROM-Laufwerk in seiner Workstation haben möchte. Musik kann Sie viel produktiver werden lassen, wenn Sie am Computer arbeiten. Auf jeden Fall läßt Musik Sie weniger destruktiv werden, weil Sie wahrscheinlich nicht so schnell vor lauter Ärger Dinge aus dem Fenster werfen, wenn Sie gleichzeitig »Hound Dog« singen. Ihre Kollegen werden Verständnis zeigen, solange Sie sich nicht auch noch angewöhnen mitzusummen.

Viel weniger verbreitet ist die *magneto-optische Platte*, eine Art Kreuzung einer CD-ROM mit einer Floppy. Physikalisch ähnelt sie einer CD-ROM, aber der Computer kann das, was darauf ist, ändern. Damit ist sie fast wie eine Floppy verwendbar. Normalerweise können magneto-optische Laufwerke keine CD-ROMs lesen; und sie können nie Musik-CDs spielen, deshalb hat man viel weniger Spaß mit ihnen.

SCSI Platten

SCSI (= Small Computer Systems Interface) definiert Regeln für das Zusammenspiel von Platten und Bändern mit Computern, damit Sie irgendeine SCSI-verträgliche Platte nehmen und an einen Computer mit SCSI-Anschluß an der Rückseite anschließen können (die meisten Workstations, viele PCs und die meisten Macs haben diesen Anschluß). Mit aller Wahrscheinlichkeit funktioniert's. Ein erstaunliches Stück Kompatibilität für die Computer-Industrie, Sie werden also erleichtert sein zu hören, daß es Kommitees gibt, die fleißig an abweichenden Ausführungen von SCSI arbeiten. Diese sollen *SCSI-2* und *Fast and Wide SCSI* heißen. Bald gibt es für alles genügend Gelegenheit, nicht mehr zu funktionieren.

Inzwischen ist – dank der Austauschbarkeit der SCSI-Platten – auf dem Plattenmarkt eine starke Konkurrenz entstanden. Von Monat zu Monat sinken die Plattenpreise erheblich.

Immer-muß-ich-hierbleiben-Plattenspeicher

Die meisten Daten in Ihrem Computer sind auf *festinstallierten Platten* oder *Fixed Disks* (Festplatten) gespeichert. Festplatten können so klein wie eine

Streichholzschachtel sein. Die üblichsten Modelle haben ungefähr die Größe eines Telefons. Sie sehen nicht wie Platten aus: sie sehen wie Metallgehäuse aus. Die Platten sind innen im Metallgehäuse fest installiert, aber wir können sie dennoch Platten nennen.

Die Datenmenge, die man auf einer Festplatte speichern kann, reicht von 20MB rauf bis etwa 20GB bei den größten Modellen, die an Großrechnern hängen. Manchmal befindet sich die Festplatte im Innern des Computers. Wenn dort nicht genügend Platz ist, kommt die Platte in ein separates Gehäuse von der Größe eines Schuhkartons. (Computer Wonks nennen diese Gehäuse, originell wie sie nun mal sind, *Schuhkartons*.)

Da Festplatten in der Fabrik festversiegelt werden, müssen Sie sie schon vom Tisch fallen lassen, damit sie kaputt gehen. Die meisten Leute stellen Schuhkarton-Gehäuse auf den Boden, um dieser Versuchung gar nicht erst zu erliegen.

Kleben Sie dieses Band nicht

Ein Problem der Festplatten ist, daß – wenn eine kaputtgeht – die Informationen auf der Platte futsch sind. Deswegen macht man Sicherungskopien von Daten auf der Festplatte: als Sicherung gegen ein mögliches Unheil unvorstellbaren Ausmaßes. Auch wenn Sie prinzipiell Sicherungskopien von einer Festplatte auf Disketten machen können, eine normale 300MB Platte würde 300 Disketten erfordern; es ist schwer, Leute zu bekommen, die sich freiwillig dazu bereit erklären, den Computer mit 300 Disketten zu füttern.

Im Großen und Ganzen lösen Bänder dieses Problem. Computerbänder gibt es in verschiedenen Größen. Das am weitesten verbreitete Band hat ein Plastikgehäuse (Cartridge) von ungefähr der Größe der alten Acht-Spur Bänder (erinnern Sie sich?). Es gibt auch kleinere Bänder, die etwas größer als eine Kassette sind. Die großen alten Bänder, die Sie vielleicht aus Filmen kennen, sind fast völlig überflüssig, weil Cartridge-Bänder viel mehr aufnehmen können und viel weniger kosten.

Die Kapazität der Bänder reicht von 20MB für die ältesten Versionen bis 2GB für die neueste kassetten-ähnliche Ausführung. Die Bandeinheiten sind recht klein; haben Sie eine Schuhschachtel mit einer Festplatte, dann enthält sie wahrscheinlich auch die Bandeinheit.

Mit etwas Glück haben Sie einen fleißigen Systemverwalter, der dafür sorgt, daß jede Nacht sämtliche Daten auf dem System auf Sicherungsbänder gezogen werden. Wenn dem so ist, dann können Sie nie mehr als die Arbeit eines Tages verlieren. Die meisten von uns haben es allerdings nicht so gut, und wahrscheinlich müssen Sie selbst die Sicherung durchführen.

Die Sicherungsprozeduren unterscheiden sich gravierend von einem System zum anderen. Suchen Sie sich einen Schlaumeier vor Ort, der Ihnen ein zwei-Zeilen-Programm schreibt, das Ihnen alle Ihre persönlichen Dateien auf ein Sicherungsband kopiert, wozu so ein Typ wahrscheinlich nur anderthalb Minuten braucht. Lassen Sie sich dann von Ihrem Experten zeigen, wie Sie ein Band in die Bandeinheit einlegen, das Programm aufrufen, das Band herausnehmen und es ins Regal stellen. Sichern Sie Ihre Daten *jeden Tag* ehe Sie nach Hause gehen. Sie werden froh sein, daß Sie es getan haben. Es ist keine schlechte Idee, den UNIX-Zauberer zu bitten, Ihnen dabei behilflich zu sein, ein oder zwei Dateien vom Sicherungsband zurückzubekommen. Nur zur Sicherheit, daß Sie all das auf dem Band haben, wovon Sie meinen, daß es dort ist.

Viele Leute finden es mühsam, alle Daten zu sichern. Das stimmt, es ist so. Natürlich müssen Sie diese Mühe mit der Mühe vergleichen, die Sie haben, wenn die Platte ausfällt und Ihre Daten verschwinden. Wir können Ihnen aus eigener Erfahrung sagen, daß kaum jemand jemals so selbstgefällig grinsen wird wie Sie, wenn Ihre Platte ausfällt und Sie wissen, daß all die wertvollen Daten sicher auf einem Band im Regal stehen.

Vertiefen Sie sich in Kapitel 22 über Sicherungen und weiteren Informationen darüber, wie man sie erstellt.

Die Pflege und Hege von Bändern

Die meisten Ratschläge für Disketten gelten auch für Bänder:

- Berühren Sie Bänder nicht mit den Fingern.
- Lassen Sie Bänder nicht in der Sonne, auf der Heizung oder in der Nähe Ihres Bildschirms rumliegen.
- Halten Sie Bänder von Magneten fern.
- Warten Sie, bis das Licht an der Bandeinheit ausgeht und das Band aufhört zu schwirren, ehe Sie es herausnehmen.

- Bänder und Kaffee passen genausowenig zusammen wie Disketten und Kaffee. Bänder eignen sich noch nicht einmal besonders als Untersetzer.

Nur ein Knoten im Netzwerk

Die meisten UNIX-Systeme sind in ein Netzwerk eingebunden. *Netzwerke* sind hochentwickelte elektronische Kommunikationseinrichtungen, über die Sie Klatsch, Anzüglichkeiten, Gerüchte, Lügen, Verleumdungen und andere wichtige Informationen mit Ihren Kollegen austauschen können. Auch wenn Sie selbst kein Interesse an Netzwerken haben, sollten Sie vielleicht doch etwas darüber wissen, weil häufig die Platten, die Ihre Dateien enthalten, irgendwo im Netz sind. Ohne das Netz erleidet Ihr Computer einen ernsten Anfall von Gedächtnisschwund. Vielleicht wollen Sie auch das Programm für die elektronische Post des Netzwerkes nutzen. Wir erzählen in Kapitel 19 mehr über Netzwerke und Dateien, aber hier schon mal einige hilfreiche Netzwerk-Tips.

Das am weitesten verbreitete Netzwerk heißt *Ethernet*. Mit Ethernet können Sie eine fast unbegrenzte Anzahl Computer verbinden, sowohl UNIX- als auch Nicht-UNIX-Rechner. Computer im Ethernet können sich Dateien auf Platten teilen und Dinge auf einem anderen Drucker drucken. Sie können Computer mit supergroßen Platten (*Fileserver*) haben, auf denen jeder Dateien speichern kann. Sie können Computer mit schicken, teuren Druckern haben, so daß jeder am Abend seine Arbeitsergebnisse mit der bestmöglichen Druckqualität drucken kann (diese Computer heißen *Printserver*). Und Sie können einfache alte Computer wie den, der auf Ihrem Schreibtisch steht, haben, die die Arbeit erledigen. Alle Computer in einem Netzwerk heißen *Knoten*. (Lieben Sie nicht auch diesen schicken Tech-Talk?)

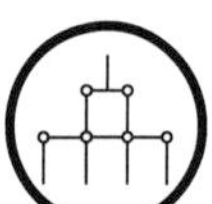

Verkabelt werden

Es gibt drei Arten, Ethernet zu verkabeln (Sie haben schon geahnt, daß das nicht ganz einfach sein würde). Normalerweise sehen Sie ein Kabel aus der Wand kommen, daß viel Ähnlichkeit mit einem Anschluß fürs Kabelfernsehen hat. Manche Aufbauten haben ein dickeres Kabel, etwa von der Stärke Ihres Daumens. Wenn das Netzwerk ausfällt (das merken Sie daran, daß Ihr Computer einschläft und anfängt, unverständliche Beschwerden über nicht reagierende Netzwerk-Server zu murmeln), ist sehr wahrscheinlich die Verbindung vom Netzkabel zum Computer unterbrochen. Das gibt es besonders beim dickeren Kabel häufiger, weil dieses Kabel ziemlich schwer ist und das Verbindungsstück einen außerordentlich cleveren kleinen Schieberiegel hat, dessen einziger Fehler ist, daß er nicht besonders gut hält.

Die dritte Möglichkeit sind Telefonkabel mit Verbindungsstücken, die in der Tat den Telefonsteckern ähnlich sehen.

Schauen Sie sich die Rückseite Ihres Computers an. Ist das Netzwerkkabel ausgesteckt, stecken Sie es wieder ein. (Anders als fast jeder andere Teil des Computers, sind Netzwerke so entwickelt, daß man den Computer in das Netzwerk ein- oder ausklinkt, während es läuft. Wow!)

Wenn es nichts nützt, das Netzwerkverbindungsstück wieder einzustekken oder hin- und herzubewegen, haben Sie Pech und müssen den Guru um Hilfe bitten.

Das Tolle an Netzwerken ist, daß man teure Platten und Drucker teilen, Dateien gemeinsam nutzen und elektronische Post senden und empfangen kann (vgl. Kapitel 18). Der Nachteil von Netzwerken ist, daß Sie nicht arbeiten können, bloß weil irgendjemand in einem kleinen Raum am anderen Ende des Gebäudes ein Netzwerk-Verbindungsstück aus der Verankerung reißt. Es muß erst repariert werden. Zentralisierung hat, wie immer, ihre Nachteile.

In Kapitel 17 sprechen wir darüber, wie Sie feststellen, wer in Ihrem Netz hängt, in Kapitel 18 darüber, wie Sie elektronische Post nutzen und in Kapitel 19 darüber, wie Sie sich Dateien im Netz teilen.

## KAPITEL 8

Tennisschläger und andere Mittel, Aufmerksamkeit zu erregen

In diesem Kapitel

- Lustige Fakten über Ihren Bildschirm
- Die Hege und Pflege von Tastaturen
- Wie man das Geschlecht seiner Maus bestimmt und andere wichtige Informationen zu Zeige-Hilfsmitteln

In Kapitel 7 haben wir uns lange ausgelassen über die Teile des Computers, die für Sie nicht sehr nützlich sind, weil Sie erstens dem Computer damit nicht sagen können, was er tun soll, und zweitens der Computer Ihnen nicht sagen kann, was er getan hat. In diesem Kapitel versuchen wir, dieser Situation abzuhelfen, indem wir uns über die Hilfsmittel unterhalten, mit denen Sie und Ihr Computer sich unterhalten.

Wenn der Bildschirm raucht

Das wahrscheinlich größte Einzelteil Ihres Computers ist der Bildschirm. Einige Leute nennen ihn auch *Monitor* (historisch gesehen wurden frühere Computer-Bildschirme den Bildschirmen angepaßt, die Fernsehsender benutzen, um ihre Aussendungen zu überwachen). Oder er wird *Display* genannt, weil er etwas anzeiget (engl. display); manchmal wird er *CRT* (Cathode Ray Tube) genannt – weil Elektronikingenieure ihn so nennen – oder VDU (Video Display Unit), von Leuten, die in ihrem Leben für alles, was sie tun, eine AdB (Abkürzung aus drei Buchstaben) brauchen. Wir nennen ihn *Bildschirm*, weil er genau das ist.

Es ist wirklich einfach, den Bildschirm zu erkennen: es ist der Teil Ihres Computers, der wie ein Fernseher aussieht.

Bildschirme gibt es in verschiedensten Formen, Größen und Arten. Die kleinsten gängigen Bildschirme, messen in der Diagonale zwölf Zoll; die größten Bildschirme haben ungefähr 20 Zoll. Allgemein gilt, je größer, desto besser, aber die Preise steigen drastisch mit jedem Zoll, daher wird es einen Kompromiß geben zwischen dem, was Sie wollen, und dem, was Sie sich leisten können. (Ist das nicht immer so?)

Bildschirme gibt es sowohl in Schwarz-Weiß-Ausführungen, häufig *monochrom* (oder in Kurzform: *mono*) genannt, als auch in Farbe. Je nachdem, was Sie vorhaben, sollten Sie sich einen Farbbildschirm oder einen schwarz-weißen anschaffen.

- In einer bestimmten Preislage kann ein Monochrom-Bildschirm schärfer und klarer sein als ein Farbbildschirm. Ein Farbbildschirm hat intern drei »Elektronenkanonen«, die separat die roten, grünen und blauen Anteile eines Bildes anzeigen. Es ist schwierig, die drei Komponenten in genaue Übereinstimmung zu bringen.
- Ein Monochrom-Bildschirm hat nur eine Pistole und umgeht daher das Problem des Farbenmischens. Haben Sie ein Grafiksystem wie Motif oder OPEN LOOK, kann der Computer das Bild auf einem Monochrom-Bildschirm erheblich schneller aktualisieren, als er das auf einem Farbbildschirm kann, wiederum weil es nur eine anstelle von drei Farben auszugeben gibt.
- Bei gleicher Größe und Qualität beträgt der Preis eines Monochrom-Bildschirms normalerweise etwa die Hälfte von dem eines Farbbildschirms.
- Auch wenn Farbbildschirme in der Regel schöner anzusehen sind, leisten Monochrom-Bildschirme bessere Arbeit.

Ein anderes Problem ist der *Bildschirm-Adapter*, der den Bildschirm mit dem übrigen Computer verbindet. Das Problem ist die Anzahl verschiedener Farben, die der Bildschirm anzeigen kann. Manche Monochrom-Bildschirme zeigen nur Schwarz und Weiß an; andere zeigen unterschiedliche Anzahlen von Grau-Schattierungen, die von vier bis immerhin 256 Schattierungen oder mehr reichen. Farbbildschirme können zwischen acht und einigen Millionen verschiedene Farben anzeigen. Die meisten Farbbildschirme verwenden eine *Palette*, aus der die Farben eines bestimmten Bildes zusammengestellt werden; auch wenn ein Bildschirm vielleicht 16 Millionen Farben anzeigen kann, können in einem einzelnen Bild nur 256 erscheinen. In den meisten Fällen tut das nichts: schon 256 Farben sind genug, um Farbbilder besser darzustellen, als man sie auf dem Fernseher hat.

Die möglichen Kombinationen von Bildschirm-Adaptern und Bildschirmen variieren von einem Computer zu einem anderen stark. Datenstationen, sowohl normale, wie auch X-Datenstationen, haben einen eingebauten Bildschirm, den man als gegeben hinnehmen muß. Bei low-end Computern wie PC-Nachbauten und Macs gibt es jeweils Dutzende von Bildschirmen. Bei Workstations gibt es in der Regel eine kleinere Auswahl von passenden Bildschirmen.

Die Pflege des Bildschirms

Es ist nicht schwer, sich um seinen Bildschirm zu kümmern. Im Großen und Ganzen gilt: lassen Sie ihn in Ruhe. Sie müssen ihn natürlich einschalten, indem Sie den Stromversorgungsschalter betätigen, wo Sie den finden, hängt von der Humorigkeit des Bildschirmdesigners ab. Der offensichtliche Platz wäre an der Vorderseite des Bildschirms, aber es gibt auch Bildschirme mit dem Schalter an der Seite, hinten, oder gelegentlich sogar an der Unterseite. Geben Sie die Suche nicht auf!

Gewöhnlich haben Bildschirme an der Vorderseite oder seitlich Einstellmöglichkeiten für den Kontrast und die Helligkeit, und viele andere Funktionen entweder hinten oder hinter einem kleinen Türchen an der Vorderseite. Spielen Sie mit den Knöpfen für die Helligkeit und den Kontrast, bis Ihnen gefällt, was Sie sehen. Wir stellen den Kontrast meistens ganz hoch und die Helligkeit auf zwei Drittel.

In der Regel sollten Sie die anderen Funktionsknöpfe in Ruhe lassen, außer wenn das Bild wirklich scheußlich ist. Es gibt Funktionsknöpfe für die horizontale und vertikale Ausdehnung des Bildes, die horizontale und vertikale Position des Bildes, und einige andere Einstellungen wie die »Kissenverzeichnung« (letztere beschäftigt sich mit dem Problem, daß die Bilddarstellungsfunktion im Innern des Bildschirms lieber ein kreisförmiges Bild darstellt, während Sie eher ein rechteckiges bevorzugen). Verstellen Sie diese Funktionen jeweils nur geringfügig – sonst entstellen Sie Ihr Bild vielleicht so sehr, daß Sie eine Stunde brauchen, es wieder zurechtzurücken.

Hier noch ein paar andere Dinge, um Ihren Bildschirm bei Laune zu halten:

- Bei größeren Bildschirmen gibt es möglicherweise einen Knopf mit der Aufschrift Degauss. Wenn das Bild an den Ecken ein wenig verschwommen wird, oder es fehlen in der Mitte einige Punkte, drücken Sie den Degauss-Knopf ein bis zwei Sekunden lang und schauen Sie, ob es hilft. Übertreiben Sie es nicht: den Degauss-Knopf einmal die Woche zu drücken, ist viel.

- Wischen Sie alle paar Tage die Vorderseite mit einem Taschentuch oder Papiertuch ab, um den Schmutz zu entfernen. Wenn Sie nicht gerade einen starken Raucher im Büro haben, reicht das aus, um den Bildschirm sauber zu halten. Haben Sie Ihren Bildschirm einige Wochen nicht mehr abgewischt, werden Sie sich wundern, wieviel Dreck sich auf ihm angesammelt hat und wieviel heller das Bild jetzt wirkt.
- Die meisten Bildschirme, besonders die größeren, erzeugen eine Menge Wärme, daher haben sie Luftschlitze im Gehäuse, durch die die Wärme entweichen kann. Legen Sie nichts auf den Bildschirm, denn dadurch werden die Schlitze blockiert, und der Bildschirm kann sich überhitzen.

- Stellen Sie nie, wirklich nie Ihre Kaffeetasse auf den Bildschirm. Es gibt bessere Kaffee-Warmhalter.
- Öffnen Sie nie, wirklich nie das Gehäuse Ihres Bildschirms. Bildschirme haben außerordentlich hohe Spannungswerte; wenn Sie was Verkehrtes im Gehäuse des Bildschirms berühren, können Sie einen häßlichen und gefährlichen Schlag bekommen. Es gibt dort drinnen sowieso nichts, was Sie einstellen oder reparieren könnten.

Soll ich meinen Bildschirm ausmachen?

Es gibt Leute, die lange und hitzige Debatten darüber führen, ob man den Bildschirm ausschalten soll, wenn er nicht benutzt wird. Diese Frage ist besonders wichtig, wenn längere Zeit das Bild auf dem Bildschirm steht. Nach einer Weile wird das Bild auf die Vorderseite des Bildschirms »eingebrannt« und bleibt als ein blasses ärgerliches Gespenst immer sichtbar, egal was sonst am Bildschirm angezeigt wird.

Eine Möglichkeit, dies zu vermeiden, ist, den Bildschirm auszuschalten, oder wenigstens die Helligkeit herunterzudrehen, wenn Sie ihn nicht benutzen, besonders wenn Sie ihn für längere Zeit, wie über Nacht, verlassen. Wenn Sie für das Wochenende nach Hause gehen, ist es keine schlechte Idee, ihn auszumachen. Vielleicht hat Ihre Datenstation einen Bildschirm-Schoner, der den Bildschirm »leer« macht oder ständig ein anderes Muster anzeigt, wenn Sie Ihren Computer einige Minuten nicht benutzen.

Bloß keine Hacker-Hockstellung

Das wichtigste, das Sie tun können, um Ihre Computer-Arbeitsumgebung physisch angenehm zu gestalten, ist den Bildschirm an die richtige Stelle zu plazieren. Der Bildschirm sollte direkt in Blickrichtung sein, wenn Sie gemütlich in Ihrem Stuhl sitzen. Steht Ihr Bildschirm direkt auf Ihrem Schreibtisch oder auf einer flachen Workstation, dann ist das vielleicht zu niedrig. Wenn Sie sich dabei ertappen, wie Sie niedrig in Ihren Stuhl geduckt oder mit dem Kopf so weit nach vorne gebeugt dasitzen, daß Ihr Hals dem eines Schwanes gleicht, dann ist Ihr Bildschirm wahrscheinlich zu niedrig. Diese Stellung kann Ihnen Schmerzen im Genick und ein furchtbar schlechtes Gewissen bereiten, weil Sie nicht gerade sitzen, wie es Ihnen beigebracht worden ist. Den Bildschirm höher zu bekommen, ist nicht schwer. Manche Bildschirme haben einen Drehfuß, den Sie allein durch Drehen anheben können. Wenn Sie diese Möglichkeit nicht haben, legen Sie etwas unter den Bildschirm, etwa ein paar alte Telefonbücher oder ein paar dieser alten staubigen Computer-Handbücher, die Sie nie lesen. (Dann sind sie wenigstens zu etwas gut.) Auch wenn Sie meinen, Ihr Bildschirm wäre schon hoch genug, versuchen Sie, ihn noch fünf, sechs Zentimeter anzuheben. Sie werden überrascht sein, wieviel angenehmer das ist.

Vielleicht versetzen Sie auch die Tastatur nach unten, was später in diesem Kapitel beschrieben wird.

Warum nimmt man nicht gewöhnliche Fernseher anstelle von teuren Bildschirmen?

Viele Leute wundern sich, wieso ein 17-Zoll-Computer-Bildschirm 1500 Piepen kostet und ein 17-Zoll-Fernseher nur etwa ein Viertel davon. Die Antwort ist, daß das Bild eines Fernsehers nach Computerstandards lachhaft ungenau und verschwommen ist. Ein 17-Zoll-Computer-Bildschirm hat von oben bis unten mindestens 1.000 einzeln veränderbare Bildelemente (im Computer-Bizz heißen sie Pixels), ein Fernseher hat weniger als 500. Schauen Sie sich Ihren Fernseher aus der Nähe an, wenn Sie das aushalten, und dann können Sie sehen, daß das Bild ganz schön undeutlich ist. Außerdem bewegen sich Fernsehbilder; Computerbilder stehen häufiger still. Unschärfe fällt bei stehenden Bildern viel mehr auf. Fernseher haben leichtes Spiel mit der Anzeige von Bildern, weil sie eine viel größere Bandbreite von Farben anzeigen können als alle – außer den besten – Bildschirmen. Für lesbaren Text ist jedoch Farbe weniger wichtig als Auflösung (die Anzahl Pixels).

Nutzen Sie Ihren Fernseher, wozu ihn die Natur erschaffen hat, z.B. um Wiederholungen der »Lindenstraße« anzuschauen, und nutzen Sie Ihren Computer-Bildschirm für Ihren Computer. (Sie können Adapter kaufen, um Ihren Fernseher über Ihren Computer-Bildschirm laufen zu lassen, aber weil sie mehr als ein Fernseher kosten und trotzdem nur die Bildqualität des Fernsehers erzeugen, macht es wenig Sinn, sich einen anzuschaffen.)

Vielleicht läuft auf Ihrem Computer eine grafische Benutzeroberfläche wie X-Window, Motif oder OPEN LOOK. Diese Schnittstellen werden in den Kapiteln 10 und 11 eingehend erklärt und hier auch nur erwähnt, weil sie normalerweise Bildschirm-Schoner enthalten.

Wenn Ihr Bildschirm knallendes Feuerwerk anzeigt oder sich schlängelnde Rotaugen (Bilder von Rotaugen, natürlich) oder auf einmal gar nichts mehr, dann geraten Sie nicht in Panik. Es bedeutet wahrscheinlich, daß sich Ihr Bildschirmschoner eingeschaltet hat. Um Ihr Bild zurückzubekommen, bewegen Sie entweder die Maus (wenn Sie eine haben) oder drücken irgendeine Taste der Tastatur. Es muß keine Taste sein, die irgendetwas bewirkt: eine der Shift-Tasten tut's auch.

Unmusikalische Klaviatur

Der Teil des Computers, mit dem Sie in die meisten Handgefechte verwikkelt sind, ist die Tastatur. Sie sieht wie eine Schreibmaschine mit einer Menge zusätzlicher Tasten aus, die oben, rechts und manchmal links in Gruppen angebracht sind.

Der Schreibmaschinen-Part in der Mitte der Tastatur ist ziemlich einfach zu verstehen, aber die ganzen zusätzlichen Tasten können schwer zu ergründen sein. Manche der zusätzlichen Tasten erklären sich selbst: sie sind mit speziellen Symbolen beschriftet, die auf einer gewöhnlichen Schreibmaschine nicht zu finden sind – der Schrägstrich nach links (\) und die geschweiften Klammern ({}). Hier noch andere Tasten, denen Sie vielleicht begegnen:

- Shift macht aus kleinen Buchstaben GROSSBUCHSTABEN.
- Ctrl oder Control ist eine spezielle Art »Kontroll«-Taste, und wird in erster Linie dazu verwendet, die Kombinationen Ctrl-C und Ctrl-Z zu bilden, die vorbeirennende Programme anhalten.
- Die CapsLock-Taste funktioniert im wesentlichen wie auf der Schreibmaschine. Gewöhnlich geht ein kleines Lämpchen auf der Tastatur an, das andeutet, daß die CapsLock-Taste gedrückt ist. Manchmal kann man, wenn die CapsLock-Taste gedrückt ist, die normale Shift-Taste verwenden, um Kleinbuchstaben zu bekommen, wodurch man leicht tIPPfeHLER WIE dIESEN BekOMMt.

Eine der mysteriösesten und meistens intensiv gebrauchten Tasten der Tastatur heißt Esc, Kurzform von »escape« (entkommen). Entkommen? Wem entkommen? Das weiß niemand mehr. (Auf irgendeiner früheren Tastatur hieß die Taste AltMode, und auch da wußte niemand, wofür das stand.) Stellen Sie sicher, daß Sie Ihre Esc-Taste finden, Sie werden sie brauchen, sobald Sie mit einem Textverarbeitungsprogramm arbeiten. Drücken Sie an anderen Stellen Esc, passiert möglicherweise irgendetwas eigenartiges am Bildschirm, aber ansonsten kann es nicht viel ausrichten.

In der Regel gibt es dann noch Tasten mit Pfeilen, die nach oben, nach unten, nach links und nach rechts zeigen und nützlich klingende Bezeichnungen haben, wie Einfügen, Loschen, Pos 1 und Ende. In den meisten Fällen tun die Tasten nichts nützliches. Der Grund dafür ist, daß die meisten UNIX-Programme in Firmen geschrieben wurden, wo es Dutzende verschiedener Terminals gab, jeweils mit anderen Tastaturen. Man schrieb Programme lieber so, daß sie nur Tasten verwendeten, von denen man meinte, es gebe sie auf allen Tastaturen, anstatt zu versuchen, jedes Programm jeder Tastatur anzupassen. Zu diesen Tasten gehören die Druck-Taste, die Enter-Taste, vielleicht die Backspace-Taste und die gerade erwähnte mysteriöse Esc-Taste. (Auch wenn sie mysteriös ist, ist sie doch Standard.)

Dann sind da die Funktionstasten. Eine Zeit lang sah es so aus, als ob Workstation-Hersteller darum kämpften, wer die »männlichste« Tastatur mit den meisten Funktionstasten herstellen könne. Frühe Tastaturen hatten bescheidene drei oder vier Funktionstasten. Dann bekam der IBM-PC zehn Funktionstasten auf der linken Seite der Tastatur; bald tauchten zwölf entlang der oberen Kante auf, und bald strotzte es überall vor lauter Funktionstasten – eine steroidbesessene Tastatur hat zehn Tasten links, ein Dutzend am oberen Rand, und nochmal zehn rechts. Das wirklich erstaunliche ist, daß es keine Programme gibt, die diese ganzen Funktionstasten je nutzen. Zum einen haben verschiedene Tastaturen verschiedene Tastenzusammenstellungen, so daß man sich nicht darauf verlassen kann, daß eine bestimmte Taste auch vorhanden ist. Zum anderen sind bei den Programmen nicht 30 verschiedene Dinge zu tun, daher sind diese Tasten zum größten Teil Dekoration.

Gibt es auf Ihrer Tastatur ein Taste mit der Aufschrift F1, dann ist das sehr wahrscheinlich in einigen Programmen die Hilfe-Taste. Es schadet nicht, sie auszuprobieren, wenn Sie feststecken.

Leben mit Ihrer Tastatur

Es gibt zwei sehr zuverlässige Methoden, sich seine Tastatur zu ruinieren. Die eine ist, sie auf den Boden fallen zu lassen und drauf zu treten, und die zweite ist, Kaffee oder Limonade drüberzuschütten. Abgesehen davon ist die Tastatur ziemlich robust. Wenn Sie jeden Tag acht Stunden damit schreiben, werden irgendwann ein paar Tasten nicht mehr gehen. Dann ist es wahrscheinlich einfacher, eine neue Tastatur zu kaufen, als zu versuchen, sie zu reparieren. So teuer sind sie nicht.

Sollten Sie doch etwas über Ihre Tastatur ausschütten, folgen Sie diesen Schritten:

1. Sichern Sie Ihre Arbeit, falls das noch möglich ist.
2. Schalten Sie Ihren Computer oder Ihr Datenstation aus, wenn das geht (nicht einfach den Schalter betätigen – den Anweisungen in Kapitel 1 folgen).
3. Drehen Sie die Tastatur um und schütteln Sie die Flüssigkeit heraus, vorzugsweise nicht auf Ihren Schreibtisch oder Ihren Schoß.
4. Wischen Sie sie so gut es geht mit Papiertüchern ab. (Während Sie dies tun, werden Sie viele eigenartige Zeichen tippen und die UNIX-Shell wird sich aufregen, falls der Computer noch an ist. Aber das ist sein Problem, nicht Ihres.)
5. Lassen Sie die Tastatur gut trocknen.

Die Tastatur funktioniert vielleicht noch, und Sie sollten sich vornehmen, in Zukunft vorsichtiger zu sein. Wenn eine oder zwei Tasten nicht gehen, hat Ihr auf Computerhardware spezialisierter Guru vor Ort eine Flasche oder Spraydose mit Elektronikreiniger, der sicherlich soviel von der Pampe aufweichen kann, daß die Tasten wieder gehen. Wenn nicht, lassen Sie jemanden vom Reparaturdienst die Tastatur reinigen oder ein kaputte Taste ersetzen, was aber vielleicht teurer kommt als gleich eine neue zu kaufen.

Schmerzen beim Tippen – fragen Sie Ihren Arzt oder Apotheker

Die meisten Computer-Anwender legen Ihre Tastaturen auf den Schreibtisch, was keine komfortable Höhe zum Tippen ist. Ihre Handgelenke können anfangen zu schmerzen; im schlimmsten Fall können Sie etwas bekommen, das Carpal Tunnel Syndrom heißt oder wiederholte Handgelenk-Zerrung (edle medizinische Ausdrücke für »sehr schmerzhafte Gelenke«).

Das einfachste, was Sie tun können, um Gelenkschmerzen zu erleichtern, ist eine Handstütze vor die Tastatur zu legen, damit Ihre Handgelenke höher liegen. Besser ist es, die Tastatur niedriger anzubringen: eine Möglichkeit ist, sich einen Rechnertisch zu besorgen, der ungefähr zehn Zentimeter niedriger ist als ein Schreibtisch, und die Tastatur und den Computer darauf zu stellen. (Mit Sicherheit werden Sie den Bildschirm anheben, wenn Sie das machen: schauen Sie sich die Erörterung zu Bildschirmen weiter oben in diesem Kapitel an.) Ein anderer Weg, die Tastatur abzusenken, ist, eine Tastaturschublade unterhalb des Schreibtisches anzubringen und diese herauszuziehen, wenn Sie sie benutzen wollen. Beide Methoden beugen Schmerzen im Handgelenk vor; die zweite Methode hat den großen Vorteil, daß dabei wertvoller Platz auf dem Schreibtisch frei wird, der sonst von der Tastatur eingenommen wird. Wir würden ohne eine Tastatur-Schublade nicht mehr arbeiten wollen.

Zeigt her...: Mäuse, Trackballs und mehr

Wenn Sie ein Fensterprogramm wie Motif oder OPEN LOOK einsetzen, haben Sie ein Zeigegerät, sehr wahrscheinlich eine Maus. Eine Maus ist ein kleines Kästchen, das Sie auf dem Tisch herumschieben. Während Sie die

Maus herumschieben, bewegt sich ein kleiner Pfeil oder ein anderes Symbol über den Bildschirm; indem Sie die Maus bewegen, bewegen Sie den Pfeil, um auf Dinge am Bildschirm zu zeigen.

Die Maus hat einige Tasten, die Sie drücken, um dem Computer zu sagen, daß Sie auf etwas am Bildschirm zeigen, mit dem Sie etwas tun wollen. Unterschiedliche Mäuse haben unterschiedlich viele Tasten: nur eine oder sogar drei. Bei einem UNIX-System brauchen Sie immer eine Maus mit drei Tasten, weil die meisten Programme für X-Window (dazu gehören auch viele Programme, die Sie unter Motif oder OPEN LOOK laufen lassen) darauf ausgerichtet sind. Prinzipiell können alle Programme umkonfiguriert werden, so daß sie mit einer Maus mit zwei Tasten oder mit einer Taste laufen (wohl, indem man die Ctrl oder Shift-Taste anstelle der fehlenden Tasten nimmt), aber das Leben ist zu kurz, um Zeit mit solchen Spielchen zu verschwenden. Verlangen Sie drei Tasten.

Bei den Mäusen gibt es zwei Kategorien: die mechanischen mit Bällen und die optischen ohne, geschmacklos als männliche und weibliche Mäuse bekannt, in dieser Reihenfolge. Mechanische Mäuse können auf jeder Oberfläche rollen, normalerweise wird das Ihr Schreibtisch und gelegentlich Ihr Bein sein (sehr selten das Bein eines anderen...). Trotzdem besorgen sich viele Leute Gummi-Unterlagen für ihre Mäuse, weil die Maus glatter auf der Unterlage rollt. Optische Mäuse haben eine spezielle reflektierende Unterlage und funktionieren auch nur auf dieser Unterlage.

Man könnte sich darüber auslassen, welche Art Maus besser ist, wir meinen aber, daß man mit beiden gut zurechtkommen kann. In den letzten Jahren sind die Hersteller dazu übergegangen, ergonomisch geformte Mäuse anzubieten, die angenehmer in der Hand liegen sollen und auf jeden Fall fetziger aussehen. Wenn Sie nicht gerade die ganze Zeit mit einem CAD- oder Zeichen-Programm verbringen, das ständigen Mausgebrauch erfordert, werden Sie die Maus nicht so oft brauchen, daß das ins Gewicht fällt.

Für seine Maus sorgen

Wenn Sie eine mechanische Maus haben, sollten Sie sie alle paar Monate umdrehen, die kleine Abdeckung über den Ball schieben und den Ball in Ihre Hand fallen lassen. Wischen Sie die Maus mit einem Tuch ab und setzen Sie die Maus wieder zusammen. Das ist alles an Fürsorge, was sie braucht. Bei optischen Mäusen wischen Sie hin und wieder die Unterlage ab.

Alternativen zur Maus

Manche Leute nehmen lieber Steuerungsbälle, um auf Dinge am Bildschirm zu zeigen. Steuerungsbälle sind einfach umgedrehte Mäuse, so daß man den Ball direkt mit den Fingern rollt. Der Steuerungsball hat den Vorteil, daß er keine Bewegungsfreiheit auf dem Schreibtisch braucht (manchmal ist er sogar in die Tastatur eingebaut), wodurch er keine freigeräumte Schreibtischfläche besetzt wie die Maus. Wir finden den Steuerungsball gewöhnungsbedürftig, aber in der Praxis arbeitet es sich mit ihm nicht viel anders als mit der Maus. Sorgen Sie wieder dafür, daß Sie ein Modell mit drei Tasten bekommen.

Gelegentlich sehen Sie vielleicht exotischere Zeigemittel, wie Bildschirme zum Anfassen; bei diesen berühren Sie direkt mit dem Finger die gewünschte Stelle des Bildschirms (Sie erkennen einen solchen Bildschirm daran, daß er mit Fingerabdrücken übersät ist). Zu den anderen Zeigemittel gehören Lichtstifte, die Sie auch auf den Bildschirm richten, schnurlose Mäuse und vieles mehr. Diese Geräte funktionieren entweder wie normale Mäuse (dann trifft die Erörterung im vorangegangenen Abschnitt zu) oder sie sind ganz anders (dann müssen Sie Ihren Experten vor Ort fragen).

KAPITEL 9

Drucken (Gutenberg läßt grüßen)

In diesem Kapitel

- Wie man was an den Drucker sendet
- Wie man den Drucker findet
- Dämliche Drucker-Tricks

Etwas drucken

Wenn Sie nicht zufällig im papierlosen Büro der Zukunft arbeiten (bekannt dafür, daß es sich gleich neben dem papierlosen Badezimmer der Zukunft befindet), dann werden Sie hin und wieder etwas drucken wollen. Die gute Nachricht ist: das ist normalerweise einfach. Die schlechte Nachricht ist: es ist nicht so einfach, wie es sein sollte.

Eine Komplikation kann noch dazukommen: die Art, wie man etwas ausdruckt, unterscheidet sich bei BSD-UNIX und bei System-V-Rechnern. (Wissen Sie noch, welches UNIX Sie haben? Wenn nicht, schauen Sie sich Kapitel 2 an.) Wir erklären zuerst, wie man etwas druckt, das schon in einer Datei ist; dann gehen wir weiter zu den ausgefalleneren Sachen.

In System V gibt's einen Dämon

Setzen Sie UNIX System-V ein, dann gibt es nichts einfacheres, als zu drucken: Sie nehmen den Befehl `lp`. Wenn Sie z.B. eine Datei `myletter` haben, drucken Sie sie durch Eingabe dieser Zeile:

```
lp myletter
```

UNIX antwortet mit einer wichtigen Information:

```
request id is dj-2613 (1 file)
```

Normalerweise ist das alles, was Sie tun müssen. UNIX antwortet auf Ihre Druckanforderung mit der Anforderungs-ID des Druckjobs, die Ihnen wahrscheinlich ziemlich egal ist. Gelegentlich wollen Sie Ihre Druckausgabe etwas verschönern, indem Sie breitere Ränder lassen; darüber sprechen wir später in diesem Kapitel.

Der Befehl `lp` druckt die Datei nicht. Das wäre viel zu einfach. Was er macht ist, eine Notiz zu hinterlegen für ein tief im Innern von UNIX begrabenes Programm, und dieses vergrabene Programm druckt Ihre Datei. Der Gedanke, der dahinter steckt, ist, daß vielleicht eine Reihe von Leuten den Drucker nutzen wollen, und es wäre mühsam, wenn Sie warten müßten, bis der Drucker frei ist. Daher stellt `lp` Ihre Datei auf eine Liste; das andere Programm (*Dämon* genannt, und »Dii-mon«, nicht »Daymon« ausgesprochen) geht die Liste durch und führt das Drucken aus, so daß Sie nicht zu warten brauchen. Die *Anforderungs-ID* ist der Name, den `lp` der Notiz gibt, die es für Dämon daläßt. Sie können sie ignorieren, es sei denn, Sie überlegen es sich anders und wollen die Datei doch lieber nicht drucken.

Noch mehr Dämonen in BSD

Bei BSD-UNIX ist das Drucken so einfach wie bei System V, nur daß man den Befehl `lpr` anstelle von `lp` verwendet. Haben Sie z.B. eine Datei `myletter`, dann drucken Sie sie durch Eingabe dieser Zeile aus:

```
lpr myletter
```

In einigen Systemen, besonders SVR4 und Solaris, gibt es beide Befehle, `lp` und `lpr`. Wenn Sie diese Versionen von UNIX haben, müßten beide Befehle gleich gut funktionieren. Achten Sie darauf, daß der Befehl `lpr` keine Anforderungs-ID meldet.

Finden Sie Ihren Ausdruck

Was UNIX angeht, ist es seine alleinige Aufgabe, die Datei an den Drucker zu senden. Aber jetzt beginnt erst die Arbeit: Ihre Druckausgabe zu finden.

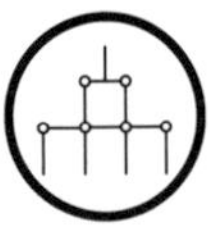

Wenn Ihr Rechner an ein Netzwerk angeschlossen ist, ist die Wahrscheinlichkeit groß, daß der Drucker nicht an Ihrem, sondern an einem anderen Rechner hängt. Den müssen Sie also vielleicht erst suchen, um Ihre Druckausgaben zu finden.

Vielleicht müssen Sie Leute in den Räumen rundum fragen oder sich ganz still in der Mitte des Büros hinstellen und horchen, ob Sie Druckgeräusche hören (ein sanftes Wimmern und Klicken bei den meisten Laserdruckern).

Wenn alles andere versagt, fragen Sie Ihren Systemverwalter. Vielleicht gibt es auch mehr als einen Drucker für Ihren UNIX-Rechner, dann ist Ihr Systemverwalter sicher der einzige, der weiß, auf welchem Drucker Ihre Druckausgabe ist.

Aha! Da ist der Drucker! Wenn Sie Glück haben, hat sonst niemand kürzlich gedruckt und das Papier oben auf dem Drucker gehört ganz allein Ihnen. Es ist allerdings viel wahrscheinlicher, daß eine Menge Leute etwas gedruckt haben und ein Stapel Papier oben auf dem Drucker liegt, von dem nur ein Teil Ihnen gehört.

Jede Druckausgabe sollte am Anfang eine Seite haben, die die gedruckte Datei, den Benutzernamen, die Uhrzeit und andere Kleinigkeiten enthält, die demjenigen wichtig erschienen, der den Drucker konfiguriert hat. Es gilt als nicht besonders fein, den Stapel zu durchwühlen, seine eigenen Seiten herauszupicken und den Rest auf einem Haufen liegenzulassen. Trennen Sie die Druckausgaben lieber und legen Sie sie mit den Benutzernamen sichtbar auf den Tisch oder ins Regal für Druckausgaben (wenn es sowas gibt). Mit etwas Glück machen es andere auch so. Wenn Sie Ihre Druckausgabe nicht im Drucker finden, hat vielleicht ein anderer die Druckausgaben getrennt und aufgestapelt. Vielleicht fand auch ein anderer Benutzer Ihre Druckausgabe interessanter als seine eigene und holte sie aus dem Drucker, um sie zu lesen.

Drucker, überall Drucker

Bei einer einigermaßen großen Installation gibt es sicherlich mehrere Drukker, entweder weil es zuviel Arbeit für einen Drucker oder weil es verschieden Arten von Druckern gibt. Wenn Sie den Befehl `lp` oder `lpr` verwenden, nimmt UNIX einen Drucker als Standardwert (Default). Bei `lp` verwenden Sie die Option `-d` (ein kleines d, wohlgemerkt – denken Sie daran, daß UNIX Wert auf so was legt), um den Drucker anzugeben. Um Ihre Datei z.B. auf einen Drucker namens `draft` zu drucken, geben Sie diese Zeile ein:

```
lp -ddraft myletter
```

Bei `lpr` ist die entsprechende Option `-P` (ein großes P, bitte); so daß der Befehl, den Sie eingeben, folgendermaßen aussieht:

```
lpr -Pdraft myletter
```

Geben Sie in beiden Fällen kein Leerzeichen zwischen dem `-d` oder `-P` und dem Druckernamen ein.

Eine Nachricht an alle Drucker

Die Liste verfügbarer Drucker hängt ganz von den Launen des Systemverwalters ab. Ganz typisch ist es, daß er eines Tages die Nase voll hat von den langsamen, unleserlichen oder chronisch ausfallenden Druckern, das Büro des Chefs stürmt, sich die erforderliche Unterschrift holt und den erstbesten Drucker kauft. Manchmal wird der alte Drucker weggeworfen, manchmal nicht.

Meistens ist es nicht so schwer, eine Liste der Drucker, die das System kennt, zu erhalten. Wenn Sie den Befehl `lp` zum Drucken nehmen, geben Sie diese Zeile ein, um eine Liste verfügbarer Drucker zu erhalten:

```
lpstat -a all
```

Diese Zeile bedeutet soviel wie: »Zeige mir den Status aller aktiven Drukker an.« Der Befehl `lpstat` listet den Status aller verfügbaren Drucker, je Zeile einen, etwa so:

```
dj accepting requests since Thu Apr 25 13:43:50 1991
```

In diesem Fall gibt es nur einen Drucker: er heißt `dj`. Die Liste gibt Ihnen auch die wichtige Information, daß er an einem Donnerstagnachmittag im April 1991 installiert wurde. Klasse. Wenn Sie den Befehl `lpr` zum Drukken verwenden, versuchen Sie es mit Eingabe dieser Zeile, um einige Informationen zu bekommen:

```
lpq -a
```

Das Programm `lpq` antwortet mit einer ähnlichen Liste wie hier:

```
lp:
Rank     Owner     Job    Files         Total Size
1st      friday    7      longletter    4615 bytes
ps:
no entries
```

Der Befehl `lpq` steht für etwas wie Line Printer Query, und -a bedeutet alle Drucker. In diesem Fall gibt es zwei Drucker, die `lp` und `ps` heißen, und auf dem ersten wird was gedruckt.

Denken Sie daran, daß nicht jeder Drucker, den die Befehle `lpstat` und `lpq` auflisten, verwendbar ist. Oft tragen Systemverwalter irgendwelche Testeinträge in die Liste ein, die nicht wirklich für verwendbare Drucker stehen.

Finger weg von meiner Datei!

Weisen Sie UNIX an, eine Datei zu drucken, dann wird die Datei nicht sofort gedruckt. UNIX notiert sich, daß die Datei gedruckt werden soll und merkt sich ihren Namen.

Was ist, wenn Sie die Datei löschen, ehe UNIX dazu kommt, sie auszudrucken? Wenn Sie mit `lp` drucken, bekommen Sie eine häßliche Meldung, weil UNIX die Datei nicht finden kann. Wenn Sie mit `lpr` drucken, wird die Datei normal ausgedruckt, weil UNIX zum Drucken eine Kopie der Sachen erstellt. Um `lp` zu zwingen, die Datei zu kopieren, benutzen Sie den Operator <. Um z.B. eine Kopie der Datei `myfile` an den Drucker zu senden, geben Sie diese Zeile ein:

```
lp < myfile
```

Danach können Sie die Datei `myfile` löschen oder ändern, ohne daß sich an der Druckausgabe etwas ändert.

Drucken Sie eine große Datei aus, kann `lpr` lange brauchen, die Datei zu kopieren (was es eigentlich nicht müßte, denn es ist ja schon in einer Datei, nicht wahr?). Mit `lpr -s` können Sie UNIX mitteilen, daß Sie von der Originaldatei drucken wollen, um Zeit und Plattenspeicher zu sparen. Wenn Sie die Option `-s` verwenden, passen Sie auf, daß Sie die Datei nicht löschen oder ändern, ehe sie ausgedruckt ist.

Sie können `lpr` mitteilen, die Datei zu löschen, wenn sie fertiggedruckt ist. Diese Möglichkeit kann manchmal nützlich sein, wenn Sie die Datei ohnehin nur zum Drucken erstellt haben. Nehmen Sie die Option `-r`, um die Datei nach dem Ausdrucken zu löschen:

```
lpr -r myfile
```

Bei großen Dateien können Sie `-r` und `-s` zusammen verwenden.

```
lpr -s -r myfile
```

Hilfe! Ich habe gedruckt, und der Drucker will seine Klappe nicht halten

Wenn Sie das erste Mal einen längeren Text ausdrucken, werden Sie entdecken, daß Sie die Datei doch lieber nicht drucken wollen, weil Sie einen furchtbaren Fehler auf der ersten Seite entdeckt haben. Glücklicherweise können Sie UNIX recht einfach mitteilen, daß Sie es sich anders überlegt haben.

Wenn Sie UNIX eine Datei ausdrucken lassen, in der sich kein Text befindet, etwa eine Datei, die ein Programm oder eine Datenbank enthält, druckt UNIX sie in den meisten Fällen trotzdem. In einem klassischen Beispiel für das Murphy'sche Gesetz (alles, was schiefgehen kann, geht schief) neigen solche Dateien dazu, ungefähr zwölf zufällig zusammengestellte Zeichen auf jeder von 400 Seiten zu drucken. Jede Seite enthält gerade genug Schrott, daß Sie sie nicht wieder verwenden können. Wie Sie sich vorstellen können, machen sich Leute unbeliebt, die dazu neigen, viele solche Dateien auszudrucken, besonders bei Kollegen, deren zwei-Seiten Memos sich in der Reihe hinter den 400 Seiten Schrott befinden.

Nimm das zurück, System V

Nehmen Sie zum Drucken der Datei `lp`, dann machen Sie den Druckjob wieder ungültig mit `cancel` (wir haben keine Ahnung, wie dieser Befehl an den Tippfaulen vorbeigerutscht ist). Sie müssen dem Befehl `cancel` die Anforderungs-ID mitgeben, die `lp` dem Job zugewiesen hat. Wenn Sie Glück haben, steht der Befehl `lp` noch auf dem Bildschirm, und Sie können die Anforderungs-ID sehen. Ist diese Information von Ihrem Bildschirm entschwunden, bewahren Sie Ruhe. Der Befehl `lpstat` zeigt alle Druckanforderungen, die auf den Drucker warten:

```
lpstat
```

Der Befehl erzeugt eine solche Liste:

```
dj-2620     ness     34895    Dec 23 21:12 on dj
```

Diese Liste sagt Ihnen folgendes:

- Ihre Anforderung hieß `dj-2620`.
- Sie wurde von einem Benutzer namens ness gemacht.

- Die Größe der zu druckenden Datei ist 34.895 Zeichen.
- Der Druckbefehl wurde am 23.Dezember gegeben.
- Der Job ist »auf dj« (er wird auf Drucker `dj` gedruckt).

Sie können die Anforderung mit folgendem Befehl annulieren:

```
cancel dj-2620
```

UNIX antwortet mit folgender Zeile:

```
request "dj-2620" cancelled
```

Es gibt in UNIX eine erstaunlich angenehme Abkürzung (zumindest für UNIX erstaunlich), die Sie nutzen können. Wenn Sie den Namen des Druckers angeben, bricht UNIX den Ausdruck ab, was immer gerade gedruckt wird. Wenn Sie sich erinnern, daß der lokale Drucker `dj` heißt, können Sie diese Zeile eingeben, und der Druck ist erst einmal gestoppt:

```
cancel dj
```

Hör auf damit, BSD

Haben Sie Ihren Druckfehler mit dem Befehl `lpr` gemacht, nehmen Sie `lpq`, um die Anforderungs-ID herauszufinden, die hier – um weitere Verwirrung zu stiften – *Jobnummer* genannt wird:

```
lpq
```

UNIX antwortet mit einer Liste der Druckjobs:

```
Rank     Owner     Job     Files                 Total Size
1st      jedgar    12      blurfle               34895 bytes
```

Notieren Sie sich die Jobnummer (12, in diesem Fall). Verwenden Sie diese Nummer bei dem Befehl `lprm`, der trotz seines Namens die Druckanforderung, und nicht den Drucker selbst entfernt:

```
lprm 12
```

Der Befehl `lprm` reagiert gewöhnlich mit etwas über Zeilen, die »dequeued« sind; diese Information soll beruhigend wirken, fragt sich nur für wen. Als Antwort auf den Befehl `lprm 12` gibt UNIX z.B. diese Meldung aus:

```
dfB012iecc dequeued
cfA012iecc dequeued
```

Ein paar abschließende Worte darüber, wie Sie einen übereifrigen Drucker zur Räson bringen

Die meisten Drucker haben etwas, das *interne Puffer* genannt wird, in dem sich die zu druckenden Daten befinden. Ein interner Puffer hat Vor- und Nachteile: der Vorteil ist, daß der Drucker nicht ständig anhalten und wieder beginnen muß, wenn der Computer Ihre Datei ein bißchen langsam durchreicht; der Nachteil ist, daß es keine Möglichkeit für den Computer gibt, die Daten – sind sie erst einmal im Puffer – zurückzubekommen. Canceln Sie also etwas, das Sie ursprünglich drucken wollten, dann kann noch etwas davon im Puffer stehenbleiben: bis zu zwei Seiten normalen Textes oder 20 Seiten des Schrottes, den man bekommt, wenn man versucht, nicht-Text-Dateien zu drucken.

Es ist nicht einfach, zu verhindern, daß das Zeug im Puffer gedruckt wird. Eine wirklich schlechte Idee ist es, den Drucker mitten in einer Seite auszuschalten: diese Methode führt dazu, die Papierzufuhr zu verstopfen und bei Laserdruckern löst sich ein Klumpen schwarzen schmierigen Zeugs, das Ihre Hände und die nächsten 1000 Seiten, die der Drucker druckt, total verschmiert. Wenn Sie darauf bestehen, drücken Sie die Stop- oder Offline-Taste des Druckers und warten, bis der Drucker stoppt; dann können Sie ihn relativ gefahrlos ausschalten.

Nachdem Ihre Jobanforderung gecancelt ist, hat der Drucker vielleicht noch etwa eine halbe Seite Ihrer mißglückten Datei zum Drucken anstehen. Diese Seite können Sie herausschieben, indem Sie einen Knopf am Drucker betätigen, der mit etwas wie FormFeed oder Print/Check oder sogar Reset beschriftet ist.

Hege und Pflege von Laserdruckern

Laserdrucker sind eine andere Züchtung als herkömmliche mechanische Drucker. Sie – oder Ihr Netzwerk – haben möglicherweise beide Arten von Druckern. In vielen Fällen werden Sie wahrscheinlich Ihre Datei für Entwürfe auf den mechanischen Drucker senden und den Laserdrucker für endgültige Versionen der Datei nutzen. Der typische preisgünstige Laserdrucker ist nicht dafür entwickelt, zehn Stunden am Tag ununterbrochen in Betrieb zu sein; ist er das trotzdem, wird er sich abnutzen. Zeilendrucker sind viel robuster und billiger zu ersetzen, wenn sie kaputtgehen, daher können Sie Geld sparen, wenn Sie den Zeilendrucker für Entwürfe verwenden. (Ihr Systemverwalter versucht die Kosten niedrig zu halten, so daß er einen neuen Drucker einplanen kann.) Sie können auch Glück haben, dann verfügen Sie über einen schnellen Hochleistungs-Laserdrukker, auf dem Sie alles drucken können.

Weshalb Sie garantiert nichts über PostScript wissen wollen

Möglicherweise haben Sie einen sogenannten PostScript-Drucker. Die Laserdrucker-Entwicklung teilt sich in zwei Lager auf: das Hewlett-Packard-Lager und das PostScript-Lager. Drucker des Hewlett-Packard-Lagers basieren auf der Druckerlinie von HP's LaserJet; Drucker des PostScript-Lagers verwenden die von Adobe Systems entwickelte Programmiersprache PostScript. Man sagt, daß LaserJet-Drucker die Sprache Printer Control Language (PCL) sprechen, aber PCL ist nicht annähernd so kompliziert oder flexibel (das hängt von Ihrer Sichtweise ab) wie PostScript. Um die Verwirrung zu vergrößern, verwenden viele Laserdrucker, die in den letzten ein, zwei Jahren hergestellt wurden, sowohl PostScript, wie auch PCL.

Zurecht werden Sie fragen »Was hat eine Programmiersprache mit einem Drucker zu tun?« Wenn Sie eine Datei, die den Text »Ihre Mutter trägt Springerstiefel« enthält, an den einfacheren LaserJet senden, druckt der Drucker: Ihre Mutter trägt Springerstiefel. Wenn Sie die gleiche Datei an einen PostScript-Drucker senden, druckt der Drucker nichts. Der Grund dafür ist, daß der PostScript-Drucker ein mächtiger Computer mit einer eingebauten Programmiersprache ist (das ist PostScript), der gewissermaßen als Nebenbeschäftigung auch druckt. Um einen PostScript-Drucker irgendetwas drucken zu lassen, müssen Sie ihm ein Programm schicken, das das Drucken erledigt. Glücklicherweise sind solche Programme allgemein verfügbar.

Diese Einrichtung ist nicht ganz so absurd, wie sie sich anhört. Für einfache Textdateien ist es mühsam, aber um schicke Schriftsatz-Dokumente mit vielen Schrifttypen und Zahlen und Linien und solchen Sachen zu versehen, ist PostScript erheblich flexibler als PCL, so viel zumindest, daß es Leute gibt, die ganze Bücher (wie dieses) mit PostScript setzen.

PostScript bereitet zwei Probleme, die Sie vielleicht stören. Das erste ist, eine gewöhnliche Datei an einen PostScript Drucker zu senden. Meistens ist die UNIX-Druckersoftware so schlau, automatisch festzustellen, daß es die Datei »postScripten« muß, um sie auszudrucken. Wenn die Druckersoftware nicht so schlau ist, kann ein anderes Programm das PostScripten übernehmen. Adobe, der Hersteller von PostScript, verkauft ein weitverbreitetes Paket namens TransScript; TransScript enthält ein Programm `enscript`, das einfache Dateien druckt. Funktioniert der einfache Befehl `lp` oder `lpr` nicht, versuchen Sie es mit `enscript`, ehe Sie um Hilfe rufen.

Das andere Problem, das Ihnen begegnen kann, ist, daß eine Datei zwar PostScript enthält, aber wie eine normale Datei ausgedruckt wird. PostScript-Dateien sehen wie unverständliche, in einer obskuren Programmiersprache geschriebene Programme aus, weil sie genau das sind. Die ersten beiden Zeichen in der ersten Zeile %! weisen darauf hin. Um zu sehen, wie die Datei aussehen soll, müssen Sie die Datei an einen Drucker senden, auf dem das Programm in der Datei laufen kann und der druckt, was immer sie enthält. Wenn er statt dessen das PostScript-Programm druckt, dann kann der Drucker, an den Sie die Datei gesendet haben, höchstwahrscheinlich kein PostScript. Und dann haben Sie einfach Pech, es sei denn, Sie haben zu einem anderen Drucker Zugang, der wirklich PostScript kann.

Wenn Sie einen Laserdrucker verwenden, beachten Sie folgendes, damit Ihr Drucker läuft:

- Laserdrucker bekommen ihr Papier gewöhnlich von einem Papierfach, das nur 200 Seiten aufnehmen kann; diese Menge kann der Drucker in ungefähr 45 Minuten verarbeiten. Ist das Fach leer, ziehen Sie es aus dem Drucker heraus, suchen Sie leeres Papier und schütteln es, damit es nicht aneinanderhängt, legen Sie es in das Fach (passen Sie auf, daß es unter den kleinen Eckhalterungen liegt), schieben das Fach wieder zurück in den Drucker und drücken die Starttaste am Drucker, um ihn weiterlaufen zu lassen. Wir wissen natürlich, daß Sie kein Servicetechniker sind, aber Druckern geht so oft das Papier aus, daß Sie nie irgendwas fertig bekommen, wenn Sie nicht selbst Papier nachfüllen können. Lassen Sie sich von jemandem zeigen, wie das geht (das dauert ungefähr eine halbe Minute), so daß auch Sie ein Experte sein können.

- Der Drucker braucht Toner, oder trockenes Puder, daß sich wie Tinte verhält. Toner gibt es in einem Plastikbehälter, der für ungefähr 3.000 Seiten oder zehn Stunden ununterbrochenen Druckens reicht. Wenn der Toner zu Ende geht, werden die gedruckten Seiten blaß und streifig. Häufig können Sie den Toner um ein paar Minuten verjüngen, indem Sie den Drucker anhalten, den Deckel öffnen, den Tonerbehälter herausnehmen, einen kleinen Tanz damit aufführen, um das Puder innendrin aufzuschütteln, den Behälter zurückstellen und den Drucker schließen. Wenn Sie wissen wollen, wie man den Tonerbehälter herausnimmt, suchen Sie sich jemanden, der es Ihnen zeigt, denn die Techniken unterscheiden sich bei den einzelnen Modellen.

Tanzen Sie vorsichtig mit Ihrem Tonerbehälter und versuchen Sie nicht, ihn aufzubrechen. Ansonsten endet das Tonerpuder, das nie wieder rausgeht, auf Ihrem neuen waschbaren Seidenhemd!

- Öffnen Sie den Drucker nicht, wenn das Papier sich bewegt: dies bringt die Papierzufuhr zum Verstopfen und den Toner zum Schmieren. Drücken Sie die Stop-Taste und warten Sie, bis das Papier nicht mehr weiterläuft.

Wie Sie mit Ihren Ausdrucken Eindruck machen

Wenn Sie eine Datei, die einfachen Text enthält, an den Drucker senden, kann das Ergebnis häßlich aussehen: keine Ränder, Titel oder sonstwas. Mit dem Befehl `pr` können Sie Ihre Datei verschönern. Verwenden Sie ihn nur bei reinen Textdateien, nicht bei Dateien randvoll mit PostScript oder Dokumentdateien Ihres bevorzugten Textverarbeitungs- oder Desktop-Publishing-Programmes.

Ihnen ist es wahrscheinlich egal, daß es drei Arten von Druckern gibt

Auch wenn wir die meiste Zeit über Laserdrucker sprechen, wollen wir die anderen beiden Druckertypen nicht unterschlagen: mechanische und Tintenstrahldrucker. Die älteste Druckerart ist der *mechanische Drucker*, bei dem ein Farbband von einem kleinen Hammer gegen das Papier geschlagen wird, mehr oder weniger wie bei einer Schreibmaschine. Die neuesten mechanischen Drucker sind die Punkt-Matrixdrucker, was bedeutet, daß anstelle eines kleinen Hammers eine Reihe von kleinen Nadeln das Band in verschiedenen Zusammenstellungen trifft, um die Buchstaben zu formen. Vorteilhaft an Punkt-Matrixdruckern ist, daß sie sehr billig sind, daß sie Durchschläge machen können und daß man Endlospapier verwenden kann. Die Nachteile sind Langsamkeit und hohe Lautstärke (sie hören sich an wie etwas zwischen einer sehr kleinen Kettensäge und einer sehr großen Mücke), daß sie kein normales Schreibmaschinenpapier verwenden können, es sei denn, Sie legen jede Seite einzeln von Hand ein oder kaufen eine aufsetzbare Einzelblattzuführung, die ständig hängenbleibt, so daß die Druckausgabe dürftig aussieht.

Der moderne Nachfolger eines Punkt-Matrixdruckers ist ein *Tintenstrahldrucker*, der winzige Tropfen Tinte auf das Papier schießt. Da man Tintentropfen viel kleiner als Druckernadeln machen kann, und weil Tinte zu strahlen viel weniger Lärm macht, sind Tintenstrahldrucker erheblich leiser als Matrixdrucker und erzielen viel bessere Ergebnisse. Gleichzeitig sind Sie noch relativ preiswert. Die meisten Tintenstrahldrucker verwenden normales Schreibmaschinenpapier. Die Nachteile sind, daß sie immer noch verhältnismäßig langsam sind und daß die Tinte verschmieren kann. Es gibt auch Farb-Tintenstrahldrucker.

Die meisten UNIX-Systeme verfügen über einen Laserdrucker, die wie Fotokopierer funktionieren, nur daß sie, anstatt ein Papier-Original zu fotokopieren, einen Laser verwenden, der ein Bild auf die Kopiertrommel zeichnet. Laserdrucker sind etwas teurer als die anderen beiden Typen, aber meistens sind sie schneller und erzeugen bessere Ergebnisse.

Dann gibt es noch zwei Hauptarten von Laserdruckern: Hewlett Packard und PostScript, aber diese kennen Sie schon (dazu der vorangegangene Kasten).

Mit Überschriften und Seitennummern wirkt's gleich professioneller

Das einfachste, was Sie mit dem Befehl `pr` machen können, ist, Überschriften und Seitennummern in Ihre Druckausgabe einzufügen. Standardmäßig besteht die Überschrift aus dem Namen der Datei und Datum und Uhrzeit der letzten Änderung. Sie können eine Pipe (in Kapitel 6 als senkrechter Strich | definiert) verwenden, um mit `pr` mit einer einzigen Zeile zu formatieren und zu drucken:

```
pr myfile | lp
```

(Denken Sie daran, gegebenenfalls den Befehl `lpr` zu nehmen). Dieser Befehl sagt dem Programm `pr`, daß die Datei aufgemotzt und das Ergebnis an das Programm `pr` weitergeleitet werden soll.

Sie können Ihre eigene Überschrift durch Verwenden der Option `-h` beim Befehl `pr` einsetzen:

```
pr -h »My Deepest Thoughts« myfile | lp
```

Das Ergebnis sieht so aus:

```
Feb 26  15:03 1993  My Deepest Thoughts  Page 1
Call me Ishmael. ...
```

Der Befehl `pr` nimmt an, daß Druckerseiten 66 Zeilen lang sind. Wenn das bei Ihnen nicht zutrifft, verschiebt sich der Titel, und anstatt oben auf jeder Seite zu erscheinen, rutscht er langsam von Seite zu Seite nach unten. Sie können die Länge der Standardseite mit der Option `-l` überschreiben. Angenommen, die Seite hat eine Länge von 60 Zeilen, dann geben Sie diese Zeile ein:

```
pr -l 60 myfile | lp
```

Wenn Sie `pr` verwenden und keine Überschrift am oberen Seitenrand wollen, verwenden Sie die Option `-t`:

```
pr -t myfile | lp
```

(Dieses Beispiel macht nichts besonderes mit `myfile`; später werden Sie jedoch sehen, daß es wirklich hilfreich ist, wenn Sie ihn mit Rändern und solchem Kram kombinieren.)

Rand soll sein!

Vielleicht legen Sie Ihre Druckausgaben häufig in Ringordnern ab. Normalerweise kann der Locher, weil der Druck nahe am linken Seitenrand beginnt, Löcher in Ihren Text machen, wodurch die Seite schwer zu lesen wird, ganz zu schweigen davon, daß es doof aussieht. Die Option `-o` (das ist das kleine o für *offset*, nicht eine Null), schiebt das, was Sie drucken wollen, nach rechts und läßt links einen Rand. Um z.B. fünf Leerzeichen am linken Rand zu lassen, geben Sie folgenden Befehl ein:

```
pr -o5 myfile | lp
```

Manchmal ist es schön, am unteren Ende der Seite einen breiteren Rand zu lassen. Das können Sie durch Kombination von Option `-l` (im vorangegangenen Abschnitt zum Einstellen der Seitenlänge beschrieben) und Option `-f`, die `pr` befiehlt, ein spezielles *FormFeed-Zeichen* zu verwenden, um den Drucker *jetzt*! eine neue Seite anfangen zu lassen (gewöhnlich verwendet die Option `-l` Leerzeilen, um zur nächsten Seite weiterzugehen, wie bei einer Schreibmaschine.)

```
pr -o5 -l50 -f myfile | lp
```

Dieser Befehl veranlaßt UNIX, nur 50 Zeilen je Seite zu drucken, eingerückt um fünf Leerzeichen. Dieser Rand sollte reichen.

Wenn Sie doppelt sehen

Die Option `-d` läßt `pr` einen doppelten Zeilentransport machen:

```
pr -d myfile | lp
```

Dieser Befehl gibt auch standardmäßig auf jeder Seite eine Überschrift aus; mit `-d -t` verhindern Sie das:

```
pr -d -t myfile | lp
```

Mehr als eine Spalte

Sind die Zeilen Ihrer Datei kurz, können Sie Papier sparen, indem Sie die Datei in mehreren Spalten ausdrucken. Um z.B. Ihre Datei in zwei Spalten auszudrucken, geben Sie folgendes ein:

```
pr -2 myfile | lp
```

Scharfsinnige Leser können sicher erraten, was die Optionen `-3`, `-4`, bis hin zu `-9` tun. (Falls Sie nicht so scharfsinnig sind: die Zahlen bestimmen die Anzahl Spalten, die Sie wünschen.) Spalten gehen normalerweise bis ans Ende der Seite wie in Zeitungen. Enthält Ihre Datei eine Liste von Angaben, jeweils eine je Zeile, und Sie wollen sie in Spalten ausdrucken, möchten Sie vielleicht die Reihenfolge, in der die Zeilen gedruckt werden, ändern. Wenn Sie quer über die Seite drucken wollen, dann zur nächsten

Zeile gehen und so weiter, verwenden Sie die Option -a in Verbindung mit der Option -2 oder -3.

Einen wirklich verwirrenden Effekt können Sie erzielen, indem Sie mehrere Dateien mit der Option -m nebeneinander ausdrucken:

```
pr -m firstfile secondfile | lp
```

Dieser Befehl druckt die erste Zeile jeder Datei auf die erste Zeile der Druckausgabe, die zweite Zeile jeder Datei auf die zweite Zeile der Druckausgabe und so weiter. Sie können bis zu neun Dateien angeben und sie nebeneinander in dünnen kleinen Spalten drucken lassen. Wir haben nie viel Nutzen für diese Option entdecken können, aber es ist auf jeden Fall eine Möglichkeit, wirklich ulkige Druckausgaben zu bekommen.

Teil IV

Von Mäusen und Computern

»Hier bei MIC, führend in OEM, ist es an SOP, einem großen MIS wie Douglas U. Hodges oder DUH, wie wir ihn nennen, alles Gute für den Ruhestand zu wünschen.«

In diesem Teil...

Dies ist eine neue Welt, UNIXland. Sie können es mit einer GUI (Graphical User Interface), einer Maus und netten kleinen Icons zu tun haben, die fast so rätselhaft sein können, wie die Befehle, die sie ersetzen.

Dieser Teil erklärt die neumodischen Konzepte, auf denen GUIs aufbauen, und sagt Ihnen, wie Sie die beliebtesten UNIX-GUIs, Motif und OPEN LOOK, benutzen.

## KAPITEL 10

Ich bin lieber GUI als WIMP

In diesem Kapitel

- Was ist eine GUI – sollte es einen interessieren?
- Wie man erkennt, was für eine GUI man hat
- Basiswissen Maus zum Überleben in der GUI
- Wie man mit Fenstern arbeitet

Um Ihre erste Frage zu beantworten: GUI steht für *Graphical User Interface* und wird *wirklich* »guuey« ausgesprochen. Wir bevorzugen den Ausdruck WIMP, der für *Windows, Icons und Mouse Pointing* steht, aber irgendwie hat sich dieser Ausdruck nie durchgesetzt.

Eine GUI ist eine Kombination eines graphishen Bildschirms (einem, der zusätzlich zu Text Bilder anzeigen kann), einer Maus oder etwas ähnlichem und eines Systems, das den Bildschirm in mehrere Fenster, die gleichzeitig verschiedene Dinge anzeigen können, einteilt. Alle GUIs funktionieren mehr oder weniger gleich, weil sie alle auf den gleichen Ursprung vor 20 Jahren bei Xerox zurückgehen; in den Feinheiten allerdings unterscheiden sie sich immerhin so weit, daß man sich die Haare raufen möchte.

Ganz und gar GUI

Die meisten UNIX-Systeme, die irgendeine GUI haben, verwenden eine auf Basis des X Window Systems. Ältere Sun-Workstations verwenden Systeme, die SunView oder NeWS heißen; NeXT-Geräte haben NeXTStep (sind dIe wOrTE rIChTiG gROß uND KLEin GESchRieBEN?); abgesehen von diesen Ausnahmen werden Sie es aber ziemlich sicher mit X Window zu tun haben. NeWS Systeme unterstützen ebenfalls X (X ist das Tippfaulen-Wort für X Window); es gibt auch häufig verwendete X-unter-NeXTStep-Pakete.

X als Fenstertechnik-System hat viele Vorteile:

- Es läuft auf allen möglichen Systemen, nicht nur solchen, auf denen UNIX läuft.
- Es ist *unabhängig von Philosophien*: Ein Programm kann den Bildschirm ganz so, wie es möchte, aussehen lassen; der Bildschirm wird nicht auf ein bestimmtes Outfit festgelegt, wie das beim Macintosh der Fall ist. (Wie Sie sich vorstellen können, ist diese Möglichkeit nicht nur segensreich. Später mehr zu diesem Thema.)
- Es verwendet eine für Netzwerke bearbeitete Client-Server-Architektur (herrlich, diese Fachbegriffe). X kann auf dem einen Computer laufen, aber die Programme, die irgendwas am Bildschirm anzeigen, können auf anderen Computern im Netzwerk sein.
- MIT verteilt es kostenlos.

Sie können sich vorstellen, welcher dieser wichtigen Vorteile wirklich dafür sorgte, daß die Computerhersteller X auswählten. Auch wenn MIT die Grundversion von X umsonst verteilt, bekommen Sie es nicht kostenlos, es sei denn, Sie setzen genau den gleichen Rechner wie diese Leute bei MIT ein und sind gewillt, Programmierer zu werden, um zehntausende Zeilen von X-Code zu kompilieren. Sie müssen eine auf den bestimmten Bildschirm und Adapter zugeschnittene Version kaufen.

Wie Ihr Bildschirm aussieht, hängt davon ab, welche GUI Sie einsetzen. Dieses Kapitel behandelt Gegenstände, die bei allen GUIs gleich sind. Kapitel 11 sagt Ihnen, wie Sie herausfinden, welche GUI Sie haben, und wie Sie Dinge machen, die bei den einzelnen GUIs unterschiedlich sind.

Der Dreh mit der Maus

Sie müssen mit der Maus arbeiten, um mit X überhaupt etwas anstellen zu können. Glücklicherweise ist das Spiel mit der Maus leicht. Einer von uns hat ein kleines Mauseloch in die Wand neben dem Computertisch gemacht, mit einem Körbchen, in dem sich die Maus ausruhen kann, wenn sie nicht arbeitet, aber das ist vielleicht übertrieben.

Mäuse (und mausähnliche Dinge, wie Steuerungsbälle) haben eine Möglichkeit, Ihnen mitzuteilen, daß Sie sie bewegt haben, und sie haben einige Tasten, die Sie drücken können, um dem Computer zu sagen, daß Sie etwas tun wollen. Unterschiedliche Mäuse haben unterschiedlich viele

Tasten. Wenn Ihre Maus weniger als drei Tasten hat, ist sie mühsam zu verwenden, weil viele Programme der dritten Taste Funktionen zuweisen. Übrigens ist die erste Taste die linke (es sei denn, jemand hat Ihre Maus für Linkshänder umkonfiguriert, dann ist die erste Taste die rechte).

Wenn Sie die Maus auf der Unterlage oder Ihrem Schreibtisch bewegen, bewegt sich der Cursor mit (ein kleines Blinken am Bildschirm). Sie können die Maus hochnehmen und an einer anderen Stelle der Unterlage oder des Schreibtisches wieder absetzen, ohne daß sich der Cursor bewegt. Diese Fähigkeit ist praktisch, wenn Sie feststellen, daß Sie die Maus an den Rand der Unterlage bewegt haben, aber der Cursor noch in der Mitte des Bildschirms steht: nehmen Sie die Maus einfach hoch und stellen Sie sie an einer geeigneteren Stelle des Schreibtisches wieder ab. Haben Sie eine optische (weibliche) Maus, dann geht das nur, wenn Sie die Unterlage mitbewegen.

Wenn Sie die Maus bewegen, versuchen Sie, sie rechtwinklig zum Schreibtisch zu halten; das Kabel (oder der Schwanz, je nachdem ob Sie gewillt sind, sich mit einem weiteren netten Begriff abzufinden) sollte von Ihnen weg deuten. Insbesondere, wenn die Maus seitlich auf Ihrem Schreibtisch liegt, ist es einfach, sie in einem Winkel zu drehen. Da der Computer nicht merkt, was Sie gemacht haben, stellen Sie fest, daß Sie die Maus nach unten und nach rechts bewegt haben, der Cursor aber nach oben geht, weil die Maus verdreht ist. Zum Glück gewöhnen Sie sich schnell an die Maus und dies alles wird Ihnen zur zweiten Natur.

Mit einem Klick-Klick hier

Die zwei Schlüsselbegriffe für die Arbeit mit der Maus sind Klicken und Ziehen. Klicken ist einfach: Sie bewegen die Maus, bis der Cursor auf einem Bildschirm-Gegenstand ist, den Sie aktivieren wollen, und drücken dann schnell eine der Maustasten, in der Regel die erste (linke) und lassen sie wieder los. In der Window-Sprache heißt das, einen Bildschirmgegenstand *selektieren*; das bedeutet, daß Sie mit dem Gegenstand, den Sie angeklickt haben, etwas machen wollen.

Manchmal müssen Sie doppelklicken (die gleiche Taste zweimal kurz drücken), um dem Bildschirm-Gegenstand zu sagen, daß Sie etwas besonders Wichtiges machen wollen. Es bedarf vielleicht einiger Fingerübungen, um die Taste so schnell zu drücken, daß der Computer es als Doppelklicken erkennt, und nicht als einmal Klicken und noch einmal Klicken.

Hätten Sie als Kind Klavier geübt, wie es Ihnen Ihre Mutter gesagt hatte, dann hätten Sie von Anfang an die nötige Geschicklichkeit hierfür. (Wirklich.) Um Ihren Kindern zu ersparen, in einem hochcomputerisierten Land der Zukunft im Nachteil zu sein, sollten Sie dafür sorgen, daß sie Klavierstunden nehmen und üben. Oder vielleicht sind Saxophonstunden genauso gut und bieten mehr politische Freiheit. Aber wir schweifen ab. Zurück zu den Maus-Fertigkeiten.

Und ein Zieh-zieh dort

Die Maus zu ziehen ist eine geringfügig kompliziertere Prozedur. Sie bewegen sich an einen interessanten Punkt, drücken eine Maustaste, *halten sie gedrückt*, und bewegen die Maus, während Sie die Taste halten, und lassen sie dann los.

Sie verwenden das Ziehen in zwei Hauptbereichen. Der erste ist für *Pop-Up-Menüs*. Wenn Sie eine der Maustasten drücken, erscheint ein Menü mit einer Liste möglicher Funktionen. Ziehen Sie, während Sie die Taste gedrückt halten, den Cursor zu dem Punkt des Menüs, zu dem Sie wollen, und lassen Sie dann die Taste los. Wenn Sie es sich anders überlegen, und keinen der Punkte des Menüs aufrufen wollen, ziehen Sie den Cursor ganz weg vom Menü, ehe Sie die Taste loslassen.

Der zweite Bereich, wo man das Ziehen benötigt, ist das Umranden eines Bereichs des Fensters. Sie bewegen sich an eine Ecke des Bereichs, den Sie auswählen wollen, drücken eine Maustaste, ziehen an die gegenüberliegende Ecke des Bereichs und lassen los; jetzt zeigt ein Kästchen auf dem Bildschirm die umrandete Fläche an.

Ein paar ziemlich coole X-Programme

Da MIT X Window umsonst verteilt, wurde X schnell das Standard-Fensterprogramm an den Colleges und Universitäten rund um den Erdball. Studenten, die ja immer eine tiefere Neigung haben, etwas anderes zu tun, als sie sollen (ganz anders als wir natürlich!) schrieben schnell alle möglichen albernen Programme – offiziell, um entweder X oder ihr Verständnis von X auf die Probe zu stellen, und eigentlich, um ihren Spaß damit zu haben. Angenommen, diese Programme gibt es auf Ihrem Rechner, dann müssen Sie nur ihre Namen in ein Fenster, das die UNIX-Shell enthält, eingeben, um sie aufzurufen (mehr zu diesem Thema im nächsten Kapitel). Einige der bekannteren X Window-Gag-Programme sind hier aufgelistet:

- **xeyes**. Zeigt ein großes Augenpaar an, das den Mauscursor beobachtet, während Sie ihn über den Bildschirm bewegen. Laut Handbuch kontrolliert es Sie und berichtet seinem Chef darüber. Hmmm.

- **xsol**. Spielt ein Spiel Klondike Solitair gegen Sie. Sie klicken den Kartenstapel an, um die nächste Karte umzudrehen und klicken Karten an und ziehen sie herum. Es ist eine gute Methode, um zu lernen, wie man mit der Maus umgeht, oder zumindest ist das die Entschuldigung, die Sie verwenden können, wenn Ihr Chef vorbeikommt. Da der Computer den Kartenstapel überwacht, können Sie nicht mogeln, wodurch es fast unmöglich wird, in einem Durchgang zu gewinnen. Wir haben in zwei Jahren einmal – auf ehrliche Art – Spiele gewonnen. Das Programm läßt Sie den Stapel wieder umdrehen und es nochmal versuchen, wodurch Sie etwa in der Hälfte der Fälle gewinnen, wenn auch nicht ehrenvoll.

- **xphoon**. Zeigt im Hintergrund des Bildschirms ein detailliertes bildfüllendes Abbild des Mondes, wie er an diesem Tag aussieht. Als klassisches Beispiel hingebungsvoller Nerd-Programmierung errechnet es korrekt die relativen Winkelpositionen von Erde, Mond und Sonne für das aktuelle Datum und Uhrzeit, und zeigt die aktuelle Mondphase an (voll, viertel, halb oder was auch immer). Nützlich für Leute, die in Städten in Büros ohne Fenster arbeiten und vergessen haben, wie der Himmel aussieht.

- **xmilc**. Spielt das Parker-Brothers-Spiel Mille Bornes gegen Sie. Es zählt die Punkte und spielt ein fieses Spiel. Klicken Sie mit der ersten Maustaste den Stapel an, um eine Karte zu ziehen, klicken Sie eine Karte in Ihrer Hand an, um sie zu spielen, und klicken Sie eine Karte mit der zweiten Maustaste an, um sie wegzuwerfen. In dem vergangenen Jahr haben wir 34 Spiele gewonnen und 42 verloren, wobei jedes Spiel aus ungefähr fünf Sets besteht.

- **xroach**. Ganze Horden glitschiger Schaben eilen über den Bildschirm und verstecken sich hinter den Fenstern, wie im wirklichen Leben. Wenn Sie es mit der Option `-squish` aufrufen, können Sie die Schaben durch Anklicken zerquetschen, was eine lebensechte Schmierspur von Schabeninnereien auf Ihrem Bildschirm hinterläßt. (Wirrköpfe halten das für Humor vom Feinsten.)

Fenster über Fenster

Jetzt, da Sie ein Mausexperte sind, erörtern wir einige grundlegende Dinge, die Sie mit X Window machen können. Angenommen, Sie haben zwei oder drei Fenster auf Ihrem Bildschirm. Wie teilen Sie UNIX mit, welches Fenster Sie verwenden wollen? Die Antwort lautet (warten Sie – woher wußten Sie, daß das jetzt kommen würde?), *es kommt darauf an.*

Meistens bewegen Sie den Mauscursor einfach in das gewünschte Fenster, um es auszuwählen. Sie erkennen, ob ein Fenster aktiv ist, daran, daß die Linie drumherum eine andere Farbe hat. Manche Systeme sind so angelegt, daß Sie die »Click-to-Type«-Methode zum Auswählen eines Fensters verwenden, bei der Sie den Cursor in das gewünschte Fenster bewegen und dann eine der Maustasten klicken, um das Fenster zu aktivieren.

Wenn Sie »Click-To-Type« verwenden müssen und es wirklich hassen – oder es nicht haben, aber gerne hätten – kann ein Guru, der mit den Funktionen von X (natürlich ein X-perte) vertraut ist, einige Parameter ändern und das »Click-to-Type« an- oder ausschalten. Wir empfehlen, daß Sie sich mit dem, was Sie haben, abfinden; es gibt furchtbar viele Parameter, die man ändern kann. Haben Sie einmal anfangen, damit herumzuspielen, wird es leicht aufreibend herauszufinden, wie Ihr Experte sie hinterlassen hatte. Und dann fangen Sie das Fluchen an.

## KAPITEL 11

OPEN LOOK, Motif und andere hohe Schulen der Fenstertechnik

In diesem Kapitel

- Wie Sie herausfinden, welcher Schule Sie angehören
- Fenster-Kampftechniken
- Wie man sich abmeldet

Die meisten Window-Systeme auf den meisten Arten von Rechnern sorgen für einen einheitlichen Stil bei den Programmen. So sehen z.B. alle Macintosh-Programme ziemlich gleich aus: sie verwenden alle das gleiche Menü, das gleiche kleine Fenster, wenn Sie eine Datei auswählen wollen, ähnliche Fenster, um Optionen an- und auszuschalten und so weiter. Ein Microsoft-Window-Programm sieht allen anderen ziemlich ähnlich: sie verwenden alle ähnliche Gruppen von Fenstern. Aber haben alle X Window-Programme ein einheitliches Äußeres? Natürlich nicht – das wäre zu einfach. (Das ist es, was die X-Horde mit *Philosophie-Unabhängigkeit* meint: X Window erzwingt keine Strategie des Fensteraufbaus.)

Gehen wir Schaufester gucken

Es gibt auf dem UNIX-Markt ein Bündel konkurrierender Fensterdarstellungen (die bekanntesten sind Motif und OPEN LOOK). Um festzustellen, an welcher man hängengeblieben ist, äähh, mit welcher man das Vergnügen hat, schauen Sie sich den Rand um die Fenster auf Ihrem Bildschirm an. Wenn sie wie in Abbildung 11-1 3-D-ähnliche Ränder mit kantigen Ecken haben, dann arbeiten Sie mit Motif. Wenn Sie wie in Abbildung 11-2 runde Ecken haben, dann arbeiten Sie mit OPEN LOOK. Wenn sie einen dünnen Rand entlang der Seiten und untenherum haben und obere Kanten, wie die in Abbildung 11-3 gezeigten, dann arbeiten Sie mit einem Programm, das TWM heißt, das bei der Grundversion von X dabei ist, und viel eingesetzt wird, weil es einfach und klein ist.

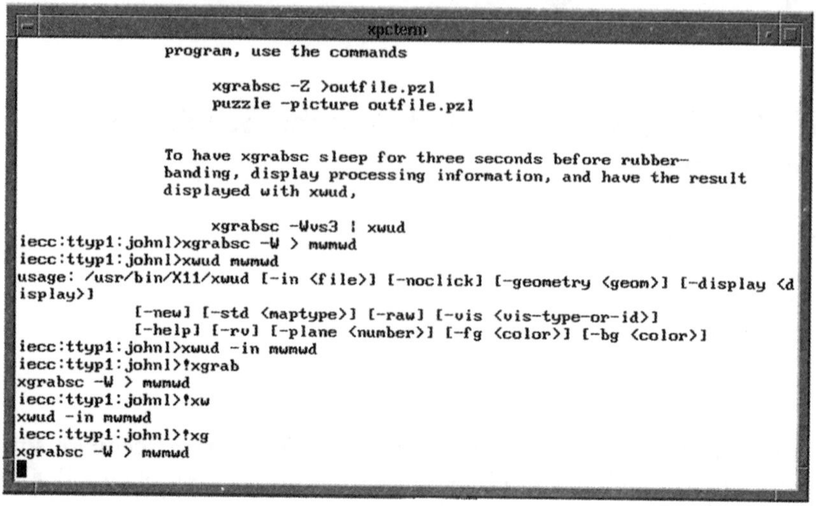

Abbildung 11-1: Ein typisches Motif-Fenster

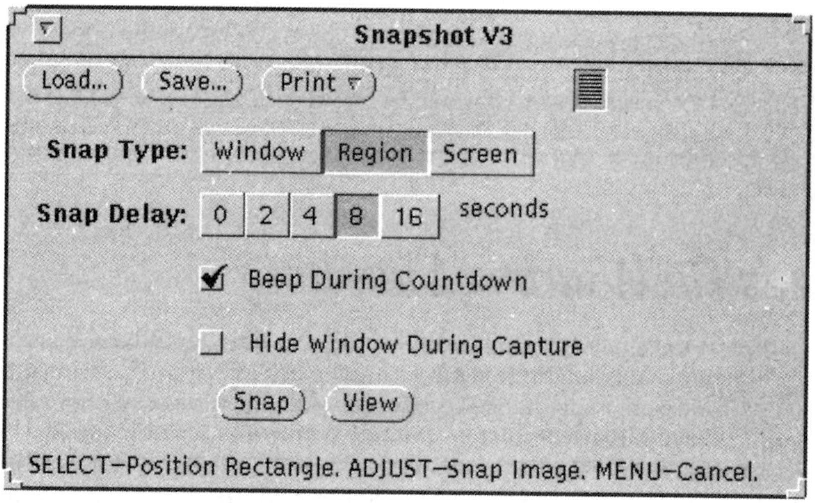

Abbildung 11-2: Ein typisches OPEN LOOK-Fenster

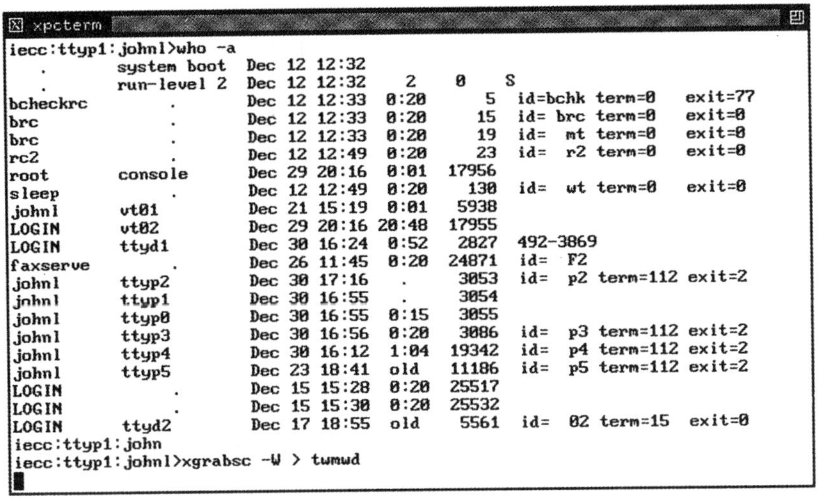

Abbildung 11-3: Ein typisches TWM-Fenster

Man kann verschiedene Fenster-Darstellungen auf einem Bildschirm mischen und macht es auch. Wenn eines Ihrer Programme mit Motif geschrieben ist und ein anderes mit OPEN LOOK, zeigt jedes seine eigenen Fenster unter Verwendung seiner eigenen Darstellungsweise an. Andererseits wird der Rand um die Fenster herum von einem separaten Programm gesteuert, das Window Manager genannt wird; haben Sie einen OPEN LOOK Window Manager, dann können Sie einen OPEN-LOOK-Rand um ein Motif-Fenster haben, oder umgekehrt. Diese Einteilung kann ziemlich seltsam aussehen, aber zum Glück funktioniert es in der Regel prima.

Ein neues Fenster öffnen

Wenn Sie ein neues X-Programm aufrufen, öffnet es im allgemeinen ein neues Fenster. Gelegentlich wollen Sie vielleicht ein bereits laufendes Programm ein neues Fenster öffnen lassen (z.B. für eine neue Datei bei der Textverarbeitung), wie Sie das tun, hängt allerdings vom jeweiligen Programm ab; lesen Sie dazu das Handbuch zu dem Programm (Schluck!).

Normalerweise haben Sie mindestens ein Terminal-Fenster laufen. Terminal-Fenster hört sich schlimmer an, als es ist; es ist ein Fenster, das sich wie ein Terminal verhält. Das übliche Programm heißt `xterm`; es verhält sich weitgehend wie eine DEC-VT100-Datenstation. Die meisten Systeme haben auch ein modifiziertes Terminalprogramm, das sich wie das vom Computerhersteller bevorzugte Terminal verhält. Hewlett-Packard-Systeme z.B. haben `hpterm`, das sich wie ein HP-Terminal verhält, und PC-UNIX-Systeme haben `xpcterm`, das sich wie eine PC-Konsole verhält. Diese Terminalprogramme verhalten sich weitgehend gleich. Man startet mit einem Aufruf der UNIX-Shell und gibt Befehle wie sonst auch ein.

Es gibt zwei Möglichkeiten, wie man ein neues Programm, das ein neues Fenster aufmacht, aufrufen kann: der GUI-orientierte benutzerfreundliche Weg und der einfache Weg.

Führen Sie diese Schritte für den GUI-orientierten benutzerfreundlichen Weg aus:

1. Bewegen Sie den Cursor, so daß er sich nicht in einem Ihrer aktuellen Fenster befindet.
2. Klicken Sie die Maustaste für das Menü. Diese Taste ist die letzte (die Taste am weitesten rechts, außer Sie haben eine Maus für Linkshänder) in OPEN LOOK und ansonsten die erste.
3. Ziehen Sie die Maus über das Menü, das erscheint, bis Sie das gewünschte Programm gefunden haben.
4. Lassen Sie die Taste los. Manchmal gibt es verschachtelte Menüs: wenn Sie einen Gegenstand des ersten Menüs auswählen, erscheint ein zweites Menü, wo Sie ebenfalls einen Punkt auswählen müssen.

Erheblich mehr, als Sie über Window Manager, Toolkits und X wissen wollen

Das Programm X Window verteilt die Arbeit, den Inhalt des Bildschirms zu steuern, auf drei separate Programme:

- Der X Server: das Programm, das die Bilder auf den Bildschirm malt und die Benutzereingabe von Tastatur und Maus einliest.
- Der Window Manager: das Programm, das bestimmt, wo am Bildschirm Fenster erscheinen, das Ränder um Fenster zieht und grundlegende Fensterfunktionen ausführt, wie Fenster verschieben, Fenster auf die Größe eines Icons (einem kleinen Kästchen, das für das Fenster steht) zu verkleinern, und Icons zu Fenstern zu vergrößern.
- Clients: Programme, die die richtige Arbeit machen.

Für einen bestimmten Bildschirm gibt es jeweils einen X-Server, gewöhnlich (aber nicht immer) einen Window Manager und ein Bündel von Clients. Jeder Client kommuniziert mit dem Server, um ihm zu sagen, was er zeichnen soll, und um zu erfahren, was Sie gemacht haben; wenn der Benutzer eine Fensterverwaltungsaufgabe, wie das Ändern der Größe eines Fensters, erbittet, kommuniziert der Server mit dem Window Manager. Auch wenn der Server, der Window Manager und die Clients gewöhnlich auf dem gleichen Rechner laufen, erlaubt X Window auch, daß sie sich auf verschiedenen Maschinen befinden, die über ein Netzwerk verbunden sind. Unüblich ist eine Installation, bei der der Server auf einem X-Terminal läuft, der Window Manager auf einer Workstation und die Clients auf Maschinen, die irgendwo im Netzwerk verstreut sind.

Der Window Manager ist normalerweise (mit Ausnahme einiger X-Terminals) ein gewöhnliches UNIX-Programm; Sie können einen Window Manager stoppen und einen anderen aufrufen, wenn Sie meinen, daß Ihnen die Darstellung Ihrer Fenster nicht gefällt. Client-Programme können den Server auffordern, den Window Manager zu bitten, irgendwelche spezialisierten Operationen auszuführen. Z.B. kann ein Terminalprogramm den Window Manager bitten, es dem Benutzer zu ermöglichen, die Größe des Fensters nur auf eine ganze Anzahl Textzeilen zu verändern. (Diese Art von Kommunikation fängt an, der im alten Römischen Reich zu ähneln, wo Prokonsuln offiziell nur mit Prokuratoren sprechen konnten, die wiederum nur mit Senatoren sprechen konnten und so weiter. Aber Computer sind halt so.) Gibt es keinen Window Manager, dann stehen keine Fensterverwaltungs-Aufgaben zur Verfügung.

Ein X-Programm zu schreiben, ist eine Menge Arbeit. Um den Programmierern ihr Leben zu erleichtern, kann ein Programmierer auf *Toolkits* aus bereits geschriebenem Programmcode aufbauen. MIT verteilt X-Toolkit (von den Tippfaulen sofort Xt genannt); dieses Toolkit stellt eine Gruppe grundlegender Fensterfunktionen zur Verfügung, die jedes Programm braucht. Von Xt ausgehend haben verschiedene Leute Bibliotheken mit Widgets oder Bildschirmelementen, die ein Programm verwenden kann, erstellt. Ein Menü oder eine Datei-Auswahlliste sind z.B. ein Widget. Es gibt ein Motif-Widget-Set für Programme, die wie Motif aussehen wollen, ein OPEN-LOOK-Widget-Set (unter OLIT bekannt) für Programme, die wie OPEN LOOK aussehen wollen, und ein Set von Athena-Widgets des MIT-Projektes Athena, die nicht sehr ansprechend sind, aber die von vielen Programmen genutzt werden, weil (wo haben wir das schon mal gehört?) sie kostenlos sind. Und zur endgültigen Verwirrung gibt es ein weiteres Set von Widgets mit Namen `xview`, das OPEN-LOOK-Widgets enthält, die wie jene in OLIT aussehen, intern aber auf ein früheres Window-System aufbauen, das SunView heißt.

Dies alles bedeutet, daß ein bestimmter X-Client einen der Widget-Sets benutzt, um das Aussehen der Fenster dieses Client zu steuern. Ein Programm, das z.B. OLIT verwendet, ist ein OPEN-LOOK-Programm. Weil aber Clients getrennt sind von Window Managern, kann der Motif-Window-Manager laufen (der `mwm` heißt – die Tippfaulen schlagen wieder zu) und einen Motif-Rand um die auf OPEN LOOK basierenden Clientfenster zeichnen, was in der Tat häßliche Ergebnisse liefert.

Es gibt Leute, die behaupten, wir wären alle besser bedient gewesen, wenn X Window eine Fensterdarstellung ausgewählt hätte und dabei geblieben wäre, so daß wir einen einzigen Window Manager und ein einziges Set von Widgets – wie jedes andere Window-System es hat – hätten, aber dafür ist es jetzt viel zu spät.

Der einfache Weg, ein Programm zu starten, erfordert nur einen Schritt:

1. Gehen Sie in ein Terminalfenster, und geben Sie den Namen des Programms ein, das Sie aufrufen wollen.

Diese Methode ist die gleiche, die Sie für irgendein anderes Programm oder zur Eingabe eines Befehles verwenden. Um ein weiteres Terminalfenster anzuzeigen, geben Sie `xterm` oder den Namen des Terminalprogramms ein, das Sie haben.

Dann ist da noch die Frage, wo am Bildschirm das neue Fenster erscheinen soll. Manche Programme haben da ihre eigene Meinung, und das neue Fenster erscheint, wo immer das Programm meint, daß es erscheinen sollte. Ein geisterhaftes Fenster taucht auf und bewegt sich in die Mitte des Bildschirms. Sie verschieben den Geist mit der Maus und klicken, wenn er dort ist, wo sie ihn haben wollen. Dort materialisiert sich der Geist in ein richtiges Fenster. Dieses letztere Schema ist meistens angenehmer, weil die Stellen, die sich ein Programm nach seiner Meinung für das Plazieren eines Fensters aussucht, selten die sind, die Sie gut finden. Hüten Sie sich jedoch vor einem: während der Geist über den Bildschirm weht, sind alle anderen Fenster kaltgestellt. Wenn Sie den Geist lange Zeit am Bildschirm lassen (während

Sie beim Mittagessen sind oder über Nacht), können alle anderen, während sie darauf warten, daß der Bildschirm wieder weiterläuft und sie ihre Fenster aktualisieren können, eine ziemliche Verstopfung bekommen.

Manche Systeme haben Desktop-Manager-Programme (nicht verwandt mit den Window-Manager-Programmen), die versuchen, den Umgang mit Programmen und Dateien einfacher zu machen. Desktop Manager haben Sets von Icons, die Sie anklicken, um bekannte Programme zu starten; Sie können Dateien anklicken, um sie zu editieren und so weiter – so ähnlich wie der Macintosh-Desktop. Die Meinungen darüber, wie nützlich diese Desktop Manager sind, gehen auseinander. Wir fanden sie nicht so toll, aber es lohnt sich, sie für ein paar Minuten auszuprobieren, weil manche Leute sie viel einfacher zu handhaben finden als Menüs und Shellbefehle.

Icon, sag's mit einem Bild

GUIs sind ganz wild auf Bilder (schließlich sind sie graphisch), besonders auf die netten kleinen. Die nettesten, kleinsten, die einem über den Weg laufen, sind Icons. Ein Icon ist ein kleines Bild in einem kleinen Kästchen auf dem Bildschirm, das ein Fenster darstellt. Wenn Sie X Window auffordern, ein Fenster zu *ikonifizieren*, verschwindet das Fenster, und es erscheint ein Icon. Wenn Sie das Icon anklicken (oder doppelklicken in Motif), kommt das Fenster so wieder, wie es vorher war. Die Möglichkeit, Fenster zu Icons werden zu lassen, hilft einem, Programme aus dem Weg zu räumen und das, was man gerade gemacht hat, nicht zu verlieren – eine der besten Eigenschaften von Window-Systemen. Abbildung 11-4 zeigt zwei Icons, eines für eine elektronische Post und eines für ein Terminalprogramm. Wenn neue Post ankommt, geht die kleine Fahne am Briefkasten hoch, was so nützlich ist, daß es die schon grausame Niedlichkeit wieder ausgleicht.

Abbildung 11-4:
Icons sind Fenster in Miniatur-Verkleidung

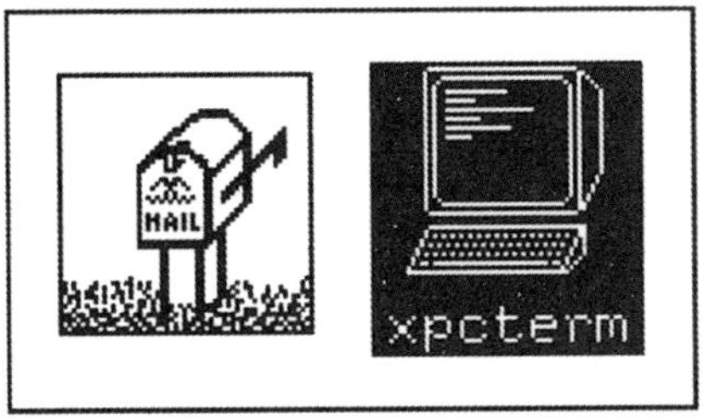

Ein Fenster hier, ein Fenster da

Häufig werden Sie feststellen, daß Ihnen die Art und Weise, wie die Fenster an Ihrem Bildschirm angeordnet sind, nicht gefällt. Sie können sehr viel tun, um diesem Zustand abzuhelfen, und dabei gleichzeitig eine Menge Zeit verplempern. Wir haben sogar festgestellt, daß Sie, wenn Sie Ihre ganze hingebungsvolle Aufmerksamkeit dem Anordnen von Fenstern widmen, den lieben langen Tag am Computer verbringen können und dabei aussehen, als ob Sie arbeiten würden, dabei aber nichts bewerkstelligen. Ein wenig herumschieben ist unvermeidlich, daher kratzen die folgenden Abschnitte nur an der Oberfläche dessen, was man machen kann, und wie man es bei den drei wichtigsten Window-Systemen machen kann:

- **Die Ebenen ändern**. Ändern, welche Fenster vor anderen Fenstern sind, in vielen dem Ordnen von Papier in einem Stapel auf Ihrem Schreibtisch ähnlich. Wenn Sie nicht gerade ein Masochist sind, möchten Sie das aktive Fenster (das Fenster, das Sie gerade benutzen) vorne haben.
- **Fenster am Bildschirm verschieben**. Dies ähnelt dem Ordnen von Papieren auf dem Schreibtisch sogar noch mehr.
- **Fenster in Icons verwandeln und umgekehrt**.
- **Die Größe von Fenstern ändern**. Z.B. größere Bereiche für lange Dateien, die Sie bearbeiten, schaffen.

Fenster in mehreren Ebenen – die elegante Lösung

Um ein Fenster in einem Stapel von Fenstern nach vorne zu bringen, bewegen Sie den Cursor an die obere Kante des Fensters (als Namensleiste bekannt, weil es einen Namen für das Fenster anzeigt) und drücken Sie die erste Maustaste. Erstaunlicherweise machen Sie das in Motif, OPEN LOOK und TWM auf genau die gleiche Weise. Motif läßt Sie auch dieses machen: den Cursor in das Fenster bewegen, die Alt- oder Meta-Taste halten, und die F1-Taste drücken.

Sie können ein Fenster auch an das Ende des Stapels verbannen:

- In Motif machen Sie das, indem Sie die Meta- oder Alt-Taste halten und die erste Maustaste auf der Namensleiste drücken; alternativ können Sie auch Meta oder Alt halten und F3 drücken.

- OPEN LOOK macht es Ihnen erheblich schwerer: Sie klicken das kleine Dreieck am linken Ende der Namensleiste an, um das Fensterverwaltungs-Menü hochzuziehen, dann wählen Sie Back aus diesem Menü aus.
- Bei TWM setzen Sie den Cursor auf die Namensleiste und klicken mit der dritten Maustaste, um das Fenster nach hinten zu verschieben.

Wo, ach wo ist mein Fenster hin?

Sie können ein Fenster genau an die Stelle auf dem Bildschirm verschieben, wo Sie es haben möchten.

- Bei Motif oder OPEN LOOK setzen Sie den Cursor auf die Namensleiste, drücken die erste Maustaste, und ziehen das Fenster dorthin, wo Sie es haben wollen (verschieben Sie das Fenster, während Sie die Maustaste gedrückt halten). Dies bringt das Fenster auch nach vorne, weil Sie dafür die gleiche Taste verwenden.
- TWM arbeitet genauso, außer daß Sie die *zweite* Maustaste zum Verschieben des Fensters nehmen.

Sie können Fenster so verschieben, daß sie teilweise vom Bildschirm verschwinden, wie wenn Sie Unterlagen an den Rand des Schreibtisches schieben, so daß sie über den Rand hängen (nur ist die Wahrscheinlichkeit kleiner, daß Fenster auf den Boden fallen). Diese Möglichkeit ist manchmal nützlich, wenn das ganze interessante Zeug in einem Fenster ganz oben oder ganz auf einer Seite steht.

Überflüssige Fenster verschwinden lassen

Die Namensleiste des Fensters enthält je nach verwendetem Window-System kleine Dinge, die man anklicken kann. Eines davon macht aus einem Fenster ein Icon.

- Motif hat ein Bündel eigenartig aussehender Kleckse in der Namensleiste. Auf dem linken ist ein Kästchen, das eine kleine Kante enthält; wenn Sie es anklicken, erscheint ein Menü mit Fensteroperationen. (Sie können alle Fensterverwaltungs-Tricks über dieses Menü ausführen, und für alle gibt es einfachere Wege.) Rechts in der Namensleiste ist ein kleines Kästchen mit einem Punkt; wenn Sie es anklicken, verwandelt sich das Fenster in ein Icon. Rechts von diesem Kästchen ist ein drittes kleines Kästchen, das wir später in diesem Kapitel erörtern (seien Sie nicht ungeduldig, wir schreiben so schnell wir können).

- Bei OPEN LOOK erscheint das Fensterverwaltungs-Menü, wenn Sie das kleine Dreieck am linken Ende der Namensleiste anklicken; wählen Sie Close aus, um das Fenster in ein Icon zu verwandeln.
- Bei TWM klicken Sie das X am linken Ende der Namensleiste an, um das Fenster zu ikonisieren. (Sie verstehen vielleicht langsam, warum Leute TWM mögen.)

Wenn das Fenster verschwindet, erscheint ein Icon und ersetzt es. (Merken Sie sich, daß das Fenster nicht wirklich weg ist – es versteckt sich nur an einem sicheren Platz.) Das Icon befindet sich entweder dort, wo vorher das Fenster war, oder in einer Ecke des Bildschirms, die man zu einem Icon-Ghetto gemacht hat. Icons verschieben Sie genauso, wie Sie Fenster verschieben: ziehen Sie sie mit der ersten Maustaste in Motif oder OPEN LOOK und mit der zweiten Maustaste bei TWM.

Um das Fenster zurückzuholen, klicken Sie das Icon mit der ersten Maustaste an, bei Motif und OPEN LOOK durch Doppelklicken, bei TWM durch einfaches Klicken auf das Icon. Das Icon verschwindet und das Fenster taucht wieder auf, als wäre es nie weggewesen.

Fenstergrößen verändern

Das letzte kleine bißchen Fensterzauberei führt das Ändern von Fenstergrößen vor. Motif und OPEN LOOK haben sich viel Mühe gemacht, damit Sie die Größe Ihrer Fenster verändern können, was uns sagt, daß sie es aufgegeben haben, den Fenstern von vorneherein die richtige Größe zu geben. Nun denn. In beiden Fällen befinden sich kleine »Griffe« in jeder Ecke der meisten Fenster. (Die wenigen Fenster, die diese Griffe nicht haben, können nicht vergrößert oder verkleinert werden.)

Sie bewegen den Cursor auf einen der Griffe, klicken die erste Maustaste, ziehen die Ecke dorthin, wo Sie sie haben wollen (was das Fenster größer oder kleiner macht), und lassen die Taste los. Dann machen Sie das Ganze noch zwei-, dreimal, weil Sie die Größe ohnehin nicht beim ersten Versuch hinkriegen. Motif hat diese Griff auch oben, unten und an den Seiten jedes Fensters, damit Sie die Höhe eines Fensters verändern können, ohne die Breite mitzuverändern oder umgekehrt.

Bei Motif und OPEN LOOK gibt es auch Abkürzungen, um ein Fenster auf die Größe des ganzen Bildschirms zu bringen. Bei Motif klicken Sie auf das Kästchen-im-Kästchen am rechten Ende der Namensleiste. Bei OPEN LOOK doppelklicken Sie irgendwo auf der Namensleiste. In beiden Fällen schwillt das Fenster an und nimmt den ganzen Bildschirm ein. Wenn Sie das gleiche nochmals machen, schrumpft das Fenster wieder auf die normale Größe zurück.

TWM hat eine andere Methode zum Ändern von Fenstergrößen: Sie klikken den kleinen Klecks auf der rechten Seite der Namensleiste an und ziehen, während Sie die Maustaste gedrückt halten, den Cursor. Wenn der Cursor eine Kante des Fensters überschreitet, zieht er diese Kante mit sich. Lassen Sie die Taste los, um die Fenstergröße einzustellen. Auch wenn sich diese Prozedur etwas eigenartig anhört, ist sie sehr einfach zu verwenden. Bei TWM gibt es keine spezielle Möglichkeit, das Fenster auf den ganzen Bildschirm auszudehnen, weil Sie das im praktischen Gebrauch selten machen. (Als die Bildschirme noch kleiner waren, war die Option für den ganzen Bildschirm bedeutender.)

Wie man Fenster wieder los wird

Ihr Bildschirm wird häufig vollgepackt sein mit Fenstern, die Sie nicht mehr benötigen. Sie wissen bereits, wie man sie in Icons verwandelt, um das meiste der Bildschirmfläche zurückzubekommen, aber gelegentlich wollen Sie das Programm einfach entfernen.

Wenn Sie 57 verschiedene Programme laufen haben, auch wenn die meisten davon hinter ihrem Icon vor sich hin dösen, kann das Ihren Rechner so auslasten, daß die Programme, die Sie wirklich verwenden, dadurch langsamer werden.

Die meisten Programme haben eine natürliche Abgangsmethode. Terminalprogramme verlassen Sie, indem Sie `exit` oder `logout` im Terminalfenster eingeben. Richtig fensterorientierte Programme haben meist ein eigenes Menü mit einem Quit- oder Exit-Eintrag, der aufräumt und das Programm beendet. Aber manche Programme wollen einfach nicht sterben, dann müssen Sie drastische Methoden ergreifen.

Motif und OPEN LOOK haben die gleiche Auffassung von drastischen Methoden. Bei Motif klicken Sie das kleine Kästchen am linken Ende der Namensleiste an; ein Fensterverwaltungsmenü erscheint. (Das Programm kann Motif anweisen, das kleine Kästchen nicht zu zeigen, dann rufen Sie das Fensterverwaltungsmenü durch Halten der Meta- oder Alt-Taste und Drücken der Leertaste auf.) Wählen Sie aus dem Menü mit der Maus oder durch Eingabe eines c den Punkt Close aus. Das Fenster und das dazugehörende Programm werden entfernt.

OPEN LOOK macht es ähnlich: Sie rufen das Fensterverwaltungs-Menü auf, indem Sie das kleine Dreieck in der Namensleiste anklicken, und wählen dann Quit aus.

Motif und OPEN LOOK verwenden verwirrende und uneinheitliche Namen im Fensterverwaltungsmenü. In Motif bedeutet Close, ein Fenster und ein Programm zu zerstören, und Minimize macht aus einem Fenster ein Icon. In OPEN LOOK macht Close aus einem Fenster ein Icon, und Quit zerstört das Fenster.

TWM verfügt über keine dieser einfachen Möglichkeiten, ein Programm umzubringen. Bewegen Sie den Cursor außerhalb aller Fenster und drükken Sie die erste oder zweite Maustaste (das variiert mit der Version von TWM), bis Sie ein Menü sehen, das Window Ops heißt; aus diesem Menü wählen Sie Destroy Window aus. Dann verwandelt sich der Cursor in einen bedrohlichen Totenkopf mit gekreuzten Knochen. Bewegen Sie ihn auf das Fenster, das Sie loswerden wollen, und klicken Sie die erste Maustaste, um das Fenster einzuäschern.

Teil V
Wie man sich Arbeit abnehmen läßt

»Ja sicher, er ist schon ein bißchen merkwürdig, aber er arbeitet hart und sorgt dafür, daß das System fehlerfrei arbeitet.«

In diesem Teil...

Nun denn, wir haben jetzt über den Computer gesprochen, die Shell, Dateien – zählen Sie auf. Wie wär's denn mit richtiger Arbeit?

Um sinnvoll arbeiten zu können, brauchen Sie Software. Dieser Teil handelt von einigen nützlichen Programmen, die es für UNIX gibt, einschließlich der Texteditoren. Es wird auch der Kauf und die Installation anderer Programme erörtert.

KAPITEL 12

Unsterbliche Prosa schreiben

In diesem Kapitel

- Was ist ein Texteditor?
- Was ist ein Textformatierer?
- Was ist ein Textverarbeitungsprogramm?
- Was ist ein Desktop-Publishing-Programm?
- Wie man `ed` benutzt, wenn man nichts Besseres hat
- Wie man `vi` benutzt, wenn man unbedingt muß
- Wie man `emacs` benutzt, das wirklich nicht schlecht ist

Im Lande UNIX verarbeiten viele Programme Text. Wo Sie herkommen, sind Sie vielleicht daran gewöhnt, ein Textverarbeitungsprogramm zu verwenden, wenn Sie etwas tippen oder es drucken wollen. Anders in UNIX. Es gibt vier Arten von Programmen, mit denen Sie dies tun können – damit es auch interessant bleibt.

Nichts als Text

Ein Texteditor bearbeitet Dateien, die Text enthalten. Kein schickes Formatieren, keine Schriftarten, keine eingefügten Grafiken oder ähnliches – nur Text. Er läßt Sie folgendes machen:

- Eine Datei mit Text erstellen
- Den Text editieren

Sie können die Datei mit den Programmen `lp` oder `lpr` drucken, wie es in Kapitel 9 beschrieben ist, aber Texteditoren verfügen über keinen Fettdruck, keine Kopf- und Fußzeilen, keine Schrägschrift, oder all die anderen schicken Accessoires, die man braucht, um wirklich moderne, überformatierte Memos von professioneller Qualität zu erhalten.

Vielleicht nehmen Sie einen Texteditor, um damit Briefe und Berichte zu schreiben. Ganz bestimmt werden Sie einen zum Senden elektronischer Post benötigen (vgl. Kapitel 18).

Die im Lande UNIX am weitesten verbreiteten Texteditoren sind `ed`, `vi` und `emacs`. Wir haben dezidierte Meinungen zu diesen Editoren, was in den weiteren Abschnitten dieses Kapitels, in denen wir Ihnen verraten, wie Sie mit jedem umgehen, sehr deutlich werden wird.

Textformatierer sind eigentlich keine Editoren

Textformatierer sind Programme, die Textdateien lesen und eine schöne, formatierte Ausgabe erstellen. Sie erstellen mit einem Texteditor eine Textdatei, die spezielle kleine Befehle enthält, die nur der Formatierer versteht; der Befehl `.I` z.B. stellt etwas in Schrägschrift. Wenn Sie den Textformatierer aufrufen, liest dieser die Textdatei, liest die speziellen kleinen Befehle und erzeugt eine formatierte Datei, die Sie drucken können. Um die Ausgabe des Textformatierers zu drucken, benutzen Sie `pr` oder `lpr`.

Der am weitesten verbreitete Textformatierer in UNIX ist `troff`, »tii-roff« ausgesprochen (später in diesem Kapitel beschrieben). Manche Leute verwenden `nroff`, oder »en-roff« (eine ältere Version von troff) oder `TeX`, »teccch« ausgesprochen. Mit etwas Glück brauchen Sie keinen von ihnen je zu verwenden.

Wahre Künstler am Werk: Textverarbeitungsprogramme

Textverarbeitungsprogramme vereinen die Fähigkeiten von Texteditoren und Textformatierern. Die meisten Textverarbeitungsprogramme sind angeblich WYSIWYG (ein Initialwort für What you see is what you get, das »wisiwig« ausgesprochen wird), so daß Sie am Bildschirm sehen, wie die Dokumente (so nennen sie ihre Dateien) aussehen, wenn sie gedruckt werden.

Zu den Textverarbeitungsprogrammen in UNIX gehören WordPerfect (das es auch für PCs und Macs gibt) und Microsoft Word (auf jeden Fall für XENIX und SVR4 verfügbar, sowie auf Macs und PCs). Die meisten UNIX-Benutzer glauben, Textverarbeitungsprogramme wären für Wimps (d.h. was Sie sehen, ist alles, was Sie haben), weil sie die unverständlichen und schlecht einzuprägenden Befehle lieben, die Textformatierer verwenden, und sich lieber ausmalen, wie ihr Text gedruckt aussieht, als ihn sich am Bildschirm anzusehen. Um fair zu sein, Textformatierer können komplexere Funktionen ausführen als Textverarbeitungsprogramme, z.B. komplizierte mathematische Formeln formatieren, mehrseitige Tabellen darstellen und Referenz-Zitate aus einer Datenbank holen. Aber das ist vielleicht nicht Ihr Problem.

Desktop Publishing kann alles

Ein Desktop-Publishing-Programm (DTP) ähnelt einem sehr schlauen Textverarbeitungsprogramm. Es kann alles, was ein Textverarbeitungsprogramm kann, und zusätzlich Dinge, die Sie nur brauchen, wenn Sie ein Buch, eine Informationsschrift oder etwas ähnliches drucken möchten, das raffiniert aussehen soll. DTPs enthalten Möglichkeiten, Inhaltsverzeichnisse und Indexe zu erstellen, Cross-Referenzen zu verwalten – und was sonst noch. Um eine gelegentliche Notiz zu schreiben, sind Desktop-Publishing-Programme definitiv der Overkill.

Die zwei am weitesten verbreiteten Desktop-Publishing-Programme für UNIX sind Interleaf (das es auch für PCs gibt) und Framemaker (ebenfalls für PCs und Macs verfügbar).

`TeX` und einige Versionen von `troff` gibt es kostenlos, was erklärt, warum sie weiterhin so populär sind (große Überraschung, nicht?). Alle Textverarbeitungs- und Desktop-Publishing-Programme sind kommerzielle Produkte und kosten extra. Viel extra.

ed und vi und emacs sind Ihre Freunde

Jetzt müssen Sie nur noch wissen, wie Sie mit jedem der großen Drei Texteditoren (`ed`, `vi` und `emacs`) umgehen. Auch wenn Sie ein Textverarbeitungs- oder ein Desktop-Publishing-Programm verwenden, brauchen Sie vielleicht einen Texteditor für Dinge wie diese:

- Elektronische Post abfassen (vgl, Kapitel 18)
- Textdateien erstellen oder editieren, die Shell-Skripten heißen und Ihnen ermöglichen, Ihre eigenen UNIX Befehle zu schreiben (vgl. Kapitel 14)

- Spezielle Textdateien erstellen oder editieren, die die Funktionsweise Ihres UNIX-Setups steuern (vgl. Kapitel 28)
- C-Programme schreiben (nur Spaß!)

Sprechen Sie mit Mr. ed

Das Programm `ed` ist der Originaleditor, der schon immer Teil von UNIX gewesen ist. Wenn Sie mit ihm arbeiten, werden Sie schätzen lernen, wie weit das Softwaredesign seit 1975 fortgeschritten ist. Das Programm `ed` ist ein *Zeileneditor*, was bedeutet, daß `ed` den Zeilen in der Datei Nummern zuweist; jedes Mal, wenn Sie etwas machen, müssen Sie `ed` mitteilen, welche Zeile oder Zeilen gemeint sind. Wenn Sie das Programm EDLIN in DOS kennen, sollte Ihnen auch `ed` bekannt vorkommen.

Gibt es *irgendeine* – ich wiederhole – *irgendeine* Möglichkeit, an einen anderen Texteditor zu kommen, versuchen Sie es. Meinen Sie, `ed` könne so schlimm überhaupt nicht sein, dann lesen Sie einfach sorgfältig die nächsten paar Seiten. Sie werden schreiend zu Ihrem Systemverwalter rennen, um `vi` oder `emacs` (vorzugsweise `emacs`) zu erbitten.

Sie rufen `ed` mit dieser Zeile auf:

```
ed important.letter
```

(Geben Sie lieber den Namen Ihrer Datei statt `important.letter` ein). Gibt es keine Datei mit dem von Ihnen angegebenen Namen, dann erstellt `ed` eine. UNIX antwortet auf diesen Befehl mit der Bekanntgabe der Anzahl Zeichen (Buchstaben, Zahlen, Interpunktionszeichen und Leerzeichen) in der Datei, nur für den Fall, daß Sie danach bezahlt werden, wieviel Zeichen Sie schreiben.

Bekommen Sie eine Fehlermeldung, wenn Sie versuchen, `ed` aufzurufen, sprechen Sie mit Ihrem Systemverwalter. Beglückwünschen Sie ihn dazu, daß er diesen Neanderthaler von Editor losgeworden ist, und stellen Sie fest, welchen Editor Sie gebrauchen können.

Hey, Wilbur, was war das für ein Befehl?

Alle `ed`-Befehle bestehen aus einem Buchstaben (wie h).

Denken Sie daran, `ed`-Befehle nicht groß zu schreiben es sei denn wir sagen dies ausdrücklich; fast alle `ed`-Befehle bestehen aus Kleinbuchstaben.

ed-Notausgang

Um ed zum Teufel zu jagen – für den Fall, daß jemand Ihren Computer benutzt hat und es noch läuft – führen Sie diese Schritte aus:

1. Geben Sie einen Punkt in eine Zeile ein und drücken Sie Enter (oder Return). Dies bringt Sie in den Befehlsmodus, falls Sie im Eingabemodus sind. Waren Sie bereits im Befehlsmodus, wird eine Zeile der Datei am Bildschirm ausgegeben. Ignorieren Sie sie.

2. Geben Sie q ein und drücken Enter.

   Wurden Änderungen an der Datei gespeichert, oder wurden gar keine Änderungen gemacht, dann wird ed durch diese Aktion beendet, und Sie sehen ein UNIX-Shell-Promptzeichen. Wenn Dateiänderungen noch nicht gespeichert wurden, zeigt ed ein Fragezeichen an, was bedeutet »Hey, Sie sind dabei, Ihre Änderungen wegzuwerfen. Läßt Sie das kalt?« Geben Sie nochmals q ein und drücken Sie nochmals Enter. Diesmal macht ed einen Abgang. Wenn jemand Ihren Computer benutzt, ed aufgerufen hat und seine Arbeit nicht gesichert hat, zum Teufel damit. Und wenn *Sie* aus Versehen ed aufgerufen haben und damit kämpfen, ihn wieder zu verlassen, wollen Sie wahrscheinlich ohnehin keine Änderungen sichern.

Bei den meisten Versionen von ed können Sie auch den großen Q-Befehl verwenden, der »Quit – und bitte keine Fragen!« bedeutet.

Das Programm ed wartet immer auf eines von zwei Dingen: Befehle oder Text (Eingabe). Wartet ed auf einen Befehl, dann ist er im *Befehlsmodus*. Wartet er auf Text, dann sind Sie im *Eingabemodus*. Normalerweise müssen Sie selbst herausfinden, in welchem Modus ed zu einem bestimmten Zeitpunkt ist (Sie bekommen keine Hilfestellung). Egal, ob ed auf einen Befehl oder eine Texteingabe wartet, es wird nur eine leere Zeile angezeigt – wirklich eines der am wenigsten hilfsbereiten, um nicht zu sagen, feindseligsten, Programme, die je entwickelt wurden.

Zu der Zeit, als die Tippfaulen, die UNIX erfanden, ed schrieben, benutzten sie alte, langsame, laute Teletype Terminals und wollten sich jeden Buchstaben sparen, der möglich war. Aber das ist ja wohl nicht Ihr Problem.

Neuere Versionen von `ed` (seit, ääh, ungefähr 1983) kennen einen Befehl P (das ist ein großes P, einer der wenigen Befehle in Großbuchtaben), der ein Promptzeichen anschaltet. Wenn Sie P eingeben und Enter drücken, promptet `ed` mit einem Sternchen, wenn er im Befehlsmodus ist und auf einen Befehl wartet. Das soll benutzerfreundlich sein, oder was? Es ermöglicht Ihnen doch tatsächlich zu bestimmen, ob Sie im Befehlsmodus sind! Diese Zuvorkommenheit muß sich doch glatt eingeschmuggelt haben, als die Tippfaulen gerade nicht geschaut haben.

Wenn Sie im Eingabemodus sind und einen Befehl eingeben wollen, tippen Sie dieses Zeichen ein:

```
.
```

Das ist einfach ein einzelner Punkt für sich in einer Zeile.

Für den Rest dieser Erörterung über `ed` gilt: wann immer wir Ihnen sagen, Sie sollten einen Befehl eingeben, dann funktioniert das nur, wenn Sie im Befehlsmodus sind. Sind Sie sich nicht sicher, dann geben Sie erst einen Punkt ein und drücken Enter.

Sind Sie im Befehlsmodus und wollen Text eingeben, wechseln Sie in den Texteingabemodus. Allerdings müssen Sie sich erst entscheiden, ob Sie den Text, den Sie eingeben wollen, nach der aktuellen Zeile *anhängen* (unter Verwendung des Befehls a) oder die Textzeilen vor der aktuellen Zeile *einfügen* wollen (indem Sie den Befehl i verwenden). Mehr über die aktuelle Zeile und die Befehle a und i in einer Minute.

Hilfe, Wilbur!

Das Programm `ed` kennt eine faszinierende und ganz und gar selbsterklärende Fehlermeldung, die erscheint, wenn Sie irgendetwas falsch eingeben:

```
?
```

Das war's schon. Zum Glück können Sie `ed` demütig um weitere Informationen über das, was schiefgelaufen ist, bitten. Geben Sie einfach diesen Befehl ein und drücken Sie Enter:

```
h
```

Das Programm `ed` zeigt eine kurze Meldung an, die Ihnen einen Hinweis auf das Problem gibt. Bei den meisten Versionen von `ed` wird bei Eingabe eines großen H nicht nur die aktuelle Beschwerde erklärt, sondern auch alle später noch auftauchenden. Seien Sie gewarnt: die Erklärungen sind nicht so hilfreich, wie sie es sein könnten, aber was hatten Sie erwartet?

In welcher Zeile bin ich?

Das Programm `ed` stellt sich (wenn wir das ein bißchen vermenschlichen dürfen) Ihre Datei als Folge von Textzeilen vor. Es numeriert die Zeilen und arbeitet sie jeweils einzeln ab. Und das müssen Sie auch, wenn Sie was tun wollen.

Bei den meisten Befehlen teilen Sie `ed` mit, welche Zeile oder Zeilen gemeint sind. Wenn Sie z.B. Zeilen einfügen, sagen Sie `ed`, vor welcher Zeile die neuen Zeilen eingefügt werden sollen.

Wenn Sie die Zeile oder Zeilen, die Sie bearbeiten wollen, nicht angeben, nimmt `ed` an, daß Sie die *aktuelle Zeile* bearbeiten wollen. Die aktuelle Zeile ist die Zeile, die Sie zuletzt bearbeitet haben. Haben Sie zuletzt mit einer Gruppe von Zeilen gearbeitet, dann ist es die letzte. Wenn Sie anfangen, mit ed zu arbeiten, ist die letzte Zeile der Datei die aktuelle Zeile.

Mr. ed bekommt zu essen

Lassen Sie uns eine Datei erstellen und sie mit etwas Text füttern. Starten Sie die Prozedur durch Eingabe dieser Zeile:

```
ed eating.peas
```

Sie können, wenn Sie wollen, Ihre Datei anders nennen als `eating.peas`. UNIX antwortet mit einem Fragezeichen, einfach damit Sie sie weiterhin bereit halten (diesmal bedeutet das Fragezeichen, daß `ed` gerade eine neue Datei für Sie erstellt hat).

Um neue Textzeilen ans Ende der Datei anzufügen (anzuhängen) – in diesem Fall ist das Ende der Datei dasselbe wie der Anfang der Datei, weil sie leer ist – geben Sie folgendes ein:

```
a
```

UNIX reagiert, indem es ganz und gar nichts sagt, was für Sie der Hinweis ist, daß `ed` sich jetzt im Eingabemodus befindet und darauf wartet, daß Sie Text eingeben. Geben Sie ein paar Perlen der Weisheit ein, wie diese

```
I eat my peas with honey,
I've done it all my life.
It makes the peas taste funny,
but it keeps them on the knife.
.
```

Wenn Sie fertig mit der Texteingabe sind, geben Sie einen Punkt in einer einzelnen Zeile ein, um `ed` vom Eingabemodus zurück in den Befehlsmodus zu versetzen. Nicht, daß `ed` Ihnen hierüber einen Hinweis gäbe, außer Sie haben den Befehl P verwendet, damit Sie ein Promptzeichen ange zeigt bekommen.

Die Textzeilen sind jetzt in Ihrer Datei. Dies wäre ein guter Zeitpunkt, die Datei zu sichern, nur für den Fall, daß Sie den Stecker Ihres Computers vor lauter Frustrationen über ein so hirnloses Programm aus der Wand reißen sollten.

Eine Datei sichern

Der folgende Befehl speichert Ihren Text in die Datei ab. Befinden Sie sich im Eingabemodus, denken Sie an den Punkt in einer einzelnen Zeile, um zum Befehlsmodus zu wechseln, ehe Sie diesen Befehl eingeben:

```
w
```

Das ist w für *write*. UNIX antwortet mit der Anzahl Zeichen, die die Datei jetzt enthält. Denken Sie daran, diesen Befehl einzugeben, ehe Sie `ed` verlassen, damit Ihre unsterbliche Prosa in der Datei, in diesem Fall `eating.peas` (oder welchen Dateinamen auch immer Sie verwendeten, als Sie `ed` aufriefen), gesichert wird.

Zeig mir die Datei

Jetzt, da Sie Text in der Datei haben, wie können Sie ihn ansehen oder ändern? Indem Sie den Befehl p (print) benutzen. Dieser Befehl druckt nichts auf dem Drucker, sondern zeigt es lediglich am Bildschirm an – ein weiteres Beispiel ausgezeichneten Software-Engineerings. (Naja, auf diesen alten Teletypes wird es gedruckt.) Wenn Sie nur das p eingeben, wie hier, zeigt `ed` die aktuelle Zeile an:

```
p
```

Im Fall des Beispiels `eating.peas` ist die aktuelle Zeile die letzte Zeile der Datei. Sie können `ed` mitteilen, welche Zeilen anzuzeigen sind, indem Sie deren Zeilennummern eingeben. Um z.B. die Zeilen 1 bis 4 anzuzeigen, geben Sie diese Zeile ein:

```
1,4p
```

Sie können auch das Symbol $ für die Zeilennummer der letzten Zeile der Datei verwenden (falls Sie nicht wissen, wieviele Zeilen die Datei enthält); der folgende Befehl zeigt immer die ganze Datei an:

```
1,$p
```

Was passiert, wenn ed-Befehle in meinem Text landen?

Sind Sie gerade im Eingabemodus und geben einen `ed`-Befehl ein, führt `ed` den Befehl nicht aus. Statt dessen denkt `ed`, daß Sie Text eingeben, und speichert den oder die Buchstaben des Befehls wie jeden anderen Text in der Datei.

Wenn das passiert, löschen Sie die Zeilen, die Sie nicht wollen (wir erläutern später in diesem Kapitel, wie das geht). Das nächste Mal, wenn Sie einen Befehl eingeben wollen, denken Sie daran, erst einen einzelnen Punkt in einer Extra-Zeile einzugeben.

Ziehen Sie bitte eine Zahl

Wir wissen es – Sie bräuchten keine Zeilennummern zu sehen, wenn Sie nur eine einfache Notiz oder so schreiben wollen, aber weil `ed` bei seinen Befehlen Zeilennummern verwendet, kann die Anzeige von Zeilennummern sinnvoll sein. Um Zeilen mit Zeilennummern anzuzeigen, nehmen Sie n anstelle von p. Geben Sie z.B. folgende Zeile ein, um eine vollständige Liste Ihrer Datei mit Zeilennummern zu sehen:

```
1,$n
```

Das Ergebnis sieht etwa so aus:

```
1  I eat my peas with honey,
2  I've done it all my life.
3  It makes the peas taste funny,
4  but it keeps them on the knife.
```

Mal sehen Sie's, mal wieder nicht

Um die aktuelle Zeile des Textes zu löschen, geben Sie folgendes ein:

```
d
```

Wenn Sie mit `ed` arbeiten, dann geben Sie acht, wenn Sie Zeilen eintippen, die mit *d* beginnen! Wenn `ed` beschließt, daß Sie im Befehlsmodus sind, während Sie ein *d* eintippen, löscht es ohne Warnung oder Bestätigung die aktuelle Zeile (oder welche Zeilen Sie eben spezifizieren). Wir schlagen vor, Sie verwenden häufig die Befehle n und p, wenn Sie wissen wollen, wie Ihre Datei aussieht.

Zufällige Eingaben

Die meisten anderen Kleinbuchstaben sind ebenfalls `ed`-Befehle. (Wir glauben allerdings, daß Sie nichts von ihnen wissen wollen.) Im Befehlsmodus teilt die Eingabe nahezu jedes Buchstabens (oder sogar mancher anderer Symbole) `ed` mit, daß Sie einen Befehl ausführen wollen. Geben Sie also acht, was Sie eingeben, wenn Sie im Befehlsmodus sind.

`ed` numeriert die restlichen Zeilen in einer Datei neu durch, wenn Sie Zeilen einfügen oder löschen. Benutzen Sie häufig den Befehl n, um eine Bestätigung für Ihre Zeilennummern zu bekommen.

Sie können spezifizieren, welche Zeilen `ed` löschen soll, indem Sie die Zeilennummer oder Zeilennummern angeben, z.B.

```
4d
```

Oder, wie hier, um Zeilen 1 bis 2 zu löschen:

```
1,2d
```

Durch das Komma weiß `ed`, daß von Zeile 1 bis Zeile 2 inklusive, Zeilen gelöscht werden sollen.

Der mühselige Weg des Editierens

Sie können mit `ed` den Inhalt einer Textzeile verändern, aber das beinhaltet, solche Befehle zu geben:

```
12,13s/wrong/right/
```

Dieser Befehl ersetzt von Zeile 12 bis Zeile 13 `wrong` durch `right`. Vollkommen primitiv und mühsam, nicht? Bei der Menge an Editieraufgaben, die Sie wahrscheinlich mit `ed` machen, ist es fast leichter, die Zeile mit dem Tippfehler zu löschen und eine neue Zeile einzufügen. Wir schlagen vor, daß Sie sofort Ihren Systemverwalter um einen besseren Texteditor bitten.

Wenn's nun die letzte Zeile ist

Aber halt, es gibt immerhin einen nützlichen und menschenfreundlichen Befehl in `ed`! Der Befehl u läßt Sie die letzte Änderung, die Sie an der Datei gemacht haben (und wirklich nur die letzte), ungeschehen machen. Wenn Sie z.B. aus Versehen mit dem Befehl d eine Zeile löschen, können Sie diese Zeile eingeben, um die Löschung rückgängig zu machen:

```
u
```

Iiihh – immerzu nur Zeilen!

Wenn Sie sich im Befehlsmodus befinden und Enter drücken, ohne einen Befehl eingegeben zu haben, nimmt `ed` an, daß Sie die nächste Zeile der Datei sehen wollen. Er geht eine Zeile in der Datei weiter und zeigt sie an – sehr bequem, wirklich, wenn Sie damit rechnen.

Ebenso, wenn Sie bereits im Befehlsmodus sind und einen einzelnen Punkt in einer Zeile für sich eingeben (können Sie mir folgen?), auch dann zeigt `ed` die nächste Zeile der Datei an.

Passen Sie auf, daß Sie keine anderen Änderungen machen, ehe Sie den Befehl u verwenden; er macht wirklich nur den letzten Befehl rückgängig.

Schöne Grüße an den Broadway, ed

Haben Sie Ihre Änderungen beendet und wollen `ed` verlassen (auch wenn Sie Ihre Änderungen nicht beendet haben, aber `ed` trotzdem verlassen wollen), geben Sie folgende Zeile ein:

```
q
```

Sind Sie im Eingabemodus, dann geben Sie erst einen einzelnen Punkt in einer gesonderten Zeile ein, um in den Befehlsmodus zu gelangen. Geben Sie dann q zum Beenden ein.

Haben Sie Ihre Arbeit nicht durch Eingeben des Befehls w gesichert, hört `ed` nicht einfach auf. Statt dessen zeigt er ein Fragezeichen an, um Ihnen zu sagen, daß er zunächst einen w-Befehl erwartet hatte. Sichern Sie Ihre Änderungen mit diesen beiden Befehlen:

```
w

q
```

Wollen Sie die Änderungen an der Datei nicht sichern, geben Sie nach dem Fragezeichen nochmals q ein. Diesmal glaubt Ihnen `ed`, daß Sie wirklich gehen wollen, und geht auch. Keine Minute zu früh!

Für einen Rückblick listet Tabelle 12-1 die Befehle auf, die Sie bei `ed` am häufigsten brauchen.

Oh nein, mein ex!

Eine verbesserte Version von `ed`, die `ex` heißt, versteht genau die gleichen Befehle, daher trifft alles, was wir über `ed` gesagt haben, auch auf `ex` zu. Allerdings sagt er Ihnen etwas genauer, was Sache ist. Insbesondere zeigt er beim Befehlsmodus einen Doppelpunkt am Zeilenanfang an (das soll benutzerfreundlich sein?). Außerdem sind seine Fehlermeldungen um einiges informativer.

Aber das wichtigste an `ex` ist, daß er eigentlich das gleiche wie `vi` ist! Wenn Sie sich in `ex` wiederfinden (das kann manchmal passieren, wenn Sie elektronische Post schicken), geben Sie `vi` als Befehl für `ex` ein, und – Zack! – die häßliche Kröte `ex` verwandelt sich in, naja, die etwas weniger häßliche Kröte `vi`, die wir als nächstes beschreiben.

Tabelle 12-1: Befehle in ed

Befehl	Beschreibung
a	Fügt Zeilen nach der aktuellen Zeile ein und geht in den Eingabemodus
d	Löscht eine oder mehrere Zeilen
h	Zeigt sofort äußerst knappen Hilfetext an
H	Zeigt äußerst knappen Hilfetext an, immer dann, wenn was schiefgeht
i	Fügt Zeilen vor der aktuellen Zeile ein und geht in den Eingabemodus
n	Zeigt eine oder mehrere Zeilen mit Zeilennummern an
p	Zeigt eine oder mehrere Zeilen an
P	Zeigt ein Sternchen an, immer wenn `ed` im Befehlsmodus ist
q	Beendet die ganze Chose
Q	Beendet unabhängig davon, ob Änderungen gemacht wurden, oder nicht
u	Macht die letzte Änderung rückgängig
w	Schreibt (sichert) die Datei

Schüchterne vi, die Prinzessin unter den Texteditoren

Der Texteditor `vi` ist in jeder Hinsicht `ed` um Längen voraus. Er ist kein Zeileneditor, sondern ein *Bildschirmeditor*; er zeigt Ihnen soviel von der Datei an, wie er auf den Bildschirm bekommt. Sie müssen ihn nicht anbetteln, daß er Ihnen Häppchen für Häppchen Ihrer Datei anzeigt. Eindeutig ein Schritt nach vorne.

Die schlechte Nachricht ist, daß `vi` in Bezug auf Befehle und Modusarten genauso wie `ed` funktioniert, weil er tief drinnen nur eine aufgemotzte Version von `ed` ist. Sie sind noch immer besser bedient, `emacs` zu lernen, aber `vi` ist tatsächlich besser als `ed`.

Das Programm `vi` gibt es auf fast allen UNIX Systemen, was der Hauptgrund dafür ist, daß es so weit verbreitet ist.

Sie rufen `vi` mit dieser Zeile auf:

```
vi eating.peas
```

Denken Sie daran, `eating.peas` durch den Namen der Datei, die Sie erstellen oder ändern wollen, zu ersetzen. Existiert die Datei, die Sie angeben, nicht, dann erstellt `vi` sie.

Bildschirme voll Text

Das Programm `vi` zeigt Ihnen ein bildschirmgroßes Abbild Ihrer Datei. Ist die Datei nicht so lang, daß sie den Bildschirm füllt, zeigt `vi` in den leeren Zeilen nach dem Ende der Datei Bindestriche (-) an. Abbildung 12-1 z.B. zeigt die Datei `eating.peas` (die in der vorangegangenen Erörterung von `ed` erstellt wurde), wie sie in `vi` aussehen würde.

Der Cursor (der Punkt, an dem Sie gerade arbeiten) erscheint am Anfang der ersten Zeile der Datei.

- Erhalten Sie eine Fehlermeldung beim Aufruf von `vi`, dann sprechen Sie mit Ihrem Systemverwalter.
- Sieht Ihr Bildschirm eigenartig aus, dann ist vielleicht die Datenstation nicht richtig eingestellt – noch ein Grund, mit Ihrem Systemverwalter zu sprechen.

```
I eat my peas with honey.
I've done it all my life.
It makes the peas taste funny,
but it keeps them on the knife.
-
-
-
-
" eating.peas" 4 lines 115 characters
```

Abbildung 12-1: Bindestriche füllen die Leerzeilen einer vi-Datei

Königliche Befehle und Edikte

Alle `vi`-Befehle sind ein Buchstabe lang (wie `ed`-Befehle). Manche bestehen aus Klein- und manche aus Großbuchstaben. Wenn Sie `vi`-Befehle eingeben, achten Sie auf die korrekte Verwendung von Großbuchstaben.

Das Programm `vi` hat zwei Modi, genau wie `ed`: den Befehlsmodus (der auf einen Befehl wartet) und den Eingabemodus (der darauf wartet, Text entgegenzunehmen). Sie müssen sich merken, in welchem Modus Sie sich befinden, weil `vi` es Ihnen nicht sagt.

Befinden Sie sich im Eingabemodus und wollen einen Befehl eingeben, drücken Sie die Esc-Taste.

Wo auch immer wir Sie bitten, einen Befehl einzugeben, funktioniert das nur, wenn Sie sich im Befehlsmodus befinden. Sind Sie sich nicht sicher, in welchem Modus Sie gerade sind, dann drükken Sie zunächst die Esc-Taste. Sind Sie bereits im Befehlsmodus, dann bewirkt das Drücken der Esc-Taste nur, daß `vi` piepst.

Um vom Befehlsmodus in den Text-Eingabemodus zu wechseln, weisen Sie `vi` an, den Text nach dem Zeichen, auf dem sich der Cursor befindet, anzuhängen (indem Sie den Befehl a verwenden) oder den Text vor der aktuellen Cursor-Position einzufügen (indem Sie den Befehl i verwenden). Sie sehen, wo in der Datei sich der Cursor befindet, das ist eine bedeutende Verbesserung gegenüber `ed`.

vi-Notausgang

Um vor `vi` zu flüchten, machen Sie Folgendes:

1. Drücken Sie mindestens dreimal Esc. Der Computer müßte piepsen.
2. Geben Sie diese Zeile ein und drücken Sie Enter:

```
:q!
```

Diese Zeile sagt `vi`, daß es enden und Änderungen nicht sichern soll.

Weil `vi` tief drinnen immer noch eine aufgemotzte Version von `ed` ist, können Sie die gleichen Befehle verwenden, die wir bereits in der Erörterung von `ed` besprochen haben. Dazu müssen Sie erst sicherstellen, daß Sie sich im Befehlsmodus befinden, indem Sie, falls nötig, Esc drücken. Geben Sie dann einen Doppelpunkt (:) ein, gefolgt von dem `ed`-Befehl, und schließen Sie mit Enter ab (wie immer bei ed-Befehlen). Bis auf seltene Ausnahmen, ist diese Prozedur nicht der Mühe wert.

Hilfe! Ich brauche jemanden!

Der Typ, der vi schrieb, glaubte nicht an Hilfe, deshalb gab es keine. (Erinnern Sie sich an Bill, den mürrischen Typen, der 1,95 groß ist und das bei ausgezeichneter körperlicher Verfassung? Eben der.)

Glücklicherweise wurde vi in so vielen Computer-Einführungskursen verwendet, daß Bill sich schließlich erweichen ließ, und einen »Novizen«-Modus hinzufügte. Anstatt vi einzugeben, um den Editor aufzurufen, geben Sie vedit ein. Damit bekommen Sie denselben Editor mit einigen angeblich hilfreichen Meldungen. Insbesondere zeigt vi beim Eingabemodus Meldungen wie INPUT MODE, APPEND MODE, CHANGE MODE oder OPEN MODE unten an Ihrem Bildschirm an. Diese Meldungen bedeuten alle das gleiche (außer für Bill, offensichtlich): Text, den Sie eingeben, während diese Meldungen angezeigt werden, wird der Datei angefügt und nicht als Befehl interpretiert.

Einfache Texteingabe-Techniken

Lassen Sie uns eine neue Datei mit noch mehr unsterblicher Prosa erstellen, so daß Sie die Texteingabe mit vi üben können. Rufen Sie vi mit einem neuen Namen auf:

```
vi madeline
```

Mit folgender Eingabe fügen Sie Text hinter der aktuellen Position des Cursors an:

```
a
```

Wir sagen Ihnen gleich, wie Sie den Cursor bewegen, wenn Text da ist, in dem Sie sich herumbewegen können. Da vi ein Bildschirmeditor ist, drükken Sie nach dem Befehl a *nicht* die Enter-Taste. Sie können z.B. a eingeben, um der neu erstellten Datei madeline diesen Text hinzuzufügen:

```
In an old house in Paris
All covered with vines
lived twelve little girls
in two straight lines.
```

Drücken Sie Esc, um zurück in den Befehlsmodus zu gelangen. Drücken Sie Esc immer, wenn Sie fertig mit der Eingabe von Text und bereit zur Eingabe des nächsten Befehls sind.

Andere Befehle, die Sie zur Texteingabe verwenden können, sind i, um Text vor der aktuellen Zeile einzufügen, A, um Text am Ende der Zeile, in der sich der Cursor befindet, anzufügen, und 0, um Text in einer neuen Zeile vor der aktuellen Zeile einzugeben.

Mein Cursor versteht mich nicht!

Sie können Dutzende von Befehlen verwenden, um den Cursor in Ihrer Datei herumzubewegen, aber dorthin, wo Sie hinwollen, kommen Sie nur mit einigen von ihnen:

- Die Pfeiltasten (←, →, ↑, ↓) machen normalerweise das, was man erwartet: sie bewegen den Cursor in die angedeutete Richtung.

  Traurigerweise gibt es Datenstationen, auf denen `vi` die Pfeiltasten nicht versteht. Falls dies bei Ihnen zutrifft, gehen Sie mit h nach links, mit j nach unten, mit k nach oben und mit l nach rechts. Bill wählte diese Tasten nach der Theorie aus, daß diese Tasten die Ruhepositionen der Finger der rechten Hand eines Gefühlstippers sind, und Sie daher wertvolle Millisekunden Zeit einsparen können, weil Sie die Finger nicht bewegen brauchen. Wirklich. In einigen Versionen von `vi` funktionieren die Pfeiltasten nur im Befehlsmodus; in anderen funktionieren sie auch im Eingabemodus.

- Enter oder + geht an den Anfang der nächsten Zeile.
- Der Bindestrich (-) geht an den Anfang der vorhergehenden Zeile.
- G (der Großbuchstabe) geht ans Ende der Datei.
- 1G geht an den Anfang der Datei. (Das ist die Zahl 1, nicht der Buchstabe l. Warum, warum fragen?)

Überarbeiten in vi

Möchten Sie bereits eingegebenen Text modifizieren, führen Sie diese Schritte aus:

1. Gehen Sie mit dem Cursor an den Anfang des Textes, den Sie ändern wollen.
2. Vorhandenen Text überschreiben Sie mit dem Buchstaben R (einfach ein großes R).
3. Geben Sie den neuen Text ein. Das, was Sie eingeben, ersetzt das bereits vorhandene. Drücken Sie Esc, wenn Sie fertig mit dem Ersetzen sind.

4. Um Text vor der aktuellen Cursor-Position einzufügen, geben Sie ein i (ein kleines i) ein.
5. Geben Sie den neuen Text ein. Das, was Sie eingeben, wird eingefügt, ohne einen vorhandenen Text zu ersetzen. drücken Sie Esc, wenn Sie fertig mit Einfügen von Text sind.

Oben etwas wegnehmen, bitte

Um Text zu löschen, gehen Sie so vor:

1. Bewegen Sie den Cursor an den Anfang des Textes, den Sie löschen wollen.
2. Um einen Buchstaben zu löschen, geben Sie den Buchstaben x ein. Um fünf Buchstaben loszuwerden geben Sie xxxxx ein. Sie verstehen.
3. Um Text ab der aktuellen Cursorposition bis zum Zeilenende zu löschen, geben Sie ein großes D ein.
4. Um die ganze Zeile, in der sich der Cursor befindet, zu löschen, geben Sie dd (zweimal den Buchstaben d) ein.

Wie es war, hat's mir besser gefallen

Wie `ed` bietet auch `vi` eine Möglichkeit, die allerletzte Änderung oder Löschung, die Sie gemacht haben, rückgängig zu machen. Geben Sie folgendes ein, um die Änderung ungeschehen zu machen:

```
u
```

Wenn Sie das folgende (ein großes U) eingeben, macht `vi` alle Änderungen der aktuellen Zeile rückgängig, seit Sie den Cursor in diese Zeile bewegt haben:

```
U
```

Schreib mich oder sichere mich, aber verlier mich nicht

Sie sichern die aktualisierte Datei, indem Sie folgendes eingeben:

```
:w
```

Das sind ein Doppelpunkt und ein w; dann drücken Sie Enter. Dieser Befehl ist der gleiche, den Sie in `ed` zum Sichern (oder Schreiben) einer Datei verwendet haben. Sie sollten diesen Befehl alle paar Minuten eingeben, für den Fall, daß die verwirrende Art von `vi`-Befehlen Sie aus Versehen etwas Wichtiges löschen läßt.

Adieu, vi

Sie verlassen `vi` folgendermaßen:

```
ZZ
```

Denken Sie daran, ein paar Mal Esc zu drücken, damit Sie sich im Befehlsmodus befinden, ehe Sie diesen Befehl eingeben. Um zu enden, ohne die Änderungen, die Sie gemacht haben, zu sichern, geben Sie folgende Zeile ein:

```
:q!
```

Dann drücken Sie Enter. Dies bedeutet »Geh, vi, und schmeiß alle meine Änderungen weg. Ich weiß, was ich tue.«

Die meisten anderen Buchstaben, Zahlen und Symbole sind ebenfalls `vi`-Befehle, geben Sie also acht, was Sie eingeben, wenn Sie sich im Befehlsmodus befinden. Tabelle 12-2 verzeichnet die gebräuchlichsten Befehle von `vi`.

Ein neues Editierkonzept: emacs macht's leicht

Wir wollen Ihnen ja keine Hoffnung machen, aber `emacs` ist viel einfacher zu benutzen als `ed` oder `vi`. Der Grund dafür ist, daß es nicht diese mysteriösen Modi gibt, deretwegen man sich zu jedem Zeitpunkt daran erinnern muß, ob das Programm einen Befehl oder Text erwartet.

Andererseits sind Befehle in `emacs` nicht direkt intuitiv. Aber uns gefallen sie besser. Falls Sie sich wundern, der Name `emacs` kommt von *e*ditor *mac*ros, weil die Urversion von `emacs` als Erweiterung für einen frühen Texteditor namens `teco` geschrieben worden war, einem Editor, neben dem `ed` wie der Gewinner des Nobelpreises für Benutzerfreundlichkeit aussieht. (Erschreckender Gedanke, nicht?)

Tabelle 12-2: Befehle in vi

Befehl	Beschreibung
Esc	Kehrt zum Befehlsmodus zurück
Enter (oder Return)	Geht an den Anfang der nächsten Zeile
+	Geht an den Anfang der nächsten Zeile
-	Geht an den Anfang der vorhergehenden Zeile
a	Fügt Zeilen nach der aktuellen Zeile ein
A	Fügt Text am Ende der aktuellen Zeile ein
dd	Löscht die ganze aktuelle Zeile
D	Löscht vom Cursor bis ans Ende der aktuellen Zeile
G	Geht ans Ende der Datei
1G	Geht an den Anfang der Datei
h	Geht eine Stelle nach links
i	Fügt Zeilen vor der aktuellen Zeile ein
j	Geht eine Zeile nach unten
k	Geht eine Zeile nach oben
l	Geht eine Stelle nach rechts
0	Fügt Text in eine neue Zeile vor der aktuellen Zeile ein
:q! (gefolgt von Enter)	Beendet vi, auch wenn Änderungen nicht gesichert wurden
R	Ersetzt Text
u	Macht die letzte Änderung rückgängig
U	Macht Änderungen an der aktuellen Zeile rückgängig
x	Löscht ein Zeichen
:W (gefolgt von Enter	Sichert (schreibt) die Datei
ZZ	Beendet vi

Zwar wird `emacs` nicht mit UNIX mitgeliefert, aber es gibt eine verbreitete Version, GNU Emacs, umsonst, daher haben es die meisten Systeme oder können es bekommen. Es sind auch kommerzielle Versionen von `emacs` verfügbar, darunter Epsilon und Unipress Emacs.

Sie rufen `emacs` mit folgender Zeile auf:

```
emacs eating.peas
```

Sie ersetzen natürlich wieder `eating.peas` durch den Namen der gewünschten Datei. Besteht die angegebene Datei nicht, dann erstellt `emacs` sie. Wie `vi` zeigt `emacs` ein bildschirmfüllendes Abbild Ihrer Datei an. Die unterste Zeile des Bildschirms ist die *Statuszeile*, sie enthält den Namen der Datei, die Sie editieren und weitere weniger interessante Informationen.

- Erhalten Sie eine Fehlermeldung, wenn Sie versuchen, `emacs` aufzurufen, fragen Sie Ihren Systemverwalter, was Sache ist. Auf manchen Systemen heißt GNU Emacs `gmacs`, so daß Sie `gmacs` statt `emacs` eingeben müssen. Vielleicht auch hat das Programm `emacs` auf Ihrem System einen anderen Namen. Meint Ihr Systemverwalter, Sie hätten `emacs` nicht, dann bitten Sie ihn, es zu besorgen.
- Sieht `emacs` eigenartig aus oder verhält es sich eigenartig (eigenartiger als gewöhnlich), ist Ihre Datenstation vielleicht nicht richtig eingestellt. Auch hier bitten Sie Ihren Systemverwalter, die Sache in Ordnung zu bringen.

emacs-Notausgang

Sie beenden `emacs` durch Befolgen dieser Punkte:

1. Halten Sie die Ctrl-Taste und drücken Sie X.
2. Halten Sie die Ctrl-Taste und drücken Sie C.

Diese Prozedur sichert keine Änderungen, die Sie an Ihrer Datei mit `emacs` gemacht haben. Es holt Sie nur 'raus. Einige Versionen von `emacs` fragen möglicherweise, ob Sie die Datei, die Sie gerade mit dem Editor angeschaut haben, sichern wollen, oder sie sagen so etwas wie »Buffers not saved. Exit?« (»Wollen Sie wirklich beenden, ohne Ihre Änderungen zu sichern?«). Drücken Sie entsprechend y für Ja und n für Nein. Wenn Sie nur 'rauswollen, beantworten Sie die »Do you want to save«-Frage mit n bzw. die »Buffers not saved«-Frage mit y.

Die Metamorphose von emacs

`emacs` hat keine zwei Modi, wie `ed` und `vi`, sondern behandelt normale Buchstaben, Zahlen und Interpunktionszeichen als Text und steckt sie beim Eintippen in Ihre Datei. (Ganz schön fortschrittlich, nicht?) Befehle werden im allgemeinen durch Drücken von Kombinationen der Ctrl (oder Control)-Taste und einem Buchstaben eingegeben. Manche Befehle werden auch durch Drücken der Meta-Taste und einem Buchstaben eingegeben.

Bei den meisten Computern ist die Esc-Taste die Meta-Taste. Wenn es auf Ihrer Tastatur eine Alt-Taste gibt, kann auch das die Meta-Taste sein. Im folgenden Abschnitt bitten wir Sie, die Esc-Taste zu drücken.

Noch was Neues: tippen Sie einfach drauf los

Wollen Sie Text eingeben, dann fangen Sie einfach an zu tippen! Der Text wird dort eingefügt, wo sich der Cursor befindet.

Ein Schrittchen hierhin, ein Schrittchen dorthin

Sie können den Cursor mit folgenden Tasten im Text bewegen:

- Die Pfeiltasten bewegen den Cursor gewöhnlich nach oben, unten, links und rechts.

  Manchmal versteht `emacs` die Pfeiltasten nicht. Falls dies bei Ihnen zutrifft, nehmen Sie Ctrl-B (backwards) für ein Zeichen zurück, Ctrl-F (forward) für ein Zeichen vorwärts, Ctrl-P (preceding line) für die vorhergehende Zeile und Ctrl-N (next line) für die nächste Zeile. Immerhin haben sie versucht, mnemonische Zeichen zu verwenden.

- Ctrl-A geht an den Anfang der Zeile (halten Sie Ctrl und drücken Sie A).
- Ctrl-E geht ans Ende der Datei.
- Esc-< (drücken Sie Esc, halten Sie dann die Shift-Taste und drücken die Komma-Taste) geht an den Anfang der Datei.
- Esc-> (drücken Sie Esc, dann halten Sie die Shift-Taste und drücken die Punkt-Taste) geht ans Ende der Datei.

Und eine kleine Änderung

Zwar ist `emacs` ein besserer Editor, aber dennoch machen Sie vielleicht mal Tippfehler, überlegen sich's anders, und denken sich brillante Verbesserungen Ihres Textes aus. Sie können Text durch Ausführen dieser Schritte ändern:

1. Gehen Sie mit dem Cursor an den Anfang des Textes, den Sie ändern wollen.
2. Geben Sie den neuen Text ein. Der Text wird dort eingefügt, wo sich der Cursor befindet.
3. Löschen Sie den Text, den Sie nicht mehr haben wollen.

So einfach ist das. Ganz ohne eigenartige Befehle.

Mehr als nur eine Möglichkeit, ein Zeichen zu löschen

Es gibt mehrere Befehle, um etwas zu löschen:

- Um das Zeichen zu löschen, auf dem der Cursor steht, drücken Sie Ctrl-D (halten Sie die Ctrl-Taste und drücken Sie D).
- Um Text ab der Cursorposition bis zum Ende des Wortes zu löschen (bis zu einem Leerzeichen oder Interpunktions-Zeichen), drücken Sie Esc und dann D.
- Um Text ab der Cursorposition bis ans Ende der Zeile zu löschen, drükken Sie Ctrl-K (Kurzform von *K*ill).

Jemand hat heute Nacht meine Datei gesichert

Sie sichern den Text in eine Datei, indem Sie Ctrl-X Ctrl-S (drücken und halten Sie die Ctrl-Taste, geben Sie XS ein, und lassen Sie dann die Ctrl-Taste los) drücken. Sie sollten alle paar Minuten Ihre Arbeit sichern. Auch wenn `emacs` nicht so frustrierend ist wie `ed` oder `vi`, kann immer noch viel schief gehen.

Emacs adieu sagen

Sind Sie fertig mit Editieren und wollen `emacs` verlassen, dann drücken Sie Ctrl-X Ctrl-C (drücken und halten Sie die Ctrl-Taste, tippen Sie XC ein, und lassen Sie dann die Ctrl-Taste los). Sie verlassen `emacs` und sehen das UNIX-Shell-Promptzeichen.

Haben Sie Ihre Arbeit nicht gesichert, deutet `emacs` höflich an, daß Ihre »buffers« (das, woran Sie gearbeitet haben) nicht gesichert sind, und fragt, ob Sie wirklich enden wollen. Es schlägt n als Standard zum Sichern vor, für den Fall, daß Sie zum Sichern zu `emacs` zurückkehren wollen. Um ohne zu sichern zu beenden, drücken Sie y und dann Enter.

Sie brauchen viel weniger Befehle bei `emacs`, um eine Datei zu erstellen, etwas einzugeben, ein paar Änderungen zu machen, dann die Datei zu sichern und `emacs` zu verlassen, als bei `ed` oder `vi`. Das Programm `emacs` hat zwar eine Unmenge von Befehlen, von denen sind aber die meisten vollkommen nutzlos. Tabelle 12-3 listet die gebräuchlichsten `emacs`-Befehle.

Text in emacs verschieben

Auch wenn diese Erörterung über eine kurze Einführung in `emacs` hinausgeht, sagen wir Ihnen hier noch, wie Sie Text von einer an eine andere Stelle in der Datei verschieben. Wenn Sie mit Ctrl-K Text ab der Cursorposition bis zum Ende der Zeile killen, werden diese Informationen an einer temporären Stelle, dem Löschpuffer (*Kill Buffer*), gespeichert. Sie können die Informationen aus dem Löschpuffer durch Drücken von Ctrl-Y wieder zurück in Ihre Datei kopieren. Wollen Sie Text verschieben, dann löschen Sie ihn mit Ctrl-K, gehen an die neue Stelle und drücken Ctrl-Y, um den Text an der Stelle einzufügen, wo sich der Cursor befindet.

Tabelle 12-3: Befehle in emacs

Befehl	Beschreibung
Ctrl-A	Geht an den Anfang der Zeile
Ctrl-B	Geht eine Stelle zurück
Ctrl-D	Löscht ein Zeichen
Ctrl-E	Geht ans Ende der Datei
Ctrl-F	Geht eine Stelle vorwärts
Ctrl-K	Löscht bis zum Ende der Zeile
Ctrl-N	Geht eine Zeile weiter
Ctrl-P	Geht in die vorhergehende Zeile
Ctrl-X Ctrl-C	Verläßt emacs
Ctrl-X Ctrl-S	Sichert die Datei
Esc-<	Geht an den Anfang der Datei
Esc->	Geht ans Ende der Datei
Esc-D	Löscht bis zum Ende des Wortes

KAPITEL 13

Zig nützliche UNIX-Underdogs

In diesem Kapitel

- Ein Sack voll nützlicher Programme
- Dateien sortieren und vergleichen
- Doofe Kalender-Tricks
- Dateien breitklopfen, um sie kleiner zu machen
- Einige weitere Tips und Tricks

Englisch-Wörderbücher definieren einen Underdog als Opfer ungerechten Handelns oder Verfolgung; zweifellos haben wir in diesem Buch UNIX zu einem Underdog gemacht. Obwohl UNIX einige recht nützliche Programme zur Verfügung stellt. In diesem Kapitel schauen wir sie kurz an. Alle diese Programme sind ernsthaft an der sogenannten Feature-Seuche erkrankt (eng verwandt mit den fettigen Fingerabdrücken, die wir in Kapitel 2 erwähnten): sie strotzen alle vor Features (d.h. Eigenschaften) und Optionen. Die meisten der Features und Optionen sind es gar nicht wert, erwähnt zu werden, daher tun wir das auch nicht.

Äpfel und Birnen miteinander vergleichen

Wenn Sie schon eine Weile mit Ihrem UNIX-Rechner arbeiten, dann haben Sie haufenweise Dateien angesammelt. Häufig sind es Duplikate oder annähernd Duplikate voneinander. Es gibt zwei Programme, die helfen, diesen Wust zu ordnen: `cmp` und `diff`.

Das eine ist `cmp`; es sagt Ihnen einfach, ob sich zwei Dateien entsprechen, oder nicht. Wollen Sie mit `cmp` zwei Dateien vergleichen, dann geben Sie folgende Zeile ein:

```
cmp onefile anotherfile
```

Sie ersetzen natürlich `onefile` und `anotherfile` durch die Namen der Dateien, die Sie vergleichen wollen. Ist der Inhalt der beiden Dateien gleich, sagt `cmp` (in feinster UNIX-Manier) nichts. Unterscheidet er sich, dann meldet `cmp`, wie weit er in der Datei vorangekommen ist, bis er Unterschiede fand. Sie können zwei beliebige Dateien vergleichen, egal ob sie Text, Programme, Datenbanken oder sonst etwas enthalten, weil `cmp` nur darauf achtet, ob sie identisch sind.

Ein erheblich raffinierteres Vergleichsprogramm ist `diff`; dieses Programm versucht Ihnen nicht nur zu sagen, ob zwei Dateien sich unterscheiden, sondern auch, wie sehr sie sich unterscheiden. Die Dateien dürfen keine Textverarbeitungsdokumente oder etwas ähnliches sein, sondern müssen reinen Text enthalten, sonst verheddert sich `diff` furchtbar. Hier ist ein Beispiel, das zwei Versionen einer Geschichte verwendet, die einer von uns geschrieben hat. Wir haben die Dateien `tse1` und `tse2` durch Eingabe folgenden Befehls verglichen:

```
diff tse1 tse2
```

Geben Sie erst den Namen der älteren Datei ein und dann den Namen der neuen, verbesserten Datei. Das Programm `diff` antwortet mit Folgendem:

```
45c45
< steuerte zurück umher, aber die Schafe schrieen in Panik und liefen rückwärts
...
> steuerte zurück umher, aber die Ziegen schrieen in Panik und liefen rückwärts
46a47
> Handgriffe und landete sicher im Schnee.
```

Die Unterschiede zwischen `tse1` und `tse2` bestehen darin, daß in Zeile 45 die Schafe in Ziegen verwandelt wurden, und daß eine neue Zeile 47 nach Zeile 46 eingefügt wurde.

In der ersten Zeile der Ausgabe, 45c45, berichtet `diff`, daß es Änderungen (dafür steht das c: change) von Zeile 45 bis Zeile 45 gibt (also nur Zeile 45). Dann zeigt er beginnend mit < die Zeile der ersten Datei an, und beginnend mit > die Zeile der zweiten Datei. Offensichtlich will uns `diff` damit sagen, daß man die Zeilen, die mit < anfangen, herausgenommen, und die Zeilen, die mit > anfangen, eingefügt hat. Danach berichtet `diff`, daß es eine neue Zeile gibt zwischen den Zeilen 46 und 47 der ursprünglichen Datei, und zeigt die hinzugekommene Zeile an. Eine gute Möglichkeit, die Änderungen zu überblicken, wenn Sie eine Revision eines von Ihnen geschriebenen Dokumentes bekommen.

BSD-Versionen von `diff` können zwei Verzeichnisse vergleichen, um Ihnen mitzuteilen, welche Dateien im einen und nicht im anderen sind, und um die Unterschiede zwischen Dateien mit entsprechenden Namen in zwei Verzeichnissen aufzulisten. Rufen Sie `diff` mit den beiden Verzeichnisnamen auf.

Sortierte Dateien

Computer sind wirklich nützlich, um Ordnung zu schaffen. Es gab einmal eine Zeit, da ein Drittel aller Computerzeit mit Sortieren verging. UNIX hat ein recht fähiges Sortierprogramm, schlauerweise `sort` genannt, das Ihnen, vielleicht erinnern Sie sich, in Kapitel 6 bereits kurz begegnet ist. Hier nun einige andere Möglichkeiten, es zu nutzen.

Das Programm `sort` sortiert die Zeilen einer Datei nach alphabetischer Folge. Das heißt, man nimmt die Originaldatei und weist `sort` an, die sortierte Ausgabe in eine andere Datei zu stellen. Auf diese Weise riskieren Sie nicht, daß die ursprüngliche Datei beim Sortieren durcheinandergerät, sollte `sort` einmal Amok laufen. Um z.B. die ursprüngliche Datei `myfile` in eine zweite Datei `sortedfile` zu sortieren, geben Sie folgendes ein:

```
sort myfile > sortedfile
```

Zwar ist es möglich, eine Datei in sich selbst zu sortieren, aber nicht wie man zunächst vermuten würde. Die folgende Zeile z.B. funktioniert nicht:

```
sort myfile > myfile
```

Das Problem ist, daß UNIX `myfile` zunächst leer macht, ehe das Sortieren beginnt (mit dem Ergebnis, daß `sort` eine leere Datei findet, wenn er versucht, `myfile` zu sortieren). Sie können die Option `-o` (für Output) verwenden, um `sort` mitzuteilen, wohin die Ausgabe soll, wie hier:

```
sort myfile -o myfile
```

Dieser Befehl funktioniert, weil `sort` erst dann in die Ausgabedatei schreibt, wenn er seine Eingabe vollständig eingelesen hat.

Gewöhnlich sortiert `sort` sein Ergebnis aufgrund eines strikten Vergleichs des internen ASCII-Codes, mit dem der Computer arbeitet. Die gute Nachricht ist, daß dieses Programm Buchstaben und Ziffern korrekt sortiert, auch wenn es einige Besonderheiten gibt:

Normalerweise kommen Großbuchstaben vor Kleinbuchstaben, daher kommt *ZEBRA* vor *aardvark*. Sie können die Option -f (für »fold cases together«: übergreifendes Sortieren) verwenden, um unabhängig von Groß- und Kleinbuchstaben zu sortieren:

```
sort -f animals -o sortedanimals
```

Obwohl wir hier das Umleitungssymbol > hätten verwenden können, ist es bei `sort` sicherer -o anzugeben. Sie können noch einige andere Optionen verwenden, nach denen ebenfalls sortiert wird:

-b Ignoriere Leerzeichen am Anfang der Zeilen.

-d Verwende Wörterbuchfolge und ignoriere Interpunktionszeichen. Diese Option wird gewöhnlich zusammen mit -f verwendet.

-n Sortiere nach Zahlen am Anfang der Zeilen. Mit dieser Option kommt 99 vor 100, anstatt danach, wie es bei normaler alphabetischer Sortierung der Fall ist. (Ja, das normale, das der Computer macht, ist ziemlich dumm. Sind Sie überrascht?)

-r Sortiere die umgekehrte Folge von allem, was sonst gemacht werden würde. Sie können diese Option mit allen anderen kombinieren.

Wir halten es für besonders nützlich, Dateien zu sortieren, bei denen jede Zeile mit einem Datum beginnt. Z.B.

```
0201  Margy's Geburtstag
1204  Meg's Geburtstag
0510  John's Geburtstag
```

Wir können `sort -n` eingeben, um diese Datei nach Datum zu sortieren. Wir schreiben den 1. Februar als 0201 und den 10. Mai als 0510, damit numerisches Sortieren funktioniert.

Sie können noch viel komplexere Kriterien zur Sortierung erstellen und jede Zeile als Folge von »Feldern« behandeln, die `sort` verwendet, um die endgültige sortierte Folge festzulegen. Wenn Sie so etwas wirklich machen müssen, sprechen Sie mit jemanden, der übers Sortieren Bescheid weiß.

Zeit ist Geld – stehlen Sie welche!

Alle UNIX-Systeme haben interne Uhren. Mit dem Befehl `date` können Sie erfragen, welches Datum und welche Uhrzeit es ist:

```
date
```

UNIX antwortet mit folgender Information:

```
Mon  Jan 4  15:43:50 EST  1993
```

Es gibt viele Optionen, über die Sie das Datum in jedes gewünschte Format bringen können. Verschwenden Sie damit Ihre Zeit nicht. UNIX kennt auch die Zeitzonen und macht sogar automatisch Sommerzeit.

Mit dem Befehl `at` können Sie festlegen, daß bestimmte Dinge später zu erledigen sind. Sie geben etwas in dieser Art an:

```
at 5:15pm Jul  4
sort   -r myhugefile  -o myhugefile.sort
pr  -f   -2 myhugefile.sort | lp
```

Und dann drücken Sie Ctrl-D, um anzudeuten, daß Sie fertig sind mit der Befehlseingabe.

Sie geben den Befehl `at` ein und spezifizieren Zeit und Datum. Dann geben Sie Befehle ein, von denen Sie wollen, daß sie zu dieser Zeit, an diesem Datum ausgeführt werden; drücken Sie Ctrl-D in einer eigenen Zeile, um UNIX mitzuteilen, daß Sie das Auflisten von Befehlen beendet haben. In diesem Beispiel sortieren wir eine riesige Datei und drucken sie zweispaltig, möglichst am 4. Juli, wenn voraussichtlich niemand da ist, der sich beschweren könnte, daß es zu lange dauert. Lassen Sie das Datum aus, dann nimmt UNIX an, Sie meinten heute, falls die Uhrzeit, die Sie angeben, eine spätere als die aktuelle ist; ansonsten nimmt UNIX an, Sie meinten morgen.

Alle Ausgaben, die normalerweise an die Datenstation geschickt würden, werden Ihnen per elektronischer Post zurückgesendet, daher sollten Sie Kapitel 18 zumindest kurz überfliegen, um herauszufinden, wie Sie Ihre Post lesen.

Kalender-Spiele

Ein weiteres brauchbares Programm ist `calendar`, das eine »Notizbuch«-Datei bereitstellt mit wichtigen Daten. Man hat eine Datei, die ebenfalls `calendar` heißt, in der jede Zeile einen Eintrag für ein Datum und ein Ereignis bereitstellt. Das Datumsformat ist ziemlich flexibel:

```
Feb 1    Margy's birthday
1/15,March 15,6/15,Dec 15    Pay estimated taxes
```

Wenn Sie `calendar` aufrufen, sucht es im aktuellen Verzeichnis eine Datei namens `calendar` und druckt alle Zeilen, die das heutige Datum oder das von morgen (das heutige oder das von Montag, wenn ein Wochenende dazwischenliegt) enthalten. Haben Sie eine Datei `calendar` in Ihrem Home Directory, ruft das System automatisch jeden Tag um Mitternacht das Programm `calendar` auf; werden dabei Zeilen gedruckt, sendet UNIX sie Ihnen automatisch per elektronischer Post zu.

Wollen Sie einen Kalender für den laufenden Monat sehen, dann geben Sie diese Zeile ein:

```
cal
```

UNIX antwortet mit folgender Anzeige:

```
    January 1994
 S  M Tu  W Th  F  S
                   1
 2  3  4  5  6  7  8
 9 10 11 12 13 14 15
16 17 18 19 20 21 22
23 24 25 26 27 28 29
30 31
```

UNIX kann Kalender für jeden Monat jeden Jahres anzeigen, zurückgehend bis zum Jahr 1. Sie können `cal 1993` eintippen, um alle zwölf Monate von 1993, oder `cal 7 1776`, um den Juli 1776 anzeigen zu lassen. (Der vierte Juli war ein Donnerstag.) Wenn Sie `cal 93` eintippen, erhalten Sie einen Kalender für das Jahr 93 nach Christi Geburt, was vielleicht nicht das ist, was Sie wollten. Als typisches Beispiel für UNIX-Überimplementierung erzeugt `cal 9 1752` einen höchst eigenartigen Kalender, bei dem 11 Tage fehlen. Das kommt, weil `cal` weiß, daß die Kalenderverwendung in den Vereinigten Staaten im September 1752 vom Julianischen auf den Gregorianischen Kalender überging und der Kalender an diesem Punkt angepaßt wurde. Wir schlagen vor, daß Sie dies Ihren Freunden gegenüber nicht andeuten, außer sie haben gerade einen Taschenrechner griffbereit.

Ein abschließender zeitbezogener Befehl ist `sleep`. Sie verwenden ihn, um etwas eine Zeitlang zu verzögern. Wenn Sie z.B. zum Mittagessen fortgehen und zehn Minuten später `bigfile` drucken möchten, geben Sie folgenden Befehl ein:

```
sleep 600 ; lp bigfile
```

Das 600 bedeutet 600 Sekunden, oder 10 Minuten (der Befehl `sleep` besteht darauf, daß die Zeit in Sekunden angegeben wird). Der Strichpunkt trennt zwei Befehle in derselben Zeile; das gilt für alle Shell-Befehle. Während UNIX schläft, können Sie nicht mit ihm arbeiten (für GUI-Benutzer: Sie können ein Fenster, das schläft, nicht benutzen). Bei Verzögerungen von mehr als ca. einer Stunde, oder wenn Sie in der Zwischenzeit etwas mit ihrem Rechner machen wollen, ist es einfacher, den Befehl `at` zu nehmen. Wenn Sie es sich anders überlegen und beschließen, daß Sie doch nicht warten wollen, können Sie `sleep` mit dem normalen Unterbrechungszeichen, gewöhnlich Del oder Ctrl-C unterbrechen.

Seine Dateien zusammenquetschen

Ein Problem, das alle UNIX-Systeme gemeinsam haben – eigentlich fast alle Computersysteme – ist, daß es nie genügend Speicherplatz gibt. UNIX wird mit ein paar Programmen ausgeliefert, die dieses Problem schmälern können: `compress` und `pack`. Sie verändern die Daten in einer Datei in eine kompaktere Form. Auch wenn Sie mit der Datei in dieser kompakten Form nichts anfangen können, außer sie wieder in ihr normales Format auszudehnen, kann dies bei solche Dateien, die Sie nicht häufig benötigen, eine große Platzersparnis bedeuten.

Sie verwenden `compress` und `pack` in sehr ähnlicher Weise. Um z.B. eine Datei namens `sleuth1.doc` zu komprimieren, geben Sie folgende Zeile ein:

```
compress -v sleuth1.doc
```

Das optionale `-v` (für *verbose*) weist UNIX nur an, daß es melden soll, wieviel Platz eingespart wurde. UNIX antwortet mit den folgenden Informationen:

```
sleuth1.doc: Compression: 49.79%-replaced with sleuth1.doc.Z
```

Das Programm `compress` ersetzt die Datei durch eine, die denselben Namen mit angehängtem .Z trägt. Der Kompressionsgrad hängt davon ab, was in der Datei ist; bei Textdateien ist 50 Prozent Kompression üblich. Bei einigen Dateien spart man überhaupt keinen Platz ein, in solchen Fällen ist `compress` höflich genug, keine .Z- Datei zu erstellen.

Um die komprimierte Datei in ihren ursprünglichen Zustand zurückzuversetzen, nehmen Sie den Befehl `uncompress`:

```
uncompress sleuth1.doc.Z
```

Dieser Befehl entfernt `sleuth1.doc.Z` und holt `sleuth1.doc` zurück. Sie können auch `zcat` nehmen, eine komprimierte Dateiversion des Programms `cat`, das eine dekomprimierte Version einer komprimierten Datei an die Datenstation schickt, ohne die komprimierte Datei zu ändern oder die unkomprimierte Version in einer Datei zu speichern. Für sich allein ist es selten von Nutzen, aber mit Programmen wie `more` oder `lp` kann es recht hilfreich sein:

```
zcat sleuth1.doc.Z | more
```

Dieser Befehl zeigt Ihnen Seite für Seite den Inhalt der Datei an. Anders als `uncompress` entfernt `zcat` die .Z-Datei nicht.

Ein ähnliches, aber älteres Programm, das eine andere Methode zum Komprimieren einsetzt, ist `pack`. Sie rufen es mit folgender Zeile auf:

```
pack sleuth1.doc
```

UNIX antwortet mit folgender Information:

```
/usr/bin/pack: sleuth1.doc: 37.1% Compression
```

Gepackte Dateien werden mit `unpack` zurückverwandelt; ansehen können Sie gepackte Dateien mit `pcat`. Gepackte Dateien enden mit `.z` (das ist ein kleines z, um die Unbedarften zu verwirren). Wie `compress` so läßt auch `pack` die Datei unverändert, wenn das Packen keinen Platz einspart. In den meisten Fällen spart `pack` nicht soviel Platz ein wie `compress`, auch wenn es gelegentlich besser abschneidet. Manchmal lohnt es sich, beide auszuprobieren.

Wie funktioniert die Datei-Komprimierung überhaupt?

Diese Erörterung ist ziemlich technisch. Sagen Sie nicht, wir hätten Sie nicht gewarnt.

Normalerweise wird jedes Zeichen in einer Datei unter Verwendung von acht Bit gespeichert (Binärzahlen, 1en und 0en, die kleinste Dateneinheit, die der Computer verarbeiten kann). Angenommen, eine

Datei enthält 800 As, gefolgt von 100 Bs und 100 Cs. Das sind 1000 Zeichen zu je acht Bit, oder 8000 Bit. Diese bestimmte Datei kann das Programm `pack` viel kürzer codieren. Es kann einen ein-Bit-Code für A und einen zwei-Bit-Code für B und C nehmen. Das ergibt insgesamt eine Größe von 800 Bit für die As und je 200 Bit für die Bs und Cs – eine Gesamtmenge von 1200 Bit anstelle von 8000 Bit. Die gepackte Datei ist etwas größer (1408 Bit), weil `pack` an den Anfang der Datei eine Tabelle stellt, die angibt, welche Codes welchen Buchstaben entsprechen.

Das Programm `compress` verwendet eine Art Wörterbuch-Methode. Anstatt zu versuchen, den kürzesten Code für jeden Buchstaben zu finden, läuft `compress` durch die Datei und versucht häufig auftretende Gruppen von Buchstaben zu finden, die es als einen Wörterbucheintrag, oder Token, codieren kann. Wenn es dieselbe Datei bearbeitet, die `pack` gerade durchgegangen ist, liest `compress` Buchstabe für Buchstabe und stellt fest, daß es AA mehr als einmal gesehen hat; dann bemerkt es, daß es AAA mehr als einmal gesehen hat und so weiter. Es fügt immer längere Folgen von As in das Wörterbuch ein, bis es Folgen von mehr als 300 As hat, jede dargestellt durch einen einzigen Wörterbucheintrag im Wörterbuch und einem einzigen Token in der komprimierten Datei. Wenn es den Bs und Cs begegnet, macht es dasselbe und stellt auch lange Folgen von Bs und Cs in das Wörterbuch.

Da es eine so schlaue Methode verwendet (zumindest finden Daten-Kompressions-Cracks sie schlau), braucht `compress` das Wörterbuch nicht in der komprimierten Datei zu speichern, weil `uncompress` den Inhalt des Wörterbuches, das `compress` aufgebaut hatte, ableiten kann aus der Folge der Token in der komprimierten Datei. Das Ergebnis ist, daß `compress` für diese Datei ein fantastisches Ergebnis liefert und sie in lediglich 640 Bit der ursprünglichen 8000 quetscht.

Kompressionstechniken sind immer noch ein brennendes Thema in Computerkreisen, und viele Verfahren wurden patentiert. Das Verfahren, das `compress` verwendet, ist als LZW bekannt, nach Lempel, Ziv und Welch, den drei Leuten, die es sich ausgedacht haben. Welch, der bei Unisys arbeitet und einige Verbesserungen an einer früheren, von Lempel und Ziv entwickelten Technik vornahm, hat ein Patent darauf. Es ist in der Tat eine so coole Methode, daß zwei andere Leute namens Miller und Wegman, die bei IBM arbeiten, sie etwa zur gleichen Zeit erfanden und ebenfalls ein Patent darauf haben. Da das Patentamt nicht zwei Patente auf eine Erfindung vergeben darf, nutzten gewisse Leute die Situation, um Stimmung gegen die Vergabe von Patenten auf Software zu machen. Da weder Unisys noch IBM jemals Einspruch gegen das Programm `compress` erhoben haben und beide Firmen es mit ihrer eigenen Version von UNIX mitliefern, können Sie glücklicherweise damit weiterarbeiten.

Was ist in jener Datei?

Manchmal hat man ein Bündel Dateien und kann sich überhaupt nicht erinnern, was sie enthalten. Der Befehl `file` kann Ihnen einen Hinweis geben. Es sieht sich die Datei, die Sie in der Befehlszeile angeben, an und versucht zu erraten, was sie enthält.

Damit `file` versucht, herauszufinden, was die Dateien im Arbeitsverzeichnis enthalten, geben Sie folgende Zeile ein:

```
file *
```

UNIX antwortet mit anscheinend unverständlichen Informationen:

```
sleuthl.doc: data
sleuthl.ms: [nt]roff, tbl, or eqn input text
tsel: ascii text
tse2.Z: compressed file - with 16 bits
```

Dieser Wust besagt, daß `file` herausgefunden hat, daß die Datei `sleuthl.ms` eine Textdatei ist, codiert als Eingabe für den Textformatierer `troff` (die anderen Programme sind einige von `troff`'s Helfern), daß `tsel` Text enthält und daß `tse2.Z` komprimiert ist. (Die Angabe »16 bits« besagt im wesentlichen, welche Version von `compress` verwendet wurde; eigentlich ist das unbedeutend, weil die aktuellen Versionen von `compress` jede komprimierte Datei lesen können.) Das Programm `file` rät immer dann »data«, wenn es keine Ahnung hat, was in der Datei ist. Die erste Datei, `sleuthl.doc`, war ein Microsoft-Word-Dokument, etwas, das `file` nicht kennt. Daher vermutet es mal, daß es Daten sind.

Kein Taschenrechner!

UNIX enthält ein wirklich überimplementiertes Tischrechnerprogramm, das `bc` heißt. Sie rufen es auf und tippen dann arithmetische Ausdrücke ein, für die UNIX Antworten liefert. Um es aufzurufen, geben Sie diese Zeile ein:

```
bc
```

UNIX sagt nichts, daher ist es bereit für Ihre Formel. Wenn Sie die folgende Zeile eintippen:

```
2*3
```

antwortet es:

```
6
```

Sie können Klammern verwenden, um `bc` die Reihenfolge der Rechenoperationen anzugeben:

```
(2+9)*3
```

Es sagt:

```
33
```

Sie können `bc` bitten, mit richtig großen Zahlen zu hantieren:

```
238735743473874874857485 74*92972643554069568494795869585965 6
```

Es antwortet so:

```
2219589318161235893764880347174617659766790965431481791983 2
```

Antworten können so lang sein, daß sie nicht in eine Zeile passen. Wenn Sie folgende Zeile eintippen:

```
2^900
```

erhalten Sie diese Antwort:

```
84527124981706439416374365586642657043015572165779443540473713444 2678\
24409075977515906760942025150063147903989211405886211756095204296859 6\
00862365540703323053418694398408134669970428282282305684838772653137 90\
14466368452684024987821414350380272583623832617294363807973376
```

Im letzten Beispiel wurde 2 mit 900 potenziert (zwei 900mal mit sich selbst multipliziert). Das Programm `bc` ignoriert die Möglichkeit, abzurunden. Selbst wenn das Ergebnis irgendeiner Berechnung eine 14.000-stellige Zahl ist, berechnet es alle 14.000 Stellen exakt, auch wenn das eine Weile dauert. Die Leute bei Ihnen in der Buchhaltung, die immer wegen einer Erklärung für die fehlenden 14 Pfennig in Ihrem Spesenbericht hinter Ihnen her sind, werden diese Eigenschaft von `bc` mögen.

Sie verlassen `bc` mit `quit` oder durch Drücken von Ctrl-D.

Ein wirklich dummes Programm

Damit wir nicht den Eindruck bei Ihnen hinterlassen, UNIX sei voller nützlicher Programme, beenden wir dieses Kapitel mit `banner`. Wenn Sie z.B. diese Zeile eingeben:

```
banner "Eat at" "Joe's"
```

antwortet UNIX mit dem folgenden:

```
#######
#         ##     #####            ##     #####
#        #  #      #             #  #      #
#####   #    #     #            #    #     #
#       ######     #            ######     #
#       #    #     #            #    #     #
####### #    #     #            #    #     #
      #                   ###
      #  ####   ######    ###    ####
      # #    #  #          #    #
      # #    #  #####     #      ####
#     # #    #  #                    #
#     # #    #  #               #    #
 #####   ####   ######           ####
```

Alles, was `banner` macht, ist Wörter in großen, häßlichen Buchstaben zu drucken. Wenn Sie `banner` zwei Worte durch ein Leerzeichen getrennt drucken lassen wollen, stellen Sie die in Anführungsstriche, so wie wir es getan haben. Vielleicht war dieses Programm früher 'mal sinnvoll zum Drucken von Trennungsseiten auf dem Drucker. Vielleicht aber auch nicht.

KAPITEL 14

Hilfe, ich bin kein Systemverwalter – ich kann keine Software installieren!

In diesem Kapitel

- Wo kommt die Software her? (Vom Software-Storch?)
- Wohin mit der Software
- Shell-Skripten schreiben, oder Dateien voller Befehle
- Alias-Namen für Ihre Lieblingsbefehle

Na na, beruhigen Sie sich. Nein, wir versuchen nicht, Sie zu einem Systemverwalter zu machen. Jeder Benutzer hat ein paar Lieblingsprogramme, und Sie werden Ihren Charme bald über Gebühr strapazieren müssen, wenn Sie jedesmal, wenn Sie ein neues Programm verwenden wollen, zu Ihrem örtlichen Wizard rennen. In vielen Fällen ist das Installieren neuer Programme so einfach, daß Sie es selbst machen können.

Sind Sie ein DOS- oder Macintosh-Benutzer, denken Sie vielleicht gerade: »Klar kann ich neue Programme selbst installieren. Was ist dabei? Ich schiebe einfach eine Floppy Diskette ein und gebe INSTALL ein, oder?« Nein. In UNIX ist es natürlich nicht so einfach. Es gibt Fragen nach Pfaden, Erlaubnissen, und anderem technischen Kram, vor dem wir Sie bisher beschützt haben.

Der Software-Storch

Interessante Software kommt aus vielen Richtungen:

- Ein anderer Benutzer auf dem gleichen Rechner hat sie bereits in Gebrauch, und Sie wollen sie auch nutzen.

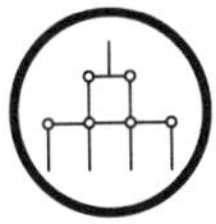

- Auf einem anderen Rechner im Netzwerk läuft ein Programm, das Sie für sich haben möchten. Schauen Sie sich für die mörderischen Details beim Kopieren von einem anderen Rechner im Netzwerk Kapitel 19 und 20 an.

- Jemand sendet Ihnen mittels elektronischer Post Programme. (Ja, das ist möglich.)
- Sie erstellen Dateien, die häufig benutzte Befehle enthalten, so daß Sie sie nicht immer wieder eingeben müssen. Im UNIX-Jargon heißen diese Dateien *Shell-Skripten*. Kurz gesagt, Sie erstellen Ihre eigenen UNIX-Befehle.

Wir wollen uns zunächst darüber unterhalten, wo Sie Ihre eigene Software unterbringen; dann können wir uns eingehender darüber unterhalten, wie Sie sie dorthin bekommen.

Ich bin, du bist...

Jeder UNIX-Benutzer sollte ein Verzeichnis `bin` haben. Es ist nur ein Verzeichnis in Ihrem Home Directory, das `bin` heißt. Existiert es nicht, können Sie es selbst erstellen, wenn Sie in Ihr Home Directory gehen und folgende Zeile eintippen:

```
mkdir bin
```

Das Besondere an `bin` ist, daß die Shell dort nach Programmen sucht. Die meisten Systemverwalter richten ein Verzeichnis `bin` für jeden Benutzer ein. Wenn das nicht der Fall ist, müssen Sie vielleicht ein wenig herumspielen, um der Shell zu sagen, daß sie dort nach Programmen suchen soll.

Warum heißt es bin?

Am Anfang war `bin` die Kurzform für binär, weil die meisten Programme, die die Leute in dieses Verzeichnis packten, eigentlich kompilierter Binärcode waren. In den späten 70ern veröffentlichte ein berühmter Professor für Kognitive Wissenschaft an der Universität von Kalifornien einen Artikel mit dem Titel »The Trouble with UNIX«, in dem er sich bitter beklagte, wie schwierig es sei, UNIX zu verwenden. Einer seiner Kritikpunkte war, daß man sich `bin` nicht merken könne. Einer der UNIX-Leute aus den Bell-Laboratorien veröffentlichte eine geistreiche Widerlegung und deutete an, daß eine Menge der angeblich »natürlicheren« Befehlsnamen, die der Professor vorschlug, einfach die Namen waren, die das Computersystem an dessen Universität verwendete. Der UNIX-Mensch berichtete, daß viele Benutzer in den Bell-Laboratorien der Meinung seien, ein `bin` sei der natürlichste Ort, seine Programme zu verstecken. Daher heißt es immer noch `bin`.

Der berühmte Professor lenkte ein und soll angeblich sogar hin und wieder UNIX einsetzen, weil er jetzt bei Sun Microsystems arbeitet, einem großen Hersteller von UNIX-Workstations. Aber wahrscheinlich brütet er hinter verschlossenen Türen, damit ihn niemand bei der Arbeit mit UNIX beobachten kann.

Das bin vollstopfen

Sie kopieren Programme in Ihr Verzeichnis `bin` mit dem Befehl `cp`. Außerdem können Sie sie mit dem Befehl `mv` dorthin verschieben, sowie mit einem Texteditor oder mit allen anderen Methoden, um eine Datei zu erstellen oder zu bewegen.

Jede Menge Shells im bin

Sie können auch Ihre eigenen Befehle (also Shell-Skripten) machen und sie in Ihr `bin` Verzeichnis stecken. Hier ein Beispiel dafür, wie man ein einzeiliges Shell-Skript erstellt:

```
cd bin
ed myscript
```

UNIX antwortet mit folgender Zeile:

```
?myscript
```

Geben Sie die folgende Zeile ein (denken Sie daran, daß wir wieder in `ed` sind und diese eigenartigen Befehle verwenden müssen):

```
a
```

Diese Zeile sagt `ed`, daß Text ans Ende der Datei `myscript` angehängt werden soll. Danach geben Sie diese Zeile ein:

```
echo This is my script.
```

Anschließend weisen Sie `ed` an, die Datei zu schreiben, indem Sie Esc drücken, um zum Befehlsmodus zurückzukehren. Geben Sie diese Zeile ein:

```
w
```

UNIX antwortet mit der Nachricht, daß Sie eine Datei mit 24 Zeichen haben.

```
24
```

Sie beenden ed, indem Sie folgendes tippen:

```
q
```

Sie sehen wieder das Shell-Promptzeichen. Geben Sie jetzt diese beiden Befehlszeilen ein:

```
chmod +x myscript
myscript
```

UNIX antwortet, indem es die `myscript`-Programmdatei aufruft. Das Programm zeigt folgende Nachricht am Bildschirm an:

```
This is my script.
```

Was habe ich gerade gemacht?

Lassen Sie uns diese Prozedur jetzt nochmal Zeile für Zeile durchgehen: als erstes gehen Sie in das Verzeichnis `bin`. Dann benutzen Sie den Editor `ed`, um eine einzeilige Datei `myfile` zu erstellen, die den Text `echo This is my script` enthält. (Der Befehl `echo` wird verwendet, wenn man UNIX veranlassen möchte, das, was danach in der Zeile kommt, zu drukken.) Sie können gerne einen besseren Editor verwenden. Die nächste Zeile ist rätselhaft: `chmod +x` macht die Datei ausführbar, so daß sie keine reine Textdatei ist. Dann geben Sie den Programmnamen ein, und das Programm läuft. Alles, was dieses Programm macht, ist, den Text `This is my script` zu drucken. Um Skripten zu erstellen, gibt sinnvollere Anwendungen.

Wir sind allerdings noch nicht ganz fertig. Beobachten Sie, was passiert, wenn Sie in ein anderes Verzeichnis gehen. Geben Sie die folgenden beiden Befehle ein, um in Ihr `bin` Home Directory zu gehen und geben Sie dort den Befehl `myscript`:

```
cd
myscript
```

UNIX antwortet mit dieser Meldung:

```
myscript: Command not found.
```

Nun geben Sie folgende Befehle ein, damit UNIX das macht, was Sie wollen:

```
rehash
myscript
```

Schließlich antwortet UNIX, indem es das Programm aufruft:

```
This is my script.
```

Was ist passiert? Nun, da hat sich die Shell selbst überlistet. Weil Programme nicht so oft auftauchen und wieder verschwinden, macht die Shell, wenn sie startet, eine Liste aller Befehle, zu denen sie Zugang hat, und wo diese sich befinden. Da es häufig fünf oder sechs Befehlsverzeichnisse gibt, spart diese Prozedur Zeit ein (die Alternative ist, jedes Verzeichnis nach jedem Befehl zu durchsuchen, und das jedes Mal, wenn Sie einen eingeben). Der Befehl `rehash` veranlaßt UNIX, seine Liste, die in Fachsprache `hash table` heißt, neu zu erstellen, da Sie einen neuen Befehl hinzugefügt haben (die Datei `myscript` ist eigentlich ein Befehl, erinnern Sie sich?). Wenn der Befehl dann immer noch nicht funktioniert, werden Sie mit Ihrem Suchpfad herumprobieren müssen – keine angenehme Aufgabe. Schauen Sie sich den Kasten »Ihr Suchpfad« an.

Ihr Suchpfad

Sie können diesen Abschnitt ignorieren, außer Sie haben einen Befehl in Ihr `bin`-Verzeichnis gestellt, und die Shell kann ihn nicht finden. (Lesen Sie weiter? Das zu hören tut uns leid.) Die Shell hat eine Liste mit Verzeichnissen, die Befehle enthalten; diese Liste heißt *Suchpfad* (*Search Path*). Auf jedem vernünftigen UNIX-System enthält Ihr Suchpfad bereits das Verzeichnis `bin`. Ist das nicht der Fall, müssen Sie es einfügen. Es gibt zwei Stufen: es einmal einfügen und es dauerhaft eintragen.

Der aktuelle Suchpfad wird angezeigt, wenn Sie (bei der C-Shell) diese Zeile eingeben:

```
echo $path
```

Haben Sie die Bourne- oder Korn-Shell, dann geben Sie diese Zeile ein:

```
echo $PATH
```

(Ja, das eine sind Großbuchstaben und das andere Kleinbuchstaben. Grrhh.) Die C-Shell antwortet in etwa so:

```
/bin /usr/bin/ /usr/ucb/bin /usr/local/bin .
```

Und die Bourne- oder Korn-Shell so:

```
/bin:/usr/bin:/usr/ucb/bin:/usr/local/bin: .
```

Was Sie tun müssen ist, dem Pfad Ihr Verzeichnis `bin` hinzuzufügen.

Dazu geben Sie bei der C-Shell diese magische Beschwörungsformel ein:

```
set path=($path ~/bin)
```

Das sind in der Mitte ein Leerzeichen und eine Tilde (~). Damit wird der Shell gesagt, daß der Pfad genauso wie der aktuelle Pfad (`$path`) gesetzt werden soll, plus dem Unterverzeichnis `bin` Ihres Home Directorys (~).

Bei der Bourne- oder Korn-Shell geben Sie sogar eine noch magischere Beschwörungsformel ein:

```
PATH=$PATH:$HOME/bin
export PATH
```

Achten Sie darauf, wenn Sie im ersten Befehl PATH und HOME eingeben, davor ein Dollarzeichen ($) zu setzen. Dies weist die Bourne- oder Korn-Shell an, den Pfad genauso wie den aktuellen Pfad zu setzen ($PATH), plus dem Unterverzeichnis `bin` Ihres Home Directory ($HOME).

Jetzt sollten Sie das `myscript`-Skript aufrufen können, unabhängig davon, welches Verzeichnis Sie gerade benutzen.

Dieser neue, verbesserte Pfad gilt nur, bis Sie sich abmelden. Um das `bin`-Verzeichnis jedes Mal, wenn Sie sich anmelden, in den Pfad einzufügen, müssen Sie die Beschwörungsformel, die Sie vorhin verwendet haben, in das Shell-Skript einfügen, das automatisch bei jedem Anmelden abläuft. Wenn Sie mit der C-Shell arbeiten, fügen Sie es der Datei `.login` hinzu. Verwenden Sie die Bourne- oder Korn-Shell, tragen Sie es in der Datei `.profile` ein.

Ja, diese Dateinamen beginnen mit Punkten. Dateinamen, die mit Punkten angehen, werden normalerweise nicht in Dateienlisten angezeigt, daher haben Sie diese Dateien in Ihrem Home Directory nicht bemerkt. Geben Sie folgende Zeile ein, um alle Ihre Dateien, auch die versteckten, aufzulisten:

```
ls -a
```

Im Prinzip brauchen Sie die Datei nur zu editieren, ans Ende zu gehen und die erforderlichen Zeilen einzufügen. In der Praxis verheddert man sich leicht, daher fahren Sie wahrscheinlich – außer Sie sind besonders mutig – besser damit, einen Experten um Hilfe zu bitten.

Auch Sie können ein Skript-Schreiber werden!

Das, was Sie am häufigsten in Ihr `bin`-Verzeichnis unterbringen werden, sind Shell-Skripten. Sie haben bereits ein kleines mit Namen `myscript` erstellt, also schauen wir uns einmal genauer an, was Sie eigentlich gemacht haben.

Um ein Shell-Skript zu erstellen, benutzen Sie irgendeinen Editor (vgl. Kapitel 12). Geben Sie die Befehle einzeln je Zeile ein. Wenn Sie z.B. häufig nach Dateien mit Namen suchen, die mit *budget* beginnen, haben Sie vielleicht keine Lust, diesen Befehl immer und immer wieder einzugeben:

```
find . -name budget* -print
```

(Schauen Sie sich Kapitel 26 an, um zu sehen, wie der Befehl `find` funktioniert.) Statt dessen können Sie diesen Befehl in ein Shell-Skript packen und das Skript `findbud` nennen. Erstellen Sie dazu eine Textdatei mit dem Namen `findbud`, die nur eine Zeile enthält: den Befehl.

Keine Widerrede!

Shell-Skripten können komplette Programme sein. Jedes Shell-Programm hat Unmengen grandioser Programmiereigenschaften, die recht uninteressant für Sie sind. Aber eine ist so hilfreich, daß wir Ihnen dennoch davon erzählen: Ihre Shell-Skripten können Informationen aus der Befehlszeile verwenden. Das heißt, wenn Sie `foogle dog pig` eingeben, erkennt Ihr Skript namens `foogle`, daß Sie es mit `dog` und `pig` aufgerufen haben. Was nach dem Befehl in der Befehlszeile steht, wird *Argument* genannt. Das Wort *dog* ist das erste Argument, *pig* das zweite. In Shell-Skripten wird das erste Argument mit $1 bezeichnet, das zweite mit $2 und so weiter. Die Kurzfassung $* bedeutet »alle Argumente«.

Angenommen, Sie wollen ein Skript mit dem Namen `2print` schreiben, das Dateien im zweispaltigen Format druckt. (das machen Sie mit dem Befehl `pr`, der in Kapitel 9 beschrieben ist.) Erstellen Sie eine Datei mit dem Namen `2print`, die die folgende Zeile enthält:

```
pr -f -2 $* | lp
```

Dann verwenden Sie die Befehle `chmod` und `rehash`, um aus `2print` ein ausführbares Skript zu machen. Wenn Sie mehrere Dateien im Zwei-Spalten-Format drucken wollen, eine nach der anderen, können Sie diese Zeile eintippen:

```
2print onefile anotherfile yetanotherfile
```

In Wirklichkeit sagen Sie dieses:

```
pr -f -2 onefile anotherfile yetanotherfile | lp
```

Diese Zeile druckt alle drei Dateien, jede im Zwei-Spalten-Format. (Beachten Sie, daß Sie vielleicht `lpr` anstelle von `lp` in diesem Skript verwenden müssen. Vergleichen Sie Kapitel 9.)

Ein Bildschirmspektakel aus einer Textdatei machen

Jetzt müssen Sie UNIX sagen, daß die Textdatei, die Sie erstellt haben, ausführbar ist – also mehr als einfach eine Textdatei ist. Um dies zu tun, geben Sie folgende Zeile ein:

```
chmod +x findbud
```

Diese Zeile markiert die Datei `findbud` als *ausführbar* (sie ist ein Skript, das die Shell ausführen kann).

Take 1

Um das Shell-Skript aufzurufen, geben Sie seinen Namen ein:

```
findbud
```

Voila! Sie haben gerade einen eigenen UNIX-Befehl erstellt!

Geben Sie `rehash` ein, um der Shell mitzuteilen, daß Sie einen neuen Befehl hinzugefügt haben und daß Sie wollen, daß sie ihre Liste verfügbarer Befehle inklusive diesem neu aufbaut. Wenn Sie den Befehl `rehash` nicht geben und Verzeichnisse ändern, können Sie den neu erstellten Befehl während dieser Sitzung nicht verwenden.

Wir könnten ein ganzes Buch über Shell-Skripten schreiben (andere haben das gemacht). Die Feinheiten unterscheiden sich naturgemäß, je nachdem, welche Shell Sie verwenden; diese Erläuterung soll Ihnen einen allgemeinen Überblick geben. Shell-Skripten sind nicht auf eine Zeile beschränkt: sie können so lange sein, wie Sie wünschen, was sehr praktisch ist, wenn Sie eine lange Liste von Befehlen haben, die Sie regelmäßig aufrufen.

Sich anderer Leute Programme borgen

Es kommt häufig vor, daß jemand ein klasse Programm hat, das Sie auch gerne haben möchten. Es gibt mehrere Wege, wie Sie das bekommen, was Sie wollen, und beide sind recht einfach. Angenommen, das Verzeichnis `bin` Ihrer Freundin Tracy enthält ein Programm `pornotopia`. (Nein, wir wissen auch nicht, was es macht.) Wie können Sie es aufrufen?

Der lange Weg

Bei der C-Shell können Sie das Programm aus Tracys Verzeichnis durch Eingabe dieser Zeile aufrufen:

```
~tracy/bin/pornotopia
```

Bei der Bourne- oder Korn-Shell, können Sie diese Zeile eingeben:

```
/usr/tracy/bin/pornotopia
```

Wenn sich nicht alle Home Directories in `/usr` befinden, müssen Sie die tatsächliche Lokation von Tracys Directory ersetzen.

Der einfachere Weg

Es ist ganz schön mühsam, diese lange Schlange von Buchstaben und Zeichen einzugeben, wenn Sie das Programm aufrufen wollen. Ein besserer Weg ist es, in Ihr `bin`-Verzeichnis eine Verbindung zu dem klasse Programm zu schaffen, so daß Sie es direkt aufrufen können. (Verbindungen – Links – werden in Kapitel 26 besprochen). Sie verwenden den Befehl `ln`, um einen Link herzustellen, der die Datei so erscheinen läßt, als wäre sie auch in Ihrem eigenen `bin`-Verzeichnis.

Versuchen Sie es mit dem direkten Weg. Gehen Sie in Ihr Home Directory und erstellen Sie einen Link:

```
cd
ln -tracy/bin/pornotopia bin/pornotopia
```

Mit etwas Glück funktioniert diese Methode, indem eine Verbindung von Tracys Datei zu Ihrem `bin`-Verzeichnis hergestellt wird. Nach einem schnellen `rehash` ist alles bereit.

Der Befehl `ln` funktioniert allerdings nicht, wenn Sie und Tracy Dateien auf verschiedenen Platten haben. (Dies alles wird in Kapitel 26 erklärt.) In diesem Fall bekommen Sie möglicherweise die wenig hilfreiche Meldung:

```
ln: different file system
```

Bekommen Sie diese Meldung, dann ist es Zeit für Plan B. In BSD und SVR4 gibt es etwas, das *symbolischer Link* heißt, und das bei mehreren verschiedenen Platten funktioniert (dieser wird ebenfalls in Kapitel 26 erklärt). Versuchen Sie es mit dieser Zeile:

```
ln -s -tracy/bin/pornotopia bin/pornotopia
```

Wenn es funktioniert, wird eine symbolische Verbindung zur gewünschten Datei hergestellt. Alles ist bereit. Die Verbindung zu `pornotopia` bezieht sich auf Tracys Datei; nach einem `rehash` können Sie anfangen.

Einen Alias-Namen verwenden

Naja, wenn Sie `pornotopia` heißen würden, hätten Sie vielleicht auch gerne einen Alias-Namen. Glücklicherweise haben Sie bei den C- und Korn-Shells die Möglichkeit, sich einen Namen für einen langen Befehl auszudenken. Bei der C-Shell geben Sie diese Zeile ein:

```
alias dobudget '/usr/tracy/bin/pornotopia'
```

Diese Zeile teilt der Shell mit, daß Sie eigentlich Tracys Programm aufrufen wollen, wenn Sie `dobudget` eintippen. He, He. Um versehentliche Benutzerfreundlichkeit zu vermeiden, funktioniert der Befehl `alias` der Korn-Shell fast genauso, setzt aber einen etwas anderen Akzent:

```
alias dobudget='/usr/tracy/bin/pornotopia'
```

(In beiden Fällen sind die Hochkommata optional, wenn der Befehl keine Leerzeichen oder Sonderzeichen enthält, aber es schadet nie, sie zu verwenden.)

Sie können Alias-Namen für alle häufig benutzten einzeiligen Befehle verwenden. Der Alias-Name kann Leerzeichen, Pipes und alles andere, was Sie in die Befehlszeile eingeben können, enthalten. Z.B. veranlaßt bei der C-Shell diese Zeile:

```
alias sortprint 'sort -r bigfile | pr -2 | lp'
```

den neuen Befehl `sortprint`, Ihre Datei `bigfile` in umgekehrter alphabetischer Folge zu sortieren, zweispaltig mit `pr` zu formatieren und das Ergebnis an den Drucker zu senden. Alias-Namen können auch nützlich sein, wenn Sie Opfer (so wie wir) einer chronischen Fehlschaltung der Nerven in Ihren Fingern sind. Wir geben immer `mroe` ein, wenn wir `more` meinen, dies behebt ein Alias-Name:

```
alias mroe more
```

(Das ist die Version für die C-Shell; die Korn-Shell hat anstelle des Leerzeichens zwischen `mroe` und `more` ein Gleichheitszeichen.)

Alias-Namen, die Sie direkt in die Shell eingeben, sind verloren, wenn Sie sich abmelden. Wollen Sie, daß die Alias-Befehle dauerhaft verfügbar sind, müssen Sie sie in Ihre Datei `.login` oder `.profile` verfrachten, so wie wir dies früher in dem Kasten über das Ändern Ihres Suchpfades erwähnt haben.

Die letzte Zuflucht

Haben Sie die Bourne-Shell und können keine Alias-Namen verwenden, versuchen Sie es mit Plan D, um Tracys Programm aufrufen zu können: ein einzeiliges Shell-Skript. Auch wenn wir das Programm `ed` verwenden, weil es da leichter zu zeigen ist, sollten Sie einen richtigen Editor verwenden. Starten Sie mit dem Aufruf von `ed`:

```
ed bin/pornotopia
```

Sie erhalten folgende hilfreiche Antwort:

```
?bin/pornotopia
```

Dann bitten Sie `ed`, Text an die Datei anzuhängen:

```
a
```

Sie sind jetzt im Anfügemodus. Geben Sie die Befehlszeile ein, die Sie in die Datei aufnehmen wollen:

```
/usr/tracy/bin/pornotopia
```

Drücken Sie Esc, um wieder in den Befehlsmodus zu wechseln, und geben Sie folgendes ein:

```
w
```

Dieser Befehl schreibt die neue Shell-Skript-Datei und druckt die Größe der neuen Datei, die 26 betragen sollte. Dann geben Sie folgendes ein, um `ed` zu beenden:

```
q
```

Geben Sie diesen Befehl ein, damit Ihr neues Shell-Skript ausführbar wird:

```
chmod +x pornotopia
```

Danach sagen Sie UNIX mit diesem Befehl, daß es seine Hash Table erneuern soll:

```
rehash
```

Jetzt ruft Ihr Skript mit Namen `pornotopia` Tracys Originalprogramm `pornotopia` auf. Wenigstens eine dieser Methoden müßte für jedes irgendwo auf Ihrem System herumschwirrende Programm funktionieren.

Software Copyrights, Lizenzen und Moral sind hier absolut kein Gesprächsthema, aber wenn Sie ein Programm mit Copyright benutzen, sollten Sie dafür bezahlen, es sei denn, Sie können sich damit identifizieren, als Dieb zu enden.

Software aus dem Netzwerk stehlen

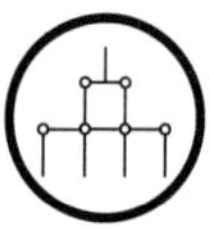

Wenn Sie mit einem Netzwerk verbunden sind, gibt es Zillionen von Programmen im Netzwerk, griffbereit. Sie können sich auf diese Weise Kopien ebenso von Programmen wie von irgendwas anderem im Netz verschaffen. Schauen Sie sich Kapitel 20 an!

Sich Software über die Post erschleichen

Es ist möglich, Programme als Postmeldungen zu verkleiden, so daß Sie sie herumschicken können. Diese Methode ist häufig der einzige Weg, wenn die Netzwerk- und Systemverwalter nicht kooperativ sind. Bei kurzen Programmen und Shell-Skripten ist es üblich, etwas als *shar*-Meldung zu senden: ein Shell-Skript, das bei Aufruf die betreffende Datei wiederherstellt. (Falls es Sie interessiert: `shar` ist die Tippfaulen-Version von *sh*ell *ar*chive.) Shar-Dateien sind außerdem eine bequeme Weise, Gruppen von Textdateien als Einheit zu versenden.

Shar-Meldungen beginnen normalerweise mit Zeilen wie diesen:

```
#!/bin/sh
# This is a shell archive (produced by shar 3.49)
# To extract the files from this archive, save it to a file, remove
# everything above the "!/bin/sh" line above, and type "sh file_name".
#
# made 01/05/1993 19:41 UTC by johnl@iecc
# Source directory /usr/johnl/bin
```

Um die Dateien wiederherzustellen, bedarf es drei Schritte:

1. Die Meldung in einer eigenen Datei, die `incoming.shar` oder so ähnlich heißt, sichern. Schauen Sie sich in Kapitel 18 die Anweisungen an.
2. Verwenden Sie irgendeinen Texteditor, um alle Zeilen vom Anfang der Datei bis zur ersten Zeile, die mit # beginnt, zu löschen. Sollten Sie einige der #-Zeilen löschen, machen Sie sich keine Sor gen: die Shell ignoriert sie sowieso.
3. Füttern Sie die editierte Datei der Shell, indem Sie diese Zeile eingeben:

   ```
   sh incoming-shar
   ```

Dieser Befehl ruft das Skript in der Datei auf und erstellt eine Programmdatei, oder was immer die Shar-Datei enthält. (Ziemlich am Anfang der meisten Shar-Meldungen sind die Dateien gelistet, die in der Datei enthalten sind.) Wenn Sie das UNIX-Promptzeichen wiedersehen, ist es gelaufen. Löschen Sie die Datei `incoming-shar` und schieben Sie die Dateien, die erstellt wurden, an ihren richtigen Platz, wahrscheinlich in das `bin`-Verzeichnis.

Shar-Programme funktionieren nicht besonders bei Binärprogrammen, daher verkleidet man sie mit `uuencode` als Text. Wenn Sie eine Datei empfangen, die mit `uuencode` verschlüsselt ist, sieht die Meldung ungefähr so aus:

```
begin 77 pornotopia
M3'$$'C?&RN:4@«0'."!P$+'0"S"P"#'9"#X"0""'$"-"""<
M#4"+G1E>'0"'#0""T"",PL"#=""""'-I1""'""(""YD
```

Die Binärdatei aus der Datei `uuencode` zurückzubekommen, erfordert zwei Arbeitsschritte:

1. Sichern der Meldung in einer Datei, die z.B. `uu-incoming` heißt.
2. Die Datei in das Programm `uuencode` einspeisen, indem man folgende Zeile eingibt:

```
uuencode < uu-incoming
```

Sie brauchen die codierte Datei nicht zu editieren, um die ersten Zeilen in der Datei zu löschen, weil `uuencode` sie ignoriert. Wenn Sie das UNIX-Promptzeichen wiedersehen, ist es beendet. Dann entfernen Sie die Datei `uu-incoming` und verschieben die erstellte Binärdatei an den entsprechenden Platz.

Ganz wirkliche Software-Installation

Falls Sie sich wundern sollten, es gibt offizielle Software-Installationsprozeduren für gekaufte Software. Um diese Software-Teile zu installieren, müssen Sie sich als *root* anmelden (der Superuser – derjenige der die Dateien von jedem überall vernaschen darf) und ein Programm namens `install` aufrufen. Das Programm `install` weist Sie an, die Bänder, CD-ROMs oder Floppies einzulegen, liest in den Programmen und stellt dann Fragen, die Konfiguration betreffend, wie z.B. »Unterstützt dieses System DES-geschützte NFS Mounts über Routergrenzen?« Wir schlagen vor, daß Sie diese Prozedur ausgebildeten Profis überlassen.

KAPITEL 15

Wie man ein Bündel von Programmen auf einmal laufen läßt

In diesem Kapitel

- Was ist ein Hintergrundprogramm?
- Hintergrundprogramme herumschubsen
- Tips zu Fenstern und Hintergrundprogrammen

Wenn Sie eine einfache, alte Datenstation ohne Window-System haben, beneiden Sie vielleicht Benutzer mit schicken Window-Systemen, die ein Bündel von Fenstern aufrufen und zig Programme gleichzeitig laufen lassen können.

Nun, Sie brauchen es nicht. Jedes UNIX-System läßt Sie so viele Programme gleichzeitig aufrufen, wie Sie wollen; fast alle Systeme lassen Programme starten und anhalten und zwischen verschiedenen Programmen hin- und herwechseln, wann immer Sie das wollen.

Wenn Sie an ein altmodisches ein-Programm-zu-einem-Zeitpunkt-System gewöhnt sind, wie bei DOS (ohne Window) oder Mac (zumindest vor System 7), sehen Sie vielleicht gar nicht den Clou daran, mehrere Dinge auf einmal auszuführen. Aber angenommen, Sie machen etwas, das eine Weile dauert, und mit dem der Computer zurechtkommt, ohne daß Sie ihn dabei überwachen müssen, wie etwa eine große Datei über's Netzwerk zu kopieren, was 10 bis 15 Minuten dauern kann. Es gibt keinen Grund dafür, daß Sie dasitzen und warten, bis der Vorgang beendet ist – Sie können etwas sinnvolleres machen, während der Kopiervorgang im Hintergrund läuft.

Oder Sie sind gerade mitten in einem Programm und wollen etwas anderes machen: Sie schreiben eine Memo in einem Texteditor und müssen elektronische Post durchsehen, die Sie empfangen haben, um sicherzustellen, daß Sie jemandes Namen richtig geschrieben haben. Eine Möglichkeit, dies zu tun, ist, die Datei zu speichern, den Editor zu verlassen, das Mail-Programm aufzurufen, das Mail-Programm zu verlassen, den Editor wieder aufzurufen, an die gleiche Stelle der Datei zurückzukehren und weiterzumachen, wo Sie aufgehört hatten. Ganz schön mühsam. UNIX erlaubt es, daß Sie den Editor anhalten, das Mail-Programm aufrufen und den Editor wieder an genau derselben Stelle aufnehmen, wo Sie ihn verlassen hatten. Hierzu können Sie *beide* Programme, den Editor und das Mail-Programm, aufrufen und zwischen ihnen hin- und herwechseln, wann immer das erforderlich ist.

Im Interesse der Fairneß müssen wir betonen, daß die *Job Control*, das, was Sie hin- und herwechseln läßt, von Bill geschrieben wurde, jenem Typen, der die C-Shell, `vi` und NFS schrieb. Anders als sonst haben wir über die Job Control eine gute Meinung.

Hintergrundprozesse starten

Einen Hintergrundprozeß zu starten, ist die einfachste Sache der Welt. Sie können jedes beliebige Programm im Hintergrund laufen lassen: wenn Sie den Befehl eingeben, hängen Sie ein Leerzeichen und ein kaufmännisches Und (&) hinten in der Zeile an, ehe Sie die Enter-Taste drücken.

Angenommen, Sie wollen `troff` verwenden, um eine Datei zu drucken (obwohl wir Sie gewarnt haben, es zu verwenden). Dieser Vorgang wird z.B. viel Zeit in Anspruch nehmen, daher ist es weise, das kaufmännische Und einzugeben, um es im Hintergrund laufen zu lassen:

```
troff a_really_large_file &
```

Die Shell startet den Befehl und kehrt sofort wieder zurück, um Sie nach weiteren Befehlen zu fragen. Sie gibt eine Zahl aus, die die Prozeß-ID (oder PID, wie in Kapitel 23 beschrieben) darstellt, die Ihrem gerade gestarteten Befehl zugewiesen ist. (Manche Shells geben eine kleine Zahl aus, die sie *Jobnummer* nennen, und eine größere, die PID.) Wenn Sie die PID kennen, können Sie Ihren Hintergrundprozeß mit dem Befehl `ps` kontrollieren. Wenn Sie keine Lust mehr haben, auf Ihren Hintergrundprozeß zu warten, können Sie ihn mit dem Befehl `kill` und der PID loswerden, wie Sie in Kapitel 23 sehen werden.

Auf diese Weise können Sie so viele Programme gleichzeitig starten, wie Sie wollen. In der Praxis werden Sie selten mehr als drei oder vier laufen haben, da nur ein Computer zwischen den Programmen hin- und herwechselt; je mehr Dinge Sie gleichzeitig machen, desto langsamer läuft jedes einzelne (es macht auch alle anderen Benutzer auf der Maschine langsamer, was Ihre Beliebtheit nicht steigern wird.)

Wenn Ihr Hintergrundprogramm durchgelaufen ist, melden Ihnen das die C-Shell, die Korn-Shell und die SVR4 Bourne-Shell; ältere Versionen der Bourne-Shell sagen nichts.

Wenn Sie wissen, daß ein Programm sehr lange laufen wird (ein Programm, das z.B. lange daran knabbert, einen Bericht zu erstellen), können Sie den Befehl `nice` mit diesem Programm verwenden. Der Befehl `nice` befiehlt dem Programm, brav abzulaufen, indem es einen kleineren Anteil des Computers bekommt, als dies sonst der Fall wäre. Ein mit `nice` versehenes Programm läuft länger, aber andere Programme laufen schneller, was normalerweise ein guter Handel ist, wenn das mit `nice` aufgerufene Programm ohnehin lange gelaufen wäre. Um es zu benutzen, geben Sie einfach `nice` ein, gefolgt von dem Befehl, der aufgerufen werden soll:

```
nice genreport Tuesday.raw &
```

Man verwendet `nice` fast immer nur für Hintergrundprogramme, weil man ein unbeschreiblich engelhafter Benutzer sein müßte, wenn man ein Programm, an dem man gerade arbeitet, langsamer machen wollte.

Wenn Sie auf das Ende von Hintergrundprogrammen warten wollen, können Sie den Befehl `wait` bitten, dies an Ihrer Stelle zu tun, bis alle beendet sind. Werden Sie ungeduldig, können Sie `wait` mit Ctrl-C (oder Del, das hängt von Ihrem System ab) unterbrechen; diese Tasten unterbrechen nur den Befehl `wait` und belästigen nicht die Hintergrundprozesse.

Der Zauber der Job Control

Vor einiger Zeit (ungefähr 1979) stellte man (eigentlich unser Kumpel Bill) fest, daß man oft erdt nach dem Aufruf eines Programmes erkannte, daß es länger laufen würde, als man gedacht hatte, und daß man es gerne in ein Hintergrundprogramm umwandeln würde. Zu jener Zeit war die einzige Möglichkeit, zu warten oder das Programm abzubrechen und es mit & als Hintergrundprogramm neu zu starten. Die Job Control läßt es nun zu, daß Sie es sich anders überlegen, nachdem Sie ein Programm gestartet haben. Um das zu tun, drücken Sie Ctrl-Z.

Die Job-Control-Sache erfordert etwas Mitarbeit Ihrer Shell. Bei SVR4 können alle drei Shells mit der Job-Kontrolle umgehen. Bei einigen früheren Versionen von UNIX, konnten nur die C-Shell, oder manchmal die C-Shell und die Korn-Shell, die Job-Kontrolle handhaben.

Angenommen, Sie starten ein großes, langsames Programm, indem Sie folgende Zeile eingeben:

```
bigslowprogram somefile anotherfile
```

Das Programm läuft im Vordergrund, weil Sie das kaufmännische Und (&) nicht angegeben haben. Dann stellen Sie fest, daß Sie etwas besseres zu tun haben, als zu warten, also drücken Sie Ctrl-Z. Die Shell sollte mit `Stopped` antworten. (Wenn nicht, dann haben Sie keine Shell mit Job-Kontrolle. Sorry. Überspringen Sie den Rest des Kapitels.) Jetzt ist Ihr Programm im Fegefeuer. Sie können ihm drei Dinge antun:

- Sie können es im Vordergrund weiterlaufen lassen, als wäre nichts geschehen, indem Sie `fg` eingeben (das steht für foreground – Vordergrund).
- Sie können es in den Hintergrund stellen, indem Sie `bg` (für background) eingeben, wodurch sich das Programm so verhält, als hätten Sie es von Anfang an mit einem & aufgerufen.
- Sie können es abbrechen, wenn Sie feststellen, daß Sie es gar nicht laufen lassen sollten. Dies ist ein bißchen komplizierter, Einzelheiten folgen.

Nimm diesen Job und...

UNIX nennt jedes Hintergrundprogramm, das Sie aufrufen, einen Job. Ein Job kann aus mehreren Prozessen (das sind, wie Sie in Kapitel 23 sehen werden, laufende Programme) bestehen. Um z.B. eine Liste mit Überschriften all Ihrer Dateien in all Ihren Verzeichnissen zu drucken, können Sie diese Zeile eingeben:

```
ls -lR | pr -h "My files" | lp &
```

Dieser Befehl listet die Dateien mit `ls`, fügt Überschriften ein mit `pr` und sendet den Kram an den Drucker mit `lp`, alles im Hintergrund. Obwohl Sie drei verschiedene Programme und drei separate Prozesse benutzen, betrachtet UNIX sie als ein Job, weil jeder der drei Programme die anderen beiden benötigt, um seine Arbeit zu machen.

Jeder normale Befehl (solche, die Sie ohne & starten) ist ebenfalls ein Job, auch wenn das keine besonders interessante Nachricht ist, es sei denn, Sie benutzen Ctrl-Z, um ihn anzuhalten. Sie können den Befehl `jobs` verwenden, um zu sehen, welche Jobs aktiv sind. Hier ist eine typische Antwort auf den Befehl `jobs`:

```
[1] - Stopped (signal) elm
[2] + Stopped vi somefile
```

Diese Liste zeigt zwei Jobs, die beide mit Ctrl-Z angehalten wurden. Der eine ist eine Ausgabe von `elm`, einem Programm zum Lesen der Post; der andere Job ist der Editor `vi`. (Der Unterschied zwischen `Stopped (signal)` und `Stopped` ist nur für Programmierer interessant, daher besprechen wir ihn nicht.) Ein Job ist der *aktuelle Job* – derjenige, dem ein Pluszeichen (+) vorangestellt ist; das ist der zuletzt gestartete oder gestoppte Job. Alle anderen sind gewöhnlich Hintergrundjobs, die angehalten sein oder laufen können.

... Stell ihn in den Hintergrund

Sie können jeden angehaltenen Job im Hintergrund weiterlaufen lassen mit Hilfe des Befehls `bg`. Ein nacktes `bg` läßt den aktuellen Job (den mit dem Pluszeichen markierten) im Hintergrund weiterlaufen. Damit UNIX einen anderen Job fortsetzt, müssen Sie den Job identifizieren. Sie identifizieren einen Job, indem Sie ein Prozentzeichen (%) eingeben, gefolgt von der Jobnummer, wie von `jobs` angezeigt, oder von so viel des Befehlnamens, das er eindeutig zu erkennen ist. In diesem Fall kann der `elm`-Job `%1`, `%elm` oder `%e` genannt werden, da kein anderer Job einen Befehl benutzte, der mit einem e beginnt. %% bezeichnet den aktuellen Job. Es gibt einige andere %-Kombinationen, aber niemand verwendet sie. Die Eingabe von z.B. `bg %e` setzt den Job `elm` im Hintergrund fort.

... Laß ihn im Vordergrund laufen

Um einen Prozeß in den Vordergrund zu bringen, wo er normal läuft und den Bildschirm verwenden kann, nehmen Sie den Befehl `fg`. Einen Job im Vordergrund fortzusetzen ist etwas so Übliches, daß Sie eine Kurzform verwenden können: Sie geben nur das Prozentzeichen und die Jobkennzeichnung ein. Z.B. setzt die Eingabe von `%1` oder `%e` den Job `elm` im Vordergrund fort; die Eingabe von `%v` oder %% setzt den Editor `vi` im Vordergrund fort.

...Schieß ihn ab

Um einen angehaltenen oder Hintergrundjob loszuwerden, verwenden Sie den Befehl `kill` mit der Jobkennung oder (wenn das, warum auch immer, einfacher ist) der PID. Sie können den Editor `vi` loswerden, indem Sie diese Zeile eingeben:

```
kill %v
```

Normalerweise starten Sie einen Job, stellen fest, daß die Warterei Ihnen zu lange dauern wird, drücken Ctrl-Z, um ihn anzuhalten, und dann geben Sie `bg` ein, um diesen Prozeß im Hintergrund fortzusetzen.

Eine andere Möglichkeit ist, das Programm durch Drücken von Ctrl-Z zu unterbrechen, ein zweites Programm aufzurufen, und wenn das zweite Programm fertig ist, `fg` oder `%%` einzugeben, um das ursprüngliche Programm fortzusetzen.

Normalerweise bringt man `kill` nicht oft ins Spiel, um einem Programm die Lichter auszupusten, aber es ist schön, zu wissen, daß man Freunde in der Unterwelt hat, die ein häßliches Programm für immer zum Schlafen bringen können. Kapitel 23 erzählt mehr darüber.

Was passiert, wenn sich zwei Programme um den Bildschirm streiten?

Angenommen, ein Programm im Hintergrund versucht, eine Eingabe von Ihrer Datenstation zu lesen. Ernste Verwirrung kann die Folge sein (und war es auch bei Versionen von UNIX, die noch keine Job-Kontrolle hatten), wenn sowohl das Hintergrundprogramm als auch das Programm im Vordergrund – oder schlimmer noch: zwei oder drei Hintergrundprogramme – zur gleichen Zeit versuchen zu lesen. Welches bekommt den Kram, den Sie eingeben? Frühe Versionen von UNIX machten das Schlimmste, was passieren kann: ein Kobold im Inneren des Computers warf eine Münze, um zu entscheiden, wer jede Zeile des Inputs bekommen solle. Das war, milde gesagt, nicht sehr befriedigend.

Mit dem Einsatz der Job-Kontrolle setzte UNIX eine neue Regel durch: Hintergrundprogramme können nicht von der Datenstation lesen. Wenn eines das versucht, wird es angehalten, gerade so, als hätten Sie Ctrl-Z gedrückt. Angenommen, Sie versuchen, den Editor `ed` im Hintergrund aufzurufen:

```
ed some.file &
```

UNIX antwortet:

```
[1] + Stopped (tty input) ed
```

Sobald `ed` gestartet wurde und sehen wollte, ob Sie irgendetwas eingeben, über das es Bescheid wissen sollte, wurde der Job angehalten. Sie können `ed` als Vordergrundprogramm fortsetzen, indem Sie `fg` oder `%%` eingeben, wenn Sie etwas für `ed` eingeben wollen. Oder Sie können ihn abschießen (was das ist, das `ed` verdient), indem Sie `kill %%` eingeben.

Bildschirmprogramme und Job-Kontrolle

Programme, die den ganzen Bildschirm in Anspruch nehmen, besonders die Editoren `vi` und `emacs`, und Mail-Programme wie `elm`, behandeln die Unterbrechung Ctrl-Z etwas anders. Das Programm einfach anhalten und später weiterlaufen lassen, bringt es nicht; der Bildschirm würde in der Zwischenzeit trotzdem die Ergebnisse dessen, was Sie inzwischen gemacht haben, anzeigen. Um dieses Problem zu lösen, haben Bildschirmprogramme Abmachungen mit UNIX, daß sie informiert werden, wenn Sie Ctrl-Z drücken, und ebenfalls, wenn Sie wieder fortfahren. So können Sie etwas Angemessenes tun, wie z.B. die Bildschirmanzeige erneuern, wenn Sie weitermachen. Dieser Prozeß ist im allgemeinen ganz automatisiert und selbsterklärend, auch wenn manchmal jemand verwirrt ist, wenn der Bildschirm wie durch Magie wieder auftaucht, nachdem er den Befehl `fg` eingegeben hat.

Hintergrund-Bildschirmausgaben im Zaum halten

Normalerweise kann jedes Programm, ob es nun im Vordergrund oder im Hintergrund läuft, zu jeder Zeit alles, was es möchte, an den Bildschirm kritzeln. Die meiste Zeit ist das auch gut so, denn die meisten Programme sind wohlerzogen genug, nicht zu schwätzen, wenn sie im Hintergrund ablaufen.

Manchmal allerdings, gerade wenn Sie mit einem Bildschirm-Editor arbeiten, geht einem die eingestreute Ausgabe auf die Nerven. Dieses Problem können Sie glücklicherweise mit der Job-Kontrolle lösen. Sie können Ihre Datenstation in einen Modus versetzen, in dem die Terminal-Ausgabe angehalten ist: möchte ein Hintergrundprogramm der Datenstation etwas senden, hält es an; ebenso, wenn es etwas lesen möchte; das nächste Mal, wenn Sie mit der Shell sprechen (wenn Ihr Vordergrundprogramm beendet ist, oder Sie Ctrl-Z drücken), hören Sie von dem angehaltenen Job:

```
[1] + Stopped (tty output) ed
```

Sie haben dann die gleichen Möglichkeiten, das Programm im Vordergrund laufen zu lassen, falls es Sie interessiert, was es zu sagen hat, oder es andernfalls abzumurksen. Um den Ausgabe-Haltemodus einzuschalten, geben Sie diesen Befehl ein:

```
stty tostop
```

Sie schalten den Ausgabe-Haltemodus aus mit dieser Zeile:

```
stty -tostop
```

Man verwendet den Befehl `stty` für alle möglichen Änderungen am Setup seiner Datenstation. Lesen Sie Kapitel 28, wenn es Sie interessiert, was er sonst noch so kann.

Können Window und die Job-Kontrolle miteinander?

Vielleicht haben Sie ja ein GUI-System wie Motif oder OPEN LOOK und können ohnehin viele Programme in vielen Fenstern laufen lassen. Braucht man diesen Ctrl-Z-Quatsch dann überhaupt? Meistens lautet die Antwort Nein; es ist erheblich einfacher, drei Fenster aufzumachen, um drei Programme laufen zu lassen, als mit den Programmen in einem einzigen Fenster herumzujonglieren. (In Kapitel 11 sehen Sie, wie man neue Fenster aufmacht.) Aber selbst wenn Sie eine GUI haben, schadet es nicht, etwas über die Job-Kontrolle zu lernen. Sie ist einfach zu verwenden, und vielleicht sitzen Sie eines Tages mit einem Fenster fest (z.B. wenn Sie `telnet` haben, um auf ein anderes System zuzugreifen) oder werden an eine normale nicht-X-Datenstation verbannt; dann werden Sie zu schätzen wissen, was die Job-Kontrolle zu bieten hat.

KAPITEL 16

Der UNIX-Kompaß für DOS-Anwender

In diesem Kapitel

- UNIX-Befehle, die dasselbe machen, wie die DOS-Befehle, die Sie gerne verwenden würden
- UNIX-Befehlsoptionen, mit denen sich UNIX-Befehle eher wie DOS-Befehle verhalten

Für diejenigen unter Ihnen, die DOS kennen, liefert dieses Kapitel die Übersetzung Ihrer Lieblings-DOS-Befehle nach UNIX. Wer von Ihnen sich bisher von DOS ferngehalten hat, sollte dieses Kapitel überspringen.

DOS baut weitgehend auf UNIX auf, daher verhalten sich manche Befehle in beiden Systemen gleich, wie `mkdir`, der ein Verzeichnis erstellt. Andere Befehle sind im Prinzip gleich, haben aber feine Unterschiede, die Ihnen zu schaffen machen können. So wechselt z.B. `cd` (oder CD) sowohl in DOS, als auch in UNIX die Verzeichnisse, aber wenn Sie nicht angeben, in welches Verzeichnis gewechselt werden soll, machen DOS und UNIX jeweils etwas anderes. Andere Befehle ähneln sich, haben aber unterschiedliche Namen, wie `ls` in UNIX und DIR in DOS. Für einige DOS-Befehle gibt es absolut kein Gegenstück in UNIX (zum Glück), wie der berüchtigte Befehl RECOVER, der in früheren Versionen von DOS zu finden war.

Zu den gebräuchlichsten DOS-Befehlen erklären wir, wie man UNIX mehr oder weniger das gleiche machen läßt. Wo nicht anders vermerkt, sprechen wir von DOS 5. Damit deutlich wird, welche Befehle von DOS sind und welche von UNIX, schreiben wir die DOS-Befehle in Großbuchstaben und halten die UNIX-Befehle in der speziellen Schriftart, an die Sie sich inzwischen gewöhnt haben. (DOS ist es egal, ob Sie die Befehle in Groß- oder Kleinbuchstaben schreiben. Wie Sie wissen, macht sich UNIX sehr wohl was draus, und die meisten seiner Befehle werden in Kleinbuchstaben geschrieben.)

Die wichtigsten Unterschiede

Schrägstriche! Erinnern Sie sich noch, als Sie endlich gelernt hatten, Backslashes (\) bei allen DOS-Dateinamen anzugeben? Es wird Zeit, sie alle herumzudrehen, denn UNIX verwendet statt dessen normale Schrägstriche (/). Es dauert Monate, sich daran zu gewöhnen, aber es führt kein Weg daran vorbei.

Andererseits ist es sicherlich schön, daß Dateinamen in UNIX länger als in DOS sein können. Sie müssen sich nicht mit acht Zeichen und einer dreistelligen Erweiterung begnügen. Vergessen Sie Ihre bisherigen Dateinamen, nennen Sie Ihre nächste Datei so:

```
terrific.file.name.possible.only.in.UNIX
```

Da wir gerade über Dateinamen sprechen: Denken Sie daran, daß DOS sich nichts aus Groß- und Kleinschreibung macht, UNIX aber sehr wohl. Für UNIX sind große und kleine Buchstaben verschiedene Buchstaben, also bringen Sie sie nicht durcheinander.

APPEND, JOIN und SUBST

Diese DOS-Befehle machen eigenartige Dinge, damit Dateien irgendwo zu sein scheinen, wo sie nicht sind. Mit APPEND scheinen Dateien anderer Verzeichnisse im aktuellen Verzeichnis zu sein. SUBT macht das Gegenteil von APPEND: es läßt ein Verzeichnis wie ein separates Laufwerk aussehen. JOIN macht eine Mischung aus beiden.

UNIX hat keine Äquivalente zu JOIN und SUBST, weil UNIX-Anwender normalerweise nichts mit Kennbuchstaben für Laufwerke (wie A:, in der DOS-Welt) zu tun haben wollen. Das sind sowieso eigenartige, kranke Befehle.

Fehlt Ihnen der DOS-Befehl APPEND, dann erstellen Sie Links mit dem UNIX-Befehl `ln`, durch den Dateien gleichzeitig in mehreren Verzeichnissen zu sein scheinen. (Sehen Sie sich Kapitel 26 für die Erklärung der Funktionsweise von `ln` an).

ASSIGN

Mit dem DOS-Befehl ASSIGN können Sie die Namen (z.B. A: und B:) der DOS-Laufwerke ändern. In UNIX gibt es so etwas nicht, da die Laufwerke keine Buchstaben-Namen haben. DOS 6 hat den Tip aufgegriffen und ASSIGN ebenfalls gestrichen.

ATTRIB

Mit dem DOS-Befehl ATTRIB ändern Sie die Attribute von Dateien, z.B., ob sie versteckt sind oder nur gelesen werden dürfen, oder ob sie gesichert (archiviert) werden sollen.

ATTRIB +H

Der DOS-Befehl ATTRIB +H versteckt eine Datei, so daß sie nicht in Dateilisten auftaucht. Um dies in UNIX zu tun, müssen Sie der Datei einen Namen geben, der mit einem Punkt beginnt. Eine Datei, die z.B. `.secret` heißt, erscheint nicht auf `ls`-Listen. Um eine Liste aller Dateien zu erhalten, einschließlich versteckter Dateien, können Sie diese Zeile eingeben:

```
ls -a
```

ATTRIB -H

Der DOS-Befehl ATTRIB -H deckt versteckte Dateien auf; in UNIX benennen Sie die Dateien um, so daß sie nicht mehr mit einem Punkt beginnen. Aber passen Sie auf, bestimmte Dateien müssen versteckt bleiben, um zu funktionieren, so z.B. die Dateien `.login` und `.profile` (Ihre Shell führt immer eine der beiden aus, wenn Sie sich anmelden).

ATTRIB +A und ATTRIB -A

In DOS setzen die Befehle ATTRIB +A und ATTRIB -A das Archiv-Bit, das Bit also, das kennzeichnet, ob die Datei gesichert wurde oder nicht. UNIX-Dateien vermerken, wann sie das letzte Mal geändert wurden; UNIX sichert alle Dateien, die seit der letzten Sicherung geändert wurden.

ATTRIB +R und ATTRIB -R

Mit den DOS-Befehlen ATTRIB +R und ATTRIB -R wird überwacht, ob eine Datei nur lesbar ist. In UNIX gehört jede Datei irgendjemandem; der Besitzer bestimmt, wer die Datei lesen (r), ändern (w), und, bei einem Programm, ausführen (x) darf. In Kapitel 28 wird das alles detaillierter besprochen.

Um eine Ihrer Dateien so zu definieren, daß sie niemand (nicht mal Sie) mehr ändern kann (das Gegenstück zum DOS-Attribut read-only), geben Sie diese Zeile ein:

```
chmod ugo-w filename
```

Mit folgenden beiden Befehlen definieren Sie die Datei so, daß nur Sie sie ändern können:

```
chmod go-w filename
chmod u+w filename
```

Wir behandeln den unergründlichen Befehl `chmod` eingehender in Kapitel 28.

BACKUP, RESTORE und MSBACKUP

Bei DOS speichern die Befehle BACKUP und RESTORE (in DOS 6 MSBACKUP) Daten in einem besonderen Backup-Format auf Floppy-Disketten. Meistens wird der Systemverwalter sich um Sicherungen kümmern. Sollte dies bei Ihnen nicht zutreffen, dann kümmern sich die Programme `tar` (für *t*ape *ar*chive), `cpio` (für *c*opy *i*n or *o*ut) und `pax` (für portable archive exchange) um das Sichern und Wiederherstellen von UNIX-Dateien auf Bänder und Disketten und zurück. Müssen Sie Ihre eigenen Sicherungen machen, dann bitten Sie einen Experten vor Ort, ein kleines Skript zu schreiben, das das Sichern abhandelt; die Einzelheiten bei der Überwachung der Platten und Disketten unterscheiden sich bei den einzelnen Versionen von UNIX stark. In Kapitel 22 geht es um das Erstellen und Verwenden von Sicherungen.

CHDIR, oder CD

Der DOS-Befehl CHDIR oder CD wechselt Verzeichnisse – das heißt, er macht ein anderes Verzeichnis zum aktuellen Verzeichnis. Er funktioniert im wesentlichen wie der UNIX-Befehl `cd`, außer wenn Sie den Befehl ohne etwas anderes eingeben, wie hier:

```
cd
```

Sagen Sie dem DOS-Befehl CD nicht, wohin Sie wechseln wollen, dann geht er nirgends hin. Statt dessen meldet er Ihnen, wo Sie jetzt sind. Das Gegenstück in UNIX ist der Befehl `pwd`, der Ihnen sagt, wo in der Verzeichnis-Struktur Sie sich befinden.

Der UNIX-Befehl `cd` geht zurück ins Home Directory, wenn Sie keinen Verzeichnisnamen angeben (vgl. Kapitel 5).

CHKDSK

Der DOS-Befehl CHKDSK prüft die aktuelle Platte auf logische Fehler. Dann gibt er an, wieviel Plattenspeicher in Benutzung ist und wieviel noch frei ist.

Wenn Sie nicht gerade der Systemverwalter sind, sollten Sie versuchen, bei UNIX nicht ausgerechnet daran zu denken, daß Ihre Platte logische Fehler haben könnte. Wollen Sie wissen, wieviel Platz noch auf Ihrer Platte verfügbar ist, geben Sie folgendes ein:

```
df
```

Dieser Befehl zeigt den verfügbaren Platz auf allen Platten (vgl. Kapitel 19). Sie müssen also Ausschau halten nach derjenigen, deren Name dem Anfang des Namens ihres Home Directorys entspricht (derjenigen, die der Befehl `pwd` anzeigt).

Sie können auch folgende Zeile eingeben, um festzustellen, wieviel Platz Ihre Dateien brauchen:

```
du
```

Der Befehl `du` (für disk usage) zeigt den von den in jedem Verzeichnis und Unterverzeichnis vorhandenen Dateien verwendeten Platz an. (Hat ein Verzeichnis Unterverzeichnisse, ist der Platz, den die Unterverzeichnisse in Anspruch nehmen, in dem des Verzeichnisses enthalten.)

CLS

Na, das ist mal richtig kompliziert, oje. Der DOS Befehl CLS macht den Bildschirm leer. Bei UNIX geben Sie folgendes ein, um das gleiche zu erzielen:

```
clear
```

COMP und FC

Die DOS-Befehle COMP und FC vergleichen zwei Dateien und statten Bericht darüber ab. Der UNIX-Befehl `cmp` entspricht COMP: er meldet, ob zwei Dateien übereinstimmen. Der Befehl `diff` zeigt die Unterschiede zweier Dateien viel besser als FC (vgl. Kap.13). Geben Sie diese Zeile ein, um in UNIX zwei Dateien miteinander zu vergleichen:

```
diff afilename anotherfileame
```

DOS 6 hat kein COMP mehr und verwendet für beides FC, aber UNIX hat immer noch zwei Befehle: `diff` für Textdateien und `cmp` für alles andere.

COPY und XCOPY

Die DOS-Befehle COPY und XCOPY kopieren Dateien (im Ernst). Der UNIX-Befehl `cp` funktioniert fast genauso (vgl. Kapitel 14). Bei DOS können Sie das Verzeichnis weglassen, wenn Sie in das aktuelle Verzeichnis kopieren wollen. Bei UNIX können Sie dies nicht tun. Statt dessen müssen Sie einen Punkt eingeben, um anzudeuten, daß Sie in das aktuelle Verzeichnis kopieren wollen.

In DOS geben Sie z.B. folgende Zeile ein, um die Datei LETTER.WP vom Verzeichnis \DOCS in das aktuelle Verzeichnis zu kopieren:

```
COPY \DOCS\LETTER.WP
```

In UNIX geben Sie diese Zeile ein, um das gleiche zu tun:

```
cp /docs/letter.wp .
```

Der Punkt am Schluß der Zeile teilt UNIX mit, daß die Datei in das aktuelle Arbeitsverzeichnis kopiert werden soll.

COPY A + B C

Mit dem DOS-Kopierbefehl können Sie zwei Dateien verknüpfen. Um z.B. die eine Datei an das Ende der anderen DOS-Dateien anzufügen, geben Sie diese Zeile ein:

```
COPY FILE1 + FILE2 COMBO
```

Dieser Befehl erstellt eine neue Datei mit dem Namen COMBO, die den Inhalt von FILE1 enthält, gefolgt von dem Inhalt von FILE2. Sie benutzen hierfür nicht den UNIX-Befehl `cp`; Sie rufen `cat` auf, um die Dateien anzuzeigen, und die Ausgabe an eine neue Datei weiterzuleiten, wie hier:

```
cat file1 file2 > combo
```

COPY FILENAME+,,

Diese bizarre DOS-Sitte verändert Datum und Uhrzeit der Datei, aber sonst nichts. Der UNIX-Befehl `touch` macht fast dasselbe, allerdings in vernünftiger Form. Geben Sie diese Zeile ein:

```
touch filename
```

Diese Zeile setzt sofort Datum und Uhrzeit auf aktuelle Werte.

XCOPY /S

Der DOS-Befehl XCOPY kann anders als der Befehl COPY nicht nur das aktuelle Verzeichnis kopieren. Der Parameter /S läßt XCOPY auch alle Unterverzeichnisse des aktuellen Verzeichnisses kopieren.

Bei den meisten UNIX-Versionen können Sie mit der Option `-r` im Befehl `cp` das gleiche erreichen (vgl. Kapitel 4):

```
cp -r /usr/margy/* .
```

Mit diesem Befehl kopiert UNIX nicht nur alle Dateien in `/usr/margys` in das aktuelle Verzeichnis, sondern auch alle Unterverzeichnisse. Enthält `/usr/margys` irgendwelche Unterverzeichnisse, so erstellt UNIX entsprechende Unterverzeichnisse im aktuellen Verzeichnis und kopiert dann die Dateien, die sich darin befinden. Dies ist eine hervorragende Methode, eine Backup-Sicherung aller Dateien Ihres Home Directory mitsamt allen Unterverzeichnissen zu machen.

DATE und TIME

Die DOS-Befehle DATE und TIME zeigen das Datum und die Uhrzeit an und geben Ihnen die Möglichkeit, diese zu ändern. In UNIX geben Sie diese Zeile ein:

```
date
```

Der Befehl `date` zeigt sowohl das Datum als auch die Uhrzeit an. Es sollte nicht nötig sein, sie zu ändern. Wenn doch, sprechen Sie mit Ihrem Systemverwalter.

DEBUG

Mit dem DOS-Befehl DEBUG können Sie Dateien editieren, die Programme enthalten. Sie können sich ihren Inhalt als Zeichen (ASCII) oder Zahlen (hexadezimal, nicht weniger) anzeigen lassen. Allerdings müssen Sie verrückt sein, dies zu versuchen. Wenn es sein muß, können Sie mit den Programmen `ed`, `vi` und `emacs` Dateien editieren (dazu Kapitel 12). Wollen Sie sich unbedingt die Bits einer Datei anschauen, dann können Sie sie mit dem Befehl `od` (für octal display) in den Formaten oktal, hex, dezimal, ASCII und ungefähr 45 weiteren anzeigen lassen.

DEL und ERASE

Die DOS-Befehle DEL und ERASE löschen Dateien. Der UNIX-Befehl `rm` funktioniert ganz genauso (vgl. Kapitel 4). *Seien Sie bei beiden Systemen vorsichtig*! Versuchen Sie alle Dateien eines Verzeichnisses zu löschen, bittet der Befehl `rm` nicht um Bestätigung. Diese Bestätigung will der Befehl `rm` allerdings dann haben, wenn Sie versuchen, eine Datei mit Schreibschutz zu löschen. Wollen Sie eine geschützte Datei trotzdem löschen, geben Sie `y` ein, wenn UNIX um Bestätigung bittet.

DIR

Das ist der Lieblingsbefehl der DOS-Anwender: DIR. Er listet die Dateien eines Verzeichnisses auf. Er gleicht dem UNIX-Befehl `ls`, allerdings unterscheiden sich die Parameter (vgl. Kapitel 4). Wollen Sie eine UNIX-Liste haben, die einer normalen DOS-Dateienliste entspricht, geben Sie diese Zeile ein:

```
ls -l
```

Dieser Befehl zeigt Größe, Datum und Eigentümer jeder Datei des Verzeichnisses an.

DIR /W

Mit dem DOS-Befehl DIR /W werden nur die Dateinamen in mehreren Spalten über den Bildschirm angezeigt. Das kann UNIX auch; die meisten Versionen von UNIX zeigen Listen sogar automatisch in Spalten an. Macht Ihre Version von UNIX das nicht, versuchen Sie es hiermit:

```
ls -x
```

DIR /P

DIR /P macht beim Anzeigen einer Verzeichnisliste eine Pause, sobald der Bildschirm voll ist, damit Sie Zeit haben, die Dateinamen zu lesen. Das UNIX-Gegenstück leitet die Ausgabe des Befehls `ls` um zum Befehl `more`, der das mit den Pausen macht (dazu Kapitel 4 und 6):

```
ls | more
```

DIR /A

DIR zeigt normalerweise keine versteckten Dateien an. Mit der Option /A werden alle Dateien aufgelistet. Hier ist das UNIX-Gegenstück (vgl. Kapitel 4):

```
ls -a
```

DIR /O

DIR zeigt die Dateien in irgendeiner Reihenfolge an (eigentlich ist es die Reihenfolge der Dateien im internen Verwaltungssystem von DOS, die mehr oder weniger der Reihenfolge der Erstellung entspricht). Mit dem Parameter /O werden sie alphabetisch sortiert. Der UNIX-Befehl `ls` sortiert automatisch so.

DIR /S

Mit dem Parameter /S zeigt der DOS-Befehl DIR auch alle Dateien in irgendwelchen Unterverzeichnissen des aktuellen Verzeichnisses an. Bei UNIX sieht das so aus:

```
ls- R
```

DISKCOPY und DISKCOMP

Die DOS-Befehle DISKCOPY und DISKCOMP kopieren und vergleichen (in dieser Reihenfolge) Floppy-Disketten. UNIX verwendet fast nie Floppy-Disketten, daher gibt es keine entsprechenden Befehle.

DOSKEY

Der Befehl DOSKEY ist ein netter, kleiner Befehl, der mit DOS 5 erschienen ist, und mit dem Sie einen Befehl nochmals geben können, ohne ihn nochmals eingeben zu müssen. Bei UNIX hängt es von Ihrer Shell ab, ob und wie Sie dies machen können. Kapitel 2 beschreibt die Großen Drei Shells und hilft Ihnen, Ihre Shell zu identifizieren.

Haben Sie die C-Shell (`csh`), geben Sie zur Wiederholung des letzten Befehls diese Zeile ein:

```
!!
```

Bei der Korn-Shell (`ksh`) tippen Sie folgendes:

©

Bei der Bourne-Shell (`sh`) haben Sie Pech (tut uns leid!).

DOSSHELL

Mit DOSSHELL ruft man die DOS-Shell auf, eine graphische Benutzerschnittstelle für DOS. Die UNIX-Gegenstücke sind verschiedene benutzerfreundliche Shells, die unter Motif und OPEN LOOK laufen (vgl. Kapitel 11).

EDIT und EDLIN

EDLIN ist der ekelige alte DOS Zeileneditor, den niemand verwendet, wenn es irgend geht (bei DOS 6 gibt es ihn nicht mehr); EDIT ist der DOS-Editor (seit DOS 5). In UNIX nehmen Sie `ed`, `vi` oder `emacs` (vgl. Kapitel 12).

FIND

Sie liegen schief, wenn Sie meinen, das UNIX-Äquivalent zum DOS-Befehl FIND wäre der UNIX-Befehl `find`. Das wäre viel zu leicht. Der DOS-Befehl FIND durchsucht eine Datei nach Zeichen, die Sie spezifizieren. Er ähnelt mehr einer abgeschwächten Version des UNIX-Befehls `grep` (in Kapitel 26 ist die Funktionsweise des Befehls `grep` erklärt).

FORMAT

Der DOS-Befehl FORMAT bereitet eine Floppy-Diskette für den Gebrauch vor, indem er alles, was darauf war, löscht. Zwar verwenden viele UNIX-Systeme überhaupt keine Floppy-Disketten, aber diejenigen, die das doch tun, kennen auch einen Befehl `format`, um die Floppy zu formatieren. Bitten Sie einen Experten um Hilfe.

HELP

Der DOS-Befehl HELP zeigt Hilfetext zu einem spezifizierten Befehl an. In UNIX nehmen Sie hierfür den Befehl `man` (vgl. Kapitel 27). Um z.B. Hilfe für den Befehl `ls` zu erhalten, geben Sie diese Zeile ein:

```
man ls
```

Bei den meisten UNIX-Systemen wird die Hilfe Seite für Seite angezeigt. Bei manchen UNIX-Systemen fliegen diese Seiten allerdings so schnell vorbei, daß man sie nicht lesen kann; rufen Sie den Befehl dann durch `more` auf:

```
man ls | more
```

Bei einigen UNIX-Systemen gibt es sogar ein Hilfe-Programm. Versuchen Sie es mit dieser Eingabe, um zu sehen, ob Ihr System eines hat:

```
help
```

Die meisten `help`-Programme zeigen ein kleines Menü an, aus dem Sie auswählen können, wofür Sie Hilfe haben möchten. Einer der Menüpunkte ist normalerweise `quit`, drücken Sie also `q` zum Beenden.

LABEL und VOL

Mit dem DOS-Befehl LABEL geben Sie einer Platte einen Namen. Mit dem Befehl VOL können Sie den Namen einer Platte abrufen. Auch UNIX-Platten haben Namen, aber es ist nicht der Mühe wert, sie ändern zu wollen. Außerdem schert sich kein Programm darum.

MEM

Der Befehl MEM sagt Ihnen, wieviel Speicherplatz auf Ihrem Computer frei und wieviel belegt ist (es geht hier um RAM-Speicher, nicht Plattenspeicher). Heute haben alle UNIX-Systeme virtuelle Speicher, daher brauchen Sie sich um die Speichergröße keine Sorgen zu machen.

MKDIR bzw. MD

Der DOS-Befehl MKDIR bzw. MD erstellt ein neues Verzeichnis, genauso wie der UNIX-Befehl `mkdir` (vgl. Kapitel 5).

MORE

Auch DOS kennt Filter, wie UNIX! Der DOS-Filter MORE entspricht auch ziemlich dem UNIX-Filter `more` (vgl. Kapitel 6). Allerdings können Sie die folgende Zeile in DOS nicht wie in UNIX eingeben, um eine Datei bildschirmweise angezeigt zu bekommen:

```
more filename
```

Bei DOS müssen Sie ein < hinter das MORE setzen: MORE < filename.

PATH

Der Befehl PATH sagt DOS, in welchen Verzeichnissen es nach einem Programm suchen soll, das Sie aufrufen. In UNIX enthält eine Shell-Variable diese Information. Wir hatten eigentlich gehofft, Ihnen nicht sagen zu müssen, daß es sowas wie *Shell-Variablen* gibt, aber nun ist es unumgänglich.

In UNIX gibt es also eine Shell-Variable mit dem Namen `PATH` oder `path`, die eine Liste der Verzeichnisse enthält, die durchsucht werden, wenn Sie ein Programm aufrufen. Wahrscheinlich hat Ihr Systemverwalter sie für Sie eingerichtet, und Sie brauchen sie nicht zu ändern.

Wollen Sie den aktuellen Inhalt der Variable `PATH` wissen, geben Sie bei der Bourne- oder Korn Shell diese Zeile ein:

```
echo $PATH
```

Bei der C-Shell geben Sie diese Zeile ein:

```
echo $path
```

Dies ist das UNIX-Gegenstück zu PATH bei DOS.

Den Pfad zu ändern (das heißt, ein Verzeichnis in den Pfad einzufügen), ist ziemlich mühsam. Müssen Sie das wirklich tun, dann sehen Sie sich Kapitel 14 an.

PRINT

Es gibt kaum jemand, der DOS einsetzt und den Befehl PRINT verwendet, um eine Textdatei zu drucken. Das Äquivalent in UNIX ist der Befehl `lp` oder `lpr`, der bis in die feinsten Feinheiten in Kapitel 9 beschrieben ist

PROMPT

Der Befehl PROMPT macht aus dem ewig unpopulären Promptzeichen C> irgendetwas nützlicheres. In UNIX können Sie das auch machen, allerdings sollten Sie einen UNIX-Freak oder Ihren Systemverwalter bitten, Ihnen zu helfen, damit das Promptzeichen dauerhaft und nicht nur für die eine Sitzung geändert ist.

Wir haben es gerne, wenn das Promptzeichen das aktuelle Verzeichnis anzeigt, damit wir ungefähr wissen, wo wir gerade sind. Hängen Sie in einem Netzwerk, kann es sinnvoll sein, auch den Rechner mitanzeigen zu lassen. Fragen Sie Ihren Experten nach seiner Meinung: Leute, die sehr viel mit UNIX arbeiten, haben meist eine deutliche Meinung darüber, welches Promptzeichen das beste ist.

Kaum noch jemand findet es besonders lustig, wenn Sie Ihr Promptzeichen in »Ja, Massa?« oder »Gebiete, Allmächtiger!« ändern. Wenn Sie einen UNIX-Experten bitten, Ihnen bei so etwas zu helfen, wird er das als Zeitverschwendung ansehen, also geben Sie acht.

RENAME bzw. REN

Der DOS-Befehl RENAME benennt eine Datei um. In UNIX benutzen Sie den Befehl `mv` (vgl. Kapitel 4). RENAME kann nicht, wie `mv`, eine Datei gleichzeitig in ein anderes Verzeichnis schieben.

REPLACE

Der Befehl REPLACE kopiert eine Datei von einem Verzeichnis in ein anderes und aktualisiert ältere Versionen. Verschiedene Parameter steuern das Kopieren. Betrachten Sie diesen DOS-Befehl:

```
REPLACE A:NEWFILE.DOC C:\ /S
```

Er durchsucht alle Verzeichnisse auf Laufwerk C nach Dateien, die NEWFILE.DOC heißen. Findet er welche, dann ersetzt er sie durch die Datei NEWFILE.DOC auf der Floppy-Diskette in Laufwerk A.

Wollen Sie dasselbe in UNIX machen, müssen Sie dazu den Befehl `find` nehmen (vgl. Kapitel 26). Haben Sie eine Datei `newfile.doc` im aktuellen Verzeichnis und wollen irgendeine Datei mit diesem Namen in Ihrem Home Directory und dessen Unterverzeichnissen (z.B. `/usr/you`, wenn Ihr Benutzername `you` lautet) aktualisieren, geben Sie in etwa folgendes ein:

```
find /usr/you -name newfile.doc -exec cp /newfile.doc {} \;
```

Dieser äußerst seltsame Befehl veranlaßt `find`, die Suche nach Dateien mit dem Namen `newfile.doc` in `/usr/you` zu beginnen; findet er etwas passendes, führt `find` den UNIX-Befehl `cp /newfile.doc` aus und `{}` wird ersetzt durch den Fundort der Datei. Dies ist etwas verwirrend, aber wahrscheinlich haben Sie den DOS-Befehl REPLACE auch nie benutzt.

RMDIR bzw. RD

Der DOS-Befehl RMDIR bzw. RD entfernt ein Verzeichnis. Um in DOS ein Verzeichnis löschen zu können, müssen Sie zunächst alle Dateien und Unterverzeichnisse darin löschen, damit es leer ist. Der UNIX-Befehl `rmdir` funktioniert genauso (vgl. Kapitel 5). Ist es Ihnen aber zu mühsam, zunächst alles im Verzeichnis zu löschen, können Sie den Befehl `rm` in einem vernichtenden Schlag alles, sowohl das Verzeichnis als auch alles darin, löschen lassen:

```
rm -r directoryname
```

Die Option -r (die für recursive steht) weist `rm` an, alle Dateien und Unterverzeichnisse (und Unterverzeichnisse von Unterverzeichnissen usw.) des angegebenen Verzeichnisses zu löschen.

Mit diesem Befehl können Sie in der Eile viele wichtige Dateien löschen. Passen Sie auf! Um ihn etwas sicherer zu machen, geben Sie die Option `-i` an, die interaktiv vor dem Löschen jeder Datei nachfragt:

```
rm -ir directoryname
```

In UNIX können Sie den Befehl `rmdir` nicht mit `rd` abkürzen. Erstaunlicherweise haben die UNIX-Tippfaulen das nicht zugelassen, also müssen Sie den ganzen Namen eingeben. Der Befehl `rmdir` ist so gefährlich, meint UNIX, daß Sie ein bißchen Tipparbeit haben sollen, wenn Sie ihn unbedingt verwenden wollen.

SET

Der DOS-Befehl SET setzt den Inhalt von DOS-Umgebungsvariablen oder zeigt deren Inhalt an. UNIX kennt Umgebungsvariablen, die auch Shell-Variablen heißen. Wir haben versucht, in diesem Buch nicht über sie zu sprechen.

Sie zeigen den Inhalt einer UNIX-Shell-Variable durch Eingabe dieser Zeile an (nehmen Sie den tatsächlichen Namen der Variablen):

```
echo $VARIBLENAME
```

Ganz ohne besonderen Grund werden die meisten Shell-Variablen in Großbuchstaben geschrieben. Bei der Bourne- oder Korn-Shell setzen Sie eine Umgebungsvariable, indem Sie diese Zeile eingeben:

```
VARIABLENAME=whatever
```

Bei der C-Shell geben Sie diese Zeile ein:

```
setenv VARIABLENAME whatever
```

Die `PATH`- oder `path`-Shell-Variable enthält z.B. eine Liste der Verzeichnisse, die UNIX durchsuchen soll, wenn Sie ein Programm aufrufen. Um sie anzuzeigen, geben Sie bei der Bourne- oder Korn-Shell diese Zeile ein:

```
echo $PATH
```

Oder geben Sie diese Zeile bei der C-Shell ein:

```
echo $path
```

Um sie unter der Bourne- oder Korn-Shell zu ändern (eigentlich eine schlechte Idee), tippen Sie diese Zeile:

```
PATH=/bin:/etc:/usr/you:
export PATH
```

Oder in der C-Shell:

```
set path=(/bin/etc/usr/you)
```

Sie verstehen, daß Sie diese Variable nicht ändern sollten, wenn Sie nicht die Verzeichnisse kennen, die die Programme Ihres Systems enthalten.

SORT

Der DOS-Befehl SORT entspricht dem UNIX-Befehl `sort` (vgl. Kapitel 6). Verwenden Sie in UNIX aber nicht das < vor dem Dateinamen, wenn Sie eine Datei sortieren. In DOS geben Sie die Zeile: SORT < FILENAME ein.

In UNIX geben Sie nur folgendes ein:

```
sort filename
```

SYS

Der DOS-Befehl SYS kopiert die DOS-Betriebssystem-Dateien auf eine Diskette oder Platte. Es gibt nur drei DOS-Systemdateien, die alle recht klein sind.

UNIX-Betriebssystem-Dateien sind so groß und ausgedehnt, daß sie auf keine der bekannten Disketten passen und ganze Brocken Speicherplatz auf Ihrer (oder irgendjemandes) Festplatte brauchen. Es gibt in UNIX keinen Befehl wie SYS.

TREE

Der DOS-Befehl TREE zeigt ein häßliches, aber lesbares Abbild der Verzeichnisstruktur einer Platte an. In UNIX kommt dem `ls -R` am nächsten, aber es gibt eine Menge kostenloser X-Window-Programme, die tolle Verzeichnisbäume am Bildschirm darstellen. Arbeiten Sie mit X-Window, dann fragen Sie herum, ob irgendjemand ein solches Programm für die Verzeichnisstruktur hat.

UNDELETE und UNFORMAT

Der DOS-Befehl UNDELETE (neu bei DOS 5) stellt irrtümlich gelöschte Dateien wieder her – zwar nur unter bestimmten Bedingungen, aber immerhin. UNFORMAT versucht, den Vorgang, eine Platte zu formatieren, umzukehren. In UNIX gibt es solche Befehle nicht, außer Sie haben Norton Utilities für UNIX. Dann können Sie mit `nue` das Löschen rückgängig machen. Kapitel 22 sagt Ihnen, was zu tun ist, wenn Sie versehentlich eine Datei löschen.

VER

Der DOS-Befehl VER sagt Ihnen, welche DOS-Version Sie haben. Um herauszufinden, welche UNIX-Version und welche Shell Sie haben, schauen Sie sich Kapitel 2 an.

Obskure DOS-Befehle

Manche DOS-Befehle werden hauptsächlich in Batchdateien verwendet, deshalb vertiefen wir das hier nicht. Es handelt sich um BREAK, CALL, ECHO, EXIT, FASTOPEN, FOR, GOTO, IF, LOADHIGH, MIRROR, MODE, PAUSE, REM, SHARE, SHIFT (iiihh!) und VERIFY.

Dann gibt es noch DOS-Befehle, die offensichtlich niemand benutzt, wie CHCP, COMMAND, COUNTRY, CTTY, EMM386, EXE2BIN, GRAPHICS, GRAFTABL, KEYB, NLSFUNC, RECOVER und SETVER. Zu diesen nennen wir Ihnen die UNIX Gegenstücke nicht, Sie können sicher sein, daß sie vollkommen uninteressant sind!

DOS-Batchdateien und UNIX-Shell-Skripten

Wenn Sie unter DOS mit Batchdateien gearbeitet haben, können Sie in UNIX mit ähnlichen Dingern, den Shell-Skripten, arbeiten. Sollten Sie das nicht wissen: eine DOS-Batchdatei ist eine Textdatei, die eine Folge von DOS-Befehlen enthält, je Zeile einen. Erstaunlich, aber ein UNIX-Shell-Skript ist eine Textdatei, die eine Folge von UNIX-Befehlen enthält, je Zeile einen. In DOS haben die Namen von Batchdateien die Erweiterung BAT. In UNIX können Sie einem Shell-Skript jeden beliebigen Namen geben und es mit `chmod +x` als Skript kennzeichnen. Kapitel 14 enthält einige Tips zum Verfassen von Shell-Skripten.

DOS ruft beim Kaltstart oder Warmstart des Computers automatisch eine Batchdatei AUTOEXEC.BAT auf, wenn Sie eine solche in Ihrem Root-Verzeichnis haben. Sie muß sich auf der Platte befinden, von der aus Sie DOS laden. In UNIX gibt es ein ähnliches Shell-Skript.

Verwenden Sie die Bourne- oder Korn-Shell und haben eine Datei `.profile` in Ihrem Home Directory, wird diese Datei automatisch ausgeführt, wenn Sie sich anmelden. Bei der C-Shell heißt sie `.login`. Sie können diese Dateien mit einem Texteditor editieren. Wahrscheinlich hat Ihnen Ihr Systemverwalter bereits eine Datei `.profile` oder `.login` erstellt, die randvoll mit Zeug zum Einrichten Ihrer lokalen Umgebung ist. Nehmen Sie nichts heraus, ohne vorher mit Ihrem Systemverwalter zu sprechen. Wollen Sie Befehle anfügen, fügen Sie sie am Ende der Datei an.

Die DOS-Datei CONFIG.SYS enthält Informationen über Ihre Hardware- und Software-Konfiguration. Wenn Sie Ihren Rechner einschalten, schaut das System, nachdem DOS geladen wurde (aber bevor AUTOEXEC.BAT ausgeführt wird) automatisch in diese Datei hinein, um DOS Ihrem System anzupassen.

Die UNIX-Konfiguration ist ganz anders und in der Regel nicht Ihr Problem. Meistens passen sich UNIX-Systeme automatisch an die Hardware an, die am Rechner hängt (ganz schön fortschrittlich, nicht?)

Teil VI

Die Welt außerhalb von UNIX

»Kommen Sie, Brickman, Sie wissen genausogut wie ich, daß 'NasenScannen' das beste Mittel gegen unberechtigten Zugang zu Ihren persönlichen Dateien ist.«

In diesem Teil...

Die meisten Computer, auf denen UNIX läuft, sind mit anderen Computern verbunden. Viele sind Teil eines Netzwerkes, und viele haben Wählverbindungen zu UNIX-Rechnern an anderen Orten: Das können andere Leute auf Ihrem Rechner, andere Leute in Ihrem lokalen Netzwerk oder andere Computer irgenwo im UNIX-Land sein. Dieser Teil erklärt, wie man Nachrichten sendet und Dateien mit anderen teilt.

KAPITEL 17

Wer ist da draußen?

In diesem Kapitel

- Herausfinden, wer noch den gleichen Rechner benutzt
- Mit ihnen kommunizieren

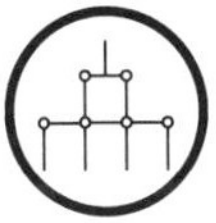

UNIX war von Anfang an als Mehrbenutzer-System gedacht. In den frühen Jahren der Computerei galt man als unbescheiden, wenn man eine ganze PDP-11/45 für sich allein beanspruchte. (Das war ein Minicomputer Jahrgang 1972, der bei der Größe eines Müllschredders ungefähr so schnell wie ein PC AT war.) Außerdem war es ein bißchen teuer. Heutzutage schränkt der Preis kaum mehr ein – es sei denn, Sie haben eine Cray oder etwas Ähnliches. Dennoch bleibt UNIX ein Mehrbenutzer-System, einerseits weil es das immer gewesen ist, andererseits ist es bei Mehrbenutzer-Systemen einfacher, Programme und Daten zu teilen.

Selbst dann, wenn Sie eine eigene Workstation haben, kann Ihr Rechner ein potentieller Mehrbenutzer-Rechner sein. Sind Sie in ein Netzwerk eingebunden, dann können andere Leute sich über das Netz (wie wir Tech-Freaks Netzwerke nennen) bei Ihnen einloggen. (Andererseits können auch Sie sich über das Netz auf deren Rechnern anmelden. In den Kapitel 19 und 20 mehr dazu.)

In diesem Kapitel erfahren Sie, wie Sie ein bißchen herumschnüffeln und feststellen können, wer sonst noch auf Ihrem Rechner und auf anderen Rechnern im Netzwerk arbeitet. Dann können Sie sich anschauen, wie Sie Verbindung zu ihnen aufnehmen.

Nutzen nur Sie Ihren Computer und hängen auch nicht in einem Netzwerk (Ihr Computer ist ganz allein auf der Welt), dann überspringen Sie dieses und die nächsten drei Kapitel.

Feststellen, wer sonst noch auf Ihrem Computer ist

Es gibt hauptsächlich zwei Befehle, mit denen Sie herausfinden können, wer Ihren Rechner benutzt: `who` und `finger`. Sie geben bei beiden einfach den Befehl ein:

```
who
```

Die übliche Antwort sieht ungefähr so aus:

```
root       console     Dec 29  20:16
johnl      vt01        Dec 21  15:19
johnl      ttyp2       Jan 6   16:36
johnl      ttyp1       Jan 6   17:20
johnl      ttyp0       Jan 6   16:36
```

Sie sehen den Benutzer, die Datenstation und die Anmeldezeit. Der Benutzer `johnl` ist fünfmal angemeldet, weil er eine ganze Reihe von X-Terminal-Fenstern hat, von denen jedes als angemeldete Sitzung gilt. Die Ausgabe von `who` unterscheidet sich von einem UNIX-System zum nächsten, aber diese Angaben enthält sie mindestens. Sie können auch `who am i` eingeben, dann zeigt UNIX nur die Zeile für den Bildschirm (oder das Fenster) an, an dem Sie den Befehl eingetippt haben.

`finger` ist ein erheblich aussagekräftigeres Programm:

```
finger
```

Das Ergebnis ist ein etwas aussagekräftigerer Bericht als bei `who`:

```
Login      Name          TTY   Idle  When        Office
root   0000-Admin(0000)   co   1:11  Tue  20:16
johnl  John R. Levine     vt   1:11  Mon  15:19  x3712
johnl  John R. Levine     vt   1:35  Tue  16:47  x3712
johnl  John R. Levine     p2   1:11  Wed  16:36  x3712
johnl  John R. Levine     p1         Wed  17:20  x3712
johnl  John R. Levine     p0         Wed  16:36  x3712
```

`finger` sagt das gleiche wie `who`, zeigt aber noch den richtigen Namen des Benutzers an (wenn er in der Benutzer-Paßwort-Datei enthalten ist), und wie lange der Bildschirm untätig war (wie lange es her ist, seit der Benutzer die letzte Eingabe gemacht hat). Hat der Systemverwalter diese Daten eingegeben, dann zeigt er normalerweise auch noch die Durchwahlnummer, die Zimmernummer oder irgendetwas anderes darüber an, wo der Benutzer arbeitet.

Mit dem Befehl `finger` können Sie auch einen bestimmten Benutzer abrufen, zu dem UNIX dann zusätzliche Informationen heraussucht. Wir haben ihn hier verwendet, um mehr über einen der Autoren zu erfahren:

```
finger johnl
```

UNIX zeigt folgende Informationen an:

```
Login name: johnl              In real life: John R. Levine
Directory: /usr/johnl          Shell: /bin/sh
On since Dec 21 15:19:45 on vt01    1 hour 27 minutes Idle Time
Projekt: Working on "UNIX for Dummies"
Plan:
Write many books, become famous.
```

Die Zeilen Project und Plan sind einfach der Inhalt von Dateien `.project` und `.plan` Ihres Home Directory. (Ja, die Dateinamen beginnen mit einem Punkt.) Es hat sich durchgesetzt, einen schlauen Spruch in die Datei `.plan` zu schreiben, aber bitte übertreiben Sie es nicht. Ist der Benutzer an mehr als einem Bildschirm oder Bildschirmfenstern angemeldet, zeigt `finger` einen vollen Bericht für jeden Bildschirm an. Der Befehl `finger johnl` hat eigentlich fünf Mal Informationen angezeigt – je Sitzung einmal – aber aus praktischen Gründen haben wir diese editiert.

Feststellen, wer auf anderen Computern ist

Mit den Befehlen `rwho` und `finger` können Sie sich im Netzwerk nach anderen Rechnern erkundigen. Sie geben den Namen des betreffenden Systems nach einem @ (Klammeraffen) ein. (Kapitel 18 enthält mehr Informationen zu Systemnamen.) Z.B. können wir ein nahes System überprüfen:

```
finger @spdcc
```

Der Rechner `spdcc` scheint nicht sehr beschäftigt zu sein:

```
[spdcc.com]
Login      Name            TTY   Idle  When         Office
uucp   Uucp Daemon          02         Wed  20:13
johnl  John R. Levine       03         Wed  20:44   Shepard Str 555-2368
dyer   Steve Dyer           p0    1    Wed  08:13
```

Sie können auch nach einer Person fragen, indem Sie deren Benutzername vor das @ stellen:

```
finger johnl@spdcc
```

Dieser Befehl liefert genauso einen Bericht wie der lokal gegebene Befehl `finger`:

```
[spdcc.com]
Login name: johnl              In real life: John R. Levine
Directory: /var/users/johnl  Shell: /bin/csh
On since Jan 6  9:22:45 on tty02    2 minutes Idle Time
Projekt: Working on "UNIX for Dummies"
Plan: no plan
```

Kommunizieren Sie über Internet, dann können Sie – im Prinzip – jede Maschine im Netz anfingern. Es gibt allerdings keine Regel, nach der ein Rechner, den Sie ansprechen, antworten muß, daher werden Sie in vielen Fällen die Antwort »connection confused« oder überhaupt keine Antwort bekommen.

Bei einigen Systemen, besonders Netzwerk-Hauptrechnern an Universitäten, ist der Befehl `finger` so abgewandelt, daß Daten des Benutzerverzeichnisses zurückgeliefert werden. Angenommen, Sie fragen, wer am MIT ist:

```
finger @mit.edu
```

Sie erhalten eine Einführung in deren Online-Verzeichnis:

```
[mit.edu]

Student data loaded as of Dec 15, Staff data loaded as of
Dec 19. Notify the Registrar or Personnel as appropiate to
change your information. This service is maintained by
Distributed Computing and Network Services.

Send Comments regarding this service to mitdir@mit.edu.
Use fingerhelp@mit.edu for some instructions.
```

Sie können auch versuchen, eine bestimmte Person bei MIT anzufingern:

```
finger chomsky@mit.edu
```

Jetzt erhalten Sie die allgemeinen Daten dieser Person:

```
[mit.edu]
.
.
.
There was 1 match to your request.
name: Chomsky, Noam A
email:CHOMSKY@ATHENA.MIT.EDU
```

```
phone:(617) 555-7819
address: 200-219
department: Linguistics & Philos
title: Institute Professor (on Leave, Year)
alias: N-chomsky
```

Mit `rwho` können Sie Ihre Schnüffelleidenschaft komplett ausleben; dieser Befehl versucht, eine Liste aller Leute auf allen Rechnern des lokalen Netzes zusammenzustellen.

Ein Plausch mit anderen Leuten auf Ihrem Rechner

Nachdem Sie festgestellt haben, wer alles auf Ihrem Rechner arbeitet, möchten Sie diesen Leuten vielleicht eine Nachricht senden. Es gibt zwei Möglichkeiten, um Nachrichten zu senden. Die erste verfährt in real-time, d.h., die Meldung erscheint am Bildschirm des anderen Benutzers, während Sie auf Antwort warten, wohl weil es eine besonders dringende Meldung ist. Hierfür können Sie die Befehle `write` und `talk` verwenden. Exzessive Anwendung von real-time-Meldungen ist ein guter Trick, um sich schnell Feinde zu machen, weil Sie überall Leute beim Arbeiten unterbrechen. Seien Sie sparsam mit Ihrem Geplauder.

Die zweite Methode ist die elektronische Post, oder E-mail, bei der Sie eine Nachricht senden, die sich der andere Benutzer bei Gelegenheit anschaut. E-Mail ist ein weitläufiges Thema, das in Kapitel 18 zu seinem Recht kommt.

Man hat real-time-Kommunikation einmal damit verglichen, mit jemanden auf dem Mond zu sprechen, weil sie so langsam ist: sie wird begrenzt durch die Geschwindigkeit, mit der jemand tippen kann. Hier auf der Erde haben die meisten Leute ein Telefon, daher ist es das vernünftigste, dem anderen Benutzer eine Online-Meldung zu schicken, in der Sie um Rückruf per Telefon bitten.

Der einfachere Befehl für die Echtzeit-Kommunikation ist `write`. Schreibt jemand Ihnen, sieht das an Ihrem Bildschirm ungefähr so aus:

```
Message from johnl on iecc (ttypl) [ Wed Jan 6 20:28:42 ] ...
Please call my extension 8649
<EOT>
```

Für gewöhnlich erscheint die Meldung mitten in einer Editor-Sitzung und verwurstelt die Datei an Ihrem Bildschirm. Es wird Sie erleichtern, zu hören, daß das Durcheinander auf den Bildschirm beschränkt ist – der Editor merkt nicht, daß Ihnen jemand geschrieben hat; die Datei ist unversehrt.

Sowohl bei `vi`, als auch bei `emacs` kann der Editor den Bildschirm leer machen, indem Sie Ctrl-L drücken (sind Sie bei `vi` im Eingabemodus, dann drücken Sie erst Esc).

Sie schreiben einem Benutzer, indem Sie den Befehl `write` mit dem Namen des Benutzers verwenden, mit dem Sie sprechen wollen:

```
write margy
```

`write` meldet Ihnen absolut nichts, wenn Sie Enter gedrückt haben; das bedeutet, daß er darauf wartet, daß Sie Ihre Meldung eingeben. Geben Sie die Meldung ein; sie kann so viele Zeilen, wie Sie wünschen, enthalten. Um zu beenden, drücken Sie Ctrl-D (das allgemeine Eingabe-Ende-Symbol), oder das Unterbrechungszeichen, normalerweise Ctrl-C oder Delete. Sobald Sie Enter drücken, kopiert `write` jede Zeile an den Bildschirm des anderen Benutzers. Folglich kann eine mit `write` verschickte lange Nachricht eine ziemlich umständliche mühsame Sache für den Leser sein.

Sie wollen z.B. eine wichtige Nachricht an Ihren Freund Joe senden, also geben Sie diese Zeilen ein:

```
write joe
Yo, Joe, turn on your radio. WBUR is rebroadcasting
Terry Gross's interview with Nancy Reagan!
```

Drücken Sie am Ende jeder Zeile Enter. Nach der letzten drücken Sie Ctrl-D.

Ich spreche – wo bist du?

Manchmal meldet Ihnen `write`, daß der Empfänger an mehreren logischen Terminals angemeldet ist:

```
johnl is logged on more than one place.
You are connected to "vt01".
Other locations are:
ttyp1
ttyp0
ttyp2
```

Der Befehl `write` ist ziemlich dumm. Ist der Benutzer, dem Sie schreiben wollen, an mehreren Bildschirmen angemeldet – oder, was eher vorkommt, an mehreren Fenstern in X angemeldet – sucht sich `write` nach dem Zufallsprinzip einen aus, an den er schreibt. Sie können darauf Gift nehmen, daß der Benutzer das Fenster, das `write` auswählt, gerade nicht verwendet. Um die Chancen zu erhöhen, daß der andere Ihre Meldung auch sieht, stellen Sie erst mit dem Befehl `finger` fest, welcher Bildschirm der aktivste ist (derjenige, der am wenigsten Idle Time hat). Senden Sie dann an dieses Fenster. Denken Sie z.B. an das Ergebnis des Befehls `finger`, ein paar Seiten eher:

```
Login       Name          TTY   Idle  When        Office
root   0000-Admin(0000)   co    1:11  Tue  20:16
johnl  John R. Levine     vt    1:11  Mon  15:19  x3712
johnl  John R. Levine     vt    1:35  Tue  16:47  x3712
johnl  John R. Levine     p2    1:11  Wed  16:36  x3712
johnl  John R. Levine     p1          Wed  17:20  x3712
johnl  John R. Levine     p0          Wed  16:36  x3712
```

Die besten Kandidaten zum Senden einer Meldung sind `ttyp1` und `ttyp0`. (Der Befehl `finger` schneidet den Bildschirmnamen das tty ab.)

Sie können an einen bestimmten Bildschirm senden, wenn Sie dem Befehl `write` den Terminalnamen mitgeben:

```
write johnl ttyp1
```

Antworten Sie einem Benutzer, der Ihnen gerade vorher eine Meldung geschickt hat, dann sollten Sie den in seiner Nachricht angegebenen Terminalnamen verwenden (in diesem Fall ebenfalls `ttyp1`).

Können wir uns unterhalten?

Mit dem Befehl `talk`, der gleichzeitiges Hin- und Hersprechen erlaubt, können Sie eine etwas elegantere Unterhaltung führen. Sie verwenden ihn genauso wie `write`: indem Sie ihm den Benutzernamen und gegebenenfalls den Bildschirmnamen mitgeben. Der andere Benutzer sieht so etwas:

```
Message from Talk_Daemon@iecc at 20:47 ...
talk: connection requested by johnl@IECC
talk: respond with: talk johnl@IECC
```

Möchten Sie antworten, wenn jemand versucht, mit Ihnen zu sprechen, dann geben Sie den vorgeschlagenen `talk`-Befehl ein. Sind Sie gerade mitten im Texteditieren oder in einem anderen Programm, müssen Sie dieses erst verlassen (`exit` oder Ctrl-Z).

Solange `talk` läuft, wird Ihr Bildschirm zweigeteilt. In der oberen Hälfte erscheint, was Sie eingeben, und in der unteren Hälfte das, was der andere Benutzer eingibt. Anders als `write`, reicht `talk` das, was Sie eingeben, sofort weiter, ohne auf ein Enter zu warten. Sie können also jeden Tippfehler des anderen Benutzers sehen, und er ihre. Haben Sie die Nase voll von `talk`, beenden Sie mit Ctrl-D.

Mit Leuten an anderen Rechnern plaudern

Der Befehl `talk` wurde entwickelt, um sich mit Benutzern auf anderen Systemen zu unterhalten. Tippen anstelle von Sprechen macht dann Sinn, wenn der andere Computer sehr weit weg ist, oder wenn derjenige, mit dem Sie sprechen wollen, schlecht hört oder spricht. Da die Netzwerke sich weltweit ausdehnen, sprechen Sie vielleicht eines Tages mit jemandem, dessen Muttersprache nicht Deutsch ist. In einem solchen Fall kann es schneller gehen, etwas einzutippen, als zu versuchen, jemanden mit starken Akzent über eine schlechte Telefonverbindung zu verstehen.

Auch Computer haben Namen, sogenannte Maschinennamen (mehr dazu in Kapitel 19 und 20). Geben Sie dem Befehl `talk` den Benutzernamen und den Maschinennamen mit, wenn Sie mit jemanden auf einem anderen Rechner sprechen wollen:

```
write johnl@iecc.mycorp.com
```

Wenn die Verbindung steht, verfahren Sie mit `write` so wie mit einem lokalen Benutzer, nur daß es manchmal mehrere Sekunden dauert, bis die Zeichen von einem Rechner über eine Verbindung zwischen Kontinenten zu einem anderen Rechner gelangen.

Die Zeichen an der Wand lesen

Für die wirklich Größenwahnsinnigen unter Ihnen gibt es ein Programm namens `wall`, das alles, was Sie eintippen, an jede einzelne Datenstation und jedes einzelne Fenster des gesamten Computers rauscht. Verwendet wird er ähnlich wie `write`:

```
wall
Free pizza in the upstairs conference room in 5 minutes!
```

Wie bei `write` beenden Sie auch `wall` mit Ctrl-D. Setzen Sie `wall` sparsam ein, wenn Sie nicht einen Haufen Leute zum Feind wollen.

Beachten Sie, daß `wall` nur die Leute auf Ihrem Rechner, nicht alle im Netzwerk betrifft.

KAPITEL 18

Automatisieren des Büro-Klatsches

In diesem Kapitel

- Was ist E-Mail?
- Was sind E-Mail-Adressen?
- Wo ist Ihr Briefkasten?
- Wie man das Programm `mail` benutzt
- Wie man das Programm `elm` benutzt
- Wie man seine Post in nette Häufchen sortiert

Elektronische Post (oder E-Mail) ist die High-Tech-Methode, innerbetriebliche Plaudereien, Klatsch und Anzüglichkeiten auszutauschen. Mit E-Mail können Sie schnell und effizient Memos und andere geschriebene Informationen an Ihre Kollegen verteilen, natürlich auch die Wegbeschreibung zum Bieranstich am Samstag und die neueste Kolumne von Elke Heidenreich. Sie können auch an Leute außerhalb Ihrer Firma E-Mails schicken bzw. von ihnen empfangen, vorausgesetzt Sie und diese Leute arbeiten in einem Netzwerk.

Setzt Ihre Firma E-Mail ein, dann haben Sie wahrscheinlich schon Post. Womöglich liegt da gerade jetzt lebenswichtige, aber ungelesene Post in Ihrem Briefkasten. Wer weiß? Sie können sehen, ob Ihr Briefkasten ungelesene Post enthält, weil UNIX dann beim Anmelden diese Meldung anzeigt:

```
You have mail.
```

Was Sie brauchen, um E-Mail zu nutzen

Jedes UNIX-System kümmert sich für die Benutzer dieses Systems um E-Mail. Um E-Mail mit der Außenwelt auszutauschen, müssen Sie mit einem Netzwerk verbunden sein – oder wenigstens ein Telefon und ein Modem haben. Ganz bestimmt wollen Sie nicht wissen, wie man ein E-Mail-Netzwerk einrichtet oder Verbindungen zu anderen Rechnern herstellt – ist E-Mail noch nicht auf Ihrem Computer, ist es Zeit, mit einem UNIX-Wizard zu sprechen.

Ganz in der Tradition der UNIX-Standards gibt es etwa 14 verschiedene Programme zum Schicken und Empfangen von Post. (Zum Glück können alle untereinander Post austauschen.) Versuchen Sie mit dem einfachen Mail-Programm herauszufinden, ob Ihr Computer E-Mail-fähig ist; sehen Sie nach, ob Post da ist. Geben Sie einfach diese Zeile ein:

```
mail
```

UNIX sagt `No mail`, wenn keine Post da ist, oder es zaubert die erste ungelesene Meldung auf Ihren Bildschirm. Wenn Sie in dem letzteren Fall Ihre Post nicht gleich lesen wollen, geben Sie x (für exit) ein oder drücken Enter, um die Post zu verlassen. Später erfahren Sie mehr über das Lesen der Post.

Die Post adressieren

Wie normale Post (von E-Mail-Fürsprechern Schneckenpost genannt) braucht auch E-Mail eine Adresse, die gewöhnlich Netzadresse genannt wird. Sie schicken einer Person Post, indem Sie sie an ihren Benutzernamen schicken (vgl. Kapitel 1 zum Anmelden mit einem Benutzernamen). Befindet sich diese andere Person auf einem anderen Rechner als Sie, muß das Mail-System wissen, auf welchem Computer der andere Benutzer ist – das macht die Adressierung etwas komplizierter.

Wie Sie Post an jemanden schicken, der an Ihrem Computer sitzt

Bei Leuten, die ganz genau den gleichen Rechner benutzen wie Sie (Sie haben beide Datenstationen, die mit dem gleichen Rechner verbunden sind, und auf diesem Rechner läuft UNIX), besteht die Postadresse aus ihrem Benutzernamen. Wenn Sie als Benutzernamen `georgew` verwenden, dann ist das auch Ihre Postadresse. Passen Sie auf, daß Sie in der Postadresse keine Großbuchstaben verwenden, es sei denn der Benutzername enthält auch welche.

Wie Sie Post an jemanden schicken, der an einem anderen Computer sitzt

Sind zwei Computer über ein Netzwerk miteinander verbunden, können Sie an Leute auf diesem anderen Rechner Post schicken. Wenn jemand einen anderen Computer verwendet, müssen Sie diesen Computer angeben, wenn Sie Post senden.

Computer haben Namen, Sie wissen das. Manchmal haben sie langweilige Namen, die andeuten, wofür sie benutzt werden, z.B. `marketing` oder `corpacctg`. Manchmal werden alle Computer in einer Firma nach einem etwas interessanteren Schema benannt, z.B. nach Fischen, Gewürzen oder Comic-Figuren. Wir haben mal in einer Firma gearbeitet, wo die Computer `Schellfisch`, `Kabeljau` und `Flunder` hießen. Die nächste Firma hatte `Basilikum`, `Kerbel`, `Dill`, `Fenchel` und `Ingwer`. Wenn Sie in Ihrer Firma langweilige Computernamen haben, versuchen Sie Ihren Systemverwalter zu überreden, frischen Wind hereinzuholen und den nächsten Computer `bill-the-cat` zu nennen.

Sie müssen angeben, wo im Netzwerk sich jemand befindet, wenn Sie jemandem auf einem anderen Rechner schreiben. Dazu müssen Sie den Computernamen in der Adresse in Verbindung mit einem Klammeraffen (@) angeben. Hat Ihre Freundin Nancy z.B. den Benutzernamen `nancyb` und arbeitet auf einem Computer `ginger`, dann lautet ihre Postadresse `nancyb@ginger`.

Einige Mail-Systeme verwenden noch ein älteres Adreßschema, dem das Kommunikationsprogramm `uucp` zugrundeliegt. Es verwendet Ausrufezeichen, so daß die Adresse `ginger!nancyb` lauten würde (ja, erst kommt der Systemname). Müssen Sie Adressen im `uucp`-Modus eingeben, dann denken Sie daran, daß die C-Shell Ausrufezeichen gesondert behandelt. Danach müßten Sie die Adresse in einem `mail`-Befehl so eingeben: `ginger\!nancyb`.

Ein geschickter Systemverwalter stellt automatisch fest, welchen Computer jeder Benutzer in einer Firma benutzt. Mit etwas Glück können Sie Post einfach mit dem Benutzernamen senden, und das System stellt automatisch fest, welcher Computer gemeint ist.

Vielleicht haben Sie Probleme mit den Adressen. Dann ist es das einfachste, Sie warten, bis derjenige Ihnen eine Nachricht sendet, und antworten ihm dann. Bei allen Mail-Systemen gibt es einen Befehl (normalerweise r), der die Nachricht, die Sie gerade bekommen haben, erwidert. Fast immer haben Nachrichten Rückadressen, und Sie können mit dem Befehl r eine Nachricht senden, ohne die Adresse einzugeben.

Jemandem »da draußen« Post schicken

Steht Ihr Computernetzwerk per Telefon mit der Außenwelt in Verbindung, dann können Sie sicher auch irgend jemanden in der weiten Welt des Netzes Post schicken: das unsichtbare Netzwerk von UNIX und anderen Computern hat weltweite Ausdehnung. Fragen Sie Ihren Systemverwalter oder andere E-Mail-Benutzer, ob Ihre Firma in so einem Netz hängt (verbunden mit der Außenwelt).

Viele Netzwerke, die miteinander verbunden sind, tauschen untereinander ganz formlos elektronische Post aus. Das größte und bekannteste ist Internet, ein Netzwerk mit Hunderttausenden von Rechnern auf jedem Kontinent, inklusive Antarktis. Darüber hinaus scheinen viele andere Rechner, zumindest was die Post betrifft, mit Netzen verbunden zu sein, die elektronische Post durch das Internet »zustellen« lassen. Wenn wir sagen, jemand sei »im Netz«, dann meinen wir, daß Sie eine Internet-Postadresse verwenden können, um dieser Person Post zu schicken.

Um auf diese Weise Post zu schicken, brauchen Sie eine Netzadresse für die Person, der Sie die Post schicken wollen. Dann geben Sie sie genau so ein, wie sie sie geschrieben hat. Internet-Adressen schauen meistens etwa so aus:

```
ellenz@persimmon.abc.com
```

Der Teil vor dem @ ist der Benutzername der Person. Der Rest der Adresse sind der Systemname und weitere Informationen darüber, wo sich der Rechner befindet, normalerweise der Firmenname. Computername, Firmenname und so weiter werden mit Punkten verbunden. Endet die Adresse mit drei Buchstaben, sagen Ihnen die drei Buchstaben, um was für eine Firma es sich handelt: z.B. `com` für Company, `edu` für Educational Institutions und `gov` für Governments. Endet die Adresse mit einem Buchstabenpaar, handelt es sich um einen Ländercode, für das Land, in dem sich die Mailbox befindet. In den Vereinigten Staaten steht das vorletzte Buchstabenpaar für den Bundesstaat und das davor für die Stadt; unsere Adresse endet auf `cambridge.ma.us`, weil der Computer in Cambridge, Massachusetts steht. (Die Frage, ob man geographische oder Firmenadressen hat, ist ein politisches Thema, das wir hier nicht vertiefen wollen.)

Ist Ihr Computer in das Netz eingebunden, können Sie auch mit Benutzern kommerzieller Dienste, wie MCI Mail und CompuServe, Post austauschen. Details sind im Kasten »Post an Leute senden, die Online-Dienste nutzen« beschrieben.

Beachten Sie bei der Eingabe von Netzadressen folgende Punkte:

- Passen Sie auf, daß Sie keine Leerzeichen innerhalb von Adressen eingeben. In Benutzer- oder Computernamen, vor oder hinter dem @ oder dem Punkt gibt es keine Leerzeichen.
- Schreiben Sie nichts unnötigerweise in Großbuchstaben. Prüfen Sie, wo Benutzer- und Computernamen der betreffenden Person Groß- und Kleinbuchstaben enthalten. Die meisten Adressen bestehen ganz aus Kleinbuchstaben.
- Vergessen Sie die Punkte nicht, die die Teile der Netzadresse voneinander trennen.

Sind Sie mit dem Netz verbunden und wollen die elektronische Post im Netz ausprobieren, dann schreiben Sie doch den Autoren, was Sie von diesem Buch halten. Unsere Adresse ist `dummies@iecc.cambridge.ma.us`. (Wenn Sie diese Adresse richtig hinkriegen, sind Sie schon fast ein Wizard in elektronischer Post.)

Post an Leute senden, die Online-Dienste nutzen

Sie können Leuten Post schicken, die keine UNIX-Computer haben. Wenn Sie im Netz arbeiten, können Sie normalerweise an jeden Post schicken, der CompuServe, MCI Mail oder andere Dienste nutzt.

Um an einen CompuServe-Anwender Post zu schicken, machen Sie folgendes:

- Stellen Sie seine oder ihre CompuServe-ID fest. Es muß eine neun- oder zehnstellige Nummer mit einem Komma irgendwo in der Mitte sein, z.B. 71234,5678. Die meisten CompuServe-IDs beginnen mit einer 7, warum wissen wir auch nicht. Wahrscheinlich hat das irgendeine mystische Bedeutung.

- Um aus UNIX Post zu senden, ersetzen Sie das Komma in der CompuServe-Benutzer-ID durch einen Punkt, wie hier: 71234.5678. Das müssen Sie machen, weil Netzadressen keine Kommata enthalten dürfen.
- Hängen Sie @compuserve.com ans Ende der Nummer. Voila! – schon haben Sie die Netz-Adresse der Person, wie hier:

  `71234.5678@compuserve.com`

Um einem MCI-Anwender Post zu schicken, machen Sie mehr oder weniger das gleiche wie bei einem CompuServe-Anwender:

- Stellen Sie die MCI-Postkontonummer fest. Die kennt Ihr Freund oder ihre Freundin vielleicht nicht, und muß sie erst auf seiner oder ihrer MCI-Postrechnung suchen (MCI-Post wird normalerweise nach Namen und nicht nach Nummer zugestellt). Die Kontonummer ist eine 7-stellige Nummer, die wie eine Telefonnummer aussieht, z.B. 123-4567.
- Nehmen Sie den Bindestrich heraus und hängen Sie `@mcimail.com` ans Ende der Nummer. Voila! – schon haben Sie die Netzadresse der Person, z.B.

  `1234567@mcimail.com`

- MCI-Post kann auch echte Namen mit Punkten zwischen den Einzelteilen verarbeiten:

  `Richard.M.Nixon@mcimail.com`

Für DELPHI-Benutzer besteht die Adresse aus dem Benutzernamen, gefolgt von `@delphi.com`, z.B.

`service@delphi.com`

Für AT&T-Mail-Benutzer besteht die Adresse aus dem Benutzernamen, gefolgt von `@attmail.com`:

`rallen@attmail.com`

Für America On Line-Benutzer besteht die Adresse aus dem Benutzernamen, gefolgt von `@aol.com`, z.B.

`ab2873@aol.com`

Auch viele andere Dienste, insbesondere Prodigy und GEnie, wollen bald mit dem Netz Post austauschen. Details müssen Sie jeweils dort erfragen.

Mailbox mit Kardinälen und Bauern

Wollen auch Sie Post empfangen, dann brauchen Sie einen Postkasten (Mailbox). (In diesem Fall nicht einen dieser geschmackvollen Briefkästen an den Hauseingängen. Es handelt sich um einen unsichtbaren Briefkasten, der ganz aus elektronischen Daten besteht.) Ihr Systemverwalter kann Ihnen einen einrichten (oder hat dies bereits), falls Ihre Firma elektronische Post einsetzt. Der Briefkasten besteht aus einer Datei, die möglicherweise `/usr/mail/yourusername` heißt; sie enthält Ihre ungelesene Post und die Post, die Sie lieber herumliegen lassen. Vielleicht gibt es in Ihrem Home Directory auch ein Verzeichnis, das `mail` oder `Mail` (manche Systeme schreiben es mit einem Großbuchstaben, manche nicht – seufz) heißt. Es dient dazu, Ihre Post in Stapel zu sortieren und sie zu archivieren.

Sie benutzen ein Programm wie `mail` oder `elm`, um die Post in Ihrer Mailbox zu lesen und um Post zu senden. Wenn Sie Motif oder OPEN LOOK haben, können Sie auch schicke X-Window-Mailprogramme wie `Mailtool` und `xmail` verwenden.

Wir spielen Postbote mit mail

Bei jedem UNIX ist eine Grundversion des Programmes `mail` dabei, die eine akzeptable Möglichkeit bietet, Post zu lesen und zu senden. Nicht umwerfend, aber in Ordnung.

Angenommen, Sie wollen Ihrer Freundin Nancy B. Post senden; Sie können mit dem Programm `mail` eine Meldung senden, indem Sie diese Zeile eingeben:

```
mail nancyb
```

Bei manchen Versionen von `mail` erscheint ein Promptzeichen, nach dem Sie eine Betreffzeile für Ihre Nachricht eingeben können; andere antworten mit überhaupt nichts. Da kein UNIX Shell-Promptzeichen wie $ oder % mehr angezeigt wird, erkennen Sie, daß irgendetwas im Gange ist. Das Programm `mail` wartet auf die Eingabe Ihrer Nachricht. Also, geben Sie etwas ein, so viele Zeilen, wie Sie wollen, zum Beispiel:

```
Hallo, Nancy! Ich glaube, ich weiß jetzt, wie man mit der elektroni-
schen Post auf dieser Kiste umgeht! Antworte mir bitte, damit ich
sehen kann, ob meine Mailbox funktioniert. Danke...
```

Erreicht die Zeile die rechte Bildschirmseite, dann drücken Sie Enter, um den Text leichter lesbar zu machen. Ansonsten geht die Zeile nahtlos in die nächste Zeile über, und UNIX trennt vielleicht mitten in einem Wort.

Haben Sie Ihre Meldung eingegeben, dann fügen Sie einen einzelnen Punkt in einer separaten Zeile dazu, der dem Programm `mail` mitteilt, daß Sie fertig sind. `mail` bestätigt, die Nachricht gesendet zu haben, indem es überhaupt nichts tut, außer daß das UNIX-Promptzeichen wieder angezeigt wird. (Einige besonders antike Versionen von `mail` verstehen den Punkt nicht, drücken Sie in diesen Fällen Ctrl-D zum Beenden.)

Das Programm `mail` ist so überaus hilfsbereit, daß Sie sich vielleicht überlegen, ein besseres Programm wie z.B. `elm` einzusetzen. Dieses wird später in diesem Kapitel beschrieben. Müssen Sie mit `mail` klarkommen, dann schicken Sie sich selbst eine Testnachricht, um sicherzustellen, daß es funktioniert. System-V-Rechner haben meist ein wirklich altes und ekliges Mail-Programm, das `mail` heißt, und ein etwas besseres, das `Mail` heißt. (Diese Typen haben wirklich eine Menge Spaß daran gehabt, sich Namen für diese Programme auszudenken.) Haben Sie die Möglichkeit, `Mail` statt `mail` zu verwenden, tun Sie es. Die Wahrscheinlichkeit, daß es so funktioniert, wie es soll, ist erheblich größer. (`mail` versteht häufig nicht mal die Netzwerk-Adressen.)

Was hab' ich in meinem Briefkasten?

Für alles, was mit Post zu tun hat, wie Post lesen, Briefe beantworten und ähnliches, geben Sie dies in eine Zeile für sich ein:

```
mail
```

Das Programm `mail` startet und zeigt Ihnen Ihre ungelesene Post. Einige Versionen zeigen die erste ungelesene Nachricht oder eine Liste aller eingegangenen Meldungen. Danach taucht ein Promptzeichen auf:

```
?
```

Das Programm `mail` versteht viele Befehle und wartet darauf, daß Sie einen eingeben. Hat es nicht schon eine Liste aller Meldungen ausgegeben, können Sie mit `h` eine Auflistung der Nachrichten in Ihrem Briefkasten abrufen (wenn er welche enthält).

Abbildung 18-1 ist ein Beispiel für das, was das Programm `mail` beim Start ausgibt. Das kleine > deutet an, mit welcher Meldung `mail` gerade arbeitet.

Abbildung 18-1:
Ein Beispiel für das, was Sie möglicherweise sehen, wenn Sie mail starten.

```
3 letters found in /usr/mail/margy, 0 scheduled for deletion, 0 newly arrived
> 3   283   lydias    Wed Dec 23  11:51:57   1993
  2   365   jordany   Wed Dec 23  11:51:45   1993
  1  1738   johnl     Tue Dec 22  23:58:50   1993
?
```

Was ist das für ein Zeug am Anfang einer Meldung?

Eine E-Mail-Nachricht hat einen Header, den das Mail-Programm automatisch erzeugt. Die Meldung besteht aus folgendem:

- Die To-Adresse (die Person, die die Nachricht bekommen soll)
- Die From-Adresse (der Absender)
- Die cc-Adressen (die Adressen, an die Kopien gehen sollen)
- Den Betreff
- Optionale Informationen, die selten benutzt werden, wie das Ablaufdatum, die Priorität und Adressen für Irrläufer

Denken Sie sich nichts dabei, wenn der Header etwas chaotisch aussieht – er ist es. Bei eingehender Post kann der Header alle möglichen zusätzlichen Nachrichten über die durchlaufenen Systeme, das sendende Mail-Programm und anderen nutzlosen Kram enthalten.

Bei den Nachrichten, die Sie senden, können Sie cc-Adressen, einen Betreff und weitere Informationen angeben.

Das Mail-Programm versteht eine Menge Befehle, unter anderem diese:

- Zur Anzeige der aktuellen Meldung drücken Sie Enter.
- Geben Sie die entsprechende Nachrichtennummer ein, wenn Sie zu einer anderen Meldung gehen wollen (am Zeilenanfang in der Header-Liste).
- Mit d löschen Sie die aktuelle Meldung (normalerweise, nachdem Sie sie gelesen haben).

- Mit u machen Sie das unbeabsichtigte Löschen einer Meldung wieder rückgängig.
- Mit m und der Adresse senden Sie eine neue Nachricht.
- Mit r können Sie die aktuelle Nachricht beantworten.
- Mit z werden weitere Nachrichten-Headers angezeigt, wenn mehr da sind, als auf den Bildschirm passen.
- Mit p drucken Sie die aktuelle Meldung.
- Mit q verlassen Sie das Mail-Programm.
- ? zeigt weitere Hilfe an, unter anderem eine Liste weiterer möglicher Befehle.

Wie bitte? Was steht drin?

Wollen Sie eine Nachricht lesen, geben Sie einfach deren Nachrichtennummer (die Nummer am Anfang der Zeile) ein. Wollen Sie die aktuelle Nachricht (die mit >) lesen, brauchen Sie nur Enter zu drücken. Das Programm `mail` zeigt entweder die ganze Nachricht – oder bei langen Nachrichten deren erste Seite an.

Haben Sie die Nachricht gelesen, können Sie verschiedene Dinge tun:

- Sie löschen (drücken Sie d).
- Sie erwidern (drücken Sie r). Geben Sie Ihre Nachricht ein (wie die an Nancy, ein paar Seiten vorher). Beenden Sie die Meldung durch Eingabe eines einzelnen Punktes (.) in einer separaten Zeile.
- Sichern Sie sie (dazu mehr im nächsten Abschnitt).

Geben Sie keine andere Anweisung, dann wird die Nachricht, die Sie gelesen haben, in einer Datei namens `mbox` gespeichert, die ganz schön groß werden kann, wenn Sie sie nicht hin und wieder editieren.

Seine Briefe für die Nachwelt aufheben

Sie können eine Nachricht in eine Textdatei sichern, um sie später zu editieren oder in ein Textverarbeitungsdokument aufzunehmen. Sie sichern die aktuelle Nachricht (die, die Sie gerade lesen oder gelesen haben) mit dieser Zeile:

```
s filename
```

Ersetzen Sie *filename* durch den Namen der Textdatei, die Sie erstellen wollen. Besteht diese Textdatei bereits, fügt `mail` die aktuelle Nachricht an deren Ende ein; so können Sie ganze Nachrichtenserien in einer einzigen Datei speichern.

Ich möcht' sie wiedersehen

Um eine Nachricht auszugeben (am Bildschirm, nicht auf dem Drucker), drücken Sie p. Normalerweise machen Sie das, wenn Sie aus einer Liste von Nachrichten den Inhalt einer bestimmten anschauen möchten. Soll es nicht die aktuelle, sondern eine andere Meldung sein, dann setzen Sie die Nachrichtennummer (wird in der Liste der Header angezeigt) hinter das p:

```
p 5
```

Sie beenden `mail` durch Drücken von q. Danach erscheint das UNIX-Promptzeichen wieder.

Wir spielen Postbote mit elm

Das Programm `elm` zum Lesen von Post ist eine ganze Ecke einfacher zu benutzen, als irgendeine Version von `mail`. Das Programm `elm` sagt Ihnen sogar hin und wieder, was gerade los ist. Und es unterstützt Sie dabei, Ihre Post in Ordner zu sortieren, wenn Sie Ihre Nachrichten aufheben wollen.

Zum Lesen der Post, Senden oder Durchgehen von Post, die beim letzten Mal liegengeblieben ist, geben Sie diese Zeile ein:

```
elm
```

Das Programm `elm` zeigt eine Liste Ihrer Nachrichten an (vgl. Abbildung 18-2).

Abbildung 18-2: Eine Liste von Nachrichten in elm.

```
Mailbox is '/usr/mail/margy' with 3 messages [ELM 2.3 PL11]
  1  Dec 22 John R. Levine    (49)  a few troff hints
O 2  Dec 23 Jordan M Young    (12)  junk
N 3  Dec 23 Lydia Spitzer     (10)
```

Diese Anzeige wird Index der Post genannt. Der erste Buchstabe in jeder Zeile gibt Auskunft, welche Nachrichten neu (N), alt und bereits gelesen (leer), alt und ungelesen (0) und welche gelöscht (D) sind. Außerdem zeigt die Liste an, wann die Post empfangen wurde, wer sie gesendet hat, die Zeilenanzahl der Nachricht und den Betreff. Unterhalb des Indexes befinden sich Anweisungen, darunter diejenigen, die Sie zum Lesen und Senden der Post verwenden:

- Mit ↑ und ↓ (oder drücken von j und k) markieren Sie die Nachricht, die Sie lesen, beantworten, löschen oder was auch immer wollen.
- Mit Enter können Sie die markierte Nachricht lesen.
- Mit d löschen Sie eine Meldung, nachdem Sie sie gelesen haben.
- Mit u holen Sie eine unbeabsichtigt gelöschte Meldung wieder zurück.
- Mit m senden Sie eine Nachricht.
- Mit r können Sie eine Nachricht erwidern.
- Mit f leiten Sie eine Nachricht an eine andere Person weiter.
- Nehmen Sie > oder s, um die Nachricht in einem Ordner oder einer Textdatei zu speichern.
- Mit p drucken Sie die aktuelle Meldung.
- Mit q verlassen Sie das `elm`-Programm.
- ? zeigt weitere Hilfe an.

Kleben Sie einfach eine Briefmarke drauf

Wollen Sie mit `elm` senden, drücken Sie m. Das Programm fragt nach der Adresse, dem Betreff der Meldung und nach Adressen, an die Kopien gehen sollen. Dann ruft es einen Texteditor, normalerweise `vi`, auf. (Wenn Sie `vi` genauso sehr verabscheuen wie wir, können Sie dafür sorgen, daß `elm` einen anderen Editor aufruft – dazu der folgende Tip.) Geben Sie mit Hilfe des Editors den Text der Nachricht ein. Sind Sie fertig, dann speichern Sie die Nachricht und verlassen Sie den Editor. (Sind Sie gezwungen, `vi` zu verwenden, drücken Sie Esc und geben ZZ ein, um die Meldung zu speichern und `vi` zu verlassen.)

Sag's allen!

Danach gibt `elm` Ihnen Gelegenheit, die Meldung zu editieren (vielleicht ist ein P.S. anzufügen), mit dem Header herumzuspielen (das ist ganz nützlich, wenn Sie Ihre Meldung für so faszinierend halten, daß sie einem größerem Publikum zukommen sollte), das Ganze zu vergessen oder die Meldung abzuschicken.

Mit h können Sie den Header editieren. `elm` zeigt alle Komponenten des Headers an, darunter den Adressaten und die Betreffzeile. Das meiste davon können Sie ändern, Sie können auch weitere Namen von Leuten anfügen, denen Kopien der Meldung zu senden sind.

Drücken Sie jeweils den Buchstaben vor der Klammer, wenn Sie eine dieser Komponenten ändern wollen. Um z.B. ccs hinzuzufügen, drücken Sie c. `elm` erbittet die Liste der Adressen, an die Kopien zu senden sind. Geben Sie die Adressen ein, jeweils durch mindestens ein Leerzeichen getrennt, und drücken Sie Enter. Findet `elm` eine der Adressen im lokalen Adreßverzeichnis, zeigt es den richtigen Namen der Person in Klammern hinter der E-Mail-Adresse an. Ansonsten zeigt es nur die Adresse an, die Sie eingegeben haben.

Haben Sie genug mit dem Header herumgespielt, drücken Sie Enter, um kundzutun, daß Sie fertig sind. `elm` will wissen, was es mit der Meldung machen soll:

```
And now: s
Choose e)dit message, !)shell, h)eaders, c)opy file, s)end, or f)orget
```

Senden Sie mit s. Sie können auch mit e zurückkehren und weitereditieren, mit h die Headers (z.B. To, Cc, und Betreff) ändern oder ein paar andere weniger sinnvolle Sachen machen, um die wir uns hier nicht kümmern.

Sie können den Editor, den `elm` zum Schreiben und Editieren von Nachrichten verwendet, auswechseln. (Gott sei dank, sonst müßten Sie womöglich `vi` nehmen!). Wenn Sie gerade mit `elm` arbeiten und den Post-Index anschauen, tun Sie folgendes:

1. Schauen Sie sich mit o die Optionen von `elm` an.
2. Ändern Sie den verwendeten Editor mit e.
3. Geben Sie den Namen des Editors ein, den Sie normalerweise zum Editieren von Textdateien verwenden (uns gefällt `emacs` ganz gut).

4. Sichern Sie die Änderung mit >.
5. Schließlich rufen Sie wieder den Index auf, indem Sie i drücken.

Ihre Post lesen

Wollen Sie eine Nachricht lesen, markieren Sie deren Zeile im Post-Index und drücken Enter. Das Programm `elm` zeigt die Meldung bzw. die erste Seite davon bei langen Meldungen an.

Haben Sie die Meldung gelesen, können Sie mehrere Dinge tun:

- Sie löschen (drücken Sie d).
- Sie an jemand anderes weiterleiten (drücken Sie f und geben Sie `elm` die Adresse durch, wo sie hingeschickt werden soll).
- Sie erwidern (drücken Sie r).
- Sie sichern. Soll sie im Briefkasten bleiben, verlassen Sie die aktuelle Nachricht mit der Leertaste, und gehen Sie zur nächsten Nachricht über; mit i verlassen Sie die aktuelle Nachricht und kehren zum Post-Index zurück. In beiden Fällen wird die Nachricht nicht verändert. Sie können die Nachricht aber auch in einen Ordner oder eine Textdatei abspeichern (dazu die folgenden Abschnitte).

Heben Sie sich Ihre Post für einen regnerischen Tag auf

Wenn Sie gerne Nachrichten sammeln, hilft Ihnen `elm`, sie in Ordnern zu speichern, ein Ordner je Thema oder ein Ordner je Absender. Wieviele Ordner Sie anlegen, ist Ihnen freigestellt – jeder ist einfach eine Textdatei in Ihrem Verzeichnis Mail (beachten Sie den Großbuchstaben am Anfang).

Um eine Nachricht in einen Ordner zu sichern, markieren Sie die Nachricht im Index oder lassen Sie sie anzeigen. Dann drücken Sie > oder s. Das Programm will wissen, wie der Ordner heißt, in dem Sie die Nachricht unterbringen wollen. Ordnernamen beginnen mit einem = (einem Gleichheitszeichen), warum auch immer. Das Programm `elm` schlägt vor, den Ordner nach der Person zu benennen, die die Nachricht geschickt hat. Es nimmt wohl an, daß Sie Ihre Nachrichten nach Absendern sortieren wollen. Aber Sie können auch jeden beliebigen Namen eingeben (keine Leerzeichen und keine komischen Zeichen, außer dem = am Anfang).

Vom Post-Index aus können Sie die Meldungen in den Ordnern sehen, indem Sie c (für change) drücken. Geben Sie den Namen des gewünschten Ordners ein (oder geben Sie ? ein, um eine Liste Ihrer Ordner zu erhalten). Vergessen Sie das = am Anfang des Ordnernamens nicht. Die Liste der Nachrichten sieht genauso aus, wie der Post-Index Ihrer ursprünglichen Mailbox.

Alle Befehle, die Sie in der Mailbox verwenden können, sind auch im Ordner verfügbar. Haben Sie z.B. eine Nachricht markiert, können Sie sie mit Enter lesen, mit f weiterleiten oder mit d löschen.

Drücken Sie noch einmal c und dann !, wenn `elm` nach dem Ordnernamen fragt, um wieder zurück in die normale Mailbox zu gelangen (fragen Sie uns nicht warum).

Post mit Textverarbeitungsprogrammen

Es ist auch möglich, eine Nachricht in einer Textdatei zu speichern, um sie später zu editieren oder in ein Dokument eines Textverarbeitungsprogrammes einzufügen. Verschieben Sie die Meldung mit > oder s, aber geben Sie anstelle des Ordnernamens (der immer mit = beginnt) einen Dateinamen ein (wie `message.text`). Das Programm `elm` speichert die Nachricht in einer Datei in Ihrem Home Directory. Besteht die Datei bereits, hängt `elm` die Nachricht ans Ende der vorhandenen Datei an. So können Sie ganze Reihen von Nachrichten in einer einzigen Textdatei sichern.

Sie mitnehmen

Um eine Nachricht auf dem Drucker zu drucken, müssen Sie die Nachricht im Post-Index markieren oder anzeigen lassen. Dann drücken Sie p zum Drucken.

Netiquette

Inzwischen gibt es E-Mail schon so lange, daß sich eine gewisse Etiquette gebildet hat, genau wie bei der richtigen Post. Hier einige Tips:

- Seien Sie höflich. Das geschriebene Wort neigt dazu, gewichtiger und belehrender zu wirken als das gesprochene; Sarkasmus und kleine Jokes kommen nicht immer an.
- Schreiben Sie nichts, wenn Sie verärgert sind. Erhalten Sie eine Meldung, an der Sie sich stoßen, *beantworten Sie sie nicht gleich!* Wenn doch, wird Ihnen das leid tun, weil Sie überreagieren werden und genauso unangenehm wirken. Woher wir das wissen? Wir haben das auch gemacht. Am Anfang geht es jedem so, bis man lernt, E-Mail nicht so ernst zu nehmen. Der Austausch unnötig unangenehmer Nachrichten ist so verbreitet, daß es dafür sogar einen Namen gibt: *flaming*. Machen Sie das nicht.
- Seien Sie knapp.
- Unterschreiben Sie Ihre Nachrichten. Im Header steht zwar, woher eine Meldung kommt, aber vielleicht erkennt der Empfänger Sie nicht an Ihrer rätselhaften E-Mail-Adresse.
- Verwenden Sie normale Groß- und Kleinschreibung und normale Satzzeichen. Das will sagen, SCHREIBEN SIE NICHT ALLES IN GROSSBUCHSTABEN. Es sieht aus, als würden Sie schreien, und das ist nicht höflich (vgl. den ersten Tip in dieser Liste).
- Geben Sie auf die Akronyme acht. E-Mail wimmelt nur so von ihnen, daher sollten Sie wenigstens die häufigsten kennen. Am Ende dieses Kastens ist eine Liste.
- Denken Sie nicht, daß E-Mail eine private Angelegenheit sei. Jeder Empfänger Ihrer Nachrichten kann diese leicht an andere weiterleiten. Einige Postadressen sind eigentlich Adreßlisten, die Nachrichten an viele Leute weiterverteilen. Ausrutscher im Mail-System können Ihre Nachrichten in zahlreiche Briefkästen führen. Berühmt geworden ist der Fall, als aufgrund einer fehlerhaften Mail-Adresse eine Nachricht an zehntausende Leser ging. Sie begann mit: »Liebling, endlich haben wir einen wirklich privaten Weg gefunden, Nachrichten auszutauschen...«
- Um Emotionen darzustellen, verwenden viele Leute *Emotikons*, kleine Bildchen aus Buchstaben, die wie Gesichter aussehen. Wenn Sie z.B. :-) sehen, schauen Sie es sich von der Seite an: Sie erkennen ein kleines Smiley-Gesicht, das normalerweise besagt, daß Sie gerade einen Witz gelesen haben. (Mit der anderen Klammer als Mund erhalten Sie ein trauriges Gesicht. Einige Leute – insbesondere CompuServe-Benutzer – schreiben <grinz> oder <g> oder <smile>.

Hier ist eine Liste der häufigsten E-Mail-Akronyme:

BTW	By the Way
IMHO	In my humble opinion
IOW	In other words
PITA	Pain in the a**
ROF,L	Rolling on floor, laughing
RSN	Real soon now (ha!)
RTFM	Read the f'ing manual (that is, you could have looked it up yourself)
TIA	Thanks in advance
TLA	Three-letter acronym

Sie ist tot, Jim

Haben Sie eine falsche Adresse angegeben, dann kommt die Nachricht meistens innerhalb einiger Stunden (bei Post auf Ihrem eigenen Rechner oder in Ihrem eigenen Netzwerk) oder einiger Tage (für Post, die durch das Netz gewandert ist) zurück. Die Nachricht enthält normalerweise jede Menge rätselhafter, automatisch erstellter Fehlermeldungen, aber es wird deutlich, daß sie nie angekommen ist. Überprüfen Sie die Adresse und versuchen Sie es noch einmal. Die sicherste Art, eine Meldung zu adressieren ist, die Meldung eines anderen zu erwidern.

## KAPITEL 19

Wo sind meine Dateien?

In diesem Kapitel

- Was sind remote files?
- Was ist NFS?
- Tips und Fallen der remote files

Ist Ihr UNIX-Rechner mit einem Netzwerk verbunden, sind aller Wahrscheinlichkeit nach einige oder alle Ihre Dateien auf einem Rechner gespeichert, der weit entfernt von Ihrem Arbeitsplatz ist. Arbeitet Ihr Rechner nicht im Netz oder nur über eine langsame Telefonverbindung, können Sie dieses Kapitel überspringen.

Es gibt nicht wenige unterschiedliche Philosophien bei der Nutzung von Dateien auf anderen Rechnern. Sie haben häufig Namen, die aus dreistelligen Akronymen bestehen wie AFS, RFS und NFS. Dieses Kapitel behandelt überwiegend NFS, weil dies die am weitesten verbreitete Philosophie ist, auch wenn sie in vielerlei Hinsicht am schlechtesten funktioniert. Haben Ihnen weder die C-Shell noch der Editor `vi` gefallen, dann werden Sie auch NFS nicht mögen; es wurde ebenfalls von Bill geschrieben, dem Typen mit seiner ausgeprägten Meinung.

Sie werden Ihre Sachen nie finden

Mit dem Programm NFS (Network File System) können Sie Dateien auf einem anderen Computer mehr oder weniger genauso behandeln, wie Sie es mit Dateien auf Ihrem eigenen Rechner machen.

Es gibt einige Gründe, weshalb Sie vielleicht mit NFS arbeiten wollen, dieses Kapitel stellt sie vor.

Teile!

Der häufigste Grund, NFS einzusetzen, ist, daß man eine Reihe ähnlicher Rechner mit mehr oder weniger den gleichen Programmen hat. Anstatt jedes Programm auf jedem Rechner zu laden, lädt der Systemverwalter eine Ausgabe von jedem Programm auf einen Rechner (den *Server*), und alle anderen Computer (die *Clients*) teilen sich diese Programme. Diese Regelung spart Plattenspeicher und erleichtert dem Systemverwalter die Arbeit. Wird das Update eines Programms auf dem Server installiert, hat jeder sofort die aktuelle Version. Ansonsten müßte man Dutzende verschiedener Maschinen über das Netzwerk updaten oder womöglich sogar zu jeder mit Disketten oder Bändern in der Hand hinlaufen.

Ein Backup für alle, und alle für einen Backup

Befinden sich alle Dateien zentral auf einem Server, wird auch das Sichern und die Systemverwaltung erleichtert. Es ist erheblich einfacher, eine 1000 Megabyte große Platte zu verwalten als 10 Platten mit je 100 Megabyte. Da sich alles an einer Stelle befindet und nicht über ein Dutzend Maschinen verstreut ist, ist es viel einfacher zu sichern.

Ich glaube, ich arbeite heute hier

Eine andere Verwendungsmöglichkeit von NFS läßt mehrere Workstations wie ein verteiltes System funktionieren. Es ist sinnvoll, eine Reihe von Workstations dastehen zu haben, so daß Sie sich an jeder beliebigen hinsetzen und anmelden können und dabei die gleichen Dateien nutzen, unabhängig davon, wo sie sich physikalisch im Netzwerk befinden. Diese Möglichkeit ist außerordentlich bequem. Mit Befehlen wie `rlogin` (wird in Kapitel 20 besprochen) können Sie sich an einem anderen Rechner im Netzwerk anmelden und von dort aus arbeiten (das ist praktisch, wenn der andere Rechner schneller ist als Ihr Rechner oder andere Fähigkeiten hat, die Sie nutzen möchten).

Ein funktionierendes Netzwerk ist ein gesparter Pfennig

Im Extremfall kann ein System aus Workstations ohne Platten bestehen, die für ihren gesamten Plattenbedarf NFS nutzen. Solche plattenlose Workstations waren eine Zeitlang sehr populär, weil eine große Platte auf einem Server viel billiger war, als mehrere kleine Platten auf jeder Workstation. Mittlerweile ist die Begeisterung etwas abgeflaut. Es hat sich herausgestellt, daß es sehr lange dauert, jeden noch so kleinen Plattenzugriff über das Netzwerk zu schicken. Es ist eine große Hilfe, wenn man vor Ort eine kleine Platte fürs Grobe hat; im übrigen sind kleine Platten heute nicht mehr teuer. Außerdem hat man mittlerweile festgestellt, daß das größte Programm, das auf einer Workstation verwendet wurde, das X-Window-Serverprogramm war; statt dessen lassen sich ebenso gut X-Datenstationen verwenden, die billiger als Workstations ohne Platten sind und zu einem günstigeren Preis eine ebensogute Performance liefern.

Sich mit dem »anderen« Computer unterhalten

Schließlich findet NFS in *heterogenen Netzwerken* Verwendung, ein schicker Ausdruck für Netzwerke mit verschiedenen Arten von Computern. Es gibt NFS für alle möglichen Arten von Rechnern von PCs bis zu Großrechnern. Nicht selten läuft eine Version von NFS auf PCs, die es dem PC-Benutzer ermöglicht, Daten von UNIX- oder anderen Systemen zu nutzen. Andererseits gibt es Versionen von NFS für viele nicht-UNIX-Workstations, wie die Workstations DEC VAX, die unter VMS laufen. So können auch VAX-Benutzer ihren Spaß haben. Über Gateways wird NFS mit anderen Arten von Netzwerken verbunden, insbesondere mit AppleTalk, zur Freude der Macintosh-Benutzer.

Ursprünglich war NFS für Sun-Workstations geschrieben worden, daher läuft es unter UNIX immer noch besser als auf anderen Systemen. Die Dateiformate auf dem einem Rechner unterscheiden sich geringfügig von denen auf dem nächsten, was – wie üblich – die Dinge nicht einfacher macht. Auf DOS-Rechnern werden Textdateien z.B. mit zwei Zeichen am Ende jeder Zeile gespeichert: Carriage Return (Wagenrücklauf – Ctrl-M) und Linefeed (Zeilenschaltung – Ctrl-J); UNIX-Textdateien enthalten nur das Linefeed. Die Folge ist, daß DOS Editoren und Textverarbeitungsprogramme eigenartig mit UNIX-Textdateien umgehen. Oft wird das ganze Dokument interpretiert als großer Absatz mit harten Carriage Returns dort, wo die Linefeeds sind; UNIX-Editoren behandeln DOS-Dateien ganz gut, abgesehen davon, daß das Carriage-Return-Zeichen am Ende jeder Zeile als häßliche Zeichen-Folge ^M dargestellt wird.

NFS ignorieren

Solange NFS normal läuft, brauchen Sie sich keine Gedanken darüber zu machen. Ihr Systemverwalter hat die harte Arbeit beim Installieren geleistet.

Die Dateien, die über das Netzwerk gehen, verhalten sich fast wie die auf Rechnern vor Ort; in den meisten Fällen können Sie genauso mit ihnen umgehen. Der hauptsächliche Unterschied ist, daß der Zugriff übers Netzwerk auf Dateien etwa zweimal solange dauert wie auf Dateien auf dem eigenen Rechner. Normalerweise ist das unproblematisch, weil das System bei den meisten Sachen, die Sie machen, ohnehin nur wenig Zeit für den Plattenzugriff benötigt.

Haben Sie etwas Großes und Langsames (wie ein 500-Seiten Dokument neu zu numerieren), kann es sich lohnen, zu überprüfen, ob Sie das Programm nicht von dem Rechner aus aufrufen können, auf dem sich die Dateien befinden.

Wo überhaupt sind die Dateien?

Mit NFS kann man sich in entfernte Verzeichnisse einhängen (es mountet sie). Mounten bedeutet, so zu tun, als wäre ein Verzeichnis, das sich auf einer anderen Platte oder gar einem anderen Rechner befindet, ein Teil der Verzeichnisstruktur auf Ihrer Platte. So scheint es bei manchen Dateien, die an vielen verschiedenen Stellen gespeichert sind, als würden sie sich ordentlich in einem einzigen baumstrukturierten Verzeichnis befinden.

Bei jedem Verzeichnisnamen – z.B. `/stars/elvis` – prüft UNIX, ob irgendwelche (Teil-) Namen im Verzeichnis Zeiger auf solche Mounts (*mount points*) sind, Verzeichnisse, über die eine Platte logisch mit einer anderen verknüpft ist.

Ihr System hat z.B. ein Verzeichnis `/stars` eines anderen Rechners gemountet, dann befinden sich das Verzeichnis `/elvis` und alle Dateien darin auf dem anderen Rechner.

Dies sind keine Hiesigen

Es gibt zwei Arten von Verzeichnissen, die gemountet werden können:

- Lokale Verzeichnisse. Sie befinden sich auf Platten Ihres eigenen Rechners. Diese Verzeichnisse zu mounten, macht Sinn, wenn Ihr Rechner verschiedene Plattenlaufwerke hat, die Sie als miteinander verbunden erscheinen lassen wollen.

- Entfernte Verzeichnisse. Solche Verzeichnisse werden von NFS eingehängt und befinden sich auf Platten eines anderen Computers.

Ihr Computer hat z.B. zwei Platten, /dev/sd0a und /dev/sd1b. (Die Leute, die sich diese Namen ausgedacht haben, kannten uns offensichtlich nicht...) Ihr Verzeichnis /usr, das Ihr Home Directory und vielleicht noch Verzeichnisse anderer Leute enthält, befindet sich z.B. auf /dev/sd0a, und andere Dateien, die Sie benutzen, befinden sich z.B. in /budget auf /dev/sd1b. Es ist einfacher, wenn /usr und /budget Unterverzeichnisse desselben Root-Verzeichnisses zu sein scheinen, da Sie dann mit cd zwischen ihnen wechseln können.

Der Befehl df

Am einfachsten ist es, mit dem Befehl df zu sagen, wo sich welche Dateien befinden. Er zeigt die Menge freien Speicherplatzes auf jeder Platte an, und wo die Platten sind. Hier eine typische Ausgabe von df:

```
Filesystem  kbytes    used  avail  capacity   Mounted on
/dev/sd0a    30383    6587  20758      24 %   /
/dev/sd0g    57658   24254  17639      88 %   /usr
/dev/sd0h    64378   61795  66146      80 %   /home
/dev/sd3a    15671     030  13074       7 %   /tmp
/dev/sd3g  1175742  758508 299660       2 %   mnt
server-sys:/usr/spool/mail
            300481  190865  79567      71 %   /var/spool/mail
server-sys:/usr/lib/news
            300481  190865  79567      71 %   /usr/lib/news
server-sys:/usr/spool/news
            298068  243877  24384      91 %   /var/spool/news
```

Die Spalte Mounted on zeigt den gewohnten Verzeichnisnamen an. In diesem Beispiel befindet sich das Verzeichnis / auf einer lokalen Platte (einer Platte Ihres eigenen Rechners) mit dem Namen /dev/sd0a; /usr befindet sich auf /dev/sd0g; /home befindet sich auf /dev/sd0h; usw. (Wir wollen nicht mehr über Plattennamen sagen, nur daß alles, was mit /dev beginnt, auf dem lokalen Rechner ist.) Das Verzeichnis /var/spool/mail ist eigentlich das Verzeichnis /usr/spool/mail auf dem Rechner server-sys, /usr/lib/news ist eigentlich /usr/lib/news auf Rechner server-sys und so weiter.

Einige der lokalen Verzeichnisnamen entsprechen Namen von Verzeichnissen auf dem entfernten Computer – und manche nicht. Dies kann zu erheblicher Verwirrung führen; leider läßt es sich aber nicht vermeiden. Ein halbwegs vernünftiger Systemverwalter wird zumindest jedes Verzeichnis durchweg mit demselben Namen mounten, so daß z.B. /var/

`documents/bigproject` immer das gleiche ist, egal auf welchem Computer Sie gerade arbeiten.

Mit einer Datenbank, die NIS (Network Information System) heißt, wird die richtige Namensvergabe vereinfacht. Sie wird später in diesem Kapitel besprochen, nur soviel sei gesagt: Sie brauchen sich keine Gedanken zu machen, solange der Systemverwalter nicht grob danebengelangt hat.

Was NFS nicht kann

So weit hört sich NFS ganz gut an. Die Dateien können hier, dort und irgendwo sein, und alles funktioniert ganz von allein! Toll, nicht? Fast.

Dummerweise ist NFS nicht sehr zuverlässig. Das heißt, es funktioniert manchmal eben nicht. Manchmal gehen Daten verloren. Dieser Mangel von NFS steckt in seinem Entwurf – neuere Versionen haben diese Probleme weitgehend, aber noch nicht vollständig behoben. Der Kasten »Warum NFS nicht funktioniert« erläutert das Problem für diejenigen, die es interessiert (deswegen funktioniert's aber immer noch nicht).

Ich weigere mich, diese Dateien zu aktualisieren

Besonders mit gleichzeitigen Updates tut sich NFS schwer – also wenn unterschiedliche Computer zur gleichen Zeit die gleiche Datei updaten wollen. Es soll einige Sperrbedingungen geben, die es verschiedenen Computern ermöglichen, nacheinander ihren Kram zu aktualisieren, aber diese Sperren funktionieren nicht besonders gut.

Am häufigsten kommen gleichzeitige Updates bei Datenbanken vor. NFS ist einfach nicht das Richtige für Datenbanken. Zum Glück hat jede Datenbank, die etwas auf sich hält, eigene Vorkehrungen für den entfernten Zugriff und das Sperren, daher entstehen in der Praxis kaum Probleme.

Wenn Sie ein Verzeichnis voller Dateien haben, die gleichzeitig von mehreren Leuten aktualisiert werden (z.B. Logdateien, in die je nach Ereignissen Notizen geschrieben werden), können gleichzeitige Updates in der Tat zu einem Problem werden. Wenn Sie dies wie gewohnt mit NFS machen, werden früher oder später (eher früher) Daten für immer verschwinden. Verhältnismäßig gut läßt sich dieses Problem eindämmen, wenn das Loggingprogramm immer auf dem gleichen Rechner läuft. Vielleicht verwenden Sie dazu den Befehl `rsh`, der in Kapitel 20 beschrieben ist.

Mami, NFS gibt nichts ab

Eine weitere Sache, mit dem NFS nicht klarkommt, ist die Verwaltung von Einheiten wie Bändern, Druckern und Bildschirmen. Die meisten Systeme mit einer Bandstation sprechen diese wie eine Datei an, die z.B. `/dev/tape` heißt; es erleichtert das Sichern erheblich: man weist das Backup-Programm einfach an, nach `/dev/tape` zu sichern. Hat Ihr Computer kein Bandlaufwerk, der im nächsten Büro aber wohl, kommen Sie vielleicht auf den Gedanken, `/dev/tape` der anderen Maschine mit NFS zu mounten, damit das Backup-Programm die entfernte Bandstation nutzt. Das geht nicht.

Warum geht das nicht? Einfach so. NFS mag keine Bandstationen – oder Drucker oder sonstiges, außer Platten. Für den Backup müssen Sie es gerade umgekehrt machen: rufen Sie das Backup-Programm vom Rechner mit der Bandstation auf und holen Sie sich Ihre Dateien über NFS. Die meisten Systemverwalter und alle Wizards sind sich der Grenzen von NFS schmerzlich bewußt und können Ihnen helfen, Bänder auf anderer Leute Rechner zu ziehen, wenn Sie das wollen.

Warum NFS nicht funktioniert

Wir erörtern jetzt den technischen Aspekt des Zugriffs auf entfernte Dateien. Sind Sie überhaupt noch da? Oh je, eine Strafe, diese Unersättlichen.

Es gibt zwei gängige Verfahren für die Kommunikation zwischen Server (dem Rechner mit den Dateien) und Client (dem Rechner, der sie benutzen möchte). Das eine Verfahren wird *stateless* genannt und das andere (aus Ermangelung eines besseren Wortes) *stateful*.

Die Methode Stateful ist direkter: die beiden Computer führen eine Unterhaltung, die ungefähr so aussieht:

»Ich möchte eine Datei namens `/usr/elvis/current-whereabouts` lesen.«

»Sehr gut, mein Herr – eine gute Wahl.«

»Kann ich das erste Stück der Datei haben, die ich gerade nannte?«

»Sicher, mein Herr. Es heißt so-und-so.«

»Ganz herzlichen Dank. Kann ich das nächste Stück haben?«

»Es ist mir ein Vergnügen. Es heißt dies-und-jenes.«

Es taucht dabei nur dann ein Problem auf, wenn eine der beiden Maschinen währen der Unterhaltung ausfällt. Fährt sie wieder hoch, kann sie sich nicht mehr erinnern, worüber gesprochen wurde. Die Unterhaltung kann nicht einfach wieder aufgenommen werden, es sind alle möglichen besonderen Wiederanlaufprozeduren erforderlich, um sich wieder zu synchronisieren. (»Es tut mir leid, alter Junge, ich hatte einen Anflug von Gedächtnisschwund. Können Sie mir auf die Sprünge helfen, über was wir uns gerade unterhalten haben?«)

Damals, als Bill NFS schrieb, stand ihm der Sinn nicht nach all diesem Wiederanlaufzeugs (es ist schwierig zu programmieren und obendrein langweilig), also hat er NFS stateless gemacht. Dieser Entscheidung wegen leidet NFS ernsthaft an Gedächtnisverlust in Bezug auf alle anderen Server. Welcher Client welche Datei anfordert, interessiert das NFS überhaupt nicht. Die NFS-Server haben nicht die geringste Ahnung, wer ihre Clients sind, und vergessen alles einen Client betreffende von der einen zur nächsten Sitzung. Die Unterhaltung sieht mehr so aus:

»Ich möchte `/usr/elvis/current-whereabouts` lesen.«

»Das ist mir egal. Auf meiner Platte hat die Datei die Nummer 86345.«

»Schick mir das erste Stück der Datei 86345.«

»Also gut, wenn Du darauf bestehst. Es lautet so-und-so.«

»Schick mir das zweite Stück von Datei 86345.«

»Wer zum Teufel bist Du denn? Ist auch egal – ich könnte es mir sowieso nicht merken, auch wenn Du es mir sagst. Was soll's also, die Antwort lautet dies-und-jenes.«

Diese Methode hat den Vorteil, daß der Server, wenn er ausfällt, hinterher wieder dort fortfahren kann, wo er unterbrochen wurde. Da er nichts über seinen Client weiß, kann er auch nichts vergessen. Der Nachteil ist, daß es schwierig ist, festzustellen, ob etwas verloren gegangen ist oder wegen des ungenauen Netzwerkes zweimal verarbeitet wurde. In einer Stateful-Umgebung ist dies schnell festgestellt: jede Nachricht hat eine Nummer. Wenn die Nachrichten 106 und 108 ankommen, dazwischen die 107 aber nicht, wissen Sie, daß etwas auf der Strecke blieb. Stateless Nachrichten sind nicht numeriert (es würde nichts ändern, wenn sie Nummern hätten; der Server kann sich die Nummer ohnehin nicht von der einen zur nächsten Nachricht merken), also kann man nicht feststellen, ob eine verlorenging. In der Praxis sieht das so aus: hat ein Client nicht innerhalb einiger Sekunden eine Antwort auf seine Anfrage, wiederholt er die Anfrage, weil NFS-Anfragen angeblich *idempotent* sind (dieses anrüchige Wort bedeutet, daß es nichts ausmacht, wenn der Server etwas mehrfach ausführt).

Die meisten Anfragen sind in der Tat idempotent (es ist egal, ob Sie das gleiche Zeugs zweimal hintereinander an dieselbe Stelle der Datei schreiben) – aber eben nicht alle. Lautete die Anfrage z.B. »Lösche die Datei `furble`«, und der Server hat die Anfrage auch erhalten, allerdings die Antwort verloren, dann beschwert sich der Server bei der zweiten Anfrage des Clients, daß die Datei nicht existiert, und schickt einen Fehler zurück (obwohl die Datei aus Sicht des Client da war, als er anfragte). Sind Sie noch nicht verwirrt? Wir sind es jedenfalls.

Es gibt noch kompliziertere Wechselspiele von wiederholten und verschwundenen Nachrichten, die zur Folge haben, daß der Inhalt einer Datei aus Versehen weggeworfen wird. (Nein, wir gehen nicht ins Detail – wir wissen, daß Sie bereits aufgehört haben, diesen Teil zu lesen.) Glücklicherweise ist das selten, wenn es auch schon vorgekommen ist.

Sollten Sie sich wundern, warum NFS keine Bänder, Drucker und dergleichen mag: Bill schaffte es einfach nicht, einen idempotenten Drucker zu bekommen – einen, bei dem zweimaliges Drucken einer Seite dasselbe ist wie einmaliges Drucken. Vielleicht hätte er durchsichtige Tinte nehmen sollen?

NFS und Systemabstürze

Was passiert eigentlich, wenn Sie mit NFS arbeiten, Ihre Dateien auf einem Server sind, und der Server abstürzt? Die Antwort lautet: Sie warten. Wenn der Server schließlich wiederkommt, machen Sie da weiter, wo Sie unterbrochen wurden. Bei einem schlimmen Systemabsturz warten Sie lange. Wir hörten von einem extremen Fall, in dem ein NFS-Client sechs Monate wartete. In dieser Zeit war der Server abgestürzt, wurde abgebaut, zum Hersteller zurückverfrachtet und wieder aufpoliert, wieder ausgeliefert, vom Band neu geladen, gestartet und – das Clientprogramm lief weiter. Wahrscheinlich sind Sie weniger geduldig.

In der Praxis ist es das größte Problem, daß Sie ein Programm, das mit einem abgestürzten NFS festgefahren ist, weder anhalten noch abbrechen können, außer durch Neustart Ihres UNIX-Computers.

Neuere Versionen von NFS sind mit Features ausgestattet, die *weiche* und *harte mounts* genannt werden (nicht ganz so unanständig wie sie klingen, aber fast). Diese ermöglichen es, Programme anzuhalten, die auf einen abgestürzten Server warten. Schwierig wird's, wenn ein Server einfach nur langsam ist (glauben Sie uns, ein Server, der mit Hunderten von Clients belastet ist, ist beeindruckend langsam). Ein Client vermutet vielleicht, daß der Server hops gegangen ist, und hält ein Programm an. Wäre der Client geduldiger gewesen, hätte der Server bereits geantwortet, und das Programm hätte seine Aufgabe beenden können.

Was steckt alles in einem Namen?

In der Arbeit mit Netzwerken ist es eine der verzwickstesten Aufgaben, allen Dingen einheitliche Namen zu geben. Wenn z.B. der Benutzer `melvin` auf einem Rechner im Netzwerk die interne Benutzernummer `1234` und das Home Directory `/usr/drones/melvin` hat, sollten seine interne Nummer und sein Home Directory eigentlich auf allen anderen Rechnern des Netzwerkes genauso lauten. Mit einer solchen Regelung greift er, unabhängig davon, an welchem Computer er sich anmeldet, immer auf die richtigen Dateien zu. Ebenso hat jeder Rechner im Netzwerk einen Namen, der für alle anderen Rechner im Netz einheitlich lauten soll; NFS-Verzeichnisse sollten mit einheitlichen Namen auf allen Rechnern gemountet werden usw.

In einem Netzwerk mit mehr als zwei oder drei Rechnern kann die Aufgabe, alle Namensdaten vollständig und up to date zu halten, für den Systemverwalter zu einer richtigen Herausforderung werden. Die Benutzernamen und Verzeichnisnamen der Benutzer befinden sich in einer Datei `/etc/passwd`, die Rechnernamen in `/etc/hosts`, NFS-Verzeichnisnamen in `/etc/fstab` und es gibt noch vier, fünf weitere Dateien, die einheitlich gehalten werden sollten.

Ursprünglich mußte der Systemverwalter alle diese Dateien von Hand aktualisieren. (Sie können nicht einfach über NFS geteilt werden, da das System einige der Daten in diesen Dateien benötigt, um NFS zu starten.) Kam ein neuer Benutzer dazu, mußten sämtliche `/etc/passwd` aktualisiert werden und so weiter. Das war, milde gesagt, mühsam.

Die Antwort auf dieses Verwirrspiel lautet *NIS*, das Netzwerk-Informations-System. NIS speichert fast alle Namensdaten in einer zentralen

Datenbank auf einem oder zwei Rechnern, die *NIS-Server* genannt werden. (NIS-Server können auch gleichzeitig NFS-Server sein, müssen es aber nicht.) Die Verzeichnisse `/etc/passwd`, `/etc/hosts` etc. auf jedem Rechner enthalten gerade so viele Daten, daß NFS und NIS gestartet werden können; anschließend werden alle Benutzernamen, Rechnernamen, NFS-Verzeichnisnamen und dergleichen aus dem NIS gelesen. Kommt ein neuer Benutzer hinzu, muß der Systemverwalter nur die zentrale NIS-Datenbank aktualisieren; alle anderen Rechner des Netzwerkes beziehen dann den neuen Benutzernamen, die Nummer, das Home Directory und alle anderen wichtigen Daten über NIS.

Es ist für den Systemverwalter sehr mühsam, NIS erstmals einzurichten, aber ist das einmal erledigt, funktioniert das System recht gut. Es gibt Systemverwalter, die sich weigern, NIS zu nutzen, einfach weil sie die Mühe, es einzurichten, scheuen. Aber bei einem Netzwerk mit mehr als zwei oder drei Rechnern lohnt sich der Aufwand.

Anfangs hieß NIS Gelbe Seiten (Yellow pages), aber in Großbritannien hat die britische Telefongesellschaft das Urheberrecht auf diese Bezeichnung, daher wurde der Name in NIS geändert (dafür wollte niemand ein Urheberrecht...). Manchmal hört man den Namen Yellow Pages noch, und es gibt noch einige Befehle zur Steuerung der NIS Datenbank, die mit `yp` beginnen.

Mit welchen anderen Dateisystemen muß man sich abfinden?

NFS ist zwar die am weitesten verbreitete Netzwerk-Dateieinrichtung, aber vielleicht begegnen Ihnen auch noch ein paar andere. Viele davon können nebeneinander laufen – es ist nicht ungewöhnlich, auf einem einzigen Rechner sowohl NFS als auch RFS oder sowohl NFS als auch AFS vorzufinden. Hier die anderen Datei-Einrichtungen, über die Sie vielleicht stolpern:

- RFS (Remote File Sharing) ist ein ursprünglich von AT&T entwickeltes Konkurrenzprodukt zu NFS. (NFS wurde zuerst von Sun Microsystems entwickelt.) RFS hat weniger Probleme mit der Zuverlässigkeit als NFS, aber es läuft nur auf UNIX-System-V-Rechnern, nicht unter BSD, DOS, Macs oder sonst irgendwas. Läuft ein komplettes Netzwerk unter System V, setzt der Systemverwalter vielleicht eher RFS als NFS ein (dann können Sie all die wenig netten Sachen vergessen, die wir über NFS gesagt haben).

- AFS (Andrew File System), das an der Carnegie-Mellon Universität geschrieben wurde, soll tausende von Clients unterstützen, die sich mehr oder weniger die gleichen Dateien teilen. Anders als NFS und RFS funktioniert AFS auch über weite Entfernungen zwischen den Netzwerkknoten so vernünftig, daß Rechner, die Tausende von Kilometern voneinander entfernt sind, Dateien teilen können.
- Novell NetWare, das am weitesten verbreitete Netzwerk für DOS-PCs, gibt es auch für UNIX-Systeme. Meistens gibt es dann einen oder zwei UNIX-Systeme als Server und unzählige PCs als Clients. Da Novell jetzt die Firma übernommen hat, die System V unterstützt, erwarten wir, NetWare häufiger auf UNIX-Systemen zu sehen.

KAPITEL 20

Netzwerk-Banditen – sie stehlen Zeit und Dateien

In diesem Kapitel

- Wie man sich bei anderen Rechnern einloggt
- Wie man Dateien zu anderen Rechner hin- und wieder zurückkopiert
- Wie man sich über den Computer das Netz ansieht

Ist Ihr Computer mit einem Netzwerk verbunden, dann können Sie nicht umhin, früher oder später einen anderen Rechner als den eigenen zu benutzen. Es gibt furchtbar viel, was Sie mit einem Netzwerk machen können, am häufigsten wird es remote login und der Filetransfer sein.

Remote login bedeutet schlicht und einfach, sich an einem anderen Rechner als dem eigenen anzumelden. Während Sie dort am anderen Rechner angemeldet sind, werden alle Ihre Eingaben an den anderen Rechner weitergereicht; alle Anworten jenes Rechners werden zu Ihnen durchgereicht. Da es ja bei UNIX Tradition ist, gut nie gut genug sein zu lassen, gibt es zwei geringfügig verschiedene Programme für den Remote Login: `telnet` und `rlogin`. Es gibt auch eine Variante von `rlogin`, die `rsh` heißt, mit der Sie einzelne Befehle auf anderen Rechnern ausführen können.

Ein *Filetransfer* kopiert Dateien von dem einen System zu einem anderen. Sie können Dateien eines anderen Systems auf Ihr System kopieren und umgekehrt. Es gibt zwei Programme für den Filetransfer (woher wußten Sie das?): `ftp` und `rcp`.

Sich an- und abmelden

Sie verwenden Telnet, indem Sie `telnet` und den Namen des Rechners eingeben, an dem Sie sich anmelden wollen:

```
telnet pumpkin
```

UNIX teilt Ihnen mit, daß die Verbindung hergestellt wird und zeigt dann das übliche Promptzeichen an:

```
Trying...
Connected to pumpkin.bigcorp.com.
Escape character ist ,^]'. SunOS UNIX (pumpkin.bigcorp.com)
login:
```

Geben Sie nach dem Promptzeichen Ihren Benutzernamen und Ihr Paßwort ein. Wenn die Verbindung zum anderen Rechner hergestellt ist, melden Sie sich so an wie an Ihrem eigenen Computer. In folgendem Beispiel haben wir `john1` als unseren Benutzernamen eingegeben, und dann unser Paßwort:

```
login: john1
Password:
Last login: Thu Jan 7 23:03:58 from squash
SunOS Release 4.1.2 (PUMPKIN) #3: Fri Oct 16 00:20:44 EDT
1992 Please confirm (or change) your terminal type.
TERM = (ansi)
```

Fragt Sie der andere Computer, mit was für einer Datenstation Sie arbeiten, dann antworten Sie ihm entsprechend. Haben Sie eine X-Datenstations-Fenster eines GUI-Systems, dann ist das `xterm`. Versuchen Sie es mit VT100, ANSI oder TTY, wenn Sie einen dummen Terminal oder einen PC haben.

Man verläßt `telnet` normalerweise, indem man sich am anderen Computer abmeldet, z.B.

```
logout
```

UNIX erwidert Ihnen folgendes als Zeichen dafür, daß der andere Computer den Hörer aufgelegt hat:

```
Bye Bye
Connection closed by foreign host.
```

Manchmal läßt der andere Computer Sie nur widerwillig gehen. Denken Sie daran, daß Sie am Steuer sitzen. Um sich den Weg frei zu räumen, müssen Sie das Programm `telnet` erst mit Ctrl-] auf sich aufmerksam machen (das ist eine eckige Klammer). Einige Versionen von `telnet` benutzen ein anderes Zeichen dafür (wenn Sie sich am anderen System anmelden, wird das entsprechende Zeichen angezeigt). Haben Sie `telnet`s Aufmerksamkeit auf sich gelenkt; geben Sie `quit` ein, damit es seine Sachen zusammenpackt und Sie zur Shell zurückkehren können:

```
Ctrl-]
telnet> quit
```

Remote Login für Faule

Der `telnet`-Befehl gilt allgemein. Sie können ihn verwenden, um sich an allen möglichen Rechnern anzumelden – ob es nun UNIX-Systeme sind oder nicht. Wollen Sie sich allerdings an einem anderen UNIX-System anmelden, ist der Befehl `rlogin` gewöhnlich der angenehmere, weil der Vorgang viel weiter automatisiert ist. Sie verwenden `rlogin` ganz ähnlich wie `telnet`:

```
rlogin pumpkin
```

UNIX antwortet mit folgendem:

```
Last login: Fri Jan 8 14:30:28 from squash
SunOS Release 4.1.2 (PUMPKIN) #3: Fri Oct 16 00:20:44 EDT
1992 Please confirm (or change) your terminal type.
TERM = (ansi)
```

Hoppla! Es wurde gar nicht nach Benutzernamen und Paßwort gefragt. Was ist passiert? Nicht selten gibt es Installationen, bei denen mehrere Computer die gleiche Gruppe Benutzernamen verwenden (wir erwähnen dies in Kapitel 19; es gibt sogar eine Datenbank NIS, die einheitliche Namen über alle Rechner hinweg unterstützt.) In diesem Fall nehmen beim Anmelden an einem Computer alle anderen betroffenen Rechner beruhigt an, daß Sie den gleichen Benutzernamen auch für die anderen Rechner verwenden.

Der Befehl `rlogin` gibt auch die Art Ihres Terminals weiter, daher errät der andere Computer – auch wenn Sie dies nicht explizit eingeben – was für ein Terminal Sie haben.

Erkennt das ferne System Ihren Benutzernamen nicht, dann bittet es Sie, Benutzernamen und Paßwort einzugeben, genau wie `telnet`.

rlogin entfliehen

In einem Punkt unterscheidet sich `rlogin` sehr von `telnet`: wie Sie es nämlich verlassen, wenn es Sie nicht gehen lassen will. Geben Sie ~. (eine Tilde gefolgt von einem Punkt) in einer einzelnen Zeile ein. Sie müssen Enter (oder Return), Tilde, Punkt, Enter eingeben.

Passende Benutzernamen für rlogin

Dieser Abschnitt wird ziemlich zäh werden. Arbeiten Sie im Büro mit mehreren Workstations, dann können Sie davon ausgehen, daß diese alle die gleichen Benutzernamen verwenden, und ihn überspringen.

Es gibt zwei steuernde Dateien für die Annahme von `rlogin`, Sie wollten den gleichen Benutzernamen verwenden, wenn Sie sich an anderen Systemen anmelden. Die erste heißt `/etc/hosts.equiv`. Diese Datei enthält auf jedem Rechner eine Liste der Computer, bei denen er sich auf gleichlautende Benutzernamen verläßt. Sollten Sie sich diese Datei ansehen, werden Sie Zeilen mit + und @ entdecken. Sie bedeuten, daß NIS eine eigene Liste vertrauenswürdiger Rechner zur Verfügung stellt (normalerweise sind das alle Rechner der gleichen Abteilung oder sogar der ganzen Firma).

Einzelne Benutzer haben vielleicht ein Kennwort auf einem Rechner außerhalb der lokalen Gruppe oder Abteilung. Gilt dies auch für Ihren, dann können Sie sich Ihre eigene Datei `.rhosts` halten, eine Art privater Liste vertrauenswürdiger Rechner. `.rhosts` enthält eine Liste mit je einem Rechnernamen je Zeile. Melden Sie sich von irgendeinem dieser Rechner aus mit `rlogin` an, fragt `rlogin` Sie nicht nach Benutzernamen und Paßwort. Haben Sie auf verschiedenen Rechnern unterschiedliche Benutzernamen und Paßwörter, editieren Sie die Datei und tragen die entsprechenden Benutzernamen hinter den Rechnernamen ein, wie in diesem Beispiel dargestellt:

```
pumpkin
squash
gerbil steph
```

Übersetzung: Sie haben Kennwörter für `pumpkin` und `squash` mit dem gleichen Benutzernamen wie auf dem Computer, auf dem Sie sich gerade befinden. Außerdem haben Sie ein Kennwort für `gerbil`, aber dort lautet Ihr Benutzername `steph`.

Haben Sie auf dem Rechner, an dem Sie gerade angemeldet sind, einen anderen Benutzernamen, müssen Sie `-l` angeben, um `rlogin` zu erklären, welcher Name verwendet werden soll. Angenommen, Sie wollen sich bei `prune` anmelden, wo Ihr Benutzerkennwort `sdl` heißt:

```
rlogin prune -l sdl
```

Achten Sie darauf, daß der Systemname zuerst kommt.

Nach draußen wählen

Ein weiterer Befehl verhält sich in etwa wie `telnet`: `cu` (steht für call UNIX). Es aktiviert ein einfaches Terminal-Emulator-Programm, das mit Hilfe eines Modems, das am lokalen Computer angeschlossen ist, übers Telefon nach draußen wählt. Trotz seines Namens kann `cu` jedes System anwählen; es muß nur ein Modem haben, das kompatibel ist zu dem Modem an Ihrem System. Das Programm ist ganz brauchbar, um Online-Dienste wie MCI Mail oder CompuServe anzuwählen.

Wahrscheinlich hat Ihr Systemverwalter irgendwo eine Liste der Systemnamen und Telefonnummern, die `cu` anspricht. Sind sie einmal eingerichtet, brauchen Sie nur folgende Zeile einzugeben, um hinauszuwählen:

```
cu systemname
```

Sie beenden `cu` und legen den Hörer auf, genauso wie Sie es bei `rlogin` tun: durch Eingabe von ~. (einer Tilde, gefolgt von einem Punkt in einer eigenen Zeile). Sie können auch eine Telefonnummer ohne Leerzeichen zwischen den Ziffern eingeben anstelle des Systemnamens, wenn Sie ein System anwählen wollen, das nicht in der Liste von `cu` enthalten ist.

Beachten Sie, daß der Systemname zuerst kommt. Gibt es eine Datei `.login` auf `prune`, die sowohl den Namen des Rechners, an dem Sie angemeldet sind, als auch Ihren Benutzernamen auf dieser Maschine enthält, ist kein Paßwort erforderlich.

Jeweils ein Befehl

Manchmal bedeutet `rlogin` den Overkill für das, was Sie tun wollen – wenn Sie z.B. nur einen einzigen Befehl auf dem anderen Rechner ausführen wollen. In so einer Situation springt der Befehl `rsh` (für remote shell) ein:

```
rsh pumpkin lpq
```

Sie teilen `rsh` den Namen des Systems mit, das Sie benutzen wollen, sowie den Befehl, den Sie auf der Maschine ausführen wollen. In diesem Beispiel wird der Befehl `lpq` auf Rechner `pumpkin` aufgerufen (Sie erinnern sich sicherlich, daß `lpq` die Druckausgabe für den Drucker an `pumpkin` abruft).

Der Befehl `rsh` verwendet die gleiche Strategie in Bezug auf Benutzernamen wie `rlogin`. Sie können daher immer, wenn Sie sich an einem System mit `rlogin` ohne Benutzerkennwort und Paßwort anmelden können, dort auch `rsh` verwenden. Da aber `rsh` Schwierigkeiten mit der Vollbildanzeige hat, können Sie keine Befehle verwenden, die den ganzen Bildschirm benötigen, wie `vi` oder `emacs`. Sie können natürlich `ed` benutzen. Toll, nicht?

Manchmal entstehen Konflikte zwischen einem alten Programm `rsh` und dem Programm `rsh`, über das wir hier sprechen. Das alte Programm ist die *restricted shell*: eine Version der Bourne-Shell, die Sie vergessen können. Antwortet UNIX auf Eingabe von `rsh` mit `pumpkin: pumpkin: cannot open` oder wird ein $ angezeigt und UNIX wartet, dann haben Sie es mit dem alten `rsh` zu tun. Hat UNIX das $ angezeigt, geben Sie `exit` ein, um es verschwinden zu lassen. Ist bei Ihnen `rsh` das alte Programm, dann heißt das, welches wir meinen, wahrscheinlich `remsh` oder `rshell`, also versuchen Sie es statt dessen mit diesen Namen.

Dateien übers Netzwerk knallen

Auch wenn `telnet` und `rlogin` fast so gut sind, wie dort zu sein, kann einem manchmal nichts den eigenen Rechner ersetzen. Wollen Sie Dateien eines anderen Computers nutzen, ist es häufig das Einfachste, Sie kopieren sie auf Ihren eigenen Computer. Hierfür gibt es zwei Befehle: `rcp` und `ftp`. Wir besprechen erst `rcp` (weil er einfacher anzuwenden ist).

Das nette süße Filetransfer-Programm

Der `rcp` zugrundeliegende Gedanke ist, daß er genauso funktionieren soll wie `cp` (dem Standard-Kopierbefehl) – es sei denn, er wird für entfernte Dateien verwendet, die Ihnen gehören, oder auf die Sie Zugriff haben. Wollen Sie eine Datei auf einem anderen Rechner ansprechen, geben Sie den Rechnernamen und einen Doppelpunkt vor dem Dateinamen ein. Um z.B. eine Datei `mydata` vom Rechner `pumpkin` zu kopieren, die dann `pumpkindata` heißen soll, geben Sie folgendes ein:

```
rcp pumpkin:mydata pumpkindata
```

Um eine Datei in die andere Richtung zu kopieren (die Datei `pumpkindata` auf Ihrem eigenen Computer in eine Datei `mydata` auf Rechner `pumpkin`), geben Sie diese Zeile ein:

```
rcp pumpkindata pumpkin:mydata
```

Das Programm `rcp` folgt den gleichen Regeln für Benutzernamen wie `rlogin` und `rsh`. Unterscheidet sich Ihr Benutzerkennwort auf der anderen Maschine von dem auf Ihrem eigenen Rechner, müssen Sie den Benutzernamen und ein @ vor dem Rechnernamen eingeben:

```
rcp steph@pumpkin:mydata pumpkindata
```

Wollen Sie Dateien aus einem Verzeichnis eines anderen Benutzers auf dem anderen Rechner kopieren (angenommen, `tracy` ist der andere Benutzername, dessen Verzeichnis Sie anzapfen wollen), dann müssen Sie den Namen dieses Benutzers *nach* einem ~ (einer Tilde), aber *vor* dem gewünschten Dateinamen eingeben:

```
rcp pumpkin:~tracy/somefile tracyfile
```

Sie können auch ein ganzes Verzeichnis auf einen Schlag kopieren. Dazu müssen Sie `rcp` mit dem Parameter `-r` (für recursive) anweisen, den kompletten Inhalt eines Verzeichnisses zu kopieren:

```
rcp -r pumpkin:projectdir .
```

Dieser Befehl bedeutet, daß alle Dateien des Verzeichnisses `projectdir` des Rechners `pumpkin` in das aktuelle Verzeichnis (der Punkt ist der Spitzname des aktuellen Verzeichnisses) auf dem lokalen Computer kopiert werden sollen.

Das alles können Sie natürlich zu einem unleserlichen Stelldichein von Interpunktionszeichen kombinieren:

```
rcp -r steph@pumpkin:~tracy/projectdir tracy-project
```

Übersetzung: Geh auf Rechner `pumpkin`, wo mein Benutzerkennwort `steph` lautet, und hole mir von Benutzer `tracy` ein Verzeichnis mit dem Namen `projectdir` und kopiere es in ein Verzeichnis namens `tracy-project` auf dieser Maschine. Klasse!

In allerbester UNIX-Manier ist `rcp` außerordentlich verschlossen: solange nichts daneben geht, schweigt er. Viele Dateien über ein Netz zu kopieren, kann ein Weilchen (einige Minuten) dauern, Sie müssen also etwas geduldiger als sonst sein, während Sie darauf warten, daß dies alles erledigt wird. Kommt das UNIX-Promptzeichen wieder, dann ist der Befehl ausgeführt. Wir verwenden meist Ctrl-Z und stellen `rcp` in den Hintergrund. Dann wissen wir, wann der Befehl beendet ist, weil die Shell das mitteilt.

Haben Sie etwas zu einem anderen Rechner kopiert, und Sie wollen wissen, ob es geklappt hat, dann lassen Sie sich über `rsh` und mit dem Befehl `ls` hinterher anzeigen, welche Dateien auf dem anderen Rechner sind:

```
rcp -r projectdir pumpkin:squashproject
rsh pumpkin ls -l squashproject
```

Auch wenn `rcp` ziemlich zuverlässig ist (wurde nichts angemahnt, hat der Kopierbefehl ziemlich sicher geklappt), schadet es nie, sicher zu gehen.

Das He-Man-Filetransfer-Programm

Manchmal ist `rcp` nicht beschlagen genug, Ihre Filetransfer-Bedürfnisse zu befriedigen. Das kann sein, wenn Sie zu oder von einem Nicht-UNIX-Rechner kopieren, oder wenn Sie Dateien von einem öffentlichen Dateiarchiv beziehen möchten, für das Sie kein persönliches Benutzerkennwort haben.

Brauchen Sie einfach mehr Power für Ihren Filetransfer, rufen Sie `ftp` mit dem Namen des Rechners, den Sie anzapfen wollen, auf:

```
ftp pumpkin
```

Das Programm `ftp` antwortet, indem es ein ähnliches Promptzeichen ausgibt, wie das von `telnet`:

```
Connected to pumpkin.fruit.com.
220 pumpkin.fruit.com FTP server (SunOS 4.1) ready.
Name (pumpkin:johnl):
```

Sie müssen sich immer anmelden. Das Programm `ftp` schlägt Ihnen Ihr eigenes Kennwort vor (ein grandioser Vorschlag). Drücken Sie Enter – falls Sie mit dem vorgeschlagenen Benutzernamen einverstanden sind – oder geben Sie das entsprechende Kennwort ein und drücken Enter. Dann will es Ihr Paßwort wissen (das gleiche, das Sie zum Anmelden nehmen):

```
331 Password required for johnl.
Password:
230 User johnl logged in.
```

Auch wenn Sie kein Kennwort für den Rechner haben, den Sie ansprechen wollen, können Sie möglicherweise den Befehl `ftp` benutzen. Sehen Sie sich für Einzelheiten den Kasten »Anonymous FTP« an.

Sind Sie bei `ftp` angemeldet, gibt es unzählige Befehle, die Sie einsetzen können – viel viel mehr, als wir hier erläutern wollen. Aber zuerst das Wichtigste: Sie verlassen `ftp` mit `quit`:

```
ftp> quit
```

Aller Voraussicht nach reagiert das Programm höflich:

```
221 Goodbye.
```

Möglicherweise ist `ftp` gerade mitten in einem langen Kopiervorgang, wenn Sie feststellen, daß sich die Mühe nicht lohnt. Dann drücken Sie Ctrl-C oder ein anderes, bei Ihnen gültiges Unterbrechungszeichen (manchmal geht's mit der Delete-Taste), um wieder zu `ftp` zurückzukehren. Jetzt können Sie entweder beenden oder einen anderen Befehl starten. Einen Transfer zu stoppen, kann durchaus mal eine Minute oder so dauern, wenn die Netzwerkverbindung langsam ist. Sie können sich gerne die Zeit vertreiben, indem Sie immer und immer wieder Ctrl-C drücken, während Sie warten. Dazu wäre vielleicht ein netter Bossa Nova angemessen.

Entfernte Verzeichnisse auflisten

Ein häufig benutzter ftp-Befehl ist `dir`: er listet das Verzeichnis auf dem fernen Rechner mit `ls` auf (oder einem entsprechenden Programm, wenn das andere kein UNIX-Rechner ist):

```
ftp> dir
```

Als Ergebnis des Befehles `dir` wird die einfache Ausgabe des Befehls `ls -l` angezeigt (vgl. Kapitel 4), ergänzt durch ein bißchen Schrott, mit dem `ftp` erklärt, was er macht (vgl. Abbildung 20-1).

Was das Plaudern betrifft ist der Befehl `ftp` das Gegenteil von `rcp`. Sie können ihn nicht einfach zum Schweigen bringen: er besteht darauf, Sie zu informieren, was er macht.

```
200 PORT command successful.
150 ASCII data connection for /bin/ls (140.186.80.3.1398) (0 bytes)
total 52
-rwxr-xr-x 1 johnl  staff    1066 Oct 21 16:23 .login
-rwxr-xr-x 1 johnl  staff     283 Feb 14 1990 .logout
-rw-rw-rw- 1 johnl  staff       2 Jul 31 00:03 .msgsrc
-rw------- 1 johnl  staff    1282 Jan 27 1992 .netrc
-rw-r--r-- 1 johnl  group     100 Jan 6 20:50 .plan
-rwxr-xr-x 1 johnl  staff     232 Feb 14 1990 .profile
-rw-r--r-- 1 johnl  group      57 Jan 8 14:31 .rhosts
drwxr-xr-x 2 johnl  staff     512 Jul 14 16:07 News
drwxr-xr-x 2 johnl  staff     512 Dec 22 18:15 bin
drwx------ 2 johnl  group     512 Jan 8 14:28 mail
226 ASCII Transfer complete.
1454 bytes received in 1.1 seconds (1.3 Kbytes/s)
```

Abbildung 20-1:
Ein Beispiel für den Befehl dir in ftp.

Dateien zum und vom anderen System kopieren

Wollen Sie mit Hilfe von `ftp` Dateien des entfernten Systems kopieren, müssen Sie den Befehl `get` nehmen:

```
ftp> get .plan pumpkin-plan
```

Sie geben `get` den Namen der Datei auf dem anderen Rechner und den gewünschten Namen für die Datei auf Ihrem Rechner mit. Sind diese beiden gleich (das ist meistens der Fall), dann können Sie den zweiten weglassen. Das Programm `ftp` liefert den üblichen schwatzhaften Bericht, während es die Datei kopiert:

```
200 PORT command successful.
150 ASCII data connection for .plan (140.186.3.1403) (100 bytes).
226 ASCC Transfer complete.
local: pumpkin-plan remote: .plan
102 bytes received in 0.051 seconds (2 Kbytes/s)
```

Um Dateien zum entfernten System zu kopieren, nehmen Sie einen Befehl, der dem Befehl `get` sehr ähnlich ist, nämlich `put`:

```
ftp> put letter-to-fred
```

`ftp` liefert die gleiche Art Ausgabe:

```
200 PORT command successful.
150 ASCII data connection for letter-to-fred
(140.186.80.3.2702).
226 ASCC Transfer complete.
local: letter-to-fred remote: letter-to-fred
2831 bytes sent in 0.067 seconds (41 Kbytes/s)
```

Sie können einen zweiten Dateinamen angeben, wenn die Datei auf dem anderen Rechner anders benannt sein soll.

ftp sagt gewöhnlich nichts mehr nach Beginn des Kopiervorgangs und bis zu seinem Ende. Werden Sie nervös, wenn es bei einer großen Datei lange dauert, dann geben Sie den Befehl `hash` ein, bevor Sie `get` oder `put` starten. Dann wird nach jeweils tausend kopierten Zeichen ein Nummern-Symbol (#, englisch: hash) angezeigt, und Sie wissen, daß irgendwas im Gange ist. **Warnung**: Zu beobachten, wie diese # über den Bildschirm kriechen, ist ausgesprochen langweilig.

Das Verzeichnis wechseln

Befinden sich die gewünschten Dateien auf dem fernen System in einem anderen Verzeichnis, stellt `ftp` einen Befehl `cd` zur Verfügung, der genau wie der normale Shell-Befehl funktioniert – außer, daß er nur auf dem fernen System aktiv wird:

```
ftp> cd mail
```

Natürlich berichtet Ihnen `ftp`, redselig wie immer, ob der Befehl funktioniertet:

```
250 CWD command successful.
```

Sollten Sie sich nicht sicher sein, in welchem Verzeichnis Sie sich befinden, kennt `ftp` auch einen Befehl `pwd`, der so funktioniert, wie Sie das erwarten:

```
ftp> pwd
```

Die Antwort ist einleuchtend:

```
257 "/mnt/users/johnl/mail" is current directory.
```

Unmengen von Dateien kopieren

Wollen Sie mit `ftp` ein Bündel von Dateien kopieren, dann kann es ganz schön öde werden, immer diese `get` und `put` einzugeben. Eine Gruppe von Dateien kann man mit den Befehlen `mget` und `mput` kopieren. Der Befehl `mget` holt mehrere Dateien; der Befehl `mput` bringt mehrere Dateien. Geben Sie alle Dateien, die Sie holen oder bringen wollen, in eine Zeile ein (Sie können auch die Wildcards * und ? verwenden). Die Dateien behalten ihre Namen. (Es ist möglich, beim Kopieren die Namen zu verändern, aber die Art und Weise scheint geheim zu sein, selbst die meisten Freaks wenden sie nicht an.) Beide Befehle fragen jeweils, bevor sie eine Datei kopieren, ob Sie tatsächlich diese Datei kopieren wollen. Antworten Sie y für kopieren und n für nicht kopieren.

Angenommen, Sie wollen einige Dateien aus dem aktuellen Verzeichnis des fernen Systems in Ihr aktuelles Verzeichnis kopieren. Sie können interaktiv mit `ftp` arbeiten und die Dateien durch Eingabe dieser Zeile auswählen:

```
ftp> mget *
```

Bei jeder Datei, die Sie kopieren wollen, liefert `ftp` den üblichen Bericht (Abbildung 20-2).

Abbildung 20-2:
Ein Beispiel für die interaktive Funktionsweise von ftp.

```
mget budget? y
200 PORT command successful.
150 ASCII data connection for budget (140.186.3.2752)
(14657 bytes).
226 ASCC Transfer complete.
local: budget remote: budget
14750 bytes received in 0.27 seconds (53 Kbytes/s)
mget budgerigar? n
mget letter-to-fred? n
mget saved-messages? y
200 PORT command successful.
150 ASCII data connection for saved-messages (140.186.3.2752)
(0 bytes).
226 ASCC Transfer complete.
```

Wenn Sie die meisten Dateien eines Verzeichnisses kopieren wollen, ist es das einfachste, `mget *` oder `mput *` einzugeben, und dann die Dateien anzugeben, wenn `ftp` fragt.

Sie können `ftp` auch veranlassen, seinen Rand zu halten (das paßt besser zu der UNIX-Philosophie »Du hast danach gefragt, da ist es.«). Dazu müssen Sie den Befehl `prompt` in einer separaten Zeile eingeben, ehe Sie den Befehl `mget` oder `mput` aufrufen. Dann kopiert `ftp` alle gewünschten Dateien ohne Unterbrechung. Passen Sie auf, daß Sie den Befehl richtig eingeben. Man kann sonst eine Menge nutzlosen Verkehrs im Netzwerk verursachen.

ftp bei Dateien, die keinen Text enthalten

`ftp` geht normalerweise davon aus, daß die Dateien, die Sie kopieren, einfachen ASCII-Text enthalten. Läuft auf dem fernen Rechner kein UNIX, paßt `ftp` gewöhnlich automatisch den Dateiinhalt an, wenn die Dateien kommen oder gehen. So soll den verschiedenen Arten, in denen andere Computer Textdateien speichern, Rechnung getragen werden.

Aber genauso häufig kommt es vor, daß die Dateien, die Sie kopieren, keinen »Text« enthalten. Es kann sich um Programme, Datenbanken, Textverarbeitungsdateien oder komprimierte Dateien handeln. (Auch wenn Textverarbeitungsdokumente meistens Text enthalten, so enthalten sie darüber hinaus auch nicht druckbares Zeug, um Seitengrößen, Schriftarten und ähnliches festzulegen.) Kopieren Sie nie etwas, das keinen Text enthält, ohne vorher den Befehl `binary` aufzurufen, der `ftp` anweist, die Dateien nicht anzurühren und sie wörtlich zu kopieren:

```
ftp> binary
```

Wie Sie sicher erwarten, kann `ftp` nicht anders; es meldet:

```
200 Type set to I.
```

(Vielleicht interessiert es Sie, I steht für Image. Aber wahrscheinlich interessiert es Sie nicht.) Sie können im Binärmodus Textdateien von einem UNIX-System zum anderen kopieren. Bei zwei UNIX-Systemen sind keine Anpassungen nötig, um Textdateien zu kopieren.

Bei großen Dateien (mehr als 20.000 Zeichen oder so) können Sie beim Kopieren Zeit sparen, indem Sie die Dateien zunächst komprimieren, um sie kleiner zu machen (vgl. Kapitel 13). Kopieren Sie danach die komprimierten Versionen und dekomprimieren Sie sie anschließend auf dem anderen Rechner. Sie brauchen sehr viel weniger Zeit zum Komprimieren und Dekomprimieren als Sie durch Kopieren der kleineren, komprimierten Versionen einsparen. Dateien, die Sie aus öffentlichen Archiven kopieren, sind fast immer komprimiert, um Speicherplatz und Transferzeit zu sparen, Sie sollten sich also auf jeden Fall etwas in das Thema Komprimieren einlesen.

Anonymous ftp

Ist Ihr Computer mit Internet verbunden, gibt es Hunderte – vielleicht Tausende – von Rechnern, von denen Sie Dateien mit `anonymous ftp` bearbeiten können. Das verfügbare Material reicht von Abbildungen von Mädchen in Badeanzügen (alle drittklassig, seien wir hier also nicht geschmacklos) bis zu Abschriften von Gerichtsurteilen. Bei diesen Rechnern kann jeder `ftp` den Benutzernamen `anonymous` benutzen, um sich anzumelden. Gewöhnlich können Sie jedes beliebige Paßwort nehmen, allerdings ist es zur Regel geworden, seine volle E-Mail-Netzadresse, inklusive @ und Rechnernamen einzugeben (schauen Sie Kapitel 18 an, wenn Sie nicht wissen, was das ist).

Ein großes `ftp`-Lager wird von UUNET betrieben, einem nichtkommerziellen Dienst, der enorme Mengen an E-Mail und Netz-News für UNIX-Systeme vertreibt. Dieses Lager befindet sich auf dem Rechner `ftp.uu.net`. Hier sehen Sie, wie es aussieht, wenn man sich anmeldet:

```
Connected to ftp.uu.net.
220 ftp.UU.NET FTP server (Version 6.34 Thu Oct 22 14:32:01 EDT 1992)
ready.
Name (ftp.uu.net:johnl): anonymous
331 Guest login ok, send e-mail address as password.
Password: type your e-mail address here
230-
230-        Welcome to the UUNET archive
230-  A service of UUNET Technologies Inc, Falls Church, Virginia
```

Nachdem Sie sich angemeldet haben, sollten Sie häufig die Befehle cd und `dir` verwenden, um herauszufinden, was es alles gibt. Die meisten Verzeichnisse enthalten Dateien, die README heißen. Diese können Sie für eine Erläuterung des Verzeichnisinhalts abrufen. Häufig gibt es (allerdings nicht bei UUNET) ein Verzeichnis `pub` mit den interessanten Dateien; geben Sie `cd pub` ein, wenn das erste Verzeichnis, das Sie sehen, nicht vielversprechend aussieht.

Die meisten `ftp`-Archive werden ganz zwanglos von Einzelpersonen an Schulen oder in Firmen verwaltet; beim Anmelden bitten sie darum, die Mengen, die Sie beziehen oder die Tageszeit, zu der Sie beziehen, zu begrenzen. Bitte beachten Sie diese Bitten, ansonsten werden die Archive einmal den Bach runter gehen.

Teil VII

Hilfe!

Network Jones und die verlorene Datei von Wendy

»Sei vorsichtig, Nety!«

In diesem Teil...

Ziel dieses Buches ist es, Ihnen zu helfen, wenn etwas schiefläuft. Dadurch unterscheidet es sich so von »Heile-Welt«-Büchern, die davon erzählen, wie alles in einer idealen Welt funktioniert. Dieser Teil enthält lauter Auflistungen von Dingen, die schiefgehen können, und Fehlermeldungen, die Sie zu sehen bekommen. Und was Sie dagegen tun können.

## KAPITEL 21

Schadensbegrenzung

In diesem Kapitel

- Mein Computer geht nicht an
- Meine Maus benimmt sich schlüpfrig
- Das Netzwerk ist weg
- Das sind nicht meine Dateien!
- Es will nicht hören!
- Ich gebe es auf ....

Es gibt immer die winzigkleine Möglichkeit, daß Sie mit Ihrem Computer auf irgendein Problem stoßen. Es kann sich dabei um etwas wichtiges (wie die witzigste Bürokarikatur, die Sie seit Jahren gesehen haben, zu verlieren) oder weniger wichtiges (wie aus Versehen die Analyse zu löschen, an der Sie zwei Monate gesessen haben) handeln.

Manche Probleme mit dem Computer kann man lösen – manche nicht. Es ist wie beim Auto: Sie können selbst tanken und vielleicht das Öl wechseln, aber wenn Sie einen neuen Motor brauchen, sollten Sie jemanden um Hilfe bitten. (Wir tun das jedenfalls.)

Dieses Kapitel beschreibt einige der Probleme, auf die man stoßen kann, mit Vorschlägen, was zu tun ist.

Mein Computer geht nicht an

Eines schönen Morgens kommen Sie ins Büro, legen den Schalter Ihres Computers um und – es passiert nichts. Kein freundliches Summen, keine Bildschirmanzeige. Oh oh. Es könnte eine ganze Menge passiert sein, prüfen Sie daher diese Möglichkeiten:

- **Steckt der Stecker des Computers**? Das hört sich doof an, aber wir hatten Computer-Probleme, nachdem das Reinigungspersonal mit dem Staubsauger gegen die Anschlußleiste gestoßen war, über die unsere gesamte Ausrüstung angeschlossen war. Haben Sie einen Bildschirm oder ein X-Terminal, betrifft dies Bildschirm und Computer.

- **Prüfen Sie den Schalter.** Wenn der Computer an einer Steckdosenleiste mit eigenem Schalter hängt, ist es schon vorgekommen, daß Leute versehentlich mit dem Fuß den Schalter betätigt haben.
- **Ist der Computer noch zusammengesteckt?** Sind noch alle Kabel, die Computer, Tastatur, Bildschirm oder was sonst verbinden, noch eingesteckt? Wenn Ihr Computer mit einem Netzwerk verbunden ist, ist es das Netzwerkkabel auch jetzt noch? Versuchen Sie es ein bißchen hin- und herzubewegen, auch wenn es aussieht, als steckte es fest darin.
- **Hat das übrige Büro Strom?** Stecken Sie eine Lampe in die Steckdose des Computers ein und prüfen Sie, ob sie funktioniert. (Eine wahre Geschichte: »Hallo, Help Desk? Mein Computer geht nicht an.« »Ist er richtig angeschlossen?« »Das weiß ich nicht. Die Elektrizität wurde unterbrochen und keine der Lampen funktioniert.«)
- **Ist die Anzeige am Bildschirm aufgedreht?** Der Computer kann eingeschaltet sein, und der Bildschirm kann eingeschaltet sein, aber die Anzeige am Bildschirm ist nicht zu sehen. Spielen Sie mit dem Knopf für die Helligkeit (merken Sie sich, bevor Sie anfangen herumzuspielen, wie der Knopf eingestellt ist).
- **Hat Ihr Computer einen Bildschirmschoner?** Drücken Sie eine Taste (wir drücken ganz gerne die Shift-Taste, weil sie nichts bewirkt), um sicherzugehen, daß nicht ein Bildschirmschoner Ihren Bildschirm leer gemacht hat, um Ihnen einen Gefallen zu tun. Die Bildschirmanzeige taucht auch wieder auf, wenn Sie die Maus etwas hin- und herbewegen.

Hängt es nicht mit der Stromversorgung zusammen, können Sie es wohl nicht selbst beheben. Bitten Sie Ihren Systemverwalter um Hilfe. Vielleicht ist irgendein Teil durchgebrannt. Bleiben Sie ruhig – dies bedeutet *nicht*, daß die Dateien auf Ihrer Platte weg sind. Wahrscheinlich werden Sie keine Probleme haben: Platten können sich die Daten auch ohne Stromversorgung sehr gut merken.

Eine Maus benimmt sich schlüpfrig

Wenn Sie keinen Computer mit einer männlichen Maus haben (vgl. Kapitel 8 für Einzelheiten zum Geschlecht der Maus), können Staub oder Krümel die Ursache sein, daß der Ball nicht gut rollt. Bei den meisten

Mäusen mit Bällen gibt es eine Möglichkeit, den Ball herauszunehmen und sauberzumachen, meist indem man einen Ring um die Öffnung für den Ball dreht. (Wir fangen nicht an, geeignete Namen für diesen Ring vorzuschlagen.) Drehen Sie die Maus um, so daß der Ball auf Ihre Hand und nicht auf den Boden fällt. Wischen Sie behutsam den Schmutz ab und setzen Sie sie wieder zusammen. Weibliche Mäuse schätzen es, wenn Sie gelegentlich die Unterlage mit einem Tuch abwischen. Schauen Sie sich auch die Unterseite Ihrer weiblichen Maus an: ist sie angeschaltet und funktioniert sie, sollten Sie durch eine der Öffnungen ein kleines rotes Lämpchen sehen können.

Das Netzwerk ist weg

Sie können weder auf dem Drucker unten im Gang drucken, noch bestimmte andere Programme aufrufen. Die Ursache hierfür kann sein, daß Ihr Computer nicht richtig mit dem Netzwerk, an das er normalerweise angeschlossen ist, kommuniziert.

Die meisten Netzwerk-Probleme sind nicht wild. Überprüfen Sie die Kabel auf der Rückseite des Computers. Ist das Netzwerk-Kabel fest mit dem Computer verbunden? Versuchen Sie, damit herumzuspielen, auch wenn es fest aussieht. (Kapitel 7 enthält weitere Einzelheiten.) Ansonsten ist es Zeit, einen Experten zu rufen.

Das sind nicht meine Dateien!

Gewöhnlich befinden Sie sich in Ihrem Home Directory, wenn Sie sich anmelden. Mit folgender Zeile kehren Sie zum Home Directory zurück, egal zu welchem Verzeichnis Sie gerade abgewandert waren:

```
cd
```

Bringt `cd` Sie nicht nach Hause, dann sind Sie vielleicht nicht der, der Sie denken. Versuchen Sie `whoami` oder `who am i` einzugeben. Erscheint der Benutzername von jemand anderem, meint der Computer, Sie wären das! Vielleicht hat ein Kollege sich gerade an Ihrem Bildschirm angemeldet, um etwas zu erledigen.

Sie können dann mehrere Dinge tun:

- Schicken Sie eine boshafte E-Mail; es sieht dann aus, als hätte Ihr Kollege sie geschickt. Löschen Sie alle seine Dateien, die wichtig aussehen, dann melden Sie sich ab und tun so, als wäre nichts geschehen.
- Melden Sie sich ab, ohne irgendwas auszuhecken, und melden Sie sich wieder mit Ihrem eigenen Kennwort an. Geben Sie diese Zeile ein:

  ```
  logout
  ```

  Vielleicht müssen Sie `exit` eingeben, oder einfach Ctrl-D drücken. Egal wie, es erscheint die Anmelde-Anzeige; melden Sie sich als Sie selbst an.

Die meisten Kurse in geschäftlichem Umgangston lehren, daß die zweite Möglichkeit bevorzugt wird von allen bis auf die niedrigsten, staubfressenden MBAs, aber manchmal ist der Drang, eine dämliche E-Mail zu schicken, unwiderstehlich. Denken Sie daran: Sie könnten erwischt werden.

Es will nicht hören!

Der Computer ist eingeschaltet, Sie arbeiten vor sich hin, und auf einmal reagiert er nicht mehr auf das, was Sie eingeben. Ein typischer, abscheulicher Fall.

Dem Computer geht's wahrscheinlich gut – ein Programm ist also bloß blockiert. Hier einige Vorschläge, wie Sie die Aufmerksamkeit des Programms erregen:

- Drücken Sie einige Male Esc.
- Drücken Sie einige Male Ctrl-C.
- Drücken Sie einige Male Ctrl-D. (Man weiß nie, was gerade hilft.)
- Läuft bei Ihnen X-Window, Motif oder OPEN LOOK, versuchen Sie, ob Sie mit der Maus ein anderes Fenster anwählen können, oder ob Sie ein, zwei Befehle in das Shell-Fenster eingeben können. Wenn ja, können Sie das eingefrorene Programm wahrscheinlich abbrechen und wieder starten (siehe unten).
- Ist Ihr ganzes Fenstersystem festgefahren, können Sie es in der Regel abbrechen und neu aufrufen, ohne den Computer neu starten zu müssen (siehe unten).

Läuft Ihr Computer in einem Netzwerk, oder hat er mehr als einen Bildschirm, können Sie einen Computerspezialisten bitten, das Programm abzubrechen. Sind Sie mutig, können Sie es selbst abbrechen. Wenn Sie das tun, geht alle Arbeit verloren, die Sie seit dem letzten Sichern auf Platte erledigt haben.

Erzählen Sie dem UNIX-Crack, was passiert ist (der Reihe nach), welche Programme liefen, und was Sie gemacht haben. Wahrscheinlich bricht er den Prozeß ab (vgl. Kapitel 23). Laufen mehrere Prozesse, bricht er vielleicht einen nach dem anderen ab, bis es Ihrem Computer wieder besser geht.

Ich gebe es auf...

Manchmal ist Diskretion der bessere Teil des Heldenmutes (was auch immer das bedeutet). Müssen Sie um Hilfe bitten, achten Sie darauf, folgendes zu tun:

- **Schalten Sie den Rechner nicht aus**. Wenn nicht gerade Flammen aus dem Bildschirm hochschießen und drohen, das ganze Büro zu verschlingen, ist das keine gute Idee. Sogar dann wäre es vielleicht besser, Sie warten, bis die Sicherung rausfliegt, als Ihrem Guru gegenüberzustehen, der mit Sicherheit fragen wird »Haben Sie ihn etwa ausgeschaltet?«.
- **Wissen Sie Bescheid über die Symptome**. Seien Sie bereit, jemandem zu erzählen, was passiert ist, und was Sie gemacht haben, um das Problem zu lösen.
- **Wissen Sie Bescheid über die letzen Änderungen**. Haben Sie neue Software installiert? Haben Sie etwas aufgerufen, das Sie noch nie aufgerufen hatten? Neues ist immer verdächtig. Mit der Versicherung: »Ich habe nichts geändert« machen Sie sich nicht lieb Kind bei Ihrem Wizard. Irgendwo muß sich irgendetwas geändert haben.
- **Bitten Sie telefonisch um Hilfe**, dann rufen Sie aus der Nähe des Computers an. Ihr Retter will vielleicht, daß Sie einige Manöver an der Tastatur ausführen.

KAPITEL 22

Der Fall der fehlenden Dateien

In diesem Kapitel

- Drei einfache Wege, seine Dateien zu verlieren
- Einige Möglichkeiten, seine Dateien zurückzubekommen
- Drei fast so einfache Möglichkeiten, Dateien nicht zu verlieren

Früher oder später werden Sie versehentlich eine Datei löschen. Streichen Sie *später*. Schneller als Sie meinen, werden Sie versehentlich eine Datei löschen. In viel zu vielen Fällen haben Sie keine Chance, aber es gibt ein paar Dinge, die Sie tun können, um Unheil zu vermeiden.

Dateien fertigmachen

Im Gegensatz zum üblichen Bild, daß UNIX-Benutzer radikal technische Leute ohne einen kreativen Knochen im Körper seien, behaupten wir, daß typische UNIX-Benutzer hochgradig kreativ sind: sie erfinden unglaublich viele originelle Wege, die Arbeit am Computer ganz zu vermeiden und, wenn sie gezwungen sind, sich Aug in Aug dem Computer gegenüber zu setzen, finden sie Dutzende noch originellerer Gründe, warum etwas schiefgelaufen ist. Es gibt viele Möglichkeiten, wie man Dateien verschwinden läßt (absichtlich oder versehentlich). Die folgenden Abschnitte zählen die drei wichtigsten Möglichkeiten auf, Dateien wegzuwerfen – auch wenn Ihnen sicherlich ein Dutzend neuer und kreativer Ideen einfallen, wie Sie Ihre Dateien verschwinden lassen können.

Dateien mit rm fertigmachen

Platten sind nicht unendlich groß, daher müssen Sie früher oder später Dateien loswerden. (Irgendein Spaßvogel hat einmal gesagt, der einzige Standard bei allen UNIX-Systemen sei die Meldung-des-Tages, die die Benutzer daran erinnert, nicht genutzte Dateien zu löschen.)

Der normale Weg, Dateien loszuwerden, ist der Befehl `rm` (für remove). Bis (beachten Sie, daß wir nicht *außer* sagen) Sie durcheinander geraten, entfernt `rm` nur die Dateien, die Sie gelöscht haben wollen. Denken Sie daran, `rm` die Namen der Dateien mitzugeben, die Sie löschen wollen, wie hier:

```
rm thisfile thatfile somedir/anotherfile
```

Sie können mehr als eine Datei auf einmal löschen, und Sie können Dateien in anderen Verzeichnissen angeben (`rm` entfernt nur die Datei, nicht das Verzeichnis).

Diese Methode ist normalerweise recht sicher. Trickreich wird es erst, wenn Sie Wildcards einsetzen. Haben Sie z.B. ein Textverarbeitungsprogramm, das Sicherungsdateien mit der Endung `.bak` hinterläßt, können Sie sie alle mit diesem Befehl loswerden:

```
rm *.bak
```

Das ist kein Problem – außer Sie fügen ein Leerzeichen ein (DIESE ZEILE NICHT EINGEBEN):

```
rm * .bak
```

Beachten Sie, daß da ein winzigkleines Leerzeichen zwischen dem Sternchen und dem Punkt ist. UNIX antwortet hierauf so:

```
rm: .bak non-existent
```

Oh oh. UNIX hat beschlossen, daß Sie zwei Dinge löschen wollen: * und .bak. Weil das Wildcard-Sternchen auf jeden einzelnen Dateinamen im Arbeitsverzeichnis paßt, wird jede einzelne Datei im Arbeitsverzeichis gelöscht. Danach versucht UNIX, eine Datei `.bak` zu löschen, die aber nicht da ist. Schlechter Zug.

Wir schlagen vor, daß Sie jetzt ausrasten, die Zähne fletschen und Ihrem Computer einen Tritt geben (Nein! Nur das nicht!). Wenn Sie sich wieder etwas beruhigt haben, lesen Sie den Rest dieses Kapitels. Es enthält Möglichkeiten, wie Sie Ihre Dateien wieder zurückbekommen.

Sie können auch weniger destruktive, aber doch unangenehme Fehler machen, wenn Sie einfach nicht mehr wissen, was für Dateien Sie haben. Angenommen, Sie haben Dateien mit den Namen `section01`, `section02` und so weiter bis `section19`. Sie wollen alle entfernen und geben diese Zeile ein:

```
rm sec*
```

Nehmen wir jetzt einmal an, Sie haben vergessen, daß Sie auch eine Datei mit dem Namen `second.version` haben, die Sie behalten möchten. Hoppla. Bye-Bye, `second.version`.

Die naheliegende Lösung ist, Dateien einzeln zu löschen. Allerdings ist das nicht sehr praktisch, wenn Sie nicht gerade sehr, sehr schnell und beständig tippen können. In den folgenden Abschnitten machen wir auch hierzu ein paar Vorschläge.

Linken, kopieren, verschieben, abschneiden und weitere Einzelheiten über die Zerstörung von Dateien

Was das Fertigmachen von Dateien angeht, funktioniert das Kopieren von Dateien etwas anders als Verschieben und Linken. In den meisten Fällen ist der praktische Unterschied unbedeutend, aber in einigen Fällen kann es gut sein, ihn zu kennen.

Der Befehl `cp` macht eine Datei auf die eine Weise alle, `mv` und `ln` auf eine andere. Der Unterschied wird nur dann sichtbar, wenn für die Datei zusätzliche Namen oder Links mit `ln` erstellt wurden. (In Kapitel 26 erfahren Sie, wie man mit dem Befehl `ln` Links oder zusätzliche Namen erstellt.)

Eine Datei mit cp fertigmachen: Angenommen, Sie haben zwei Dateien, `first` und `second`. Sie geben `second` mit dem Befehl `ln` einen weiteren Namen:

```
ln second extra.name
```

Jetzt nehmen wir mal an, Sie geben versehentlich `cp first second` ein (bedenken Sie, daß Sie bereits eine Datei mit dem Namen `second` haben). Was passiert mit der Datei `second`? Der Befehl `cp` ersetzt den aktuellen Inhalt von `second` durch eine Kopie von `first`. Das heißt also, er ersetzt den Text (oder was auch immer), den `second` enthält, durch das, was die Datei `first` enthält. Diese Änderung berührt auch die Datei mit dem Namen `extra.name`, weil dies ein anderer Name für die Datei `second` ist. Wenn Sie sowohl `second` als auch `extra.name` mit `cat` oder einem Texteditor anschauen, sehen Sie beide Male eine Kopie von `first`. Der ursprüngliche Inhalt von `second` und `extra.name` ist für immer weg.

Eine Datei mit mv oder ln fertigmachen: »Also, was jetzt?«. Kommen wir zum Kern der Sache. Jetzt also das Interessante (wir finden es jedenfalls interessant). Hätten Sie `mv` oder `ln` anstelle von `cp` benutzt, wäre die Datei `second` nicht weg. Die Befehle `mv` und `ln` lassen den Inhalt von Dateien in Ruhe – sie ändern nur die Zuordnung von Dateiname und Inhalt. Angenommen, Sie geben diese Zeile ein:

```
mv first second
```

Der Befehl `mv` löst den Namen `second` von seinem jetzigen Inhalt. Der Inhalt ist immer noch mit dem Namen `extra.name` verbunden, die Datei befindet sich also immer noch in Sicherheit. Dann verbindet der Befehl `mv` den Namen `second` mit dem Inhalt von `first` und löst schließlich den Namen `first` von der Datei. Jetzt gibt es keine Datei mit dem Namen `first` mehr.

Daraus ergibt sich, daß der Inhalt der Datei `second` nicht hopsgegangen ist (Sie können den anderen Namen verwenden, um sie sich anzusehen). Mit dem Befehl `ln` läßt sich der Dateinamen genauso vom Inhalt trennen wie mit `mv`.

Die Message lautet, daß Sie – auch wenn Sie gerade einen `mv`- oder `ln`-Befehl in den Sand gesetzt haben – doch hoffen dürfen, die alte Datei zurückzubekommen (falls sie andere Links hatte).

Dateien mit Soft-Links fertigmachen: Um die Verwirrung noch etwas zu erhöhen: Wenn Sie Soft-Links anstelle von harten Links verwenden, liegen die Dinge etwas anders. (Schauen Sie sich in Kapitel 26 an, wie man mit Soft-Links Dateien anderer Dateisysteme verbindet.) Soft-Links sind lediglich Alias-Namen für den eigentlichen Dateinamen, daher beziehen sich nach einer Änderung alle Links auf die geänderte Datei, weil sie ja den gleichen Namen hat. Ändern Sie andererseits einen der Links mit `cp`, ersetzt der Befehl den Inhalt der eigentlichen Datei; `mv` und `ln` wirken sich nur auf den Link aus.

Verwirrt? Bei Soft-Links ist die Moral der Geschichte die gleiche: nach einem verpfuschten `mv` oder `ln` finden Sie die Datei vielleicht nochmal wieder, falls sie einen anderen Namen hatte. Es schadet ja nicht, nachzusehen.

Dateien mit cp, mv und ln erledigen

Haben Sie schon einmal dieses paranoide Gefühl gehabt, daß Sie bei der Eingabe der Tasten R und M die Arbeit eines Jahres wegpusten würden? Warten Sie – es wird noch schlimmer.

Die Befehle `cp`, `mv` und `ln` können auch versehentlich Dateien verschlukken: Benutzen Sie eines dieser Programme, um eine Datei zu kopieren, umzubenennen oder zu linken, und gibt es bereits eine Datei mit dem neuen Namen, wird die vorhandene Datei geschluckt. Angenommen, Sie geben diese Zeile ein:

```
mv elbow armpit
```

Haben Sie schon eine Datei `armpit` – *wummmsss!* Weg ist sie! Das gleiche kann beim Kopieren oder Linken passieren. (Beim Kopieren ist es ein *bißchen* anders: interessiert es Sie, dann lesen Sie den vorangegangenen Abschnitt »Vorsicht Technik!«.) Hier ein Beispiel für die ärgerlichste Art, mit dem Kopierbefehl gute Dateien durch Schrott wegzupusten:

```
cp important.file.save important.file
```

Sie sind ein verantwortungsbewußter und paranoider Computerbenutzer und wollen eine Version einer wichtigen Datei sichern, bevor Sie sie ändern. Aber Ihre Finger sind etwas schneller als Ihre grauen Zellen, so daß Sie die beiden Namen vertauschen (Linkshänder sind besonders anfällig dafür, Namen sträwkcür zu erwischen) – und *wummmsss!* (nochmal) Sie haben gerade eine veraltete gesicherte Version über die aktuelle Version kopiert. Glücklicherweise können Sie Ihre Datensicherungsgewohnheiten so einrichten, daß diese Art Fehler harmlos oder zumeist harmlos ist.

Dateien mit Texteditoren zertrümmern

Die dritte Art, mit hoher Wahrscheinlichkeit seine Dateien zu zerschmettern, ist mit einer verpfuschten Editor-Sitzung. Das Problem taucht meistens auf, wenn Sie eine Weile an einer Datei editiert haben und feststellen, daß Sie sie total durcheinander gebracht haben: die Änderungen sind nicht das, was Sie wollten, und Sie beschließen, den Editor zu verlassen. Beim Weg hinaus speichern Sie jedoch die verkehrten Änderungen und vernichten die ursprüngliche Datei. Ein ähnliches Problem kann auftauchen, wenn Sie einen Editor benutzen, um eine Datei anzusehen; obwohl Sie vielleicht gar nichts ändern wollen, machen Sie doch ein paar unbeachsichtigte Änderungen. (Bei `emacs` kann das leicht passieren, wo so ziemlich alles, was Sie ändern, gleich in die Datei geht.) Wenn Sie nicht aufpassen, speichern Sie die Änderungen.

Bei `vi` können Sie dieses Problem vermeiden, indem Sie `view` statt `vi` eingeben. Der Editor `view` ist der gleiche wie `vi` (`vi` und `view` sind mit dem gleichen Programm verbunden); nur daß Sie keine Änderungen in die Datei sichern können. Prägen Sie ihn sich ein.

Bei manchen Versionen von `emacs` kann man Dateien als read-only definieren, so daß Sie keine Änderungen an diesen Dateien machen können. Allerdings sind die Methoden, dies zu bewerkstelligen, nicht standardisiert, daher können wir Ihnen keine Regeln nennen. Fragen Sie Ihren Fachmann, wenn Sie ihn auf dem Flur treffen.

Wie man versucht, seine Dateien zurückzubekommen

Also, jetzt ist es passiert: Sie haben irgendetwas wichtiges kaputt gemacht, und Sie wollen es wirklich `unbedingt` wiederhaben. Schauen wir mal, was sich machen läßt.

Wenn Sie andere Systeme kennen, wie DOS, wo man auf wunderbare weise Dateien »entlöschen« (unerase) kann, müssen wir Sie leider enttäuschen, denn in UNIX geht so etwas nicht. Was weg ist, ist weg. (Es gibt für einige Versionen von UNIX eine Version von Norton Utilities, die einen Befehl zum »Entlöschen« enthält, aber sie ist nicht sehr verbreitet.)

Kopien, überall Kopien

Vielleicht haben Sie Kopien der gelöschten Datei in irgendeinem anderen Verzeichnis versteckt. Bei unseren wichtigen Dateien sichern wir Kopien in ein Verzeichnis `save` (oder so ähnlich). Manchmal kann man auch die Daten von woanders her rekonstruieren. Wenn Sie z.B. eine Textverarbeitungsdatei hopsgehen lassen, haben Sie vielleicht noch eine Sicherungsversion (die an anderer Stelle in diesem Kapitel erwähnten `.bak`-Dateien), die der aktuellen Version einigermaßen entspricht; oder vielleicht haben Sie die gelöschte Datei in eine Druckdatei ausgegeben (anstatt sofort auf den Drucker) und können diese Datei zurück in eine Dokumentform editieren.

Teilen Sie Ihren Rechner mit anderen oder haben Sie ein Netzwerk, dann hat vielleicht jemand anderer eine Kopie. Das müßte schon eine seltene Datei sein, wenn sie wirklich nur einmal existierte.

Den Sicherungstrupp hereinrufen

Sie ist wirklich weg, hmm? Dann wird es Zeit für die letzte Verteidigungslinie: Backups. Sie *haben* doch Backups, nicht wahr?

Wir unterbrechen dieses Kapitel für einen strengen Vortrag: *Machen Sie immer Backupsicherungen.* Wenn Ihr Systemverwalter auf Zack ist, werden die Backupsicherungen auf Band automatisch nachts gemacht; Sie brauchen nur zum Systemverwalter zu gehen, eine Packung Schokoladen-Plätzchen unterm Arm, und ihn sehr höflich bitten, ob er Ihnen hilft, Ihre wertvolle Datei von der Sicherung der letzten Nacht wieder einzuspielen. Gibt es keine Sicherung, ist es Ihr gutes Recht, in der Gegend herumzutoben und zu brüllen, daß jemand sich schleunigst an die Arbeit machen solle.

Ernsthaft, Backupsicherungen sind ein Standardbestandteil der Arbeit jedes Systemverwalters, entweder, indem er die Sicherungen selbst macht, oder dadurch, daß er einen Operator beauftragt, die Sicherungen zu machen. Ist die Prozedur erst einmal festgelegt, ist es so einfach, Sicherungsbänder zu ziehen, daß Sie Ihren Hund dazu abrichten könnten. (Ein Grund, warum manchmal nicht gesichert wird, ist, daß es eine langweilige Aufgabe ist.)

Macht Ihr Systemverwalter keine Sicherungen, sollten Sie es lieber selbst lernen. Hat Ihr Computer eine Bandstation, sieht die Prozedur meistens so aus:

1. Legen Sie das Band in die Bandstation ein und drücken Sie den Hebel zu, damit das Band festliegt.
2. Geben Sie einen Befehl, Dateien auf das Band zu kopieren, meistens ist das das Programm `tar` (tape archive); bei Sun-Workstations heißt es `bar` (backup archive), und einige System-V-Verwalter bevorzugen `cpio` (copy in and out). Was genau Sie dem Befehl `tar` sagen müssen, unterscheidet sich von System zu System, meist wegen der Besonderheiten der unterschiedlichen Bandstationen. Den normalen Befehl `cp` können Sie nicht verwenden, weil Bänder logisch nicht so eingerichtet sind wie Platten.
3. Nehmen Sie das Band aus dem Bandlaufwerk.
4. Schreiben Sie das Tagesdatum auf die Etiketten, damit Sie wissen, daß dies eine aktuelle Sicherung ist. (Die Paranoiden wechseln dabei immer mehrere Bänder, falls eines kaputt geht. Wir beschreiben dieses Thema näher im nächsten Kasten.)
5. Stecken Sie das Band wieder in die Hülle und stellen Sie es ins Regal.

Haben Sie viele Dateien, kann es eine Weile dauern, alles zu kopieren. Vielleicht machen Sie die Sicherung doch in der Mittagspause. Oder, so machen wir es, bitten Sie Ihren Systemverwalter es so einzurichten, daß das Programm `tar` automatisch jede Nacht um ungefähr 3 Uhr ausgeführt wird. Wir lassen jeden Abend das Band in der Bandstation; wenn wir am nächsten Morgen wiederkommen, ist die Sicherung gemacht, und wir brauchen nur das Band herauszunehmen und wegzuräumen. Das Programm `tar` erzeugt einen Bericht, der uns per E-Mail zugeschickt wird. Damit können wir prüfen, ob das Band richtig beschrieben wurde.

Wieder etwas vom Band herunterzuholen ist etwas verzwickter, obwohl Sie dafür ebenfalls den Befehl `tar` verwenden. Aber Sie wollen ja nur die kaputten Dateien zurückspeichern. Bitten Sie darum, daß Ihnen jemand hilft – wenigstens das erste Mal. Üblicherweise, legen Sie das Band in das Laufwerk, ganz genau so wie bei der Sicherung. Dann geben Sie den Befehl `tar` ein, ungefähr wie hier:

```
tar xvf /dev/tape somefile/clobberedfile
```

Die Parameter `xvf` stehen für *e*xtract *v*erbosely *f*rom, (wörtlich: herausziehen aus), gefolgt vom Namen der Datei, die Sie zurückholen wollen. Das Band dreht sich, wenn `tar` nach der Datei sucht. Hat er die gewünschte Datei gefunden, kopiert er sie auf Platte und meldet dies anschließend. Haben Sie mehrere Dateien niedergemacht, können Sie sie alle zurückholen, indem Sie Shell-ähnliche Wildcards im Befehl `tar` verwenden, wie hier:

```
tar xvf /dev/tape/ "somedir/*"
```

Wir setzen das Wildcard-Muster hier in Hochkommata, weil in diesem speziellen Fall das Programm `tar` und nicht die Shell das Wildcard-Zeichen verarbeitet.

Es kann noch weitere geringfügige Unterschiede geben. Insbesondere sollten Sie, bevor Sie versuchen, Dateien zurückzuholen, in das gleiche Verzeichnis gehen, von dem der Befehl `tar` aus aufgerufen wurde. Hat der Systemverwalter das ganze System gesichert, dann war das wahrscheinlich das Root-(/)-Verzeichnis.

Es gibt Systeme, die keine Bänder verwenden; dort nehmen Sie Disketten. Disketten sind aus zweifachem Grund eine größere Plage beim Sichern: Sie benötigen einen ganzen Stapel davon, und Sie müssen sie vorher formatieren.

Warum man Backupsicherungen braucht

Backupsicherungen zu machen, ist mühevoll. Aber die Frage ist nicht, *ob* Sie Daten verlieren, sondern *wann* dies passieren wird. Hier einige Ereignisse, nach denen wir schnell die Backupsicherungen holten:

- Das naheliegendste: wir haben versehentlich eine Datei gelöscht.
- Gerade in dem Moment, als wir die Datei sicherten, fiel der Strom aus, und sowohl die alte wie auch die neue Version gingen baden. Eklig!
- Als wir einmal im Innern des Computers arbeiteten (einer von uns ist ein Hardware-Freak), haben wir versehentlich einen Schraubenzieher auf die Karte mit der Plattensteuerung fallen gelassen, mit der die Platte und der Rest des Computers verbunden sind. Tolle Funken sprühten heraus und verbrannten die Karte. Wir besorgten eine neue Steuerkarte und stellten fest, daß die Platte zwar in Ordnung, aber der neue Controller nicht ganz kompatibel zum alten war. Wir mußten die Platte neu formatieren und alles vom Band zurückspeichern.
- Wir hatten gehört, daß man unbedingt ein Programm zum Parken des Lesekopfes ausführen sollte, bevor man die Festplatte bewegt. Also haben wir das gemacht. Leider war es eine Version, die nicht verträglich mit der Festplatte war. Der Kopf landete neben der Platte, ziemlich weit außerhalb der Parkfläche für Dauerparker. Wir hörten, wie der Plattenkopf gegen die Seite der Platte knallte, und wie er versuchte, wieder hoch zu kommen. Rrrts!
- In den guten alten Zeiten wog ein Computer 15.000 Pfund und man brauchte einen Gabelstapler, um ihn zu bewegen. Jetzt wiegen sie nur noch 25 Pfund. Das heißt, wenn vom Reinigungspersonal jemand mit dem Staubsauger gegen einen Computer stößt, kann er mit einem Krach zu Boden fallen und eine nicht lesbare Macke in der Platte davontragen. »Hoppla – entschudigen Sie bitte«.

Wahrscheinlich kennen Sie selbst ein paar Horrorstorys, aber die Moral all der Geschichten ist immer dieselbe: machen Sie Sicherungen.

Ehe Sie eine Diskette benutzen können, müssen Sie sie formatieren. Das heißt, der Computer beschreibt sie mit einigen Anweisungen, um zu bestimmen, wo die Daten hin sollen. Dabei prüft er gleichzeitig, ob sich auch keine kaputten Stellen auf der Diskette befinden. Zum Glück brauchen Sie dies nur einmal je Diskette zu machen. Disketten zu formatieren ist leicht, aber zäh und (stimmen Sie mit uns ein) es unterscheidet sich natürlich von einem System zum andern. Sie stecken die leere Diskette ins Laufwerk, geben den Formatierbefehl ein, und UNIX macht's.

Bei Sun-Workstations heißt der Befehl `fdformat`. Bei PC-UNIX-Systemen lautet der Befehl `format`, aber Sie müssen den Einheitennamen des Floppylaufwerks angeben. (Der Einheitenname ist etwas in der Art von `/dev/rdsk/f0q15dt`. Das soll benutzerfreundlich sein, oder was?) Bitten Sie um Hilfe. Wir kleben meistens nach dem Formatieren einen unbeschriebenen Aufkleber auf jede Diskette, um formatierte und nicht formatierte Disketten unterscheiden zu können.

Mein Backup-Spickzettel

Wir waren erschreckend vage in unseren Anweisungen zum Backup, weil die Einzelheiten zu Band- und Diskettenlaufwerken von System zu System variieren. Haben Sie einmal Ihren Fachmann oder Systemverwalter vor Ort solange geplagt, daß Sie die Befehle und Dateinamen haben, dann ist das Sichern ziemlich einfach. In diesem Kasten können Sie notieren, was Sie beachten müssen, um Ihre Daten zu sichern.

Backup-Einheit: ______ Tape ______ Floppy

Befehl, um eine Diskette zu formatieren
(nicht nötig, wenn Sie auf Band sichern): ____________________________

Verzeichnis, von dem aus die Sicherungen gemacht werden: `cd` __________

Befehl, mit dem Sicherungen gemacht werden: ____________________

Möglicherweise möchten Sie den vorangegangenen Befehl in einem Shell-Skript abspeichern, weil es mühsam ist, die ganzen Interpunktionszeichen einzugeben. In Kapitel 14 sehen Sie, wie man ein Shell-Skript erstellt.

Der Name meines Sicherungs-Skripts: ____________________________

Haben Sie einen entsprechenden Stapel Disketten beisammen, können Sie den Befehl `tar` für die Sicherung aufrufen. Dann legen Sie jeweils immer eine Diskette ein. Jede Diskette ist in einer Minute oder so beschrieben. Das Disketten-Einlegen ist also eine unglaubliche Zeitverschwendung, weil Sie immer ein bißchen warten müssen, bis Sie wieder eine neue Diskette einlegen können. Sie könnten vielleicht die Zeitung lesen.

Achten Sie darauf, nach Beschreiben jeder Diskette das Datum und die Folgenummer der Sicherung auf die Diskette zu schreiben (wollen Sie etwas von Diskette zurückspeichern, müssen Sie die Reihenfolge der Disketten kennen). Alles in allem bekommt die Sicherung auf Disketten einen schlechten zweiten Platz neben der auf Band, außer Sie sichern so wenig, daß es auf eine Diskette paßt. Bandlaufwerke sind nicht teuer, vielleicht sollten Sie erwägen, eines zu kaufen.

Sicherungs-Strategien

Die naheliegendste Methode, Sicherungen auf Band zu erstellen, ist, den gesamten Platteninhalt jede Nacht auf ein Band zu ziehen. Es gibt aber ein paar Gründe, warum dies nicht die beste Methode ist:

- Die Platte enthält möglicherweise zu viel Daten für ein Band. Band- und Plattenhersteller stehen ständig im Wettkampf, um den anderen zu überbieten. Der Kampf ist bisher unentschieden – während wir schreiben, sind beide im Bereich von 2 Gigabyte (2000 Megabyte), auch wenn die meisten Leute noch 150M-Bänder verwenden, die kleiner als die meisten Platten bei UNIX-Systemen sind.
- Sie stellen vielleicht erst ein, zwei Tage später fest, daß Sie etwas wichtiges kaputtgeschossen haben, daher wäre ein Verfahren gut, das Ihnen ein paar Tage Gnadenfrist läßt, Ihre Daten zurückzubekommen.
- Das Murphy'sche Gesetz sagt, daß das System ausfallen wird, während das Sicherungsband gerade erstellt wird, also verlassen Sie sich lieber nicht auf ein einziges Band.

Die beste Methode ist eine Kombination aus rotierender und inkrementeller Sicherung. Beim *rotierenden Backup* wird eine Gruppe von Bändern reihum immer wieder benutzt; z.B. fünf Bänder: das eine wird immer montags gezogen, das zweite dienstags und so weiter. Da jedes Band nur einmal in der Woche beschrieben wird, ist eine Datei, die Sie Dienstag löschen bis zum darauffolgenden Montag auf dem Montagsband. Sie haben dabei also fast eine Woche Zeit, um festzustellen, daß die Datei weg ist, und sie wieder zu bekommen. Wieviele Bänder Sie benutzen, hängt davon ab, wieviel Geld Sie ausgeben wollen, und wie paranoid Sie schon sind. Es gibt Leute, die nur zwei haben, und andere, die sieben haben. (Wir haben vier, weil wir eine Viererpackung Bänder gekauft haben.)

Bei *inkrementellen Backups* (wachsenden Sicherungen) wird nur das gesichert, was geändert wurde. In der Regel machen Sie in größeren Zeitintervallen, z.B. einmal im Monat, eine komplette Sicherung. Dazu sind vielleicht fünf, sechs Bänder erforderlich, aber da Sie das ja nur einmal im Monat machen, ist es nicht so aufwendig. Für den täglichen Zuwachs sichern Sie nur, was sich seit der letzten kompletten Sicherung geändert hat (das sollte auf ein Band gehen). Jede beliebige Datei ist dann entweder auf der Komplettsicherung (wenn sie sich schon lange nicht mehr geändert hat) oder auf der aktuellen Sicherung. Es gibt also nur zwei Stellen, wo man suchen muß.

Haben Sie ein genügend großes Budget für Bänder, möchten Sie vielleicht zwei Gruppen von Bändern haben, die Sie abwechselnd für Komplettsicherungen benutzen (Für den Fall, daß das System ausfällt, während Sie die Komplettsicherung machen). Manchmal werden Komplettsicherungen außerhalb in einem Schließfach oder anderen sicheren Ort verwahrt, aber das muß man aushandeln: die Sicherheit eines Schließfaches gegen die Unannehmlichkeit, zur Bank gehen zu müssen, wenn man eine Datei wiederherstellen muß. Sind Sie wirklich paranoid, können Sie gerne zwei Komplettsicherungen erstellen, eine außerhalb und eine in der Nähe.

Natürlich sollte sich Ihr Systemverwalter um all dies kümmern. Aber es hilft, wenigstens in Ansätzen über die Theorie der Backup-Sicherungen Bescheid zu wissen, damit Sie verstehen, warum Ihnen Ihr Systemverwalter vielleicht mehrere Bänder reicht, die Ihre Dateien enthalten können.

Drei Möglichkeiten, seine Dateien *nicht* zu verlieren

Aber Sie sind ja ganz blaß um die Nase! Sie meinen jetzt wahrscheinlich, sobald Sie die Tastatur auch nur berühren, schrecklichen, nie wiedergutzumachenden Schaden anzurichten und die nächste Wochen mit Bänderspulen zu verbringen. So schlimm ist es nicht. Hier sind ein paar Tricks, wie man es von vorneherein vermeidet, versehentlich Dateien zu löschen.

Wollen Sie diese ganz bestimmt fertigmachen?

Löschen Sie Dateien mit `rm`, dann verwenden Sie den Parameter `-i` (für interactive), wie hier:

```
rm -i s*
```

Mit dieser Zeile fragt `rm` vor dem Löschen jeder Datei nach: antworten Sie mit Y, wenn Sie sie löschen wollen, und mit N, um sie nicht zu löschen. (Beachten Sie, daß UNIX fragt »Soll ich das löschen?« und nicht »Soll ich das aufheben?«)

Das größte Problem bei -i ist, daß es ziemlich zäh ist, wenn Sie viele Dateien löschen wollen. Dann sollten Sie lieber Wildcards verwenden. Um sicher zu gehen, sollten Sie überprüfen, ob die Wildcards sich auf die Dateien beziehen, die Sie meinen. Verwenden Sie hierzu den Befehl `ls` mit der gleichen Wildcard. Wollen Sie z.B. alle Dateien löschen, die mit *section* beginnen, und Sie meinen, Sie kommen damit hin, nur *sec* und ein Sternchen einzugeben, sollten Sie lieber mal schauen, auf was sich sec* alles bezieht. Geben Sie zunächst diesen Befehl ein:

```
ls sec*
```

UNIX antwortet mit einer entsprechenden Liste:

```
second.version    section04 section08 section12 section16
section01         section05 section09 section13 section17
section02         section06 section10 section14 section18
section03         section07 section11 section15 section19
```

Da sehen Sie! Da ist diese Datei `second.version`. Die wollen Sie nicht löschen; es sieht ganz so aus, als müßten Sie `section*` ausschreiben, um die richtigen Dateien zu löschen.

Idiotensichere Sicherungsdateien

Am besten macht man vorübergehende Backup-Kopien, indem man ein Verzeichnis `save` erstellt und dort alle gesicherten Kopien von Dateien speichert. Sie sehen dies in diesem Beispiel:

```
mkdir save
cp important.file save
```

Mit diesen Befehlen wird ein Verzeichnis erstellt, das `save` heißt, und dann `important.file` nach `/save/important.file` kopiert. Verdrehen Sie die Reihenfolge der Namen, passiert nichts. Angenommen, Sie geben diese Zeile ein:

```
cp save important.file
```

UNIX macht diese Beobachtung:

```
cp : <save> directory
```

UNIX gibt an, daß Sie eine Datei in ein Verzeichnis kopieren können, aber nicht ein Verzeichnis in eine Datei. Um eine Datei wieder aus dem Verzeichnis `save` herauszukopieren, müssen Sie den vollen Namen angeben:

```
save/important.file.
```

Hier eine Spielart: Angenommen, Sie haben mehrere Dateien, die Sie loswerden wollen, aber es befinden sich auch einige noch brauchbare Dateien in dem gleichen Verzeichnis. Erstellen Sie ein Verzeichnis `trash`, und nehmen Sie dann den Befehl `mv`, um die Dateien, die Sie löschen wollen, in das Verzeichnis `trash` zu kopieren:

```
mkdir trash
mv thisfile thatfile these* trash
mv otherfile somefile trash
```

Überprüfen Sie anschließend mit dem Befehl `ls` den Inhalt von `trash`. Finden Sie noch etwas, das Sie behalten möchten, verschieben Sie es in das aktuelle Verzeichnis:

```
mv trash/these.are.still.good .
```

(Der Punkt am Ende bedeutet, daß die Dateien wieder ins aktuelle Verzeichnis gestellt werden sollen.) Sind Sie sicher, daß Sie nur noch Schrott im Verzeichnis `trash` haben, können Sie den Befehl `rm` mit der Option `-r` verwenden:

```
rm -r trash
```

Diese Zeile entfernt `trash` und alles darin.

Schreib' da nicht drauf!

Eine weitere Möglichkeit, Schaden an wichtigen Dateien zu verhindern, ist, sie read-only abzuspeichern. Wenn Dateien gelesen werden können,

können `cp` und Texteditoren sie nicht ändern. Sie können sie immer noch löschen, auch wenn `rm`, `mv` und `ln` fragen, ehe sie dies tun. Der Befehl `chmod` ändert den »Modus« einer Datei (wie in Kapitel 28 erläutert). Hier sehen Sie, wie man mit `chmod` eine Datei nur lesbar macht:

```
chmod -w crucial-file*
```

Das `-w` bedeutet *not writable*. Um die Datei später ändern zu können, sagen Sie nochmal `chmod` mit statt dessen `+w`. (Dies ist keine geistreiche Befehlssyntax, aber die alte Syntax war noch schlimmer und verwendete Oktalzahlen.) Ist eine Datei schreibgeschützt, können Editoren sie nicht verändern. Das Programm `vi` und einige Versionen von `emacs` zeigen sogar einen Hinweis am Bildschirm an, daß die Datei nur lesbar ist. Versuchen Sie, sie zu löschen, fragt `rm`, `mv` oder `ln` in einer einzigartig benutzerunfreundlichen Weise, ob das wirklich das ist, was Sie vorhatten. Angenommen, Sie geben folgende Zeile ein und die Datei `crucial-file` ist eine read-only Datei:

```
rm crucial-file
```

UNIX antwortet mit dieser Zeile:

```
crucial-file: 444 mode ?
```

Die Zahl muß nicht 444 sein: sie kann zwischen 440 und 400 liegen (je nachdem, ob Ihr Systemverwalter die Dinge so eingestellt hat, daß man den Inhalt der Dateien anderer Leute ansehen kann.) Wie bei `rm -i` geben Sie Y ein, wenn Sie die Datei löschen wollen, oder N, wenn Sie diese wertvollen Daten nicht löschen wollen.

KAPITEL 23

Prozesse identifizieren und abbrechen

In diesem Kapitel

- Was Prozesse sind
- Wo Prozesse herkommen
- Wo Prozesse hingehen, und wie man sie etwas schneller gehen läßt

Alles, was UNIX für Sie erledigt, wird von *Prozessen* erledigt. Wenn Sie sich anmelden, ist das ein Shellprozeß. Wenn Sie einen Editor aufrufen, ist der Editor ein Prozeß. So ziemlich jeder Befehl, den Sie ausführen, ist ein Prozeß.

Prozesse, die *daemons* (Dämonen) genannt werden, lauern im Hintergrund und warten darauf, ganz ohne manuelles Eingreifen etwas Nützliches tun zu können – wenn Sie z.B. mit `lp` oder `lpr` etwas drucken, macht in Wirklichkeit ein Dämon die eigentliche Arbeit und sendet das Zeug zum Drucker.

Gewöhnlich laufen diese Prozess automatisch ab, und Sie brauchen sich kaum damit zu befassen. Aber manchmal bleibt ein Programm stecken. Bei einem Personal Computer unter DOS oder einem Macintosh startet man dann den Computer einfach neu. Bei UNIX wäre das eine etwas extreme Maßnahme, den Computer wegen eines einzigen festgefahrenen Programms neu zu starten. Zum einen werden es andere Programme und andere Benutzer nicht schätzen, wenn ihnen unterm Laufen der Computer unter den Füßen weggezogen wird. Auch kann es bei UNIX eine Weile dauern, nach einem erzwungenen Neustart wieder hochzufahren (bei unseren Systemen dauert es etwa 20 Minuten, alle Platten zu prüfen), und Sie laufen Gefahr, Dateien zu verlieren, die gerade aktualisiert wurden.

Sie können bockige Programme fast immer ohne Neustart loswerden. In diesem Kapitel geht es darum, herauszufinden, was für Prozesse Sie haben und wie Sie unerwünschte Prozesse verschwinden lassen. Sehen Sie sich auch Kapitel 15 an, wo wir davon sprechen, wie Sie selbst mit Prozessen jonglieren können und nette Tricks ausführen, wie Sie ein Programm anhalten, ein anderes ausführen, wieder zum ersten gehen und genau dort weitermachen, wo Sie aufgehört hatten.

Warum Prozesse nicht Programme sind, und umgekehrt

Programme und Prozesse sind sich ähnlich, aber sie sind nicht dasselbe. Ein Prozeß ist mehr oder weniger ein laufendes Programm. Angenommen, Sie arbeiten mit OPEN LOOK oder Motif, haben zwei Fenster am Bildschirm, und es läuft in beiden `vi`. Auch wenn in beiden Fenstern das gleiche Programm läuft, handelt es sich um verschiedene Prozesse, die etwas unterschiedliches machen (in diesem Fall verschiedene Dateien editieren).

Um noch mehr Verwirrung zu stiften, benutzen manche Programme jeweils mehr als einen Prozeß. Z.B. benötigt das Bildschirm-Programm `cu` zwei Prozesse: einen, um Ihre Eingabe an das ferne System zu kopieren, und einen, um die Ausgaben des fernen Systems an Ihren Bildschirm zurückzukopieren. Manchmal gibt es versteckte (hidden) Prozesse: Bei vielen Programmen können Sie aus dem Programm heraus irgendwelche UNIX-Befehle aufrufen. (Bei `ed` geben Sie z.B. ! und den gewünschten Befehl ein.) Neben dem Befehl gibt es gewöhnlich einen Shell-Prozeß, der den Befehl interpretiert.

Wenn Sie sich die Liste der Prozesse ansehen, die der Befehl `ps` ausgibt, ist es in den meisten Fällen einfach, festzustellen, was welcher Prozeß ist, weil jeder durch den auslösenden Befehl gekennzeichnet ist.

Gibt es irgendwelche Prozesse in diesem Haus?

Der grundlegende Befehl, mit dem Sie herausfinden, welche Prozesse laufen, ist der Befehl `ps` (für Prozeß-Status). Die Einzelheiten von `ps` (Moment! – woher wissen Sie das?) unterscheiden sich etwas, je nach UNIX-Version, aber es gibt zwei Hauptarten von `ps`: die System-V- und die BSD-Version. (SVR4 verwendet die System-V-Version von `ps`, auch wenn SVR4 mit einer Menge BSD durchsetzt ist.)

Achten Sie auf Ihr ps (und qs)

Rufen Sie nur einfach `ps` auf, dann erhalten Sie unabhängig von Ihrer UNIX-Version eine Liste der Prozesse, die Ihr Bildschirm gestartet hat (oder das Fenster, wenn Sie mit einem Fenstersystem arbeiten). Die Liste sieht ungefähr so aus:

```
  PID TTY    TIME COMMAND
24812 ttyp0  0:01 csh
25973 ttyp0  0:00 ps
```

Die Spalte PID zeigt die *Prozeßnummer*, oder *Prozeß-ID* an. Damit die Prozesse nicht durcheinander geraten, gibt UNIX jedem Prozeß eine eindeutige Nummer als Identifikator. Die Zahlen beginnen bei 1 und werden hochgezählt. Werden die PIDs unangenehm groß (um die 30000), beginnt UNIX wieder bei 1 und überspringt Nummern, die noch in Gebrauch sind. Sie müssen die PID kennen, wenn Sie festgefahrene Prozesse loswerden wollen, damit Sie UNIX mitteilen können, welcher Prozeß vernichtet werden soll.

Die Spalte TTY enthält den Bildschirm, von dem aus der Prozeß gestartet wurde. In diesem Fall ist `ttyp0` der Bildschirm, der zufällig Pseudo-Bildschirm Nummer 0 ist. (Da UNIX von und für Nerds geschrieben wurde, neigen sie dazu, mit dem Zählen bei 0 statt bei 1 anzufangen.) Ein *Pseudo-Bildschirm* ist das, was UNIX verwendet, wenn man an einem X-Fenster oder von einem entfernten System über das Netzwerk angemeldet ist, statt an einem richtigen, tatsächlich vor Ort vorhandenen Bildschirm. Für unsere Zwecke machen alle Bildschirme das gleiche, ob sie nun echt, pseudo oder was auch immer sind.

Die Spalte TIME enthält die gesamte Zeit in Minuten und Sekunden, die dieser Prozeß bisher gebraucht hat. (Die Zeit, die mit Warten auf Eingaben oder auf Platten oder Druckern verbracht wurde, wird nicht mitgezählt.)

Die Spalte COMMAND gibt den Namen des Befehls wieder, der den Prozeß gestartet hat. Beim ersten Prozeß an einem bestimmten Bildschirm oder Pseudo-Bildschirm beginnt der Befehlsname mit einem Bindestrich. In diesem Beispiel gibt es einen Prozeß für die C-Shell (`csh`), und einen weiteren für den Befehl `ps`.

Schickeres ps (und qs)

Die System-V-Version von `ps` enthält viele Optionen, von denen die meisten eher nutzlos sind. Eine der etwas sinnvolleren ist -f, das ein »full listing« erstellt:

```
 UID  PID   PPID   C  STIME    TTY    TIME COMMAND
john1 11764  3812  0 14:06:02 ttyp3  0:00 /usr/bin/emacs
john1 11766 11764  0 14:06:05 ttyp3  0:00 /bin/sh -1
john1 11769 11766 10 14:06:15 ttyp3  0:00 ps -f
john1  3812  3804  0 Jan 18   ttyp3  0:04 -sh
```

Diese Liste hat ein paar Spalten mehr als die einfache ps-Liste, und ein paar Spalten sehen anders aus. Die Spalte UID enthält, wie man leicht sieht, den Benutzernamen. PPID ist die *Parent PID*, die PID des Prozesses, der diesen erzeugt hat. Wir hatten `emacs` von der Shell aus aufgerufen, und dann von `emacs` aus nochmals die Shell, um den Befehl `ps` auszuführen.

Die Parent PID gibt die Reihenfolge wieder, in der die Prozesse sich gegenseitig aufrufen: der Login-Shell-Prozeß (Nummer 3812) ist Elternprozeß von `emacs`, der wiederum Elternprozeß von `/bin/sh` ist, dem Elternprozeß von `ps`. (Wir könnten erklären, warum die Prozesse nicht in dieser Reihefolge aufgeführt sind, aber glauben Sie uns, es wird Sie nicht interesssieren.) Alle Prozesse in einem UNIX-System werden in generischer Folge aufgeführt, also danach, welcher Prozeß welchen gestartet hat. Der große Vorfahre von allen ist der Prozeß Nummer 1, der `init` heißt. Sie können die Vorläufer jedes Prozesses zum `init`-Prozeß zurückverfolgen. »Höre! Ich werde Ps genannt, Sohn der Bourne-Shell, Tochter von Emacs, Sohn von Dash-Shell (oder war das Dashiell?), Ururenkel des altehrwürdigen und heiligen Init!«

Die Spalte C ist eine vollkommen technoide Zahl, die sich darauf bezieht, wie lange der Prozeß zuletzt gelaufen ist. Ignorieren Sie sie. *STIME* ist die Startzeit, die Tageszeit, zu der der Prozeß gestartet wurde. Ist das länger als 24 Stunden her, zeigt die Spalte das Datum an. TTY enthält den Namen des Bildschirms, den der Prozeß benutzt. Haben Sie eine GUI, wie Motif oder OPEN LOOK, und Sie rufen in einem Fenster `xterm` auf (wie wir das hier getan haben), dann zeigt TTY nicht den verwendeten Bildschirm an. Statt dessen wird der »Pseudo-Bildschirm« aufgeführt, der die Shell in dem Fenster mit dem für die Anzeige verantwortlichen `xterm` verbindet (eine weitgehend nutzlose Information). Manchmal steht in der Spalte TTY ein ?. Dann ist der Prozeß ein Dämon, der keinen Bildschirm benötigt.

Die Spalte COMMAND zeigt den vollen Befehl, der den Prozeß gestartet hat, manchmal inklusive des vollen Pfadnamens des Programms. (Standard-Systemprogramme befinden sich in den Verzeichnissen `/bin` und `/usr/bin`, daher sehen Sie diese häufig in `ps`-Listen.)

Sind Sie an mehreren Bildschirmen oder mit mehreren Fenstern angemeldet, möchten Sie vielleicht alle Ihre Prozesse sehen, nicht nur die des aktuellen Bildschirms. Bei der ps-Version von System V können Sie alle Prozesse für einen bestimmten Benutzer anfordern:

```
ps -u tracy
```

Dieser Befehl zeigt alle Prozesse an, die Tracy gehören. Sie können die Prozesse jedes Benutzers anfordern, nicht nur Ihre eigenen. Für diesen Benutzer können Sie auch eine komplette Liste bekommen:

```
ps -fu tracy
```

Es gibt in System V weitere, weniger sinnvolle Parameter, z.B. -e, der jeden Prozeß im gesamten System anzeigt.

Berkeley ps (und qs)

Der einfache Bericht der BSD-Version von ps sieht so aus:

```
 PID TT STAT TIME  COMMAND
7335 p4 S    0:00  -csh (csh)
7374 p4 R    0:00  ps
```

Die Spalten PID, TIME und COMMAND entsprechen denen, die Sie schon kennen. (Enthält der normale Name z.B. einen Gedankenstrich, wird der richtige Name des Programms in der Spalte COMMAND in Klammern gesetzt.) Die Spalte TT enthält eine Kurzform des Bildschirmnamens (in diesem Fall, Pseudo-Bildschirm 4). STAT zeigt den Status des Prozesses; R bedeutet, daß der Prozeß jetzt gerade läuft; alles andere weist daraufhin, daß der Prozeß gerade nicht läuft. Normalerweise interessiert Sie das solange nicht, bis ein Prozeß hängenbleibt, und Sie sich fragen, ob erwartet wird, daß Sie etwas eingeben (dann hat er den Status I oder IW), oder ob der Prozeß sonstwohin ins Unterholz läuft (dann ist sein Status R).

Mit dem Parameter -u erhält man einen benutzer-orientierten Bericht, obwohl denen da vielleicht eine andere Art Benutzer vorgeschwebt hat:

```
USER   PID  %CPU %MEM   SZ RSS TT STAT START TIME  COMMAND
johnl  7375  0.0  0.9  196 436 p4 S    14:59 0:00  ps -u
johnl  7335  0.0  0.6  196 316 p4 R    14:56 0:00  -tcsh (tcsh)
```

Die Spalten %CPU und %MEM geben die Prozentsätze verfügbarer zentraler Prozessorzeit und Systemspeicher an, die der Prozeß die letzte Zeit gebraucht hat (diese Zahlen liegen gewöhnlich nahe bei 0). RSS ist die

Resident-Set-Zeit in tausend Byte (abgekürzt K), ein Maß dafür, wieviel Speicher der Prozeß jetzt gerade benötigt. Der Befehl ps, z.B. benötigt 436K Byte (was erschreckend ist, wenn man bedenkt, daß das ganze UNIX-System einmal insgesamt 64K Byte benötigt hat). Die Spalte Start gibt die Tageszeit des Prozeßbeginns an.

Mit `-t` können Sie die Prozeßliste eines bestimmten Bildschirms anfordern, z.B.

```
ps -tp4
```

Sie müssen beim Parameter `-t` die gleiche zweistellige Bildschirmabkürzung angeben, die auch `ps` verwendet. Viel Spaß beim Raten. Versuchen Sie es mit den zweistelligen Abkürzungen in der `TT` Spalte der `ps`-Liste.

Es gibt massenweise nutzlose Parameter für die BSD-Version von `ps`, unter anderem `-l` für eine lange technoide Liste, `-a` für alle Prozesse (nicht nur Ihre) und `-x` für Prozesse, die ohne Bildschirm auskommen. Es gibt keine Möglichkeit, eine Liste aller Prozesse eines bestimmten Benutzers zu bekommen.

Sie können sich alle von Ihnen gestarteten Prozesse mit folgender Beschwörungsformel anschauen:

```
ps -aux | grep tracy
```

Ersetzen Sie Tracys Namen durch Ihren eigenen Benutzernamen. Diese Zeile leitet die Ausgabe des Befehls `ps` zum Befehl `grep` weiter (wird in Kapitel 26 beschrieben), der alle Zeilen außer den mit Ihrem Benutzernamen wegwirft.

Warum cd kein Prozeß ist

Die Leute fragen uns immer (na ja, jemand hat uns einmal gefragt), warum der Befehl `cd` sich nicht immer so verhält, wie man das erwartet. Das Problem ist das, was man in gelehrten Kreisen *Lamarcksche Vererbungslehre* nennt, und was wir unter »Du siehst wie Deine Mutter aus« verstehen.

Erzeugt der Elternprozeß einen Kindprozeß, dann erbt der Kindprozeß viele Eigenschaften von seinem Elternprozeß, wie den Benutzernamen, den Bildschirm und (das ist wichtig) das aktuelle Verzeichnis. Das Kind, wie alle Kinder undankbar, kann viele dieser Dinge ändern. Erbschaft gibt es nur in die eine Richtung, daher wirken sich Änderungen beim Kind nicht auf den Elternprozeß aus. Angenommen, Sie erzeugen einen neuen Prozeß (geben Sie `sh` ein, um eine neue Shell als zweiten Prozeß aufzurufen). Wechseln Sie dann von dem Verzeichnis, das Sie gerade benutzt haben, in ein anderes, z.B. `/tmp`, indem Sie `cd /tmp` eingeben. Geben Sie dann `pwd` ein, um sicherzustellen, daß Sie wirklich in `/tmp` sind. Verlassen Sie die neue Shell mit `exit` und geben Sie wiederum in der alten Shell `pwd` ein, um sicherzustellen, daß Sie zurück im ursprünglichen Verzeichnis sind.

Dieses Beispiel beweist, daß `cd` kein normaler Befehl sein kann, der in einem eigenen Prozeß ausgeführt wird. Wäre das der Fall, würde sich das neue Verzeichnis nur auf diesen Prozeß beziehen, und sobald der Prozeß geendet hätte, wären Sie wieder zurück in der Shell und das Verzeichnis wäre unverändert.

Die Autoren der diversen Shells waren spitzfindig bei diesem Problem: sie haben sozusagen ein von der Technik her bekanntes Kludge eingebaut (etwas, das zwar funktioniert, auf das Sie aber nicht stolz sind). Das Kludge überwacht vor allem den Befehl `cd` und verarbeitet ihn selbst in der Shell. Aus dem gleichen Grund werden auch die Befehle `exit` und `logout` in der Shell verarbeitet.

Hier ein Beispiel, wo Ihnen das vielleicht begegnet: wenn Sie ein Shell-Skript erstellen (siehe Kapitel 14), das einen Befehl `cd` enthält, wirkt sich das `cd` nur auf die nachfolgenden Befehle in diesem Skript aus. Ist Ihr Shell-Skript beendet, finden Sie sich wieder im ursprünglichen Verzeichnis, als hätte es den Befehl `cd` nie gegeben. Es ist natürlich möglich, ein Skript zu schreiben, welches das Verzeichnis wechselt, aber das ist derart kompliziert, daß sich sogar Wizards vor dieser Aufgabe scheuen.

Mord im Prozeß-Express

Angenommen, Sie arbeiten so dahin, kümmern sich um Ihre eigenen Sachen, und stellen dann fest, daß Sie da ein Programm haben, das einfach zu keinem Ende kommen will will. Tja, wir haben Mittel und Wege, es zum Enden zu bringen. Lassen Sie uns zunächst die gängigen Methoden, einen Prozeß abzubrechen, diskutieren, danach werden wir uns mit brachialen Mitteln beschäftigen.

Fünfzig Arten, einen Prozeß zu killen

Der übliche Weg, einen Prozeß abzubrechen, ist die Unterbrechungstaste, üblicherweise Ctrl-C, aber manchmal auch Del oder Delete. In den meisten Fällen gibt das schurkische Programm auf und Sie landen wieder in der Shell. Manchmal allerdings benutzt das Programm selbst die Ctrl-C-Taste. Wenn Sie z.B. mit dem Editor `ed` arbeiten (Sie müssen Masochist sein) und Ctrl-C drücken, kehrt `ed` in den Befehlmodus zurück, anstatt das Handtuch zu schmeißen und jegliche Arbeit von Ihnen wegzuwerfen. Um `ed` zu verlassen, müssen Sie den Befehl q verwenden.

Funktioniert das Unterbrechungszeichen nicht, können Sie sich helfen und das Quit-Zeichen drücken, gewöhnlich Ctrl-\ (ein Backslash – nicht der normale Schrägstrich). Das Quit-Zeichen bricht nicht nur das Programm ab, sondern sichert auch den Leichnam des Prozesses (diese Beschreibung hat etwas furchtbar morbides, aber wir haben die Begriffe nicht erfunden) in eine Datei, die aus geheimnisvollen historischen Gründen *core* (Kern) heißt. Dann trägt die Shell das Requiem vor:

```
Quit (core dumped)
```

Diese Nachricht teilt Ihnen den Tod des Prozesses mit und daß die Leiche mit dem Dateinamen `core` auf Eis gelegt wurde.

Die meisten Programme, die Ctrl-C auffangen, geben sich beim Ansturm von Ctrl-\ geschlagen. Ist das Programm, das Sie laufen hatten, ein lokal geschriebenes, schätzt es Ihr Systemverwalter vielleicht, wenn Sie die Datei `core` sichern, weil sie den Schlüssel dazu enthält, was schiefgelaufen ist, als Sie das Programm abbrachen. Ansonsten löschen Sie alle `core`-Dateien, sie sind eine Platzverschwendung.

Programme können sich gegen Ctrl-\ immunisieren (`ed` z.B. ignoriert es einfach), daher ist die folgende Möglichkeit das Stop-Zeichen (immer Ctrl-Z). Das Stop-Zeichen bricht ein Programm nicht ab, sondern läßt es nur einschlafen und bringt Sie zur Shell zurück. (Kapitel 15 enthält mehr Informationen darüber, was Ctrl-Z wirklich tut, und wie es sogar bei Programmen, die Sie mögen, nützlich sein kann.) Wenn Sie wieder in der Shell sind, können Sie das stärkere Mittel anwenden, das im nächsten Abschnitt beschrieben wird.

Damit Ctrl-Z funktioniert, muß auch die Shell was leisten. Viele Versionen der Bourne-Shell mögen das nicht und ignorieren Ctrl-Z. Die C-Shell und die Korn-Shell sind Ctrl-Z-bewußt.

Die Drecksarbeit

Vorbei ist es mit Mr. Nice Guy: es wird Zeit für gnadenloses Gemetzel. Hatten Sie im vorigen Abschnitt Erfolg damit, den Prozeß mit Ctrl-Z zum Einschlafen zu bringen, brechen Sie ihn mit der in diesem Abschnitt beschriebenen Prozedur ab.

Für alle folgenden Methoden müssen Sie einen Bildschirm oder ein Fenster haben, in das Sie für diese Drecksarbeiten ein paar Befehle eingeben können. Hat Ctrl-Z den Prozeß nicht erfolgreich schlafen gelegt, haben Sie vielleicht kein Shell-Promptzeichen, nach dem Sie die erforderlichen Befehle eingeben können. Hier sind weitere Eingabemöglichkeiten, um den Prozeß abzubrechen:

- Bei einem Window-System können Sie jedes Fenster, außer das mit dem festgefahrenen Programm verwenden.
- Ansonsten müssen Sie sich vielleicht ein anderes Terminal suchen oder an einen anderen Computer im Netzwerk gehen, und mit `telnet` oder `rlogin` auf Ihren Rechner.
- Gibt es weder ein anderes Terminal oder ein anderes Fenster noch sonst eine Möglichkeit, ins Innere der Maschine zu gelangen, haben Sie Pech gehabt und müssen wohl den Rechner neu starten. Bevor Sie neu starten, fragen Sie Ihren Systemverwalter, er kennt vielleicht ein paar weitere Tricks.

Hier sehen Sie einen einfachen 2-Schritte-Ablauf, um einen schurkischen Prozeß umzubringen:

1. Stellen Sie den richtigen Namen des schurkischen Prozesses fest.
2. Stoßen Sie den richtigen Namen in einem entsprechenden Fluch aus.

Der richtige Name eines Prozesses ist seine PID, eines der Dinge, die `ps` berichtet. Geben Sie zuerst einen Befehl `ps`, um die PID Ihres Opfers herauszufinden. Folgen Sie diesen Anweisungen, um die PID festzustellen:

1. Haben Sie den schurkischen Prozeß mit Ctrl-Z zum Schlafen gebracht, und sitzen Sie am gleichen Bildschirm, um ihn endgültig umzubringen, geben Sie einfach `ps` ein.
2. Ansonsten geben Sie, wenn Sie mit System V arbeiten, `ps -u` oder `ps -e` ein; bei BSD geben Sie `ps -a` ein.

Angenommen, Sie haben diese Liste gesehen, nachdem Sie `ps -fu john1` eingegeben haben, wodurch alle Prozesse des Benutzers `john1` gelistet werden (die Liste wurde gekürzt, um Platz zu sparen):

```
 UID  PID   PPID   C  STIME    TTY    TIME COMMAND
john1 24806 24799  0 Jan 18     ?     0:39 xclock_
```

Die PID des Prozesses, den wir abbrechen wollen, lautet 24806. Sie brechen Ihn mit folgendem `kill`-Befehl ab:

```
kill 24806
```

Das normale `kill` schickt eine Anforderung an den Prozeß: »Bitte, lieber Mr. Prozeß, wären Sie so gütig abzukratzen?« Diese Methode funktioniert normalerweise, aber hin und wieder greift ein Programm den Vorschlag nicht auf. Eine andere Art `kill`, das ominöse Number-Nine-`kill`, läßt dem Opfer keine Wahl:

```
kill -9 24806
```

Haben Sie ein besonders unkooperatives Programm mit Ctrl-Z gestoppt, provoziert ein normales `kill` es vielleicht, sich zu rächen, indem es versucht, den Bildschirm einzunehmen (etwas, das die Shell glücklicherweise verhindert). Hier sehen Sie eine Kopie aus dem wirklichen Leben von unseren Versuchen, unseren alten Texteditor-Freund `ed` umzubringen. Erst haben wir Ctrl-Z gedrückt, der hat ihn einschlafen lassen. Dann haben wir es mit einem normalen `kill` versucht; als `ed` sich bereit machte zurückzuschlagen, haben wir einen Number-Nine-Overkill gestartet. Sayonara, mein liebes Programm:

```
%ed badfile
?badfile
Ctrl-Z
Stopped
% ps
   PID TTY    TIME COMMAND
 12746 ttyp1  0:00 ed
 12747 ttyp1  0:00 ps
 11643 ttyp1  0:02 -csh
% kill 12746
?
[1] + Stopped (tty input)  ed badfile
% kill -9 12746
[1]  Killed                ed badfile
```

Wiederbelebung eines Bildschirms

Schießen Sie ein Programm ab, das jeweils ein Zeichen Ihres Bildschirms einliest, wie `vi` oder `emacs`, hinterläßt der tote Prozeß Ihren Bildschirm in einem besonderen Zustand, der es erschwert, weiterzuarbeiten. Folgende aus drei Schritten bestehende Methode stellt Ihren Bildschirm gewöhnlich wieder her:

1. Drücken Sie Ctrl-J. Die Shell beschwert sich vielleicht über eigenartig benannte, nicht existierende Befehle. Ignorieren Sie dieses Gejammer.
2. Geben Sie `stty`, ein Leerzeichen und `sane` ein (als Gegensatz zum ganz und gar nicht vernünftigen Zustand, in dem sich Ihr Bildschirm befindet). Sie werden wahrscheinlich nichts am Bildschirm sehen. Bleiben Sie ruhig.
3. Drücken Sie nochmals Ctrl-J. Jetzt sollte Ihr Bildschirm wieder in einen brauchbaren Zustand versetzt worden sein. Mehr über den mysteriösen Befehl `stty` in Kapitel 28.

Wenn X schiefgeht

Verwenden Sie X-Window in einer seiner vielfältigen Verkleidungen (insbesondere Motif und OPEN LOOK), und haben Sie besonders viel Pech, gefriert X selbst womöglich den Bildschirm ein. Falls Sie über einen anderen Bildschirm oder über ein Netzwerk an Ihren Computer herankommen, können Sie X selbst loswerden; dies läßt alle Programme, die X benutzen, verschwinden, so daß Sie sich überall wieder anmelden müssen. Der Trick ist, herauszufinden, welches Programm X ist. Hier sehen Sie einen editierten `ps`-Bericht eines System-V-Systems:

```
  UID PID   PPID   C  STIME   TTY    TIME COMMAND
john1 24788 19593  0 Jan 18   vt01   0:00 /usr/bin/x11/xinit
john1 24789 24788  5 Jan 18   ptmx  38:10 Xgp :0
```

In diesem Fall wird X `Xgp` genannt, weil dieser bestimmte Bildschirm zufällig einen Graphikprozessor für den Bildschirm hatte.

Hier das Gegenstück einer Sun-Workstation:

```
PID TT STAT TIME COMMAND
224 co IW   0:00 /bin/sh /usr/openwin/bin/openwin
228 co IW   0:00 /usr/openwin/bin/xinit-//usr/openwin/bin/xnews :0
229 co  S 149:23 /usr/openwin/bin/xnews :0 -auth /usr/john1/.xnews
```

Es gibt zwei einfache Wege festzustellen, welcher Prozeß X ist:

- Die Befehlszeile enthält den komischen Code :0, was sich als X-Sprache für »der Bildschirm dort drüben am Computer« herausstellt.
- Die Menge benutzter Computerzeit ist hoch, weil X grob gesprochen, ein Schwein ist.

Haben Sie festgestellt, welcher Prozeß X ist, dann können Sie ihm den alten Number-Nine-Schlag versetzen und sich vielleicht wieder anmelden.

Haben Sie ein X-Terminal, funktioniert der Number-Nine-Todesstoß nicht, weil X selbst im Bildschirm und nicht auf dem Haupt-Computer läuft. In diesem Fall killen Sie X, indem Sie den Bildschirm neu starten. Schlimmstenfalls schalten Sie den Bildschirm aus und wieder an, aber vielleicht kann Ihnen Ihr Systemverwalter eine einfachere Methode nennen.

KAPITEL 24

Mein Computer sagt, daß er mich haßt

In diesem Kapitel

- Unmengen von Fehlermeldungen
- Ihre Bedeutung
- Was man mit ihnen macht

Sie geben einen Befehl ein. UNIX sagt etwas Unverständliches. Was bedeutet es? Und was sollen Sie tun?

Antwort: Suchen Sie die Fehlermeldung in diesem Kapitel. Wir erklären Ihnen, was sie bedeutet, und was Sie tun können, um das Problem zu lösen.

Die meisten Fehlermeldungen beginnen mit dem Namen des Befehls, den Sie benutzen wollten. Wenn Sie z.B. mit dem Befehl `cp` eine Datei kopieren wollen, aber Sie verschreiben sich, kann `cp` keine Datei mit dem angegebenen Namen finden. Es kommt dann so eine Meldung:

```
cp: No such file or directory
```

Am Anfang der Zeile steht der Name des Befehls, der nicht funktioniert hat. Nach dem Doppelpunkt kommt die UNIX-Fehlermeldung – UNIX versucht, das Problem zu erklären.

Dieses Kapitel enthält in alphabetischer Reihenfolge die häufigsten Fehlermeldungen. In einigen Erklärungen geht es um *Argumente*. Das heißt nicht, daß wir streitlustig sind, vielmehr ist das der Fachbegriff für die Informationen, die Sie nach dem Befehl in die Eingabezeile eingeben. Angenommen, Sie geben folgendes ein:

```
cp letter.to.santa save
```

`cp` ist der Befehl, `letter.to.santa` ist das erste Argument und `save` ist das zweite Argument. Man kann viele Argumente in der Zeile haben, die nötige Anzahl hängt vom verwendeten Befehl ab (`cp` braucht zwei). Geben Sie Leerzeichen zwischen den Argumenten ein.

Außerdem gibt es Dinge, die Optionen genannt werden, und die dem Befehl mitteilen, wie er etwas machen soll. Optionen beginnen immer mit einem Gedankenstrich (-). Angenommen, Sie geben diese Zeile ein:

```
ls -l
```

Das `-l` sagt dem Befehl `ls`, wie Sie die Dateien angezeigt haben möchten. Optionen zählen nicht als Argumente. Wenn Sie diese Zeile eingeben:

```
ls -l *
```

ist -l eine Option und * das erste (nicht das zweite) Argument.

Das sieht vielleicht nach Haarspalterei aus, aber wenn sich UNIX über ein bestimmtes Argument oder eine bestimmte Option beschwert, ist es praktisch zu wissen, was genau gemeint ist.

Und jetzt (einen Tusch, bitte) die Fehlermeldungen!

Arg list too long

Bedeutung: Die Liste der Argumente (das Zeug in der Befehlszeile nach dem Namen des Befehls) ist zu lang.

Mögliche Ursache: Geben Sie ein Wildcard-Zeichen als Teil eines Dateinamens oder Pfadnamens an, wird es von UNIX durch die Liste der Dateinamen ersetzt und dann der Befehl aufgerufen. Wenn Sie es zu bunt treiben mit den Sternchen, ergibt sich eine ziemlich lange Liste. Die Liste kann über 5000 Zeichen lang sein, und es ist unwahrscheinlich, daß Sie eine so lange Liste von Dateinamen von Hand eingegeben haben, außer Sie sind ungewöhnlich schnell im Tippen.

Beispiel: Sie befinden sich im Root-Verzeichnis (/) und geben diese Zeile ein:

```
ls */*
```

Gibt es im Root-Verzeichnis und seinen Unterverzeichnissen viele Dateien, entpuppt sich */* als richtig lange Liste.

Lösung: Überprüfen Sie die Wildcards, die Sie im Befehl verwendet haben und setzen Sie sie sparsamer ein.

Broken Pipe

Bedeutung: Sie haben zwei Programme mit einer Pipe (|) verbunden und das Programm am empfangenden Ende der Pipe endet, ehe es alle Daten erhalten hat (vgl. Kapitel 6).

Mögliche Ursache: Dieser Fehler tritt gelegentlich auf, wenn man eine Pipe benutzt, um die Ausgabe eines Programmes an das Programm `more` umzuleiten, und wenn man dann `more` mit q beendet, ehe die ganze Ausgabe angezeigt wurde. Das Programm weiß nicht, wohin mit seiner Ausgabe, weil das Programm `more` abgebrochen wurde. Daher dieser Fehlermeldung. Sie ist in diesem Fall harmlos.

Beispiel: Sie geben diese Zeile ein:

```
furgle | more
```

Das Programm `furgle` (was auch immer das sein soll) zeigt einen Bildschirm nach dem anderen voll uninteressanter Informationen an. Sie drükken q, um das Programm `more` abzubrechen, und das Programm `furgle` bringt die Fehlermeldung.

Lösung: Man braucht nichts zu machen – eigentlich ist das kein Fehler!

Cannot access

Schauen Sie sich die Fehlermeldung `No such file or directory` an.

Cross-device link

Schauen Sie sich die Fehlermeldung `Different file system` an.

Device or resource busy

Bedeutung: Eine Einheit, wie z.B. der Bildschirm oder der Drucker, wird gerade von einem anderen Programm benutzt.

Mögliche Ursache: Manchmal erscheint diese Meldung, wenn man versucht, über ein Modem, das schon in Benutzung ist, (vgl. Kapitel 18) mit `cu` ein fernes System anzusprechen.

Beispiel: Sie geben diese Zeile ein:

```
cu somesystem
```

Lösung: Warten Sie, bis das andere Programm von der Einheit verschwindet.

Different file System

Bedeutung: Sie verwenden den Befehl `ln`, um einen Link zu einer Datei eines anderen Dateisystems (einer anderen Platte oder einer Platte eines anderen Computers) herzustellen.

Mögliche Ursache: Kann Ihr System keine Soft-Links herstellen, dann können Sie keinen Link von einem Dateisystem zu einem anderen erzeugen. Die Datei, die Sie benutzen wollen, ist wahrscheinlich in einem anderen Dateisystem als das Verzeichnis, in dem Sie den Link machen wollen (normalerweise das Arbeitsverzeichnis).

Lösung: Stellen Sie mit dem Befehl `df` fest, welche Platten an Ihrem Computer hängen, und welche Verzeichnisse auf welcher Platte sind. (Schauen Sie sich Kapitel 19 an, um herauszufinden, mit was für einem Dateisystem Sie es zu tun haben.)

Kann Ihre UNIX-Version keine Soft-Links, haben Sie Pech gehabt. Die einzige Lösung wäre, eine Kopie der Datei zu erstellen, anstelle eines Link zu ihr.

File exists

Bedeutung: Es gibt bereits eine Datei mit diesem Namen.

Mögliche Ursache: Sie haben den Namen einer bereits vorhandenen Datei eingegeben, als UNIX den Namen der Datei erwartete, die Sie erstellen wollen.

Lösung: Diese Meldung sieht man selten, weil UNIX-Befehle bestehende Dateien wegputzen, wenn sie eine neue mit demselben Namen erstellen wollen (das ist wiederum nicht immer das, was Sie wollen).

File table overflow

Bedeutung: Das System ist viel zu beschäftigt und kann nicht mit so vielen Dateien hin- und herjonglieren, wie es die Benutzer gerne hätten.

Mögliche Ursache: Das System ist nicht richtig konfiguriert, oder irgendjemand arbeitet viel zuviel.

Lösung: Sich beim Systemverwalter beschweren.

File too large

Bedeutung: Sie versuchen, eine zu große Datei zu erstellen.

Mögliche Ursache: Es gibt für jeden Benutzer eine maximale Dateigröße, die von Ihrem Systemverwalter festgelegt wird. Maximale Dateigrößen verhindern, daß ein nicht richtig laufendes Programm versehentlich eine Datei erstellt, die die ganze Platte in Beschlag nimmt. Es ist unwahrscheinlich, daß Sie eine Datei erstellen wollen, die so groß ist. Gewöhnlich passiert das, wenn Sie mit >> die Kopie einer Datei an sich selbst anhängen wollen. Dies läuft darauf hinaus, daß sich die Datei immer wieder in sich selbst kopiert bis die voreingestellte Größe überschritten ist.

Beispiel: Sie geben diese Zeile ein:

```
pr myfile >> myfile
```

Lösung: Überprüfen Sie den Befehl, und vergewissern Sie sich, daß Sie wirklich sagen, was Sie wollen. Sind Sie sich sicher, daß Sie eine wirklich große Datei erstellen wollen, sprechen Sie mit Ihrem Systemverwalter, ob Ihr Limit für Dateigrößen nicht aufgestockt werden kann.

Illegal option

Bedeutung: Sie haben eine Option eingegeben, die es für diesen Befehl nicht gibt. (*Optionen* sagen dem Befehl, wie Sie wollen, daß er funktioniert. Sie beginnen mit einem Bindestrich.)

Mögliche Ursache: Sie haben einen Bindestrich vor einem Dateinamen oder eine falsche Option eingegeben.

Beispiel: Sie geben diese Zeile ein:

```
ls -j
```

Es gibt keine Option -j für den Befehl `ls`, daher erhalten Sie eine Fehlermeldung. Nicht selten zeigt UNIX nach der `illegal-option`-Meldung auch eine Zeile über die `usage` an, die Sie in verschlüsselter Form daran erinnert, welche Optionen dagegen wohl mit dem Befehl funktionieren. (Schauen Sie sich auch die Meldung `Usage` an.)

Lösung: Prüfen Sie Ihre Eingabe. Schlagen Sie den Befehl in diesem Buch nach, um sich zu vergewissern, daß Sie wissen, welche Option Sie wollen. Oder nutzen Sie den Befehl `man`, um sich eine, im doppelten Wortsinn, erschöpfende Liste jeder einzelnen möglichen Option des Befehls anzeigen zu lassen.

Insufficient arguments

Bedeutung: Sie haben einige Informationen ausgelassen.

Mögliche Ursache: Der Befehl, den Sie eingegeben haben, erfordert mehr Argumente, als Sie ihm mitgegeben haben. Möglicherweise zeigt UNIX auch eine `usage`-Meldung an, in der Absicht, Ihnen zu sagen, welches die richtigen Argumente sind. (Schauen Sie sich auch die Meldung `Usage` an.)

Beispiel: Der Befehl `cp` erfordert zwei Argumente: das erste sagt, was kopiert werden soll, das zweite, wohin kopiert werden soll. Sie können keines von beiden weglassen.

Lösung: Überprüfen Sie Ihre Eingabe. Handelt es sich um einen Befehl, den Sie nicht sehr häufig verwenden, so überprüfen Sie, ob Sie die richtigen Argumente und Optionen angegeben haben.

I/O error

Bedeutung: *I/O* ist Computer-Slang für Input und Output. Es ist ein physikalisches Problem beim Lesen oder Schreiben von Daten auf Platte, Band, Bildschirm oder wo auch immer aufgetreten.

Mögliche Ursache: Das Plattenlaufwerk hat einen Fehler.

Lösung: Sagen Sie Ihrem Systemverwalter Bescheid, möglicherweise erwartet Sie eine Menge Ärger.

Is a directory

Bedeutung: Sie haben den Namen eines Verzeichnisses eingegeben, während UNIX einen Dateinamen erwartet.

Mögliche Ursache: Der von Ihnen eingegebene Befehl versucht, irgendetwas mit einem Verzeichnis anstatt mit einer Datei zu machen. Sie können ein Verzeichnis mit einem Texteditor anschauen, aber es sieht wie binärer Schrott mit eingestreuten Dateinamen aus. Sie können ein Verzeichnis nicht durch Editieren ändern.

Beachten Sie, daß es in `emacs` einen speziellen Modus zum »Editieren« von Verzeichnissen gibt (er heißt `dired` Modus). Aber `emacs` hat eine eigene, besondere Art, Dateien zu erstellen, umzubenennen und zu löschen.

Lösung: Passen Sie auf, daß Sie einen Dateinamen, und nicht einen Verzeichnisnamen eingeben.

Login incorrect

Bedeutung: Sie versuchen, sich anzumelden, und haben den Benutzernamen oder das Paßwort nicht korrekt eingegeben.

Mögliche Ursache: Eben haben Sie entweder Ihr Paßwort falsch geschrieben, oder Sie haben Ihren Benutzernamen falsch geschrieben.

Lösung: Tippen Sie langsam und konzentriert, besonders wenn Sie Ihr Paßwort eingeben und nicht sehen können, was Sie machen. Können Sie sich Ihr Paßwort nicht merken, ändern Sie es mit dem Befehl `passwd` in etwas Einprägsameres (vgl. Kapitel 2).

No process can be found

Schauen Sie sich die Fehlermeldung `No such process` an.

No such file or directory

Bedeutung: UNIX kann keine Datei und kein Verzeichnis mit dem von Ihnen eingegebenen Namen finden.

Mögliche Ursache: Sie haben einen Dateinamen oder Pfadnamen falsch geschrieben. Das passiert den meisten von uns zehn Mal am Tag. Haben Sie einen Pfadnamen falsch geschrieben, können Sie sich bei irgendeinem der Verzeichnisnamen, die er enthält, vertippt haben. Vielleicht haben Sie auch irgendetwas in Großbuchstaben geschrieben, was nicht groß geschrieben werden darf.

Beispiel: Sie geben diese Zeile ein:

```
cp june.bugdet save
```

Aber die Datei heißt nicht `june.bugdet`, sondern `june.budget`.

Lösung: Überprüfen Sie die Schreibweise und die Verwendung von Großbuchstaben. Schauen Sie sich mit dem Befehl `ls` an, wie die Datei- und Verzeichnisnamen geschrieben werden und ob sie irgendwelche Großbuchstaben enthalten. Überprüfen Sie bei Pfadnamen, ob sie mit einem Schrägstrich beginnen (das bedeutet, daß es sich um einen absoluten Pfadnamen handelt, der den Pfad beginnend mit dem Root-Verzeichnis beschreibt) oder nicht (dann handelt es sich um einen relativen Pfadnamen, der den Pfad ab dem aktuellen Verzeichnis beschreibt). In Kapitel 5 erfahren Sie mehr über Pfadnamen.

No such process

Bedeutung: UNIX kann den Prozeß, den Sie angegeben haben, nicht finden.

Mögliche Ursache: Sie haben einen Befehl benutzt, der mit Prozessen arbeitet, vielleicht einen `kill`-Befehl, um einen davongelaufenen Prozeß zu stoppen. (In Kapitel 23 wird beschrieben, was ein Prozeß ist, und warum Sie dieses arme Ding vielleicht abmurksen möchten.)

Lösung: Der Prozeß ist möglicherweise schon weg, dann hat sich das Problem erübrigt. Vielleicht haben Sie die PID falsch geschrieben, die den Prozeß benennt, der eingestampft werden soll. Überprüfen Sie die Schreibweise und mit dem Befehl `ps` die PID.

No more processes

Bedeutung: Ihr System kann keine weiteren Prozesse erzeugen.

Mögliche Ursache: Diese Meldung erscheint, wenn Sie UNIX auffordern, einen neuen Prozeß zu erstellen, und UNIX kann das im Moment nicht. In Kapitel 23 finden Sie mehr Informationen über Prozesse.

Ein möglicher Grund für diese Meldung kann sein, daß das System keinen Platz mehr für solche Dinger hat. Gelegentlich bekommt man diese Meldung auf sehr beschäftigten Systemen, wenn man versucht, etwas aufzurufen, oder wenn man Dutzende von Hintergrundprozessen startet (vgl. Kapitel 15).

Lösung: Warten Sie eine Minute und versuchen Sie erneut, den Befehl einzugeben. Haben Sie viele Hintergrundprozesse, versuchen Sie, einige loszuwerden. Erscheint diese Meldung sehr oft, beschweren Sie sich bei Ihrem Systemverwalter.

No space left on device

Bedeutung: Die Platte ist voll.

Mögliche Ursache: Entweder Ihre Dateien oder die eines anderen brauchen zuviel Platz.

Lösung: Löschen Sie etwas, um Platz zu schaffen. Glauben Sie, das geht nicht, oder Sie haben keine großen Dateien, sprechen Sie mit Ihrem Systemverwalter. Wahrscheinlich hat er die gleiche Meldung auch schon bekommen und überprüft, wer den ganzen Speicherplatz in Beschlag nimmt.

Not a directory

Bedeutung: UNIX brauchte den Namen eines Verzeichnisses, aber Sie haben einen Dateinamen oder den Namen von etwas anderem eingegeben.

Mögliche Ursache: Entweder haben Sie einen Verzeichnisnamen falsch geschrieben, oder Sie haben vergessen, ein neues Verzeichnis zu erstellen.

Beispiel: Sie geben diese Zeile ein:

```
cd /plugh
```

Aber es gibt kein Verzeichnis `/plugh`.

Lösung: Beziehen Sie sich auf ein neues Verzeichnis, das Sie erstellen wollten, erstellen Sie es mit dem Befehl `mkdir`. Beziehen Sie sich auf ein bestehendes Verzeichnis, überprüfen Sie die Schreibweise. Benutzen Sie den Befehl `ls`, um zu sehen, wie es geschrieben wird.

Not enough space

Bedeutung: Das System hat zu wenig Speicherplatz (nicht auf der Platte).

Mögliche Ursache: Alles an Ihrem Computer ist überfordert. Wahrscheinlich haben Sie UNIX auf dem falschen Fuß erwischt, als es gerade dabei war, sich zu organisieren.

Lösung: Warten Sie eine Minute und versuchen Sie es mit dem Befehl nochmals. Erhalten Sie diese Meldung sehr häufig, beschweren Sie sich bei Ihrem Systemverwalter.

Permission denied

Bedeutung: Sie haben keine Erlaubnis für das, was Sie als letztes versuchten, zu machen.

Mögliche Ursache: Sie versuchen, eine Datei, die Ihnen nicht gehört, zu ändern, zu verschieben oder zu löschen.

Beispiel: Sie geben diese Zeile ein:

```
rm /usr/bill/resignation.letter
```

Nur sind Sie leider nicht Bill. Sie haben keine Erlaubnis, diese Datei zu löschen, deshalb läßt UNIX Sie das auch nicht tun.

Lösung: Stellen Sie mit dem Befehl `ls -l` fest, wem die Datei gehört und welche Schreib-/Leserechte für sie gelten (schauen Sie sich Kapitel 28 zum Thema Rechte an). Wenn Sie meinen, Sie sollten mit der Datei arbeiten dürfen, erstellen Sie sich eine eigene Kopie, oder sprechen Sie mit dem Eigentümer der Datei oder Ihrem Systemverwalter.

RE error

Bedeutung: Sie verwenden das Programm `grep` und es versteht nicht, wonach Sie suchen. (RE steht für regular expression.)

Mögliche Ursache: Möglicherweise müssen Sie Backslashes vor einem Zeichen verwenden, das eine Wildcard in `grep` ist.

Beispiel: Sie geben diese Zeile ein:

```
grep '[x' myfile
```

Lösung: Setzen Sie vor jedes Zeichen, das in `grep` eine besondere Bedeutung als Wildcard hat, einen Backslash (zu den Wildcards für `grep` gehören Punkte, Sternchen, eckige Klammern, Dollar-Zeichen und Einschaltungszeichen). Suchen Sie nach Text, der Sonderzeichen enthält, setzen Sie den Text in einfache Hochkommata.

Read-only file system

Bedeutung: Sie versuchen, eine Datei zu ändern, die UNIX nicht ändern darf.

Mögliche Ursache: Manche Platten, insbesondere NFS Remote Disks, sind nur zum Lesen definiert, so daß Sie auf ihnen keine Dateien erstellen, löschen oder ändern können. Es ist dabei egal, welche Rechte für die einzelnen Dateien gelten: Das gesamte Dateisystem kann nicht geändert werden.

Lösung: Sprechen Sie mit Ihrem Systemverwalter. Oder erstellen Sie sich eine Kopie der gewünschten Datei und ändern Sie die Kopie.

Too many links

Bedeutung: Sie versuchen, auf eine Datei so viele Links zu machen, daß Sie die Höchstzahl an Links für eine Datei überschritten haben.

Mögliche Ursache: Die maximale Anzahl Links je Datei ist 1000; Sie müssen wirklich gut tippen können, um diese Meldung zu erhalten. Da das Elternverzeichnis auch mit jedem seiner Unterverzeichnisse einen Link hat, bekommen Sie diese Meldung auch, wenn Sie versuchen, mehr als 1000 Unterverzeichnisse in einem Verzeichnis zu erstellen.

Lösung: Hören Sie auf, Links zu erstellen.

Usage

Bedeutung: UNIX mag die Anzahl oder die Art der Argumente, die Sie nach einem Befehl eingegeben haben, nicht. Es teilt Ihnen (auf seine ganz eigene Art) mit, wie der Befehl korrektermaßen zu verwenden ist.

Mögliche Ursache: UNIX zeigt diese Meldung meist in Verbindung mit einer anderen, spezifischeren Meldung an. Sehen Sie sich die andere Meldung an, um herauszufinden, was das eigentliche Problem war. Mit der Meldung `usage` erinnert UNIX daran, wie der Befehl zu verwenden ist. Nach `usage` sehen Sie den Befehl, gefolgt von den Optionen und Argumenten, die Sie mit diesem Befehl verwenden können. Leider gibt es keinen Schlüssel dazu, was die Optionen bedeuten.

Beispiel: Sie geben diese Zeile ein:

```
kill abc
```

UNIX antwortet hiermit:

```
usage: kill [ -signo ] pid
```

Diese Zeile bedeutet, daß die korrekte Eingabe des Befehls `kill` aus `kill`, einem Leerzeichen, (optional) der Art des Signals, das Sie dem Prozeß schicken wollen, einem weiteren Leerzeichen und dann der Prozeß-ID besteht. Nicht, daß dies klar ersichtlich aus der Meldung wäre!

Lösung: Überprüfen Sie, wie immer, Ihre Eingabe. Vergewissern Sie sich, daß sich Leerzeichen zwischen den einzelnen Teilen in der Zeile befinden (z.B. zwischen Dateinamen oder zwischen einem Dateinamen und einer Option). Benutzen Sie diesen Befehl nicht sehr häufig, dann überprüfen Sie, ob Sie die richtigen Argumente (Dateinamen und so weiter) und Optionen (alles, was mit einem Bindestrich beginnt, wie `-l` in `ls -l`) verwenden. Schlagen Sie den Befehl in diesem Buch nach oder ziehen Sie das UNIX-Handbuch zu Rate (in Kapitel 27 erfahren Sie, wie man Handbuchseiten anzeigen läßt).

444 mode? (oder irgendeine andere dreistellige Zahl)

Bedeutung: Obwohl Sie keine Erlaubnis haben, diese Datei zu ändern, haben Sie UNIX aufgefordert, sie zu löschen.

Mögliche Ursache: Sie wollen mit `rm`, `mv` oder `ln` eine schreibgeschützte Datei oder eine Datei, die einem anderen gehört, entfernen oder ersetzen.

(siehe Kapitel 28). Anstatt ohne Umschweife Ihre Bitte zu verweigern, fragt UNIX, ob Sie das wirklich machen wollen.

Beispiel: Sie haben mit dem Befehl `chmod` eine Datei als read-only definiert. Dann beschließen Sie, sie mit folgender Zeile zu löschen:

```
rm important.file
```

UNIX fragt, ob Sie sie wirklich löschen wollen, obwohl die Datei nur lesbar ist.

Lösung: Das Satzzeichen am Ende dieser Meldung weist darauf hin, daß UNIX Sie etwas fragt. Durch göttliche Eingebung sollen Sie wohl wissen, daß UNIX Sie fragt, ob Sie weitermachen und den Befehl trotzdem ausführen wollen. Geben Sie Y ein, wenn Sie weitermachen und den Befehl ausführen wollen; geben Sie N ein, wenn Sie ihn abbrechen wollen (zumindest für diese Datei).

Gehört die Datei Ihnen, können Sie die Rechte durch Eingabe dieser Zeile ändern:

```
chmod 644 filename
```

Geben Sie anstelle von `filename` den richtigen Dateinamen ein. Dieser Befehl hat zur Folge, daß jeder die Datei lesen und Sie in die Datei schreiben können.

Teil VIII

Der Teil der magischen Zehn

»Vergessen Sie's, Captain! Wenn Sie diesen Fall lösen wollen, müssen Sie in Professor Tamaras Datei 'reinkommen. Sie brauchen das Paßwort. Kilrog meint, es fängt mit 'S' an – aber verdammt, das kann ja alles Mögliche sein!«

In diesem Teil...

UNIX bietet einem schon viel mehr, als wir in dieses Buch stopfen wollen. Die echten, offiziellen Handbücher für eine UNIX-Version nehmen ungefähr einen Meter Regal ein. (Aus ökonomischen Gründen sind alle Seiten in diesen Handbüchern leer, weil niemand sie je liest, aber wenn Sie's nicht weitersagen, tun wir's auch nicht.)

In diesem Teil versuchen wir, einige nützliche Informationen in netten Listen mit jeweils genau zehn Punkten darzustellen, so daß man sie sich auch merken kann.

Scharfsinnige Leser werden vielleicht feststellen, daß keine dieser Listen genau zehn Punkte enthält. Naja, wissen Sie, wir haben gemischtes Wurzelrechnen benutzt (Überlebende der höheren Mathematik erinnern sich vielleicht an einiges davon aus der vierten Klasse), daher hat ein Kapitel mit acht Punkten zehn Punkte auf Basis acht, ein Kapitel mit zwölf Punkten hat zehn Punkte auf Basis zwölf, ein Kapitel... – Wie? Sie meinen, wir könnten Sie mit solchem Unsinn nicht übers Ohr hauen? Ok, die Wahrheit ist: wir können nicht bis zehn zählen.

Also, lesen Sie weiter – hier finden Sie wirklich nützliches Zeug, egal was die Zahlen sagen.

## KAPITEL 25

Zehn häufige Fehler

In diesem Kapitel

- Sich bei Befehlen vertippen
- Glauben, es wäre einfach
- Enter drücken oder nicht Enter drücken
- Im falschen Verzeichnis arbeiten
- Keine Sicherungskopien aufbewahren
- Dateien nicht organisieren
- Ihren Computer ausschalten
- Ihr Paßwort auf einem Zettel neben dem Computer
- Verärgerte elektronische Post verschicken (flaming)

Hier sind zehn (oder so) der am weitesten verbreiteten Benutzerfehler, die uns begegnet sind. Auch wenn Sie wahrscheinlich selbst einige neue erfinden werden, sollten Sie zumindest die in dieser Liste vermeiden.

Sich bei Befehlen vertippen

Wenn Sie einen Befehl eingeben, den die UNIX-Shell nicht versteht, meldet sie, daß sie ihn nicht finden kann. Der Grund dafür ist, daß sie überall nach einer Datei mit dem Namen, den Sie gerade eingegeben haben, sucht. Sie hofft so, das Programm zu finden, das Sie ausführen wollen. Und dann sagt sie:

```
blurfle: Command not found.
```

Oder vielleicht sagt sie:

```
blurfle: not found
```

Die genaue Ausdrucksweise unterscheidet sich je nach Shell (wir wetten, daß Sie dies schon erraten haben).

- Überprüfen Sie (wie immer) Ihre Schreibweise. Möglicherweise haben Sie ein korrektes deutsches Wort anstelle des verstümmelten Grüppchens Buchstaben eingegeben, das der Name des Programms sein soll.
- Überprüfen Sie Ihre Großschreibung. Große und kleine Buchstaben sind vollkommen verschiedene Dinge in Dateinamen, und deshalb auch in Befehlen. Fast jeder Befehl besteht nur aus Kleinbuchstaben.
- Wechseln Sie das Verzeichnis. Vielleicht haben Sie den richtigen Befehl eingegeben, aber UNIX weiß nicht, wo die Programmdatei zu suchen ist. Wissen Sie, wo sich die Programmdatei befindet, wechseln Sie in dieses Verzeichnis und geben den Befehl nochmals ein. Wissen Sie nicht, wo die Programmdatei ist, können Sie sie entweder suchen oder aufgeben oder aber Ihren Systemverwalter oder Guru vor Ort fragen.

Glauben, es wäre einfach

UNIX wurde, gemessen in Computerjahren, vor langer langer Zeit entwikkelt (Computerjahre sind so etwas wie Hundejahre, nur daß auf ein Menschenjahr 50 Computerjahre kommen). Die Softwareentwicklung hat große Fortschritte seit 1972 gemacht, UNIX nicht. Sind Sie einen Macintosh oder einen PC mit Windows gewöhnt, oder auch nur einen PC mit DOS, dann ist für Sie UNIX nicht einfach zu benutzen.

Andererseits hat UNIX so eine gewisse Aura und einen besonderen Glanz; man muß schon ein Held sein, ihm ins Auge zu schauen. Jedes Mal, wenn Sie UNIX dazu bringen, etwas Sinnvolles zu machen, sollten Sie sich selbst besonders loben, und sich vielleicht sogar ein paar jener Plätzchen zugestehen, die Sie als Bestechungsgeld für Ihren UNIX-Crack gebacken haben.

Enter drücken oder nicht Enter drücken

Je nachdem, welchen Befehl Sie benutzen, müssen Sie manchmal Enter (oder Return) nach einem Befehl drücken, aber manchmal auch nicht. In der UNIX-Shell müssen Sie *immer* Enter oder Return drücken, ehe UNIX den Befehl ausführt. UNIX wird geduldig darauf warten, daß Sie es tun.

Bei anderen Programmen, besonders bei Texteditoren wie `emacs` und `vi`, führt das Programm den Befehl sofort aus, sobald Sie ihn eingeben (z.B

Ctrl-K, um bei `emacs` eine Zeile zu löschen). Drücken Sie Enter oder Return nach einem Befehl, fügt `emacs` eine neue Zeile in Ihre Datei ein, und `vi` geht eine Zeile im Text weiter.

Arbeiten Sie mit einem Programm, das Ihnen nicht so vertraut ist, sollten Sie einen Moment zögern, ehe Sie Enter oder Return drücken. Vielleicht führt der Computer den Befehl schon aus. Wenn sich nichts tut, drücken Sie Enter oder Return.

Im falschen Verzeichnis arbeiten

Verwenden Sie unterschiedliche Verzeichnisse für Ihre Dateien, achten Sie darauf, daß Sie im richtigen Verzeichnis sind, wenn Sie anfangen zu arbeiten. Sonst findet UNIX die Dateien, mit denen Sie arbeiten wollen, nicht.

Sie können mit dieser Zeile feststellen, in welchem Verzeichnis Sie gerade sind:

```
pwd
```

Denken Sie daran, daß dieser Befehl für *p*rint *w*orking *d*irectory steht. Haben Sie sich wirklich verirrt, können Sie diese Zeile eingeben:

```
whoami
```

oder `who am i`. Dieser Befehl nennt Ihnen Ihren Benutzernamen.

Sie kommen zurück zu Ihrem Home Directory mit:

```
cd
```

Hilfe, keine Sicherungskopien!

Früher oder später passiert es. Sie geben den Befehl `rm` ein, um eine Datei zu löschen, und UNIX löscht die falsche Datei oder alles im Verzeichnis. Wahrscheinlich haben Sie ein zusätzliches Leerzeichen eingegeben oder einen Dateinamen falsch getippt, aber das Problem heißt – was tun?

In Kapitel 22 wird beschrieben, was zu tun ist, wenn Sie etwas Wichtiges gelöscht haben. Das beste ist, zusätzliche Kopien wichtiger Dateien zu erstellen: in einem anderen Verzeichnis, auf einer Diskette oder auf einem Sicherungsband, das entweder Sie oder Ihr Systemverwalter erstellt. Haben Sie noch nicht mit Ihrem Systemverwalter über Datensicherung gesprochen, dann ist das jetzt eine gute Gelegenheit, festzustellen, ob Ihre Dateien automatisch gesichert werden. Teilen Sie ihm auch gleich mit, welche Ihrer Verzeichnisse Dateien enthalten, die Sie gesichert haben möchten.

Dateien nicht organisieren

Wenn Sie nicht gerade nur mit ein oder zwei Dateien arbeiten, werden Sie Schwierigkeiten bekommen, wenn Sie folgendes nicht beachten:

- Erstellen Sie Verzeichnisse für Dateigruppen, die Sie verwenden (in Kapitel 5 wird Ihnen erklärt, wie man das macht). Verzeichnisse unterstützen Sie dabei, Dateien in Gruppen von Dateien zu ordnen, die Sie gemeinsam verwenden.
- Vergeben Sie sinnvolle Dateinamen. UNIX läßt schöne lange Dateinamen zu, nutzen Sie das (bis zu einer gewissen Grenze, natürlich). Dateinamen sollten einen Hinweis darauf geben, was sich in der Datei befindet, und keine Rätsel aufgeben.

Ihren Computer ausschalten

Es ist besser, den Computer immerzu angeschaltet zu lassen, als ihn zum falschen Zeitpunkt auszuschalten. Kapitel 1 bespricht die Einzelheiten dieses Themas. UNIX kann ohne Vorwarnung durcheinander geraten (z.B. versehentlich die Sicherung heraushauen), wenn Sie nicht ankündigen, was Sie vorhaben.

Benutzen Sie UNIX von einem Terminal aus, und nicht direkt über eine Workstation, kann es sinnvoll sein, das Terminal (nicht den Computer) über Nacht auszuschalten. Sprechen Sie mit Ihrem Systemverwalter.

Ihr Paßwort auf einem Zettel neben dem Computer

Na gut, vielleicht trifft das auf Sie nicht zu, weil Sie zuhause arbeiten, alleine leben und keine Freunde, keine Reinigungskraft und keine Einbrecher haben. Aber in allen anderen Fällen sollten Sie Ihr Paßwort für sich behalten. Nicht, daß irgendjemand schlechte Absichten hätte – wir sind ja schließlich nicht paranoid – aber es gibt Leute, die neugierig auf Computer sind. Und Sie wissen nie, was ein wißbegieriger 14-jähriger macht, der mehr über UNIX weiß als Sie. Können Sie sich Ihr Paßwort nicht merken, suchen Sie sich ein neues, das einprägsamer ist. In Kapitel 1 finden Sie hierzu Tips.

Verärgerte elektronische Post verschicken (flaming)

Elektronische Post hat etwas Hinterhältiges an sich. Da sitzen Sie, alleine mit Ihrem Computer in Ihren vier Wänden, und rasten auf einmal aus, meist wegen einer dämlichen Nachricht eines Kollegen. Ehe Sie sich versehen, haben Sie eine taktlose, womöglich sogar eine richtiggehend grobe Antwort verfaßt und abgeschickt.

Es passiert leicht, mit der elektronischen Post Dinge zu sagen, die man persönlich oder per Notiz nie sagen würde. Aber die elektronische Post verleitet in den meisten Firmen zu einem hemdsärmeligen, spontanen Stil, der Sie in Schwierigkeiten bringen kann.

Sarkasmus kommt bei elektronischer Post selten an – statt dessen hören Sie sich gemein an. Sanfte Vorschläge werden zu eindringlichen Forderungen, einfach weil sie in häßlicher Computerschrift am Bildschirm erscheinen. Sich grob auszulassen per elektronischer Post hat sogar einen eigenen Namen: *Flaming*. Eine Nachricht, gespickt mit taktlosen und blödsinnigen Beschwerden wird *Flame* genannt.

Empfänger Ihrer Nachricht können diese mühelos an irgendjemanden weiterleiten, stellen Sie sich also vor, jeder im Büro könnte Ihre Schreiben lesen. Überlegen Sie es sich zweimal, ehe Sie eine Mail mit negativen Bemerkungen verschicken!

KAPITEL 26

Zehn Methoden, verlorene Dateien zu finden

In diesem Kapitel

- Wie man mit dem Programm `find` eine Datei findet, deren Namen man kennt
- Wie man `find` mitteilt, wo gesucht werden soll
- Wie man eine Datei sucht, von der man den Dateinamen nur teilweise kennt
- Wie man ein Verzeichnis findet
- Wie man auf anderen Computern im Netzwerk nach Dateien sucht
- Wie man mit allen gefundenen Dateien arbeitet
- Wie man mit dem Programm `grep` eine Datei findet, deren Inhalt man kennt
- Wie man etwas anderes erledigt, während der Computer nach einer Datei sucht
- Wie man mit dem Befehl `ln` eine Datei in mehreren Verzeichnissen erscheinen läßt

Es ist eine tolle Idee, sich viele verschiedene Verzeichnisse einzurichten, um Dateien thematisch, nach Programmnamen, Datum oder was auch immer ordnen zu können. Aber wenn Sie einmal Dateien in all diesen Verzeichnissen haben, ist es auch leicht, sie aus den Augen zu verlieren. Ist jene Budgetnotiz in dem Verzeichnis `Budget` oder in `Memos`, `ToDo`, Fred's `Budget.Stuff` oder sonst irgendwo?

Zwei Programme unterstützen Sie bei der Suche nach Dateien: `find` und `grep`. Außerdem können Sie mit dem Befehl `ln` Links auf Ihre Dateien erstellen, mit denen eine Datei gleichzeitig in mehreren Verzeichnissen erscheint. Das erhöht die Chance, die Datei zu finden.

Hier sehen Sie eine Liste von Befehlen, die Sie verwenden können, um nach einer Datei zu suchen.

Wenn Sie hinter einer Datei her sind

Mit etwas Glück kennen Sie den Dateinamen der verlorengegangenen Datei. Um `find` zu benutzen, geben Sie den Dateinamen und den Ort an, wo mit der Suche begonnen werden soll. Das Programm `find` sucht im angegebenen Verzeichnis sowie in allen Unterverzeichnissen dieses Verzeichnisses.

Angenommen, Sie arbeiten im Home Directory. Sie glauben, da muß irgendwo eine Datei `chicken.soup` sein. Geben Sie diese Zeile ein:

```
find . -name chicken.soup -print
```

Das heißt, Sie geben diese Elemente ein:

- `find` (einfach so, wie Sie es hier sehen).
- Ein Leerzeichen.
- Das Verzeichnis, in dem Sie mit der Suche anfangen wollen; handelt es sich um das Arbeitsverzeichnis, können Sie einfach einen Punkt angeben (das bedeutet »genau hier«).
- Ein weiteres Leerzeichen.
- `-name`, das bedeutet, daß Sie einen Dateinamen angeben.
- Ein weiteres Leerzeichen.
- Den Namen der Datei, die Sie suchen wollen.
- Noch einmal ein Leerzeichen.
- `-print`, um UNIX den vollständigen Dateinamen inklusive Verzeichnisnamen (am Bildschirm) ausgeben zu lassen, damit Sie wissen, wo Sie die Datei finden. Lassen Sie diesen Punkt weg, sagt Ihnen UNIX nicht, wo es die Datei gefunden hat, wenn es sie denn gefunden hat. (Wir wissen, daß das ziemlich doof ist, aber Computer sind halt so.) Setzen Sie UNIX SVR4 oder Solaris ein, werden Sie merken, daß dort der Befehl `find` modifiziert wurde. Der Befehl macht eine Meldung, anstatt nur so vor sich hin zu laufen.

Das Programm `find` wendet rohe Gewalt bei der Suche nach Ihrer Datei an. Es überprüft jede Datei in allen Ihren Verzeichnissen; das kann eine Weile dauern. Findet `find` die Datei, meldet es den Namen und sucht weiter. Gibt es mehrere Dateien mit dem genannten Namen in verschiedenen Verzeichnissen, findet und meldet `find` sie alle. Hat `find` eine Datei gefunden und gemeldet, werden Sie in der Regel das Programm anhalten wollen (außer Sie meinen, es könnte mehrere Dateien geben). Sie beenden `find` mit Ctrl-C oder Delete. Glauben Sie, es könnte mehrere der Dateien geben, hängen Sie dann `| more` ans Ende des Befehls.

Wenn Sie wissen, wo Sie suchen wollen

Sie können anstelle des Punktes für das aktuelle Verzeichnis auch einen Pfadnamen für die Suche angeben. Sie können z.B. folgendes eingeben:

```
find /usr/margy -name chicken.soup -print
```

Dieser Befehl durchsucht das Home Directory von Margy mit allen seinen Unterverzeichnissen. (Der Name ihres Home Directorys kann auch anders lauten; vgl. Kapitel 5.) Die gesamte Platte durchsuchen Sie mit dem Schrägstrich (/), der die Wurzel des Verzeichnisbaumes darstellt:

```
find / -name chicken.soup -print
```

Bei einer großen Platte, die voll mit Dateien ist, kann die Suche ab dem Root Directory ziemlich lange dauern – bis zu einer halben Stunde auf einem sehr großen, vielbeschäftigten System.

Sie können auch mehrere Verzeichnisse angeben. Mit dieser Zeile durchsuchen Sie z.B. sowohl das Home Verzeichnis von Margy als auch das von John nach Dateien mit dem Namen `white.chocolate.mousse`:

```
find /usr/margy /usr/johnl -name white.chocolate.mousse -print
```

Arbeiten Sie mit der C-Shell, können Sie anstelle des Namens des Home Directorys eine Tilde und den Benutzernamen angeben; die Shell setzt dafür den korrekten Verzeichnisnamen ein:

```
find ~margy ~johnl -name white.chocolate.mousse -print
```

Wenn Sie nur einen Teil des Dateinamens kennen

Kennen Sie nur einen Teil des Dateinamens, können Sie Wildcard-Zeichen im Dateinamen verwenden. (Sie erinnern sich: die Zeichen * und ?, die sich wie Joker in Dateinamen verhalten?) Verwenden Sie ? als Platzhalter für ein einzelnes Zeichen und * als Platzhalter für mehrere Zeichen. Dabei müssen Sie allerdings einen Trick anwenden: wollen Sie * oder ? im Dateinamen angeben, dann müssen Sie den Dateinamen in Anführungszeichen einschließen, damit die Shell nicht denkt, Sie wollten nur im aktuellen Verzeichnis nach entsprechenden Namen suchen.

Sie können z.B. die gesamte Platte nach Dateien durchsuchen, die mit `budget` beginnen, indem Sie diese Zeile eingeben:

```
find / -name "budget*" -print
```

Lassen Sie die Anführungszeichen weg, sieht es vielleicht so aus, als ob die Suche geklappt hätte, aber `find` hat vielleicht nicht richtig gesucht.

Wenn Sie nach einem Verzeichnis suchen wollen

Sie können außer nach verlorenen Dateien auch nach verlorenen Verzeichnissen suchen. Geben Sie dem Befehl die Option `-type d` mit, wie hier:

```
find / -name "Budget*" -type d -print
```

Dieser Befehl durchsucht die gesamte Platte nach Verzeichnissen mit Namen, die mit `Budget` beginnen.

Wenn Sie auf anderen Rechnern nach Dateien suchen wollen

Arbeitet Ihr System mit NFS (siehe Kapitel 19), dann befinden sich vielleicht einige oder alle Verzeichnisse und Dateien Ihres Rechners in Wirklichkeit auf anderen Rechnern. Der Befehl `find` schert sich nicht darum, wo die Dateien sind, und wühlt sich fröhlich durch jedes Verzeichnis, das ihm begegnet. Die Suche übers Netzwerk nach Dateien dauert ungefähr doppelt so lange wie bei lokal gespeicherten, daher kann es viel Zeit kosten, wenn Sie `find` im Netzwerk suchen lassen. Überlegen Sie, ob Sie nicht währenddessen ein längeres Mittagessen einnehmen sollten.

Angenommen, Sie suchen nach Tracys berühmten Rezept für gefüllte Tintenfische. Das naheliegendste wäre, mit folgender Zeile zu suchen:

```
find ~tracy -name stuffed-squid -print
```

Wenn Sie aber wissen, daß Tracys Dateien auf dem Rechner `xuxa` gespeichert sind, kann folgende Zeile viel schneller sein:

```
rsh xuxa "find ~tracy -name stuffed-squid -print"
```

In Kapitel 20 finden Sie Einzelheiten zum Befehl `rsh`.

Wenn Sie fündig werden

Haben Sie die Datei oder die Dateien gefunden, die Sie gesucht haben, können Sie mehr machen, als nur ihre Namen anzuschauen. Wenn Sie wollen, können Sie den Befehl `find` mit jeder gefundenen Datei etwas machen lassen.

Anstatt den Befehl `find` mit der Option `-print` zu beenden, können Sie die Option `-exec` angeben. Damit führt `find` jedesmal, wenn es eine Datei findet, einen UNIX-Shell-Befehl aus. Z.B.

```
find . -name "report*" -exec lpr {} ";"
```

Dieser Befehl sucht nach Dateien, deren Namen mit `report` beginnen. Wird eine gefunden, führt er das Programm `lpr` aus und ersetzt {} durch den Dateinamen. (Sie geben zwei geschweifte Klammern als Platzhalter ein.) Der Strichpunkt kennzeichnet das Ende des UNIX-Shell-Befehls. (Sie müssen den Strichpunkt in Anführungszeichen setzen, weil die Shell ihn sich sonst schnappt und denkt, daß Sie mit einem neuen Shell-Befehl anfangen. Auch wenn dies keinen Sinn macht, glauben Sie uns, setzen Sie den Strichpunkt in Anführungszeichen, wenn Sie `find` benutzen.) Jedesmal, wenn `find` einen mit `report` beginnenden Dateinamen findet, gibt der Befehl die gefundene Datei aus.

Sie können nahezu alle UNIX-Befehle in Verbindung mit der Option `-exec` verwenden. Also können Sie Dateien, die Sie gefunden haben, gruppenweise drucken, verschieben, löschen oder kopieren. Eine geringfügig andere Verwendung findet `-ok` anstelle von `-exec`. Die Option `-ok` macht das gleiche, nur daß `find` den Befehl, der ausgeführt werden soll, vorher mit einem Fragezeichen ausgibt und darauf wartet, daß Sie zustimmen. Geben Sie y ein, wenn Sie den Befehl ausführen wollen, und n, wenn Sie diesen bestimmten Befehl überspringen wollen.

Mit `find` und `-exec rm` können Sie kurzerhand viele unerwünschte Dateien löschen. Aber beim kleinsten Fehler können Sie genauso schnell auch viele wichtige und nützliche Dateien löschen. Wir empfehlen nicht, `find` und `rm` zusammen zu verwenden; bestehen Sie jedoch darauf, nehmen Sie bitte `-ok`, um gegebenenfalls den Schaden zu begrenzen.

Wenn Sie den Dateinamen nicht kennen

»Hmmm... Ich weiß nicht mehr, wie die Datei heißt, aber ich suche nach einem Brief, den ich an Tonia geschrieben habe, er muß also ihre Postadresse enthalten... Die ist 1471 Arcadia... Wie find ich ihn...?«

Das ist ein Fall für `grep` – einem tollen Programm mit einem furchtbaren Namen. Er steht für – falls Sie das glauben können – *global regular expression and print* oder sowas. Der Befehl `grep` durchsucht Dateien nach Folgen von Zeichen. Jedesmal, wenn eine Zeile mit den angegebenen Zeichen gefunden wird, wird diese am Bildschirm angezeigt. Wird mehr als eine Datei begutachtet, gibt `grep` auch den Namen der Datei aus, in der die Zeichen gefunden wurden. Sie geben an, in welche Dateien und nach welchen Zeichen gesucht werden soll.

Es gibt drei verschiedene `grep`-Programme: `grep`, `egrep` und `fgrep`, die sich aber alle sehr ähnlich sind, daher besprechen wir hier nur `grep` (`fgrep` ist schneller, aber beschränkter, und `egrep` ist viel schneller, viel mächtiger und sehr viel verwirrender.)

Um alle Dateien im Arbeitsverzeichnis (nicht in den Unterverzeichnissen) nach den Zeichen `1471 Arcadia` durchzusehen, geben Sie diese Zeile ein:

```
grep "1471 Arcadia" *
```

Das heißt, Sie geben folgende Elemente ein:

- `grep` (genauso, wie Sie es hier sehen).
- Ein Leerzeichen.
- Die Folge von Zeichen, nach der gesucht werden soll (auch Such-String genannt). Besteht sie aus mehreren Wörtern, muß sie in Anführungszeichen gesetzt werden, damit `grep` nicht durcheinander kommt.
- Ein Leerzeichen.
- Die Namen der Dateien, die durchsucht werden sollen. Wenn Sie hier * angeben, sucht `grep` in allen Dateien des aktuellen Verzeichnisses.

Das Programm `grep` antwortet mit einer Liste der Dateien, in denen die Suchfolge gefunden wurde, wie hier:

```
ts.doc: 1471 Arcadia Lane
tonia.letter: 1471 Arcadia La.
```

Das Programm gibt den Namen der Datei und dann die ganze Zeile, in der die Suchfolge gefunden wurde, wieder.

Sie können mit `grep` noch viel mehr Dinge machen als nur Dateien zu durchsuchen: eigentlich könnte man ganze (ganz kleine) Bücher über die Verwendung von `grep` schreiben. Für unsere Zwecke genügt es jedoch, hier ein paar nützliche Optionen zu erklären, die Sie mit `grep` zum Durchsuchen von Dateien verwenden können.

Wollen Sie nur die Dateien, die `grep` gefunden hat, nicht aber die Zeilen sehen, geben Sie die Option `-l` (für list) an. (Das ist ein kleines l, nicht die Zahl 1.) Angenommen, Sie geben diese Zeile ein:

```
grep -l "1471 Arcadia" *
```

Das Programm `grep` antwortet mit einer Liste nur der Dateinamen:

```
ts.doc
tonia.letter
```

Es wäre vielleicht nicht schlecht, `grep` mitzuteilen, daß es sich nicht um Klein- oder Großbuchstaben kümmern soll. Mit der Option `-i` (für *i*gnore case) unterscheidet `grep` nicht zwischen beiden. Zum Beispiel:

```
grep -i DOS *
```

Mit diesem Befehl findet `grep` – alles etwas wörtlich nehmend – sowohl Hinweise auf DOS, als auch einige »Fehltreffer«:

```
fruit.study: salads; in Brazil, avocados are used in desserts.
chapter.16: DOS vs. UNIX
chapter.25: Dos and Don'ts
```

Schließlich können Sie die flexiblen und sehr mächtigen (d.h. rätselhaften und total verwirrenden) Ausdruck-Erkennungs-Fähigkeiten von `grep` nutzen, wenn Sie die exakten Zeichen nicht kennen, die in der Datei vorkommen. In Fachchinesisch heißt das *Regular Expressions*. Das Programm `grep` hat einen eigenen Satz Wildcards, der mit dem der Shell nicht identisch ist. Damit können Sie alle möglichen Arten erstaunlicher Suchmuster definieren. Dies kann sehr hilfreich sein, wenn Sie Programmierer sind, und häufig ziemlich eigenartig aussehendes Zeug suchen müssen.

Wir erwähnen dies, weil zu den Wildcard-Zeichen von `grep` fast alle Interpunktionszeichen gehören:

```
. * [ ] ^ $
```

Wenn Sie also irgendeines dieser Zeichen in eine Suchfolge aufnehmen, macht `grep` nicht das, was Sie erwarten. Wollen Sie eines dieser Zeichen in einer Suchfolge verwenden, müssen Sie ihm einen Backslash (\) voranstellen. Um z.B. nach Dateien mit der Folge *C.I.A.* zu suchen, geben Sie diese Zeile ein:

```
grep "C\.I\.A\." *
```

Der Punkt (.) ist bei `grep` das Wildcard-Zeichen, das dem Fragezeichen (?) der Shell entspricht. Hätten Sie in diesem Beispiel den Punkten nicht Backslashes vorangestellt, hätte `grep` nicht nur *C.I.A* gefunden, sondern auch *CHIFAS* (das ist der Begriff eines peruanischen Dialektes für *Chinese restaurants*, falls Sie sich das fragen sollten) und viele andere Sachen. Aber treiben Sie es nicht zu weit, verwenden Sie die Backslashes bei Interpunktions-Zeichen, um sicherzugehen.

Eine einfache, schnelle Datenbank

Sie können mit `grep` eine Datei wie eine einfache, schnelle Datenbank verwenden. Sie können z.B. mit einem Texteditor eine Datei namens 411 erstellen, die Zeile für Zeile Namen und Telefonnummern Ihrer Freunde und Kollegen enthält, wie z.B.:

```
Jordan Young, 555-4673
Meg Young, 555-5485
Lydia Spitzer, 555-8649
```

Um nach einer Telefonnummer zu suchen, geben Sie einfach folgendes ein:

```
grep Meg 411
```

Das Programm `grep` zeigt die Zeile oder Zeilen der Datei an, die den oder die Namen enthalten, nach denen Sie gefragt hatten.

Von UNIX-Fans wird das Programm `grep` häufig eingesetzt, um alle möglichen Dateien nach allen möglichen Informationen zu durchsuchen. So lange, wie jeder Gegenstand in eine Zeile paßt, können Sie viele Arten von Daten in solchen einfachen Datenbank-Dateien speichern. Eine unserer Lieblingsdateien heißt `restaurants` und enthält Daten dieser Art:

```
Chef Chung's Chinese Vegetarisch
Billig 555-3864
```

Wenn Ihnen also der Sinn nach etwas Gesundem steht, geben Sie so etwas ein:

```
grep -i Billig  Restaurants
```

Wenn Sie nicht lange warten wollen

Da die Befehle `grep` und `find` einige Minuten für ihre Arbeit brauchen können, möchten Sie sie vielleicht im Hintergrund ablaufen lassen (vgl. Kapitel 15). Sie müssen hierfür die Ausgabe in eine Datei umleiten, damit Sie in aller Ruhe das Ergebnis der Suche anschauen können: beenden Sie den Befehl mit einem kaufmännischen Und (&), das UNIX auffordert, den Befehl in den Hintergrund zu versetzen. Sie können z.B. diese beiden Befehle eingeben:

```
find / -name "budget*" -print > budget.file &
grep "chocolate mousse" * > mousse.recipe.files &
```

Sind die Jobs beendet, können Sie sich folgendermaßen ansehen, was gefunden wurde:

```
cat budget.files
cat mousse.recipe.files
```

Wenn Sie eine Datei teilen wollen

Manchmal ist es recht angenehm, eine Datei an mehreren Stellen zu haben (z.B. diese Budget-Datei, die wir immer wieder erwähnen). Haben Sie zusammen mit einem anderen daran gearbeitet, wäre es praktisch, über sie sowohl in Ihrem Home Directory wie auch in dem Ihres Kollegen zu verfügen. Dann bräuchte keiner von Ihnen den Befehl `cd` zu benutzen, um hinzukommen.

Es ist eine schöne Eigenschaft von UNIX (und Sie dachten, es gäbe gar keine!), daß dies möglich ist – und sogar einfach. Eine einzige Datei kann mehr als einen Namen haben, und die Namen können in verschiedenen Verzeichnissen auftauchen.

Nehmen Sie z.B. zwei Autoren, die gemeinsam an einem Buch arbeiten (rein hypothetisch!). Die Kapitel des Buches befinden sich in Johns Verzeichnis: `/usr/johnl/book`. Aber was ist mit Margy? Es ist ärgerlich, jedesmal bei Beginn der Arbeit am Buch diese Zeile eingeben zu müssen:

```
cd /usr/johnl/book
```

Dagegen wäre es schön, wenn die Dateien auch in `/usr/margy/book` sein könnten.

Wie kann man gleichzeitig an zwei Orten sein, wenn man eigentlich nirgendwo ist?

Das geht mit dem Befehl `ln` (für link). Sie geben `ln` zwei Dinge mit:

- Den aktuellen Namen der Datei bzw. Dateien, für die Sie Links erstellen wollen.
- Den neuen Namen.

Fangen wir erst mal mit nur einer Datei an. Margy will einen Link auf die Datei `chapterlog` erstellen (sie enthält die Liste der Kapitel). Die Datei befindet sich in `/usr/johnl/book`. Margy gibt in ihrem `book`-Verzeichnis diese Zeile ein:

```
ln /usr/johnl/book/chapterlog booklog
```

UNIX sagt überhaupt nichts; es wird nur wieder ein Promptzeichen angezeigt. (Keine Neuigkeiten sind gute Neuigkeiten.) Aber es wurde gerade ein *Link*, oder ein neuer Name, für die vorhandene Datei `chapterlog` erstellt. Jetzt erscheint die Datei auch in `/usr/margy/book` unter dem Namen `booklog`.

Wie man Links spielt

Nachdem Sie einen Link mit `ln` erstellt haben, hat die Datei zwei Namen in zwei Verzeichnissen. Die Namen sind beide gleichermaßen gültig. Es ist nicht so, daß `/usr/johnl/book/chapterlog` der »echte« Name wäre und

/usr/margy/book/booklog ein Aliasname. UNIX betrachtet beide Namen als gleich wichtige Verweise auf die Datei.

Wie man Links löscht

Um einen Link zu löschen, verwenden Sie denselben Befehl rm, mit dem Sie auch eine Datei löschen. Eigentlich löscht rm immer nur einen Link. Es ist nur so, daß eine Datei, für die keine Links mehr bestehen, eintrocknet und weggepustet wird. Wenn Sie also eine Datei rm-en, die nur einen Namen (Link) hat, wird die Datei gelöscht. Rm-en Sie eine Datei, die mehr als einen Namen (Link) hat, löscht der Befehl den angegebenen Namen (Link), aber die Datei bleibt unverändert, genau wie irgendwelche andere Links auf sie auch.

Wie man aus einem Link einen Lunk macht

Sie können den alten Befehl mv auch zum Umbenennen eines Links verwenden. Beschließt Margy, daß es weniger verwirrend ist, wenn die Buch-Status-Datei an beiden Orten den gleichen Namen hat (wie es jetzt aussieht, heißt sie chapterlog bei John und booklog bei Margy), dann kann sie diese Zeile eingeben:

```
mv booklog chapterlog
```

Sie können den Befehl mv sogar dazu verwenden, die Datei in ein anderes Verzeichnis zu schieben.

Wie man mehrere Dateien linkt

Sie können mit ln auch gleichzeitig mehrere Dateien linken. In diesem Fall müssen Sie ln zwei Dinge mitteilen:

- Die Gruppe von Dateien, die Sie linken möchten, wahrscheinlich unter Verwendung eines Wildcard-Zeichens, wie chapter*. Außerdem können Sie eine Folge von Dateinamen oder eine Kombination von Namen und Mustern angeben. (UNIX mag unverständlich sein, aber wenigstens ist es flexibel.)
- Den Namen des Verzeichnisses, in das Sie all die neuen Links stellen wollen.

Der Befehl ln benutzt die aktuellen Namen der Dateien, wenn er neue Links erstellt. Er versetzt sie also lediglich in ein anderes Verzeichnis.

Zum Beispiel funktioniert die `chapterlog`-Sache aus dem vorigen Beispiel so gut, daß Margy beschließt, alle Dateien in `/usr/johnl/book` zu linken. Um die Links in `/usr/margy/book` zu erstellen, gibt sie diese Zeile ein:

```
ln /usr/johnl/book/* /usr/margy/book
```

Dieser Befehl läßt UNIX für alle Dateien in `/usr/johnl/book` Links erstellen und diese in `/usr/margy/book` transferieren. Jetzt existiert jede Datei, die es in `/usr/johnl/book` gibt, auch in `/usr/margy/book`. Margy ruft den Befehl `ls` auf, um sich eine Dateiliste für ihr neues Verzeichnis `book` anzusehen. Es enthält alle `book`-Dateien. So angeordnet ist es viel angenehmer, mit den Dateien zu arbeiten.

Einmal linken und zweimal linken

Hier ist allerdings eine Warnung auszusprechen. Der Befehl `ln` aus dem vorigen Beispiel linkt alle Dateien, die zu dem Zeitpunkt existierten, als der Befehl eingegeben wurde. Fügen Sie einem der Verzeichnisse `/usr/margy/book` oder `/usr/johnl/book` neue Dateien hinzu, werden die neuen Dateien nicht automatisch in das andere Verzeichnis gelinkt. Um dem abzuhelfen, können Sie denselben `ln`-Befehl alle paar Tage (oder Wochen – je nachdem welches Intervall Ihnen sinnvoll erscheint) ausführen. Der Befehl teilt Ihnen mit, daß es bereits viele identische Dateien in den beiden Verzeichnissen gibt, und erstellt Links für die neuen Dateien.

Erstellen Sie Links auf Dateien eines anderen, die schreibgeschützt sind, ändert sich durch die neuen Links nichts an Ihren Rechten. Auch wenn Sie in die Dateien noch immer nicht schreiben dürfen, können Sie mit den Links darauf herumspielen. Wollen Sie mit dem Befehl `ln` Links updaten, bemerkt UNIX, daß Sie keine Schreibrechte auf die alte Version haben. Vielleicht war es eine wichtige Datei, die Sie nicht ersetzen sollten, daher wird eine Warnung ausgegeben, etwa:

```
ln: chapter13: 644 mode?
```

In Kapitel 24 finden Sie die genaue Bedeutung dieser einzigartig unverständlichen Meldung. Geben Sie y ein, wenn Sie, wie es hier wohl der Fall ist, den Link ersetzen möchten, oder n, falls nicht.

Vielleicht denken Sie, Sie könnten auch den Link, den Sie jetzt erstellt haben, nicht ändern. Aber nein, den Link können Sie ändern, nur nicht die Datei.

Wie man über den großen Computergraben hinweg linkt

Diese ganze Beschreibung von Links geht davon aus, daß die Dateien, zu denen Sie Links erstellen, sich auf demselben System befinden (das ist die UNIX-Ausdrucksweise für Platte oder Plattenbereich). Wenn Ihr Computer mehrere Festplatten hat, oder wenn Sie in einem Netzwerk mit Dateien auf anderen Rechnern arbeiten (mit Hilfe von NFS oder eines anderen Systems, wie in Kapitel 19 erklärt), können sich einige der Dateien, mit denen Sie arbeiten, in einem anderen Dateisystem befinden.

Hier die schlechte Nachricht: der Befehl `ln` kann keine Links auf Dateien in anderen Dateisystemen herstellen. Wummm. Aber für einige Leser gibt es gute Nachrichten: UNIX-BSD und SVR4-Systeme verfügen über Dinge, die Soft-Links genannt werden und tatsächlich ganz gut sind.

Soft-Links oder *symbolische Links* (Kurzform: *Symlinks*) lassen es zu, zwei oder mehr Namen für eine Datei zu benutzen. Aber anders als normale Links (auch *Hard Links*) sind Soft-Links nur nachgemachte Links. UNIX akzeptiert sie nicht als den richtigen Namen der Datei.

Soft-Links erstellen (nur für Benutzer von UNIX-BSD und SVR4)

Einen Soft-Link erstellt man durch Anhängen der Option `-s` an den Befehl `ln`. Angenommen, Sie wollen in Ihrem Home Directory einen Link zu der Datei `recipe.list` in `/usr/gita`. Geben Sie in Ihrem Home Directory diese Zeile ein:

```
ln /usr/gita/recipe.list gitas.recipes
```

Anstatt mit ernstem Schweigen zu antworten, erwidert UNIX:

```
ln: different file system
```

Zum Teufel! Das Home Directory von Gita ist in einem anderen Dateisystem als dem Ihrem, vielleicht sogar in einem Dateisystem auf einem anderen Computer. Daher erstellen Sie einen Soft-Link, indem Sie `-s` an den Befehl anhängen:

```
ln -s /usr/gita/recipe.list gitas.recipes
```

Wie immer sind keine Neuigkeiten gute Neuigkeiten; hat's geklappt, dann sagt `ln` nichts. Jetzt scheint eine Datei `gitas.recipes` in Ihrem Home Directory zu sein. Einfach durch die Tricks der Soft-Links.

Soft-Links benutzen

Sie können eine Datei mit Soft-Link wie gewohnt anschauen, kopieren, drucken und umbenennen. Wenn Sie die Rechte dazu haben, können Sie sie auch editieren. Aber wenn Gita ihre Datei löscht, verschwindet die Datei. Ihr Soft-Link linkt jetzt ein leeres Loch anstatt eine Datei, und Sie bekommen eine Fehlermeldung, wenn Sie versuchen, die Datei zu benutzen. UNIX weiß, daß der Soft-Link nicht der »richtige« Name der Datei ist. Sehen Sie einen Soft-Link in einer langen `ls`-Liste, zeigt UNIX den Namen des Soft-Links an und auch den Namen der Datei, auf die er sich bezieht.

Versuchen Sie, eine Datei zu benutzen, und UNIX meldet, daß sie nicht vorhanden ist, prüfen Sie, ob es um einen hängenden Soft-Link geht. Geben Sie `ls -l` ein, um nachzusehen, ob es sich um einen Soft-Link handelt. Ist das der Fall, geben Sie nochmals `ls -l` mit dem richtigen Dateinamen ein, um sicherzustellen, daß die Datei tatsächlich existiert.

Sie können einen hängenden Soft-Link (einen Link auf eine nicht vorhandene Datei) mit `rm` löschen.

KAPITEL 27

Zehnmal mehr Informationen über UNIX, als Sie wissen wollen

In diesem Kapitel

- Wie man den Befehl `man` verwendet, um Online-Hilfe zu bekommen
- Was eine Handbuchseite enthält
- Andere Informationsquellen

Sie glauben, UNIX wäre überhaupt nicht hilfsbereit. Da haben Sie natürlich recht. Und doch gibt es einen Standard-UNIX-Befehl `man` (für Manual), der Ihnen Online-Hilfe erteilen kann.

Hört sich gut an? Nun, ja und nein. Die Informationen sind zwar da, aber sie sind ziemlich trocken beschrieben und können schwierig zu entziffern sein; natürlich geht jeder Teil des Online-Handbuches davon aus, daß Sie alle anderen Teile gelesen haben und wissen, wie alle Befehle heißen.

Praktisch ist die Online-Hilfe auf jeden Fall dann, wenn Ihnen gerade die Optionen eines Befehls nicht einfallen wollen, oder wenn Sie vergessen haben, was wo in der Befehlszeile nach dem Befehl kommt.

Wir wollen es von man hören

Das Online-Handbuch `man` enthält Handbuch-Seiten zu jedem UNIX-Befehl und weitere Seiten über interne Funktionen, die Programmierer brauchen, Formate verschiedener Systemdatei-Typen, Beschreibungen einiger Hardwaregeräte, die an Ihr UNIX-System angeschlossen werden können und anderes mehr. Sie geben bei Aufruf des Befehls `man` an, welche Seite oder Seiten Sie sehen möchten.

Alle Handbuch-Seiten haben ein Standardformat. Abbildung 27-1 zeigt einen Teil der Handbuch-Seite für `dcheck`, ein Programm, mit dem ein Systemverwalter sich um Leute kümmert, deren Dateien zuviel Plattenspeicher in Beschlag nehmen.

```
DCHECK(1)          Diskhog              DCHECK(1)
NAME
  dcheck - send mail to potential disk hogs
SYNOPSIS
  dcheck
DESCRIPTION
  dcheck is normally run from the cron procedure to
  check if users are taking up too much space. It
  creates a tag file for such users, will send them
  warning mail, and also sends mail to the system
  administrator about what it's done.
SEE ALSO
  diskhog(1).
FILES
  $DQUOTAS/hogs/$LOGNAME - tag file indicating that
                           diskhog should be run
WARNINGS
  Should know about multiple file systems.
BUGS
  None.
```

Abbildung 27-1: Teil der Handbuch-Seite für dcheck.

Die Teile der Handbuch-Seite umfassen folgendes:

- Die Überschrift der Handbuch-Seite in der ersten Zeile. Dazu gehören Name und Seitennummer der Handbuch-Seite an den linken und rechten Enden der Zeile. In der Mitte der Zeile kann der Name des Systems stehen, von dem der Befehl ein Teil ist. In diesem Beispiel ist der Befehl `dcheck` Teil des Systems `diskhog`.
- NAME: Der einzeilige Name der Handbuch-Seite. Der Name ist normalerweise der Befehl bzw. die Befehle, um die es auf der Seite geht, sowie eine kurze Beschreibung.
- SYNOPSIS: Was Sie eingeben, wenn Sie den Befehl aufrufen – mit einem knappen, rätselhaften Beispiel zu jeder möglichen Option. Dieses ist oft unverständlich, bis man die nachfolgende Beschreibung dazu liest. Manchmal bleibt es das aber auch.
- DESCRIPTION: Einige Absätze über den Befehl. Bei Befehlen mit vielen Optionen kann die Beschreibung ein paar Seiten lang sein. Gewöhnlich werden Optionen mit Erklärung aufgelistet. Beispiele gibt es leider nicht immer.
- SEE ALSO: Dieser Abschnitt verweist auf andere Handbuch-Seiten, falls vorhanden.
- WARNINGS und BUGS: Sind Fehler oder allgemeine Probleme zu diesem Befehl bekannt, können sie hier aufgeführt sein. Aber vielleicht sind sie es auch nicht.

- FILES: Eine Liste der Dateien, die dieser Befehl benutzt. Die Befehle `elm` und `mail` benutzen Ihr Verzeichnis `Mail`, die zentrale Liste der Mailboxen und andere Dateien. (Diese Dateien werden normalerweise von Ihrem Systemverwalter eingerichtet. Sie werden selten selbst mit ihnen herumwursteln wollen.) In den Handbuch-Seiten für `elm` und `mail` sind diese Dateien erwähnt.

Handbuch-Seiten lesen

Um sich eine Handbuch-Seite anzusehen, geben Sie diese Zeile ein:

```
man unixcommand
```

Sie müssen natürlich `unixcommand` durch den Namen des UNIX-Befehls ersetzen, der Sie interessiert. Manche Versionen von `man` zeigen die Handbuch-Seite bildschirmweise an. Andere Versionen lassen die Seite in Höchstgeschwindigkeit vorbeirauschen und gehen davon aus, daß Sie 150.000 Wörter pro Minute lesen können. Passiert das (und Sie können nicht so schnell lesen), greifen Sie auf den Befehl `more` zurück, um sich die Handbuch-Seite bildschirmweise anzeigen zu lassen:

```
man unixcommand | more
```

Sie können aber auch, wenn Sie auf einem System sind, das eine Handbuch-Seite normalerweise bildschirmweise anzeigt, diese mit Höchstgeschwindigkeit vorbeirauschen lassen – weil Ihr Bildschirm eigentlich ein PC ist, und weil Sie die Bildlauftaste benutzen), indem Sie diese Zeile eingeben:

```
man - unixcommand
```

Handbuch-Seiten drucken

Sie können Handbuch-Seiten auch für späteres sorgfältiges Durchlesen drucken. Um Handbuch-Seiten zu drucken, geben Sie diese Zeile ein:

```
man unixcommand | lpr
```

Denken Sie daran, `lp` zu verwenden, wenn das auf Ihrem System der Befehl zum Drucken ist. Es kann sinnvoller sein, die Handbuch-Seiten zunächst in eine Datei zu kopieren, die unerwünschten Informationen zu entfernen und dann erst zu drucken. Sie könnten z.B. diese Zeile eingeben (denken Sie daran, `filename` durch den Namen der Datei zu ersetzen, in der Sie die Informationen haben wollen):

```
man unixcommand > filename
```

Dann editieren Sie die Datei mit einem Texteditor (siehe Kapitel 12) und drucken sie (siehe Kapitel 9). Ehe Sie die Datei jedoch ausdrucken, sollten Sie daran denken, daß die Online-Handbuch-Seiten in der Regel identisch mit den gedruckten Handbuch-Seiten in staubigen UNIX-Handbüchern auf dem Regal sind, nur daß die Bücher professionell gesetzt und damit leichter zu lesen sind. Anstatt die Online-Seite zu drucken, ist es also häufig geschickter, sie im Buch nachzuschlagen. (Wetten, Sie hätten nicht gedacht, daß wir Ihnen dies *je* vorschlagen würden!)

Die gewünschte Handbuch-Seite finden

Benutzt man den Befehl `man`, gibt es keine vernünftige Möglichkeit, herauszufinden, welche Handbuc-Sseiten es überhaupt gibt. Es kann manchmal schwierig sein, die gewünschte zu finden. Angenommen, Sie geben diese Zeile ein:

```
man ln | more
```

UNIX antwortet Ihnen:

```
man: ln not found
```

Es gibt keine eigene Handbuch-Seite für den Befehl `ln`. Vielmehr teilt sich `ln` eine Reihe von Seiten mit `cp` und `mv`. Sie erhalten zu `ln` Informationen, wenn Sie diese Zeile eingeben:

```
man cp | more
```

(Typischer Fall von Benutzerfreundlichkeit!) Zeigt `man` nichts zu dem gewünschten Befehl an, dann versuchen Sie es mit ähnlichen Befehlen. In BSD-UNIX-Systemen gibt es einen Befehl `apropos`, der Handbuch-Seiten vorschlägt, die sich auf ein bestimmtes Thema beziehen. Sie können also `apropos ln` eingeben, um zu sehen, was `man` dazu sagt.

Neben den Handbuch-Seiten zu Befehlen gibt es eine Menge von Seiten zu anderen Themen. Sie können z.B. diese Zeile eingeben:

```
man ascii
```

Wenn nötig, können Sie auch diese Zeile eingeben:

```
man ascii | more
```

Dieser Befehl zeigt Ihnen eine Tabelle der ASCII-Zeichencodes für alle Zeichen, die in Textdateien vorkommen können. Möglicherweise interessiert Sie das nicht, aber es sieht beeindruckend technoid aus.

Es ist ein Vogel, es ist ein Flugzeug, es ist xman!

Arbeiten Sie mit X-Window (oder OPEN LOOK oder Motif), dann können Sie den Befehl `xman` verwenden, um Handbuch-Seiten anzusehen. Das schöne an `xman` ist, daß eine Liste verfügbarer Handbuch-Seiten angezeigt wird. Wenn Sie `xman` aufrufen, erscheint ein kleines Fenster mit drei Knöpfen, von denen einer mit Handbuch-Seite beschriftet ist. Klicken Sie ihn an, erscheint ein größeres Fenster, das eine »Handbuch-Seite« mit der Beschreibung von `xman` anzeigt. Wählen Sie »Anzeigen des Verzeichnisses« aus dem Optionen-Menü aus, oder drücken Sie Ctrl-D als Abkürzung. Dann sehen Sie einen Bildschirm mit allen Handbuch-Seiten, die es gibt – sicherlich mehr als hundert. Klicken Sie die gewünschte an, und `xman` geht zu der entsprechenden Seite. Mit erneutem Ctrl-D kehrt `xman` zum Verzeichnis der Handbuch-Seiten zurück. Lesen Sie die einführende Beschreibung von `xman`, um weitere Tricks kennenzulernen, die mit `xman` möglich sind, wie z.B. gleichzeitig zwei oder drei verschiedene Seiten anzusehen oder nach Schlüsselwörtern in den Überschriften der Handbuch-Seiten zu suchen.

Weitere Informationsquellen

Ihr Systemverwalter oder andere greifbare UNIX-Benutzer haben sicherlich Ausgaben des UNIX-Handbuches herumliegen. Die Seiten dieser Handbücher sehen in der Regel den Handbuch-Seiten, die Sie mit `man` erhalten, sehr ähnlich.

Der Vorteil eines gedruckten Handbuches ist der Index am Anfang (oder am Ende). Gewöhnlich handelt es sich um einen permutierten oder KWIC-Index (eine besonders schlaue Abkürzung für **K**ey **W**ord **i**n **C**ontext). Das bedeutet, daß Sie einen Eintrag nach jedem Wort der Überschrift finden können, langweilige Begriffe wie *der, die, das* ausgenommen. Um z.B. die Seite für den Befehl `cp` zu finden (die Überschrift der Seite lautet *cp, ln, mv – copy, link, or move files*), können Sie im permutierten Index nach *cp, ln, mv, copy, link, move* oder *files* suchen.

Dann wieder kann es eine gute Idee sein, diese Zeile auszuprobieren, einfach um zu sehen, was passiert:

```
help
```

Vielleicht hat irgendjemand ein Hilfesystem installiert – man kann nie wissen.

UNIX ist so weit verbreitet, daß sich ein wachsender Wirtschaftszweig mit Büchern, Zeitschriften, Benutzergruppen und Konferenzen zum Thema UNIX beschäftigt. Die können alle zusätzliche Hilfe und Informationen liefern.

Lesen Sie eine Zeitschrift oder ein Buch

Es gibt einige wöchentlich oder monatlich erscheinende Zeitschriften zum Thema UNIX. Sicher haben Sie bereits Post in den Papierkorb geworfen, die Sie dazu animieren wollte, eine Zeitschrift zu abonnieren, daher werden wir diesen Punkt nicht weiter vertiefen. Die wichtigsten Hersteller von Workstations (Sun, Hewlett Packard und IBM) verbreiten ebenfalls Zeitschriften, die ganz speziell ihre Produktlinien abdecken.

Diese Zeitschriften neigen dazu, furchtbar technisch zu werden, aber sie können interessante Produktübersichten und Ankündigungen zu UNIX-Hardware und entsprechenden Software-Paketen enthalten.

Es gibt viele Bücher zum Thema UNIX. Wahrscheinlich haben Sie ein ganzes Regal voll gesehen, als Sie dieses auswählten. Uns gefällt *UNIX in a Nutshell* von Daniel Gilly (O'Reilly, 1992). Falls Sie nicht so gut englisch können hilft Ihnen »UNIX Im Detail« von Achim Senne, 1992 bei IWT erschienen.

Falls Sie irgendwann doch einmal zum UNIX-Guru werden sollten, gibt es beim IWT-Verlag eine Reihe von ziemlich abgedrehten Profi-Fachbüchern.

KAPITEL 28

Zehn total zusammenhanglose Themen, von denen Sie nichts wissen wollen

In diesem Kapitel

- Zugriffsrechte und wie man mit ihnen umgeht
- Login-Befehlsdateien
- Bildschirm-Einstellungen
- Dateien zwischen Computern mit `uucp` kopieren
- Netzwerk-Neuigkeiten und `usenet`
- DOS unter UNIX

Dieses Kapitel behandelt einige nützliche, aber eher technische Dingen. Sie können sehr gut ohne sie auskommen, allerdings haben sie einen gewissen praktischen Wert.

Darf ich?

Da UNIX von Anfang an für mehrere Benutzer konzipiert wurde, gibt es auf UNIX-Systemen so etwas wie Zugriffsrechte. Zugriffsrechte bestimmen, wer welche Datei oder welches Verzeichnis benutzen darf, und was er damit machen darf.

Es gibt drei Arten von Zugriffsrechten:

- Eine **Lese-Berechtigung** läßt Sie eine Datei oder ein Verzeichnis einsehen. Sie können `cat` oder einen Texteditor benutzen, um in eine Datei mit Lese-Berechtigung zu kommen; diese Dateien können auch kopiert werden. Mit Lese-Berechtigung für ein Verzeichnis können Sie sich den Inhalt des Verzeichnisses anzeigen lassen.
- Eine **Schreib-Berechtigung** erlaubt, eine Datei zu ändern. Auch wenn Sie eine Datei schreiben (ändern) dürfen, heißt das noch nicht, daß Sie sie auch löschen oder umbenennen dürfen; dafür müssen Sie die Erlaubnis

haben, in das Verzeichnis zu schreiben, in dem sich die Datei befindet. Haben Sie für ein Verzeichnis die Schreib-Berechtigung, dann können Sie in diesem Verzeichnis neue Dateien erstellen und Dateien löschen.

- Eine **Ausführungs-Berechtigung** erlaubt es Ihnen, das in einer Datei enthaltene Programm auszuführen. Bei dem Programm kann es sich um ein richtiges Programm oder um ein Shell-Skript handeln. Enthält die Datei kein Programm, nützt Ihnen die Ausführungs-Berechtigung wenig. Sie kann sogar die Shell provozieren, sich bitterlich zu beschweren, wenn sie versucht, (aus ihrer eher begrenzten Sichtweise heraus) einen Sinn in Ihrer Datei zu finden. Bei einem Verzeichnis erlaubt die Ausführungs-Berechtigung, Dateien in dem Verzeichnis zu eröffnen und mit `cd` in das Verzeichnis zu wechseln, um es zum Arbeitsverzeichnis zu machen.

Das gehört mir!

Jede Datei und jedes Verzeichnis hat einen Eigentümer. Normalerweise ist der Eigentümer derjenige, der die Datei oder das Verzeichnis erstellt hat. In UNIX-System-V können Sie den Eigentümer einer Datei mit dem Befehl `chown` ändern (dieser Befehl wird weiter unten in diesem Kapitel beschrieben).

Gruppen

Jeder UNIX-Benutzer ist Mitglied einer *Gruppe*. Als der Systemverwalter Ihr Benutzerkennwort erstellt hat, hat er Sie in eine Gruppe eingeordnet. Wollen Sie wissen, in welcher Gruppe Sie sind, geben Sie folgende Zeile ein:

```
id
```

Gruppen weisen gewöhnlich auf die Art Arbeiten hin, die Sie ausführen. UNIX-Gruppen erteilen einer Gruppe von Leuten die gleichen Berechtigungen für bestimmte Dateien. Alle Leute, die am gleichen Projekt arbeiten, sind normalerweise in derselben Gruppe, so daß sie gegenseitig Dateien anschauen und vielleicht auch ändern können.

Gehören Sie z.B. zur Abteilung Buchhaltung (ein lausiger Job, aber einer muß ihn ja machen), müssen Sie und die anderen Buchhaltungsleute mehr oder weniger die gleichen Dateien lesen, schreiben und den Zugriff darauf haben können. Leute in anderen Abteilungen sollten dagegen nicht die gleichen Zugriffsmöglichkeiten auf Programme und Daten der Buchhaltung haben. Sicher hat der Systemverwalter eine Gruppe `acctg` oder mit einem ähnlichen Namen eingerichtet und alle Jungs und Mädels der Buchhaltung dort eingeordnet.

Bei BSD und SVR4 können Sie gleichzeitig mehreren Gruppen angehören. Das ist recht praktisch, wenn man an mehreren Projekten arbeitet.

Wer darf was machen?

Mit dem Befehl `ls` und der Option `-l` können Sie sehen, wer was mit einer Datei machen darf. Geben Sie diese Zeile ein:

```
ls -l myfile
```

Sie sehen dann so etwas:

```
-rw-r--r--  1 johnl staff   335 Jan 22 13:23 myfile
```

Haben Sie keinen Dateinamen angegeben, listet UNIX alle Dateien im Verzeichnis auf, was meistens sinnvoller ist. Für jede Datei zeigt diese Liste folgende Informationen an:

- Ob es sich um eine Datei, einen symbolischen Link oder um ein Verzeichnis handelt. Das erste Zeichen der Zeile ist ein Bindestrich (-), wenn der Eintrag einer Datei gilt, ein *l* bei einem symbolischen Link und ein *d* bei einem Verzeichnis. Im voranstehenden Beispiel bedeutet der Bindestrich, daß es eine Datei ist.
- Ob der Eigentümer die Datei lesen, schreiben oder ausführen darf (was durch die nächsten drei Zeichen, 2 bis 4, in der Zeile symbolisiert wird). Das erste Zeichen ist ein *r*, wenn der Eigentümer lesen darf, und ein Bindestrich (-), wenn nicht. Das zweite Zeichen ist ein *w*, wenn der Eigentümer schreiben darf, und ein Bindestrich (-), wenn nicht. Das dritte Zeichen ist ein *x* (manchmal auch ein *s*), wenn der Eigentümer die Berechtigung zum Ausführen hat, bzw. ein Bindestrich (-), wenn nicht. In diesem Beispiel bedeutet `rw-`, daß der Eigentümer lesen und schreiben darf.
- Ob die Mitglieder der Gruppe die Datei oder das Verzeichnis lesen, schreiben oder ausführen dürfen (dies wird durch die nächsten drei Zeichen in der Zeile, Stellen 5 bis 7, symbolisiert). Ist die Erlaubnis erteilt, steht dort ein *r*, *w* oder *x*; steht dort ein Bindestrich (-), so ist das nicht erlaubt. In diesem Beispiel dürfen Gruppenmitglieder die Datei nur lesen (`r--`).

- Ob alle anderen die Datei oder das Verzeichnis lesen, schreiben oder ausführen dürfen (dies wird durch die nächsten drei Zeichen, Stellen 8 bis 10, angezeigt). Ist die Erlaubnis erteilt, steht dort ein *r*, *w* oder *x*; steht dort ein Bindestrich (-), so ist das nicht erlaubt. In diesem Beispiel dürfen alle anderen die Datei nur lesen (`r--`).
- Der Link-Zähler, er zeigt an, wie viele Links (Namen) die Datei hat. Bei Verzeichnissen ist diese Zahl die Anzahl der Unterverzeichnisse, die das Verzeichnis enthält plus 2 (bitte keine Fragen). Bei den meisten Dateien steht hier eine 1 (wie im vorangegangenen Beispiel).
- Der Eigentümer der Datei oder des Verzeichnisses (in diesem Beispiel `johnl`).
- Die Gruppe, der die Datei oder das Verzeichnis gehört (in diesem Beispiel `staff`).
- Die Größe der Datei in Byte (Zeichen).
- Datum und Uhrzeit der letzten Änderung der Datei.
- Der Dateiname (zu guter Letzt!).

Berechtigungen nach Nummern

Es ist nicht sonderlich schwierig, anhand von r, w und x in der Dateiliste die Berechtigungen für eine Datei herauszufinden. Manchmal jedoch werden Berechtigungen anders angegeben: mit Zahlen. Nur UNIX-Programmierer haben sich sowas ausdenken können. (Dies ist ein klassisches Beispiel für die Faulheit dieser Leute.) Numerierte Berechtigungen werden auch manchmal *absolute Berechtigungen* genannt (vielleicht, weil es absolut schwer ist, sie sich zu merken).

Werden Berechtigungen durch eine Nummer ausgedrückt, dann ist sie dreistellig. Die erste Stelle ist die Berechtigung des Eigentümers, die zweite die der Gruppe und die dritte die für alle anderen. Jede Stelle ist eine Zahl von 0 bis 7. Tabelle 28-1 erklärt die Bedeutung der Stellen.

Tabelle 28-1: Verschlüsselung absoluter Berechtigungen

Ziffer	Berechtigungen
0	keine
1	nur ausführen (execute only)
2	nur schreiben (write only)
3	schreiben und ausführen (write and execute)
4	nur lesen (read only)
5	lesen und ausführen (read and execute)
6	lesen und schreiben (read and write)
7	lesen, schreiben und ausführen (read, write and execute)

Weshalb diese Zahlen?

Sie dürfen sehr wohl fragen, weshalb den Berechtigungen diese Nummern zugeordnet wurden. Das ist nicht zufällig geschehen. Für diejenigen, die sich an die höhere Mathematik aus der vierten Klasse erinnern, gibt das, denkt man in Oktalzahlen, einen Sinn.

Stellen Sie sich jede Berechtigung als dreistellige Binärzahl vor, z.B. 010 (das ist die Binärzahl für 2). Die erste Stelle ist 1, wenn Sie die Leseberechtigung haben, und 0, falls nicht. Die zweite Stelle ist 1, wenn Sie die Berechtigung zu schreiben haben, und 0, falls nicht. Die dritte Stelle ist 1 für die Berechtigung auszuführen, und 0, wenn Sie die nicht haben.

Also bedeutet die Berechtigungsziffer 6, was in Binärdarstellung 110 ist, daß Sie lesen und schreiben, aber nicht ausführen dürfen.

Frag' Papa, wenn Mama nein sagt

Gehört Ihnen eine Datei oder ein Verzeichnis, dann können Sie die Berechtigungen für diese Datei ändern. Sie tun das mit dem Befehl `chmod` (für *ch*ange *mod*e). Sie teilen `chmod` den Namen der Datei oder des Verzeichnisses mit, die bzw. das Sie ändern wollen, sowie die neuen Zugriffsberechtigungen für diese Datei von Ihnen selbst (als Eigentümer), von Ihrer Gruppe und von allen anderen. Sie können entweder numerische absolute Berechtigungen (wie 440) oder Buchstaben verwenden.

Wollen Sie Buchstaben für die neuen Berechtigungen nehmen, dann verwenden Sie eine verschlüsselte Ansammlung von Buchstaben und Symbolen, die aus folgendem besteht:

- Wessen Berechtigung Sie ändern wollen: `u` für user (der Eigentümer der Datei), `g` für die Gruppe und `o` für other (alle anderen).
- Ob die Berechtigung + (an, ja, OK) oder - (aus, nein, laß' sie nicht) sein soll.
- Die Art von Erlaubnis, mit der Sie es zu tun haben: r für read (lesen), w für write (schreiben) und x für execute (ausführen).

Geben Sie z.B. folgende Zeile ein, um jedem zu erlauben, eine Datei namens `announcements` zu lesen:

```
chmod ugo+r announcements
```

Diese Zeile bedeutet, daß der Benutzer/Eigentümer, die Gruppe und jeder sonst die Datei lesen darf. Wollen Sie verhindern, daß irgendwer außer dem Benutzer/Eigentümer die Datei ändern kann, geben Sie diese Zeile ein:

```
chmod go-w announcements
```

Sie können `chmod` auch mit numerischen (absoluten) Berechtigungen verwenden. Damit der Eigentümer und die entsprechende Gruppe die Datei lesen oder ändern dürfen, geben Sie folgendes ein:

```
chmod 660 announcements
```

Diese Zeile setzt die Eigentümer-Berechtigung auf 6 (lesen und schreiben), die Gruppen-Berechtigung auch auf 6 und die Berechtigung für alle anderen auf 0 (sie dürfen nichts).

Für ein Verzeichnis lassen sich die Berechtigungen ganz genauso ändern wie für eine Datei. Beachten Sie aber, daß Lesen, Schreiben und Ausführen bei Verzeichnissen eine etwas andere Bedeutung haben.

Sie können außerdem Wildcards verwenden und mehrere Namen in die Befehlszeile eingeben. Zum Beispiel:

```
chmod go-w *
```

Diese Zeile veranlaßt, daß die Schreib-Berechtigung für alle Personen außer Ihnen für alle Dateien des Verzeichnisses ausgeschaltet wird. Nachfolgender Befehl macht das gleiche für das Verzeichnis `book`:

```
chmod go-w /usr/margy/book
```

Einen neuen Besitzer finden

Wenn Ihnen jemand eine Datei gibt, kopiert er sie normalerweise in Ihr Home Directory. Aber was UNIX betrifft, gilt derjenige, der die Datei kopiert hat, immer noch als Eigentümer der Datei. In System V können Sie den Eigentümer einer Datei, die Ihnen gehört, mit dem Befehl `chown` verändern. Bei BSD kann nur der Superuser den Eigentümer von Dateien ändern, BSD-Benutzer können also gleich weiter zum nächsten Abschnitt gehen.

Sie teilen `chmod` den neuen Eigentümer der Datei und den oder die Dateinamen, deren Eigentümer Sie ändern wollen, mit. Zum Beispiel:

```
chown john chapter6
```

Dieser Befehl macht `john` zum neuen Eigentümer der Datei mit dem Namen `chapter6`. Bedenken Sie, daß nur Sie Dateien, die Ihnen gehören, weggeben können; stellen Sie eine Datei in das Verzeichnis eines anderen, ist es höflich, den Benutzer zum Eigentümer der Datei zu machen.

Eine andere Möglichkeit, den Eigentümer einer Datei zu verändern, ist, die Datei zu kopieren. Angenommen, Fred stellt eine Datei in Ihr Home Directory, und diese gehört immer noch ihm. Sie können `chown` nicht verwenden, um den Eigentümer zu ändern, weil das nur der Eigentümer darf. Sie erlangen das Eigentum an der Datei, wenn Sie sie kopieren. Kopieren Sie eine Datei, dann sind Sie Eigentümer der neuen Kopie. Löschen Sie dann das Original.

Datei sucht neue Gruppe; kann singen, tanzen und radschlagen

Gehört Ihnen eine Datei oder ein Verzeichnis, dann können Sie die Gruppe ändern, die auf sie zugreifen darf. Der Befehl `chgrp` ermöglicht es, die zur Datei gehörende Gruppe zu ändern. Zum Beispiel:

```
chgrp acctg billing.list
```

Dieser Befehl ändert die Gruppe, die auf die Datei `billing.list` zugreifen kann, in die Gruppe mit dem Namen `acctg`.

Muß ich denn jedesmal, wenn ich mich anmelde, dasselbe eingeben?

Die meisten Leute stellen fest, daß sie beim Anmelden immer die gleichen Befehle eingeben, um ihren Computer so einzurichten, wie sie es gerne haben. Üblicherweise wechselt man z.B. in sein Lieblingsverzeichnis, justiert die Bildschirmeinstellungen (siehe nächster Abschnitt), kontrolliert seine Post, oder irgendetwas von einem Dutzend anderer Dinge.

Wenn Sie sich anmelden, sucht die Bourne- oder Korn-Shell in Ihrem Home-Verzeichnis nach einer Datei `.profile`; existiert diese Datei, dann führt die Shell die Befehle in der Datei aus. Die C-Shell hat zwei entsprechende Dateien: `.login` (die sie aufruft, wenn Sie sich anmelden) und `.cshrc` (die sie aufruft, jedesmal wenn Sie eine neue C-Shell starten, entweder beim Anmelden oder wenn Sie `csh` eingeben).

Ihr Systemverwalter hat Ihnen sicher eine Standard-Datei `.profile` oder `.login` erstellt, als Ihr Konto anfangs eingerichtet wurde; es ist ganz bestimmt keine gute Idee, mit dem Zeug, das schon da ist, herumzuspielen. Das endet womöglich damit, daß Sie sich nicht mehr anmelden können, und dann müssen Sie zu Ihrem Systemverwalter kriechen und um Hilfe betteln. Sagen Sie also nicht, wir hätten Sie nicht gewarnt.

Die Standard-Dateien `.profile`, `.login` und `.cshrc` unterscheiden sich beträchtlich (warum beenden wir diesen Satz überhaupt? – Sie wissen ja, was weiter kommt) von einem System zum anderen, je nach Geschmack des Systemverwalters. Diese Dateien erledigen gewöhnlich folgende Aufgaben:

- Stellt den Suchpfad ein, den die Shell benutzt, um Befehle zu suchen
- Sorgt dafür, daß Sie benachrichtigt werden, wenn Sie Post haben
- Ändert (manchmal) das Promptzeichen der Shell von $ oder % in etwas Informativeres

Wenn Sie immer dieselben Befehle beim Anmelden eingeben, ist es verhältnismäßig unbedenklich, neue Befehle ans Ende der Datei `.profile` oder `.login` anzufügen. Wenn Sie z.B. die meisten Arbeiten im Verzeichnis `bigproject` erledigen, könnten Sie folgende drei Zeilen ans Ende der Datei, die Ihre Shell zum Starten einer Sitzung benutzt, anhängen:

```
# change to bigproject, added 3/94
cd bigproject
echo Now in directory bigproject.
```

Die erste Zeile ist ein Kommentar, den der Computer ignoriert, der aber nützlich ist, um herauszufinden, wer was geändert hat. Jede Zeile, die mit einem Nummernzeichen (#) beginnt, gilt als Kommentar. Die zweite Zeile ist ein normaler cd-Befehl. (Für diejenigen unter Ihnen, die Kapitel 23 nicht gelesen haben: der Befehl `cd` funktioniert, weil die Shell, und nicht ein Tochterprozeß, das Skript `.profile` oder `.login` liest.) Die dritte Zeile ist ein Befehl `echo`, der eine Bemerkung auf den Bildschirm ausgibt, um Sie an das Verzeichnis zu erinnern, in dem Sie sich befinden.

Arbeiten Sie mit der C-Shell, dann ist es häufig nützlich, diesen Befehl in `.login` zu stellen:

```
set ignoreeof
```

Normalerweise nimmt die Shell beim Drücken von Ctrl-D an, daß Sie für diesen Tag fertig sind, und meldet Sie ab – ganz gemäß der UNIX-Tradition: »Du hast darum gebeten, da hast Du's.« Viele Leute meinen, man sollte den Wunsch, sich abzumelden, deutlicher ausdrücken und `ignoreeof` benutzen, um der Shell zu sagen, sie solle Ctrl-D ignorieren (im nächsten Abschnitt werden Sie sehen, was `eof` mit Ctrl-D zu tun hat) und Sie nur dann abmelden, wenn Sie `exit` oder `logout` eingeben.

Den Bildschirm so einrichten, wie's Ihnen gefällt

Es gibt ungefähr 14 Milliarden verschiedene Einstellungen zu jedem Bildschirm oder Pseudo-Bildschirm, der an einem UNIX-System hängt. Und Sie können sie alle mit dem Befehl `stty` ändern. Ungefähr 13,999 der 14 Milliarden sollte man lieber in Ruhe lassen, weil sonst der Bildschirm in einer Rauchwolke verschwindet (soweit dies UNIX betrifft) und Sie sich wieder ganz neu anmelden oder sogar den Systemverwalter holen müssen, damit er den Schaden behebt. Ein paar Dinge können Sie jedoch unbesorgt ändern.

Alle Sonderzeichen, die den Bildschirm steuern, wie z.B. Backspace oder Ctrl-Z, sind änderbar. Manche Leute mögen lieber Zeichen, die von den

Standardvorgaben abweichen, weil sie von einem anderen System her etwas anderes gewöhnt sind, weil die Position der Taste auf der Tastatur etwas anderes naheliegender erscheinen läßt, oder weil ihre Bildschirm-Emulation zu dumm ist, zwischen Backspace und Delete umzuschalten. Die Sonderzeichen, die die Tastatur steuern, sind in Tabelle 28-2 aufgeführt und beschrieben.

Tabelle 28-2: Bildschirm-Steuerzeichen

Name	Typisches Zeichen	Bedeutung
`erase`	Ctrl-H	Löscht das vorhergehende Zeichen
`kill`	Ctrl-U	Entfernt die bisherige Zeile
`eof`	Ctrl-D	Markiert das Ende der Eingabe für ein Programm
`swtch`	Ctrl-Z	Unterbricht (pausiert) das aktuelle Programm (Kapitel 15)
`intr`	Ctrl-C	Unterbricht oder beendet jedes gerade laufende Programm
`quit`	Ctrl-\	Bricht das Programm ab und schreibt eine Datei `core` (vgl. Kapitel 23)

Um mit `stty` irgendeines dieser Steuerzeichen zu ändern, teilen Sie ihm das zu ändernde Sonderzeichen und das Zeichen, das Sie dafür verwenden wollen, mit. Wollen Sie, was üblich ist, ein Steuerzeichen verwenden (eine Kombination aus der Taste Ctrl bzw Control und einer weiteren Taste), können Sie ein ^ eingeben, gefolgt von dem jeweiligen Buchstaben, beides in Anführungszeichen eingeschlossen. Ein besonderer Fall ist ^?, das die Taste Del oder Delete repräsentiert. Die Tab-Taste wird durch ^I dargestellt; die Backspace-Taste ist gewöhnlich ^H. Um z.B. die Delete-Taste zum Lösch-Zeichen und Ctrl-X zum Kill-Zeichen zu machen, geben Sie diese Zeile ein:

```
stty erase '^?' kill '^X'
```

Seltsam veranlagte Leute ändern die verschiedenen Steuerzeichen in was auch immer. Sie können q das Lösch-Zeichen und 3 das Einf-Zeichen sein lassen, auch wenn es dadurch schwierig wird, irgendetwas zu erledigen, weil Sie in anderen Zusammenhängen weder q, noch 3 in irgendetwas verwenden dürften.

Das andere, was Sie ändern können, ist der *Terminal Output Stop Mode*, der steuert, ob Hintergrundjobs Nachrichten an Ihren Bildschirm ausgeben können. (Kapitel 15 erläutert, was dies bedeutet.) Die Ausgabe von Hintergrundjobs an Ihren Bildschirm ermöglichen Sie, indem Sie mit folgender Zeile den Output-Stop-Mode ausschalten:

```
stty -tostop
```

Um Ausgaben von Hintergrundjobs zu verhindern, oder genauer gesagt, um Hintergrundjobs anzuhalten und warten zu lassen, wenn sie etwas ausgeben wollen, schalten Sie den Output-Stop-Mode an, indem Sie diese Zeile eingeben:

```
stty tostop
```

Diese ganzen `stty`-Befehle wandern normalerweise in die Datei `.login` oder `.profile`, damit der Bildschirm wunschgemäß eingerichtet ist, sobald Sie sich anmelden.

Ein wirklich schwerfälliges altes Netzwerk

Vor ungefähr 15 Jahren, lange bevor die meisten UNIX-Systeme mit richtigen Netzwerken verbunden waren, hat ein Typ namens Greg ein kleines Programm (für den temporären Gebrauch) aufgepeppt. Es sollte normale Modems und normale Telefonleitungen benutzen, um Dateien zwischen zwei UNIX-Systemen zu übertragen. Er nannte es *UNIX to UNIX Copy*, oder `uucp`. Es hat Ähnlichkeiten mit der Kermit- oder ZMODEM-Software, die PC-Benutzern vielleicht geläufig ist.

Nun, 15 Jahre später, benutzen wir immer noch `uucp`. Seine Nachteile sind, daß es langsam (durchs Telefon begrenzt) und mühsam zu benutzen ist. Seine Vorteile sind, daß es kostenlos bei jeder UNIX-Version dabei ist; Sie brauchen nur ein Modem für 100 Mark in einen Telefonanschluß zu stekken. Das Programm `uucp` kann im wesentlichen eines: Dateien zwischen Computern kopieren. Aber es enthält auch eine Einrichtung zum »fernen Ausführen« (hört sich übel an, oder?), mit der Sie eine kleine Gruppe von Befehlen auf anderen Computern ausführen können. In der Praxis besteht 95 % der Tätigkeit von `uucp` daraus, elektronische Post und Neuigkeiten zwischen UNIX-Computern hin- und herzutragen.

Kopierst Du, UNIX?

Die einfachste Ausführung von `uucp` kopiert eine Datei von einem Computer zu einem anderen – und umgekehrt:

```
uucp myfile fluffy!hisfile
```

Dieser Befehl sagt: »Nimm die lokale Datei mit dem Namen `myfile`, und erstelle eine Kopie mit dem Namen `hisfile` auf dem Rechner `fluffy`.« (Bei der C-Shell müssen Sie \! anstelle von ! eingeben, weil Ausrufezeichen Sonderzeichen für die C-Shell sind.) Außer wenn die Platten des Rechners `fluffy` logisch genauso eingerichtet sind wie die Ihres Rechners (mit den gleichen Namen für Home Directorys) müssen Sie auch angeben, in wessen Verzeichnis Sie die Kopie unterbringen wollen:

```
uucp myfile fluffy!~elvis/hisfile
```

Dieser Befehl sagt `uucp`, daß die Kopie in das Verzeichnis von Elvis soll. Der Befehl `uucp` ist auf jedem Rechner mit einer Steuerung ausgelegt, die angibt, welche fernen Systeme mit `uucp` lesen und schreiben dürfen. Ausnahmslos erlaubt die Steuerung begrenztes Lesen und fast kein Schreiben. Normalerweise ist der einzig erlaubte Platz für eine hereinkommende Datei das eigene Verzeichnis von `uucp`; der entsprechende Befehl lautet:

```
uucp myfile fluffy!~/hisfile
```

Anders als bei den meisten anderen Modem-Programmen erfolgt das Kopieren nicht, während Sie warten. Ein Hintergrund-Dämon führt den Anruf aus und erledigt das Kopieren, und er versucht dies so oft wie nötig, wenn das Telefon besetzt ist. Klappte die Kopie nicht, entweder weil es die Datei nicht gibt (das ist eher denkbar, wenn Sie von einem fernen System auf Ihr eigenes kopieren wollten) oder weil Sie keine Zugriffsberechtigung auf die Dateien haben, schickt `uucp` Ihnen eine elektronische Post, die das Problem erläutert.

Das Programm `uucp` benötigt kein Modem: Zwei Rechner im selben Gebäude können sich mit `uucp` über ein simples, dem Bildschirmkabel ähnliches Kabel unterhalten. Haben Sie ein paar Rechner und kein Budget für ein Netzwerk, dann ist dies eine einfache Möglichkeit für einen Systemverwalter, wenigstens ein bißchen zu netzwerkeln und dabei zu vermeiden, Disketten und Bänder herumzutragen.

UNIX-Post ohne Briefmarke

Man verwendet uucp meist, um Post und netnews (werden im folgenden Abschnitt beschrieben) zu verschicken, insbesondere wenn man keine direkte Internet-Verbindung hat. Auch Mail-Adressen werden bei uucp mit Ausrufezeichen versehen (in Kapitel 18 erfahren Sie, wie man E-Mail verschickt). Um Tracy auf dem Rechner fluffy uucp-Mail zu schicken, geben Sie folgendes ein:

```
mail fluffy!tracy
```

Sie können natürlich wahlweise elm oder ein anderes besseres Mail-Programm verwenden. Verwenden Sie die C-Shell, dann geben Sie ein \ vor dem ! ein. Sie können uucp-Mail von Rechner zu Rechner weiterleiten: Sie wollen Tracy auf dem Rechner fluffy eine Meldung schicken, aber Ihr Rechner spricht nicht direkt mit fluffy, wohl aber mit itchy, der wiederum mit fluffy spricht. Sie können diese Zeile eingeben:

```
mail itchy!fluffy!tracy
```

Diese Methode der elektronischen Flüsterpost artet häufig aus, und die Mail muß sechs, sieben Hüpfer machen, bis sie dort ist, wo sie hin will. Verarbeitet Ihr System viele Mails, dann hat Ihr Systemverwalter sicher ein Programm installiert, das die Route zu einem anderen Rechner automatisch festlegt und auf uucp-Karten basiert, die über usenet vertrieben werden (siehe folgender Abschnitt). Ist dies der Fall, geben Sie lediglich den Namen des Zielrechners und den Benutzernamen an, und UNIX schaut, wie man dort hinkommt. Es gibt eine Menge uucp-Rechner dort draußen; die uucp-Routing-Liste unseres Systems enthält mehr als 20.000 andere Rechner, für die es Pfade kennt!

Ist Ihr Systemverwalter wirklich auf Zack, dann ist Ihr Mail-System so eingerichtet, daß es selbst herausfindet, welche Art Netzwerk es für jede Mail-Nachricht benutzt. Sie können eine Mail an tracy@fluffy schicken, und der Computer kümmert sich darum, sie über uucp oder ein anderes geeignetes Netzwerk zu verschicken.

Wie man soviel elektronischen Klatsch liest, daß man keine Zeit mehr zum Arbeiten hat

Nicht lange, nachdem es uucp- und uucp-Mails gab, dachten sich einige Leute in North Carolina, daß es nett wäre, über ein Netz Schwarzer Bretter zu verfügen. Man könnte Nachrichten von seinem lokalen Rechner einschicken, die Nachricht würde an ein paar andere Rechner weiterverteilt, und Benutzer auf allen Rechnern könnten alle Meldungen sehen. Sie dachten sich, daß es sich ziemlich verbreiten würde, und daß es Dutzende von Meldungen am Tag gäbe. Nun, sie hatten recht: es ist ziemlich verbreitet. Es sind inzwischen mehr als 100.000 Rechner verbunden, über alle Kontinente hinweg. (Uns ist zu Ohren gekommen, daß sogar einer der Rechner in der Forschungsstation in der Antarktis mit dem Netz verbunden ist.) Es gibt ungefähr 20.000 Meldungen mit insgesamt mehr als 50 Megabyte (das sind 50 Millionen Tastendrucke) an Text, die jeden Tag verarbeitet werden. Dieses Monster ist unter dem Namen `usenet`, manchmal auch `netnews` bekannt.

Meldungen werden in Themengruppen, die `newsgroups` heißen, zusammengefaßt; es gibt ungefähr 1500 davon. Die Newsgroup-Themen reichen von fachlichen Diskussionen über Rechnerarchitektur bis hin zu Klatsch über alte Eisenbahnen, Nudismus und endlose politische Debatten. Dieses ganze Zeug zu lesen könnte einen großen Teil Ihres Arbeitstages (ungefähr zehn Stunden am Tag) in Beschlag nehmen. Glücklicherweise können Sie bei den Standard-Programmen zum Lesen der Neuigkeiten angeben, welche Gruppen Sie sehen wollen und welche nicht; Sie können innerhalb der Gruppe definieren, an welchen Themen und Autoren Sie Interesse haben.

Es gibt einige Programme zum Lesen von Neuigkeiten, mit Namen wie `readnews` (das ursprüngliche, das man jetzt für alt und klobig hält), `rn`, `trn`, `tin` und `nn`. Die machen alle im wesentlichen dasselbe, haben aber unterschiedliche Vorgehensweisen, um durch die enormen Mengen von Nachrichten zu schippern. Erhalten Sie Neuigkeiten, dann lassen Sie sich von einem erfahrenen Benutzer zeigen, wie man mit Ihrem Programm zum Lesen der Neuigkeiten umgeht.

Können Sie auf `usenet` zugreifen, dann können Sie wahrscheinlich auch eigene `usenet`-Nachrichten verschicken. Widerstehen Sie bitte der Versuchung, bis Sie einige Wochen lang Neuigkeiten gelesen und einen Eindruck gewonnen haben, was man schicken kann und was nicht. Lesen Sie auch die `news.announce.newsusers` genannte Newsgruppe; sie enthält hilfreiche Ratschläge für neue `usenet`-Benutzer.

Das erstaunlichste an `usenet` ist, wer dafür verantwortlich ist: niemand. Es ist einfach eine große, formlose Einrichtung. Die Programme, die am häufigsten benutzt werden, um Neuigkeiten zu speichern und zu übertragen, wurden von zwei Leuten in der zoologischen Abteilung der Universität von Toronto geschrieben, die wohl statt dessen ihre eigentliche Arbeit hätten machen sollen. Die verschiedenen Programme zum Lesen der News kommen von öffentlichen und kommerziellen Stellen auf der ganzen Welt. Das Geld, mit dem die Netzwerk-Zeit bezahlt wird, steckt im großen und ganzen in den Telefonkosten der Firma. Das ist ein echtes Beispiel für Pionierarbeit im Netzwerk.

DOS unter UNIX laufen lassen

UNIX-Fanatiker neigen dazu, DOS-Rechner und DOS-Anwender zu bespötteln. Zweifellos ist DOS ein ziemlich schlechtes System, aber es gibt auch keinen Zweifel, daß es einige recht gute Software unterstützt.

DOS-Anwender, die auf UNIX umsteigen, müssen trotzdem nicht auf DOS verzichten. PC- und Workstation-Versionen von UNIX enthalten DOS-unter-UNIX-Pakete, mit denen man DOS in einem UNIX-Prozeß laufen lassen kann. Haben Sie einen Intel 386 oder 486 PC, dann hat der CPU-Chip eine spezielle Hardware-Eigenschaft, die *V86 Mode* heißt und es ermöglicht, eine treue Emulation eines nackten PCs in einem UNIX-Prozeß zu erstellen, so daß eine normale DOS-Version auf einem emulierten PC läuft.

Die beiden konkurrierenden V86-DOS-Emulatoren, `vp/ix` und `DOS Merge`, funktionieren recht gut. Während wir dieses Buch schrieben, haben wir `vp/ix` verwendet, um die normale DOS-Version von Microsoft Word zu benutzen, um Text zu editieren und DOS-Disketten zu lesen und zu beschreiben. Das emulierte DOS läuft fast so schnell wie ein separater DOS-Rechner und hat den Vorteil, daß der Computer gleichzeitig all das andere UNIX-Zeug weitermachen kann und DOS Zugriff auf alle Ihre UNIX-Dateien gewährt.

Arbeiten Sie mit einer Nicht-Intel-Workstation, dann gibt es ein Paket, das SoftPC heißt und das 386 Code fliegend in *Native Code* übersetzt, der von der CPU der Workstation in einem UNIX-Prozeß benutzt wird. Auch dieses stellt eine Umgebung zur Verfügung, in der das normale DOS laufen kann. Selbst wenn die Übersetzung erheblichen Overhead benötigt, sind die Workstations derart schnell geworden, daß der emulierte DOS-Rechner schneller als ein richtiger PC ist.

Ein Problem der bestehenden DOS-unter-UNIX-Systeme ist, daß sie die Protected-mode-Eigenschaften, die zum Ablauf von Windows benötigt werden, nicht emulieren; man kann nur ältere Versionen von Windows, vor Windows 3.1, verwenden, und Windows kann den Bildschirm nicht mit X oder OPEN LOOK oder Motif teilen. Wenn Sie dieses Buch in Händen halten, sollten jedoch Windows-unter-X-Emulationen auf 386- und 486-UNIX-Systemen verfügbar sein, so daß Sie Windows-Anwendungen unter X (wie auch unter OPEN LOOK und Motif, da sie ja auf X aufbauen) ablaufen lassen können. Windows-Fenster werden den Bildschirm mit Anwendungen von native X, Motif und OPEN LOOK teilen können, alles in Höchstgeschwindigkeit. Echt gut.

»Ja super!! Endlich eine fehlertolerante Brezel-Maschine, die unter UNIX läuft.«

KAPITEL 29

Die Top Ten (oder so) der UNIX-Befehle

In diesem Kapitel

- `cat`
- `cd`
- `cp`
- `find`
- `grep`
- `ln`
- `lp` (nur UNIX-System-V)
- `lpq` (nur BSD-UNIX)
- `lpr` (nur BSD-UNIX)
- `lpstat` (nur UNIX-System-V)
- `ls`
- `mkdir`
- `more`
- `mv`
- `pwd`
- `rm`
- `rmdir`

Das sind die UNIX-Befehle, die Sie jeden Tag benutzen (oder etwa nicht!?). Die übrigen UNIX-Befehle sind in Kapitel 30 aufgeführt; auch wenn Sie noch andere Befehle hin und wieder benötigen, hier sind die Hits.

Der Befehl cat

Zweck: Eine Datei am Bildschirm darstellen, damit Sie sie ansehen können.

Beispiel: `cat letter.to.santa`

Bemerkungen: Der Befehl `cat` zeigt jede von Ihnen angegebene Datei an. Wenn allerdings die Datei aus etwas anderem als ASCII-Text besteht, enthält die Anzeige nur Hieroglyphen, oder schlimmeres. Der Befehl `cat` funktioniert mit jeder Datei, die über den Texteditor nach etwas aussieht. Nicht so gut funktioniert er mit Datendateien, Textverarbeitungsdateien und anderen Dateien, die Binärcode, formatierte Zeichen und ähnliches enthalten.

Wo zu finden: Kapitel 4, Abschnitt »Das Innenleben einer Datei«. Schauen Sie auch beim Befehl `more`.

Der Befehl cd

Zweck: In ein anderes Verzeichnis wechseln.

Beispiel: `cd /usr/santa/presents`

Bemerkungen: Dem Befehl `cd` folgt der Name des Verzeichnisses, in das Sie wechseln wollen. Beginnt der Pfadname mit einem Schrägstrich (/), dann geht der Pfad von der Wurzel (Root) der Platte bis zum angegebenen Verzeichnis. Beginnt der Pfadname nicht mit einem Schrägstrich, dann handelt es sich um einen Pfad vom aktuellen Verzeichnis zum angegebenen Verzeichnis.

Wo zu finden: Kapitel 5, Abschnitte »Wege zur Macht« und »Pfadfinder«; Kapitel 19 enthält Informationen über das Wechseln in gemountete Verzeichnisse mit Hilfe von NFS; schauen Sie sich Kapitel 26 an, um verlorene Dateien zu finden.

Der Befehl cp

Zweck: Eine Datei kopieren.

Beispiel: `cp important.file important.file.backup`

Bemerkungen: Dieser Befehl erstellt ein Duplikat der ersten angegebenen Datei. Das Duplikat erhält den zweiten Namen, den Sie angeben.

Wo zu finden: Kapitel 4, Abschnitt »Dateien kopieren«

Der Befehl find

Zweck: Eine oder mehrere Dateien finden (unter der Voraussetzung, daß Sie zumindest ungefähr deren Namen kennen) und etwas mit ihnen machen.

Beispiel: `find . -name chicken.soup -print`

Bemerkungen: Sie benutzen diesen Befehl, wenn Sie nicht wissen, unter welchem Verzeichnis Sie eine oder mehrere Dateien gespeichert haben; aber Sie kennen den oder die Dateinamen. Sie teilen dem Befehl `find` beim Aufruf mit, wo er anfangen soll zu suchen, normalerweise entweder . (das bedeutet »genau hier«) oder / (das bedeutet »durchsuche die gesamte Platte«). Dann kommt der Name der Datei (Sie geben `-name`, ein Leerzeichen und den Dateinamen, möglicherweise mit Wildcard-Zeichen, ein), und dann sagen Sie `find`, was zu tun ist, wenn Dateien gefunden werden, meistens `-print` (das bedeutet »zeige die vollständigen Dateinamen, mitsamt des Verzeichnisnamens, wo sie sich befinden, an«).

Wo zu finden: Kapitel 26, »Wenn Sie hinter einem Dateinamen her sind«.

Der Befehl grep

Zweck: Eine oder mehrere Dateien suchen (unter der Voraussetzung, daß Sie ungefähr deren Inhalt kennen).

Beispiel: `grep "chocolate mousse" *`

Bemerkungen: Sie verwenden diesen Befehl, wenn Sie nicht wissen, welche Datei die gewünschten Informationen enthält. Kennen Sie ein Wort oder einen Satz, der diese auszeichnet, dann findet `grep` die Datei. Sie benutzen `grep`, indem Sie mitteilen, nach welchem Text gesucht werden soll (in Anführungszeichen eingeschlossen, wenn es sich um mehr als ein Wort handelt), und welche Dateien überprüft werden sollen, häufig * (das bedeutet »alle Dateien in diesem Verzeichnis«). Es gibt zwei ähnliche Befehle, `fgrep` und `egrep`, die Sie wahrscheinlich nie brauchen werden.

Wo zu finden: Kapitel 26, Abschnitt »Wenn Sie den Dateinamen nicht kennen«

Der Befehl ln

Zweck: Einen Link auf eine Datei erstellen, so daß die Datei gleichzeitig in mehreren Verzeichnissen auftaucht.

Beispiel: `ln /usr/celeste/dept.budget celestes.fantasy.budget`

Bemerkungen: Benutzen Sie eine Datei ständig, und haben Sie keine Lust mehr, jedesmal in das Verzeichnis zu gehen, wo sie sich befindet, linken Sie sie in Ihr Home Directory oder an eine andere passende Stelle. Bei Eingabe von `ln` geben Sie den aktuellen Pfadnamen zur Datei an, und den neuen Namen, den Sie im aktuellen Verzeichnis haben wollen.

Weiterer Zweck: Alle Dateien eines Verzeichnisses in ein neues Verzeichnis linken.

Weiteres Beispiel: `ln /usr/celeste/Budget/ Budget.files`

Weitere Bemerkungen: Sie können ein komplettes Verzeichnis voller Dateien mit einem einzigen `ln`-Befehl linken. Dazu teilen Sie `ln` die Namen der Gruppe von Dateien mit – meist enden sie mit *, um eine ganze Gruppe auf einmal zu identifizieren – und den Namen des neuen Verzeichnisses, zu dem sie gelinkt werden sollen. Die Links im neuen Verzeichnis haben dieselben Dateinamen wie die vorhandenen Dateien.

Wo zu finden: Kapitel 26, Abschnitt »Wenn Sie eine Datei teilen wollen«

Der Befehl lp (nur UNIX-System-V)

Zweck: Eine Datei drucken.

Beispiel: `lp letter.to.santa`

Bemerkungen: Der Befehl `lp` bringt Ihre Datei in die Druckwarteschlange.

Wo zu finden: Kapitel 9, Abschnitt »In System V gibt's einen Dämon« (für den Befehl lp); überfliegen Sie den Rest des Kapitels mit allgemeinen Informationen zum Drucken.

Der Befehl lpq (nur BSD-UNIX)

Zweck: Den Status aller verfügbaren Drucker anzeigen.

Beispiel: `lpq -a`

Bemerkungen: Dieser Befehl sagt Ihnen, welche Drucker es da draußen gibt, und was sie drucken.

Wo zu finden: Kapitel 9, Abschnitt »Eine Nachricht an alle Drucker«

Der Befehl lpr (nur BSD-UNIX)

Zweck: Eine Datei drucken.

Beispiel: `lpr letter.to.santa`

Bemerkungen: Der Befehl `lpr` bringt Ihre Dateien in die Warteschlange.

Wo zu finden: Kapitel 9, Abschnitt »Noch mehr Dämonen in BSD«; überfliegen Sie den Rest des Kapitels für allgemeine Informationen zum Drukken.

Der Befehl lpstat (nur UNIX-System-V)

Zweck: Den Status aller verfügbaren Drucker auflisten.

Beispiel: `lpstat -a all`

Bemerkungen: Dieser Befehl sagt Ihnen, welche Drucker es da draußen gibt und was sie drucken.

Wo zu finden: Kapitel 9, Abschnitt »Eine Nachricht an alle Drucker«

Der Befehl ls

Zweck: Die Dateien eines Verzeichnisses auflisten.

Beispiele: `ls`

`ls /usr/harold/crayons/*`

Bemerkungen: Wenn Sie nichts anderes angeben, listet der Befehl `ls` alle Dateien im Arbeitsverzeichnis auf. Sie können ihm den Namen eines anderen Verzeichnisses mitgeben, um dieses aufzulisten, und Sie können die Dateien angeben, die Sie auflisten wollen, indem Sie einen Dateinamen angeben (der Wildcard-Zeichen enthalten kann).

Weiterer Zweck: Dateien mit Größe, Datum und anderen Informationen auflisten.

Weiteres Beispiel: `ls -l`

Wo zu finden: Kapitel 4, Abschnitt »Was für Dateien haben Sie?«; sehen Sie sich auch »Wer darf was machen?« in Kapitel 28 an, um zu sehen, wie die Informationen, die `ls -l` anzeigt, zu interpretieren sind.

Der Befehl mkdir

Zweck: Ein neues Verzeichnis erstellen.

Beispiel: `mkdir Games`

Bemerkungen: Sie teilen dem Befehl `mkdir` den Namen des zu erstellenden Verzeichnisses mit. Beginnt der Name mit einem Schrägstrich (/), geht der Pfadname von der Wurzel (Root) zu dem neuen Verzeichnis. Beginnt der Name nicht mit einem Schrägstrich, erstellt `mkdir` das Verzeichnis als Unterverzeichnis des Arbeitsverzeichnisses.

Wo zu finden: Kapitel 5, Abschnitt »Verzeichnisse erstellen«

Der Befehl more

Zweck: Informationen bildschirmweise anzeigen, so daß Sie Zeit haben, sie zu lesen.

Beispiele:

```
more long.report
ls | more
```

Bemerkungen: Verwenden Sie `more` als eigenständigen Befehl, dann geben Sie ihm den Namen der Datei mit, die Sie bildschirmweise sehen wollen. Verwenden Sie ihn nach einer Pipe (|), dann zeigt er die Ausgabe des vorangegangenen Befehls an. `more` pausiert, wenn der Bildschirm voll ist. Drücken Sie die Leertaste, um mehr zu sehen. Sie beenden `more` mit q.

Wo zu finden: Kapitel 6, Abschnitte »Gib mir doch ein wenig Zeit« und »Cat und Dateien«

Der Befehl mv

Zweck: Eine Datei umbenennen.

Beispiel: `mv stupid.file.name crucial.report`

Bemerkungen: Wollen Sie mit `mv` eine Datei umbenennen, dann geben Sie den aktuellen Namen und den neuen Namen der Datei an.

Weiterer Zweck: Eine Datei in ein anderes Verzeichnis verschieben.

Weiteres Beispiel: `mv crucial.report /usr/boss/Reports`

Weitere Bemerkungen: Um eine Datei mit `mv` zu verschieben, geben Sie den aktuellen Namen der Datei an (oder ihren Pfadnamen, falls sie sich nicht im Arbeitsverzeichnis befindet) sowie das Verzeichnis, wo Sie sie hinhaben wollen.

Wo zu finden: Kapitel 4, Abschnitt »Was muß rein in einen Namen? (Nachschlag)«

Der Befehl pwd

Zweck: Teilt den Namen des aktuellen Arbeitsverzeichnisses mit.

Beispiel: `pwd`

Bemerkungen: Dieser Befehl sagt Ihnen, wo Sie gerade sind.

Wo zu finden: Kapitel 5, Abschnitt »Pfadfinder«

Der Befehl rm

Zweck: Eine Datei dauerhaft löschen.

Beispiel: `rm junk.file`

Bemerkungen: Bestehen weitere Links auf die Datei, dann existiert die Datei weiter. Der Befehl `rm` löscht nur einen Namen (Link) auf die Datei.

Wo zu finden: Kapitel 4, Abschnitt »Dateien ins Nirwana schicken«. Informationen über das Löschen von Links auf eine Datei finden Sie in Kapitel 26, »Wie man Links löscht«. Wollen Sie wissen, was zu tun ist, wenn Sie eine Datei versehentlich löschen, dann sehen Sie sich Kapitel 22 an.

Der Befehl rmdir

Zweck: Ein Verzeichnis löschen.

Beispiel: `rmdir Budget`

Bemerkungen: Ehe Sie ein Verzeichnis löschen können, müssen Sie die Dateien und Unterverzeichnisse darin löschen. Der Befehl `rm -r` erledigt das auf einen Schlag für Sie. Nur mit größter Vorsicht walten lassen!

Wo zu finden: Kapitel 5, Abschnitt »Überflüssige Verzeichnisse verschwinden lassen«

KAPITEL 30

Die Zehn Schlußlichter unter den UNIX-Befehlen

Dieses Kapitel führt viele Befehle auf: Befehle, die Sie vielleicht gebrauchen können, Befehle, von denen Sie gelegentlich einmal hören, Befehle, die Sie ganz sicher nicht verwenden sollten, und Befehle, die vielleicht nur Wizards oder Systemverwalter verwenden. Einige dieser Befehle wurden bereits an anderer Stelle in diesem Buch erwähnt (wir sagen Ihnen, wo). Andere verdienen nur wenig Aufmerksamkeit (oder Spott), und hier scheint dafür der richtige Platz zu sein.

Befehle, die Sie häufiger brauchen

`bg` Läßt einen angehaltenen Job im Hintergrund weiterlaufen (siehe Abschnitt »Der Zauber der Job Control« in Kapitel 15).

`clear` Löscht den Bildschirm. Dieser Befehl hat keine Auswirkung auf Dateien oder irgendetwas anderes – nur auf das, was am Bildschirm passiert.

`dircmp` Vergleicht zwei Verzeichnisse und teilt mit, welche Dateien in beiden, welche nur in dem einen und welche nur in dem anderen enthalten sind. Bei Dateien in beiden Verzeichnissen sagt Ihnen der Befehl `dircmp`, ob sich der Inhalt der Dateien entspricht. Dieser Befehl ist echt toll, wenn zwei Leute Verzeichnisse mit mehr oder weniger gleichen Dateien haben.

`emacs` Ein mächtiger Texteditor, der nicht schwierig zu benutzen ist (vgl. »Ein neues Editierkonzept: emacs macht's leicht« in Kapitel 12).

`exit` Meldet Sie ab (vgl. Kapitel 1). Sie können sich eventuell auch mit Ctrl-D abmelden.

`fg` Setzt einen angehaltenen Job im Vordergrund fort (vgl. »Der Zauber der Job Control« in Kapitel 15.)

`kill` Bricht ein Programm, das Sie nicht mehr fortsetzen wollen, ab. Das Programm muß Ihnen gehören (vgl. Kapitel 23).

`man` Zeigt eine Handbuch-Seite über einen UNIX-Befehl an (vgl. Kapitel 27).

`passwd` Ändert Ihr Paßwort. Sie müssen Ihr aktuelles Paßwort kennen, um es ändern zu können (siehe »Wir könnten Ihnen unser Paßwort verraten, aber dann wäre Ihr Leben in Gefahr...« in Kapitel 2). Aber Sie müssen Ihr Paßwort ohnehin kennen, damit Sie sich überhaupt anmelden können.

`pr` Druckt eine Datei mit Seitennummern, Zeilennummern oder anderen Optionen (vgl. »Wie Sie mit Ihren Ausdrucken Eindruck machen« in Kapitel 9).

`ps` Listet Informationen über Ihren Prozeß oder Ihre Prozesse an. Diese Informationen sind wichtig, wenn ein Prozeß Amok läuft und Sie ihn abbrechen müssen (vgl. Kapitel 23).

Befehle, die Sie gelegentlich brauchen

`cancel` (*Nur System-V.*) Bricht einen Druckjob ab (siehe »Nimm das zurück, System V!« in Kapitel 9).

`chmod` Ändert die Berechtigungen für eine Datei (siehe »Frag' Papa, wenn Mama nein sagt« in Kapitel 28).

`cmp` Vergleicht zwei Dateien und gibt die Zeilennummern aus, in denen sie sich unterscheiden. Alternative Befehle sind `comm`, `diff` oder `sdiff` (siehe »Äpfel und Birnen vergleichen« in Kapitel 13).

`compress` Erstellt eine gefriergetrocknete Kopie einer Datei, damit sie weniger Platz auf der Platte einnimmt (siehe »Seine Dateien zusammenquetschen« in Kapitel 13). Weitere ähnliche Befehle sind `uncompress`, `pack`, `unpack`, `pcat` und `zcat`.

`csh` Ruft die C-Shell auf (siehe »Die C-Shell« in Kapitel 2).

`df` Teilt Ihnen mit, wieviel Platz auf Ihrer Platte noch frei ist (siehe »Der Befehl df« in Kapitel 19).

`diff` Vergleicht zwei Dateien und druckt die Zeilen, in denen sich die Dateien unterscheiden (siehe »Äpfel und Birnen miteinander vergleichen« in Kapitel 13). Ist die Datei zu groß für `diff`, nehmen Sie `bdiff` (für big difference). Um die zwei Dateien Seite für Seite zu vergleichen, nehmen Sie `sdiff`.

`du` Sagt Ihnen, wieviel Platz Ihre Dateien auf der Platte einnehmen (siehe »CHKDSK« in Kapitel 16).

`echo` Gibt das aus, was Sie nach `echo` in die Befehlszeile eingeben, und ersetzt dabei die Wildcards *, ? oder []. In Shell-Skripten ist dieser Befehl eine Möglichkeit, Meldungen und Prompts am Bildschirm auszugeben.

`help` Hat Ihr System Online-Hilfe, dann zeigt dieser Befehl technische Informationen an, die nützlich sein können, wenn Sie Teile dieses Buches gelesen haben (jetzt, da Sie mit den kleinen Eigenheiten besser vertraut sind). Versuchen Sie, `help` einzugeben, um zu sehen, was passiert.

`glossary` Hat Ihr UNIX-System Online-Hilfe, dann zeigt dieser Befehl technische Definitionen einiger UNIX-Ausdrücke an. Versuchen Sie, `glossary` einzugeben, um zu sehen, was passiert.

`id` Sagt Ihnen, in welcher Gruppe Sie sind (siehe »Datei sucht neue Gruppe; kann singen, tanzen und radschlagen« in Kapitel 28).

`jobs` Führt die Jobs (Vordergrund- und Hintergrundbefehle) aus, die Sie aufgerufen haben (siehe »Nimm diesen Job und... » in Kapitel 15).

`mesg` Damit können Sie steuern, ob andere Leute den Befehl `write` verwenden können, um Sie mit Nachrichten bei der Arbeit zu unterbrechen. Mit `mesg n` schalten Sie diese Bereitschaft aus, so daß Sie nicht unterbrochen werden können. Mit `mesg y` schalten Sie sie wieder an, so daß Sie etwas geselliger sein können (sonst verpassen Sie vielleicht die Ankündigung der Pizza im Konferenzraum).

`sort` Sortiert die Zeilen in einer Textdatei (siehe »So was wie Sortierung« in Kapitel 6).

`stty` Stellt die Optionen für Ihren Bildschirm ein. Schauen Sie sich »Hintergrund-Bildschirmausgaben im Zaum halten« in Kapitel 15 an, um zu sehen, wie Sie mit `stty` den Bildschirm-Output-Stop-Mode ein- und ausschalten (in diesem Kapitel wird sogar erklärt, was das, zum Teufel, für ein Modus ist).

In »Den Bildschirm einrichten, wie's Ihnen gefällt« in Kapitel 28 erhalten Sie Informationen darüber, wie Sie weitere `stty`-Optionen einstellen. `stty`-Befehle sollten in Ihre Datei `.profile`, `.login` oder `.cshrc` kopiert werden (siehe Kapitel 28).

`tty` Verrät Ihnen die Bildschirm-ID Ihres Bildschirms. Die Bildschirm-ID sieht gewöhnlich aus wie der Pfadname eines Unterverzeichnisses von Verzeichnis `/dev`. Eigentlich ist `/dev` (für device) ein Verzeichnis, das spezielle Dateien enthält, die in Wirklichkeit Verbindungen zu Geräten wie Ihrem Bildschirm sind.

`uniq` Entfernt wiederholt vorkommende, gleichlautende Zeilen in einer Datei. Enthält eine Datei mehrere aneinander angrenzende gleiche Zeilen, löscht der Befehl `uniq` alle bis auf eine. Sie können damit auch zählen, wie oft jede Zeile in einer Datei vorkommt. Dieser Befehl wird häufig benutzt, nachdem `sort` gleichlautende Zeilen zusammengelegt hat.

Befehle, die irgendwie nett sind

`at` Sorgt dafür, daß ein Befehl zu einer bestimmten Uhrzeit ausgeführt wird. Sinnvoll ist dieser Befehl, um zeitaufwendige Befehle mitten in der Nacht ablaufen zu lassen. (Siehe »Zeit ist Geld – stehlen Sie welche!« in Kapitel 13)

`bc` Ein Rechner (siehe »Kein Taschenrechner« in Kapitel 13). UNIX kennt noch einen Rechner, der `dc` heißt. Dieser verwendet aber eine ganz merkwürdige Notation für die Eingabe. (Sie geben erst die Zahlen und dann die Operatoren ein).

`cal` Gibt einen Kalender für einen Monat oder ein Jahr aus (siehe »Zeit ist Geld – stehlen Sie welche!« in Kapitel 13).

`date` Teilt Ihnen das aktuelle Datum und die aktuelle Uhrzeit unter Berücksichtigung Ihrer Zeitzone mit (siehe »Zeit ist Geld – stehlen Sie welche!« in Kapitel 13).

`diff3` Vergleicht drei Dateien miteinander. Trickreich und nett.

`finger` Führt alle Leute, die an Ihrem Computer arbeiten, auf – mit ihren richtigen Namen, nicht nur ihren UNIX-Benutzernamen (siehe »Feststellen, wer sonst noch auf Ihrem Computer ist« in Kapitel 17).

`head` Zeigt nur die ersten paar Zeilen einer Textdatei an. Dieser Befehl ähnelt dem Befehl `cat`, nur daß er nach ein paar Zeilen aufhört.

`history` (*Nur C-Shell.*) Listet ungefähr die letzen 20 Befehle auf, die Sie eingegeben haben.

`news` Ermöglicht es Ihnen, vom Systemverwalter verschickte Neuigkeiten zu lesen.

`script` (*Nur BSD und SVR4.*) Sichert Ihre Unterhaltung mit UNIX in eine Textdatei. Das heißt, es wird alles, was Sie eintippen, und alles, was UNIX zurückgibt, gespeichert. Haben Sie mit irgendetwas Probleme, dann ist dies eine schöne Möglichkeit, Ihrem Wizard zu zeigen, was Sie getan haben und was UNIX mit Ihnen gemacht hat.

`sdiff` Vergleicht zwei Dateien, indem sie nebeneinander angezeigt werden. Unterscheiden sich die Zeilen, zeigt UNIX in der Spalte zwischen den beiden Dateien ein Symbol an. Achten Sie darauf, die Option `-w` anzugeben, mit der Sie UNIX die Anzahl der Zeichen der Bildschirmbreite mitteilen (sicherlich 80); sonst nimmt `sdiff` an, daß 130 Zeichen angezeigt werden können, und die Anzeige wird ein Chaos.

`spell` Sieht eine Datei durch und meldet, welche Wörter sich nicht im UNIX-Wörterbuch befinden. Natürlich umfaßt das, was UNIX als falsch geschrieben ansieht, auch Ihren Namen und eine Menge anderer, vollkommen richtig geschriebener Wörter.

`sum` Errechnet für eine Datei die Prüfsumme. Dies ist eine gute Möglichkeit sicherzustellen, daß eine Datei nach einem Übertragungsvorgang von einem System zu einem anderen, insbesondere über Telefonleitungen, nicht beschädigt wurde. Geben Sie diese Zeile ein:

```
sum filename
```

dann nennt UNIX die Prüfsumme (eine Zahl), eine weitere Zahl, die den Plattenspeicher, den die Datei benötigt, wiedergibt, und den Dateinamen (falls Sie ihn vergessen hatten). Ermitteln Sie eine Prüfsumme, bevor und nachdem Sie eine Datei übertragen haben, und vergleichen Sie die Zahlen. Sind sie gleich, ist der Datei wohl nichts passiert.

Bemerkung für System-V-Benutzer: Warum, weiß der Himmel, aber die `sum`-Versionen von BSD und System-V ermitteln unterschiedliche Zahlen. Verwenden Sie unter System-V `sum -r`, um die Antwort der BSD-Version zu bekommen.

`tail` Zeigt die letzten paar Zeilen einer Datei an.

`talk` Läßt Sie mit einem anderen Computer-Benutzer kommunizieren, indem Sie Nachrichten füreinander am Bildschirm eingeben. Siehe »Ein Plausch mit anderen Leuten auf Ihrem Rechner« in Kapitel 17.

`tee` Kopiert Informationen der Standardeingabe (der Tastatur – außer Sie leiten die Eingabe irgendwohin anders um), speichert sie in eine Datei und zeigt sie am Bildschirm an. Nützlich bei Pipelines, um die Ausgabe eines Befehls zu sehen und gleichzeitig in eine Datei zu sichern.

`time` Meldet, wie lange ein Befehl gelaufen ist (von dem Zeitpunkt an, als Sie Enter oder Return gedrückt haben, bis zu dem Zeitpunkt, da das nächste Shell-Promptzeichen erscheint).

`uname` Nennt den Namen des UNIX-Sytems, an dem Sie arbeiten. Dieser Befehl kann auch weitere Informationen über das System anzeigen.

`wc` Gibt die Anzahl der Wörter (`wc -w`), Zeilen (`wc -l`) oder Zeichen (`wc -c`), die eine Datei enthält, an.

`who` Meldet, wer sonst noch diesen Computer benutzt (siehe »Feststellen, wer sonst noch auf Ihrem Computer ist« in Kapitel 17).

`who am i` Zeigt Ihren eigenen Benutzernamen und eigene Benutzerinformationen an (siehe »Feststellen, wer sonst noch auf Ihrem Computer ist« in Kapitel 17). Manche Versionen von UNIX kennen auch den Befehl `whoami` zur Anzeige Ihres Benutzernamens.

Befehle, für die Sie nicht sehr viel Verwendung haben werden

`ed`	Ein ekliger Zeileneditor (siehe »Sprechen Sie mit Mr. ed« in Kapitel 12).
`red`	Eine eingeschränkte Version des Texteditors `ed`, den aufzurufen noch dümmer ist als `ed`.
`vi`	Ein ekliger Bildschirmeditor (siehe »Schüchterne vi, die Prinzessin unter den Texteditoren« in Kapitel 12).
`ex`	Eine erweiterte (aber immer noch ziemlich eklige) Version von `ed`. Eigentlich ist es `vi`, zu einem Zeileneditor zusammengeschlagen; siehe Kapitel 12.

Befehle, die Sie vielleicht bei anderen sehen

`ar`	Erstellt ein Archiv – also eine Anzahl Dateien, die in eine Datei zusammengeknäuelt sind. Programmierer lieben diesen Befehl.
`batch`	Läßt Sie eine Reihe von Dateien eingeben, die aufgerufen werden sollen, wenn der Computer nicht sehr beschäftigt ist.
`awk`	Eine eigenartige kleine Programmiersprache.
`chgrp`	Ändert die Gruppe, die auf eine Datei oder ein Verzeichnis zugreifen darf. Die Datei oder das Verzeichnis muß Ihnen gehören, um diesen Befehl auszuführen (siehe »Datei sucht neue Gruppe; kann singen, tanzen und radschlagen« in Kapitel 28).
`chown`	(*Nur UNIX-System-V*) Ändert den Eigentümer einer Datei. Die Datei muß Ihnen gehören, um diese Änderung machen zu können (siehe »Einen neuen Besitzer finden« in Kapitel 28).
`cpio`	Kopiert Dateien zu und von Dingen, die keine Festplatten sind. Dieser Befehl ist hilfreich für Backup-Sicherungen von Dateien, und um Dateien von Backup-Sicherungen zurückzuspeichern (siehe Kapitel 22).
`crontab`	Erstellt eine Liste der Programme, die Sie jeden Tag zur gleichen Zeit ablaufen lassen wollen. Systemverwalter lieben

	`crontab`, weil Sie damit Backup-Sicherungen und Bereinigungs-Aufgaben mitten in der Nacht ausführen können. Sie können `crontab` nur verwenden, wenn Ihr Systemverwalter dies für Sie eingerichtet hat.
`cut`	Erlaubt es, bestimmte Spalten aus einer Datei zu ziehen, die Informationen in Spalten enthält. Sind z.B. die Zeichen 1 bis 30 in jeder Zeile Namen und die Zeichen 31 bis 50 dazugehörende Telefonnummern, können Sie mit `cut` gezielt nur die Telefonnummern oder nur die Namen aus der Datei ziehen. Die Befehle `paste` und `join` können die Spalten wieder zusammensetzen.
`env`	Zeigt Informationen über Ihre UNIX-Benutzer-Umgebungsvariablen an. Manchmal heißt er auch `printenv`.
`file`	Gibt an, ob etwas eine Datei, ein Verzeichnis oder etwas ganz anderes ist. Ist das Ding eine Textdatei, versucht der Befehl `file` zu erraten, was sie enthält.
`ksh`	Ruft die Korn-Shell auf (die eine aufgemotzte Version der Bourne-Shell ist – siehe Kapitel 2).
`login`	Meldet Sie als jemand anderes an.
`nice`	Läßt einen Befehl mit niedriger Priorität ablaufen. Eine gute Idee, wenn Sie ein Programm aufrufen wollen, das viel Rechnerzeit in Anspruch nimmt und den Computer verlangsamt, während es läuft (siehe Kapitel 15).
`nohup`	Setzt einen Befehl im Hintergrund fort, auch wenn Sie sich abmelden (siehe Kapitel 15).
`od`	Zeigt den Inhalt einer Datei an (wie auch der Befehl `cat`), aber in einem ausgesprochenen Insider-Format aus oktalen ASCII-Codes. Wizards können dies gebrauchen, um zu sehen, was wirklich in einer Datei ist.
`rlogin`	Macht eine Anmeldung an einem fernen Computer (siehe »Sich an- und abmelden« in Kapitel 20).
`rn`	Liest die Neuigkeiten in `usenet`-Neuigkeiten-Gruppen (siehe Kapitel 28). So kann man an allerhand wertvolle Informationen kommen und unendlich viel Zeit verschwenden. Weitere Befehle, um `usenet` zu lesen, sind `readnews`, `trn`, `nn` und `vnews`.

`rsh` Führt einen Befehl auf einem anderen Rechner aus (siehe »Jeweils ein Befehl« in Kapitel 20).

`sed` Läßt Sie mit vorgefertigten Befehlen Änderungen an einer Textdatei machen. `sed` hat Ähnlichkeit mit `ed`, aber alle Befehle, die Sie zu benutzen gedenken, sind vorgefertigt (daher bedeutet `sed` auch stream editor). Der Editor `sed` versteht ungefähr genau die gleichen Befehle, die Sie in `ed` oder `ex` verwenden.

`set` Zeigt definierte Shell-Variablen an. Eine der Variablen ist gewöhnlich `path` oder `PATH`, durch die angegeben wird, wo UNIX nach Programmen sucht.

`setenv` (*Nur C-Shell.*) Setzt den Wert einer Umgebungsvariable.

`sh` Ruft die Bourne-Shell auf (siehe »Wie Sie die Nuß knacken können« in Kapitel 2).

`tar` Kopiert Dateien von oder auf ein Sicherungsband (siehe »Den Sicherungstrupp hereinrufen« in Kapitel 22). Ein verwandter Befehl ist `bar`.

`telnet` Erlaubt das Anmelden an einem fernen System (siehe »Sich an- und abmelden« in Kapitel 20).

`touch` Ändert Datum und Uhrzeit der letzen Änderung einer Datei auf aktuelle Werte. Dieser Befehl ändert nicht den Inhalt einer Datei.

`tr` Ersetzt jedes Vorkommen eines Zeichens in einer Datei durch ein anderes Zeichen. Sie können z.B. alle Tabulatorzeichen durch Kommata ersetzen. Whummm.

`troff` Ein barocker alter Textformatierer (siehe »Textformatierer sind eigentlich keine Editoren« in Kapitel 12).

`umask` Sagt UNIX, welche Berechtigungen Dateien, die Sie erstellen, haben sollen.

`unset` Entfernt eine Umgebungsvariable.

`uucp` Erstellt eine UNIX-zu-UNIX-Kopie (siehe »Ein wirklich schwerfälliges altes Netzwerk« in Kapitel 28).

`xargs` Erstellt eine Liste von Argumenten (eine Liste von Dateinamen) und führt mit dieser Liste einen Befehl aus. Dieser Befehl ist toll, wenn man mit jeder Datei in einem Verzeichnis etwas machen will.

Befehle, die nur in Shell-Skripten nützlich sind

`basename` Schnappt sich nur den letzten Teil eines Pfadnamens – den Teil nach dem letzten Schrägstrich. Das Ergebnis ist entweder ein Dateiname oder ein Verzeichnisname.

`dirname` Zeigt den Namen des Verzeichnisses an, das eine bestimmte Datei oder ein bestimmtes Unterverzeichnis enthält.

`export` (*Nur Bourne- und Korn-Shells.*) Ändert eine Shell-Skript-Umgebungsvariable, dann reicht dieser Befehl die Änderungen an Befehle und Subshells, die von dem Skript aufgerufen werden, weiter.

`read` (*Nur Bourne und Korn-Shells.*) Liest eine Zeile Zeichen (was immer Sie eingeben, bis Sie Enter oder Return drücken) und läßt Sie damit in einem Shell-Skript etwas machen. Mit diesem Befehl kann ein Shell-Skript vom Benutzer Informationen, wie einen Dateiname oder einen Verzeichnisname, anfordern.

`sleep` Wartet ein Weilchen, das in Sekunden gemessen wird (siehe »Zeit ist Geld – stehlen Sie welche!« in Kapitel 13).

`test` Testet, ob etwas wahr oder falsch ist. Dieser Befehl ist in einem Shell-Skript nützlich, um abhängig von Bedingungen unterschiedliche Dinge zu tun (z.B. eine Datei erstellen, sofern sie noch nicht existiert).

Einige Befehle für hartgesottene UNIX-Verrückte

`alias` (*Nur C- und Korn-Shells.*) Erstellt einen Aliasnamen für eine Datei oder zeigt vorhandene an.

`fmt` Ein außergewöhnlich blöder Textformatierer, der alle Zeilen ungefähr gleich lang macht.

`pg` Ähnlich wie `more`, aber mit weniger Eigenschaften.

`unalias` (*Nur C- und Korn-Shells.*) Entfernt einen Aliasnamen.

Absoluter Pfadname. Ein Pfadname, der Ihnen sagt, wie Sie eine Datei finden, indem er bei der Wurzel (Root) beginnt und sich durch den Verzeichnisbaum hinunterarbeitet.

Adresse. Der Name, den Sie verwenden, um zu sagen, wer eine elektronische Nachricht empfangen soll. Eine Adresse für die elektronische Post besteht aus dem Benutzernamen der Person und – falls sich die Person auf einem anderen Rechner befindet – dem Namen des Computers (vgl. Kapitel 18).

AIX. Die UNIX-Version der IBM.

Aktuelles Verzeichnis. Siehe Arbeitsverzeichnis.

Alt-Taste. Hat Ihre Tastatur eine Alt-Taste, dann wird Sie als Umschalttaste verwendet; eigenständig hat sie keine Bedeutung. Um sie zu nutzen, halten Sie sie gedrückt und drücken eine weitere Taste, dann lassen Sie sie los. Um z.B. Alt-A zu drücken, halten Sie die Alt-Taste nieder, drücken Sie die Taste A und lassen sie wieder; zuletzt lassen Sie auch die Alt-Taste los.

anonymous ftp. Benutzt das `ftp`-Datei-Transferprogramm und das Internet, um Dateien von anderen Computern auf Ihren eigenen zu kopieren. Es ist *anonym*, weil viele Computer jedem das Einloggen und Übertragen von Dateien erlauben, ohne daß man ein Konto (Benutzername) auf diesem Rechner hat. Sie geben `anonymous` als Benutzernamen und Ihre elektronische Mail-Adresse als Paßwort ein. Siehe Kapitel 20.

Anwendung. Ein Programm, das wirklich Arbeiten erledigt. Manche Programme organisieren den Computer nur, lassen seine Teile miteinander sprechen und führen andere Haushaltstätigkeiten aus. Anwendungsprogramme erledigen echte Arbeit, zum Beispiel Textverarbeitung oder Buchhaltung.

Arbeitsverzeichnis. Das Verzeichnis, in dem Sie arbeiten. Der Befehl `pwd` nennt Ihnen das Arbeitsverzeichnis.

Argument. Etwas, das nach einem Befehl in der Befehlszeile auftaucht. Angenommen, Sie geben diese Zeile ein:

```
cp old.file new.file
```

In diesem Befehl ist `cp` der Name des Befehls bzw. Programms, `old.file` ist das erste Argument, und `new.file` ist das zweite Argument. In Kapitel 14 sehen Sie, wie man Argumente bei Shell-Skripten verwendet.

ASCII. *Abkürzung für American Standard Code for Information Interchange.* ASCII definiert den Code, den der Computer intern verwendet, um Buchstaben, Zahlen, Interpunktionszeichen und einige Steuerzeichen zu speichern. Fast alle UNIX-Computer verwenden ASCII (ausgenommen einige Großrechner).

Ausführbare Datei. Eine Datei, die UNIX wie ein Programm aufrufen kann. Eine ausführbare Datei kann binäre Maschineninstruktionen enthalten, die der Computer versteht, oder sie kann ein *Shell-Skript* enthalten (eine Liste von UNIX-Shell-Befehlen), das UNIX versteht (siehe Kapitel 14).

background (Hintergrund). UNIX kann viele Programme gleichzeitig laufen lassen. Läuft ein Programm hinter den Kulissen, ohne sich weiter mit Ihnen auszutauschen, dann läuft es im Hintergrund (siehe Kapitel 15).

Backslash (\). Rückwärtiger Schrägstrich. UNIX verwendet den Backslash, um Sonderzeichen abzugrenzen. In der UNIX-Shell ist z.B. * das Zeichen Sternchen (ein einfaches * paßt auf jede Datei des aktuellen Verzeichnisses); \\ ist tatsächlich ein Backslash, wenn Sie eins, wozu auch immer, benötigen. DOS-Anwender neigen dazu, versehentlich Backslashes einzugeben, wo UNIX lieber einen normalen Schrägstrich (/) sehen würde.

Backup. Für alle Fälle eine zusätzliche Kopie Ihrer Daten fürs Regal. Wenn Sie (oder ein Kollege) versehentlich eine Datei löschen, oder wenn Teile Ihres Computers ausfallen, werden Sie unbeschreiblich glücklich und fein raus sein, falls Sie kürzlich eine Backup-Sicherung Ihrer wichtigen Dateien gemacht haben. Dateien von Ihren Backup-Sicherungen zurückzuspeichern heißt die Dateien »wiederherstellen« (*restore*).

Band. Ein Computerband speichert große Informationsmengen, ist aber nicht bequem zu benutzen. Bänder werden in erster Linie für Backup-Sicherungen verwendet, wofür sie sich wunderbar eignen. Mit etwas Glück macht Ihr Systemverwalter regelmäßig Backup-Sicherungen Ihrer Dateien auf Band. In Kapitel 7 finden Sie weitere Informationen über Bänder.

bang (!). Im UNIX-Jargon ein Ausrufezeichen. Der C-Shell-Befehl !!, der z.B. den letzten Befehl wiederholt, wird »Bang! Bang!« ausgesprochen. Probieren Sie dies mit Ihren kleinen Kindern aus – sie werden es lieben.

Benutzername. Der Name, unter dem UNIX Sie kennt. Sie geben diesen Namen beim Anmelden ein. Andere Bezeichnungen: *User ID* oder *Login ID* (siehe Kapitel 1).

bin. Ein Verzeichnis, das Programme enthält. Ihr Home Directory hat vermutlich ein Unterverzeichnis mit dem Namen `bin`. Das System hat Verzeichnisse mit den Namen `/bin` und `/usr/bin` (siehe Kapitel 14).

Befehl. Siehe Command.

Befehlsmodus. Siehe Command Mode.

Berechtigungen. Die Erlaubnis, eine Datei oder ein Verzeichnis anzuschauen, zu verändern oder das, was die Datei enthält, auszuführen. Siehe »Darf ich?« in Kapitel 28.

Betriebssystem. Ein spezielles Programm, das steuert, wie der Computer, die Tastatur, der Bildschirm und die Platten zusammenarbeiten. UNIX ist ein Betriebssystem – genau wie DOS.

Bildschirm. Das Ding an Ihrem Computer, das wie ein Fernseher aussieht und Ihnen zeigt, was vor sich geht. Wird auch *Monitor*, CRT und VDU genannt. Manche Bildschirme können viele Farben anzeigen; andere nur eine, meist grün. Manche Bildschirme können Bilder (Grafiken) darstellen; andere nur Zeichen. In Kapitel 8 finden Sie die Beschreibung der Bildschirmtypen.

Bildschirmeditor. Ein Texteditor, der jeweils mit einer ganzen Bildschirmseite Text arbeitet. Die Editoren `vi` und `emacs` sind Bildschirmeditoren (siehe Kapitel 12).

Bit. Ein klein bißchen Information, das eine 1 oder eine 0 sein kann. Bits werden in der Regel zusammengefaßt zu Gruppen von acht Bits, die *Byte* heißen.

Bourne-Shell. Die Bourne-Shell ist die am weitesten verbreitete UNIX-Shell. Ihr Promptzeichen ist ein $. Ihr Programmname lautet `sh`.

Break-Taste. Sie brauchen die Break-Taste noch vor dem Anmelden, wenn Sie mit einem Modem arbeiten und UNIX die Modemart falsch erraten hat. Sie müssen die Break-Taste vielleicht zwei- oder dreimal betätigen, ehe Sie eine richtige login:-Meldung bekommen. Manche Tastaturen haben eine Taste mit der Aufschrift Break. Ist das bei Ihnen nicht der Fall, und Sie benutzen einen PC mit einem Modem-Programm, versuchen Sie es mit Alt-B, oder sehen Sie sich den Hilfe-Bildschirm für das Modem-Programm an.

BSD-UNIX. Eine Version von UNIX, die an der Universität von Kalifornien in Berkeley entwickelt und vertrieben wurde. BSD bedeutet Berkeley Software Distribution.

Buffer (Puffer). Ein kleiner Speicherbereich, in den Informationen temporär gespeichert werden, bis sie benötigt werden. Viele Dinge haben Buffer: Drucker haben häufig Puffer, um die nächsten paar Zeilen oder Seiten, die gedruckt werden sollen, zu speichern; `emacs` (ein Texteditor) bezeichnet seine Kopien von Dateien, die Sie editieren, als Puffer.

Byte. Acht aufeinanderfolgende Bits. Das heißt, eine Folge von acht Informationseinheiten, die jede den Wert 1 oder 0 haben. Etwas höhere Mathematik sagt Ihnen, daß es 256 verschiedene Kombinationen aus acht 1ern und 0en gibt (256 ist 2 hoch 8). Ein Informationsbyte hat also einen von 256 verschiedenen, möglichen Werten. Die meisten Computer verwenden ein Code-System, das *ASCII* heißt, um die Bedeutung der einzelnen Muster zu bestimmen. Die Kombination 01000001 bedeutet A, 01000010 bedeutet B, und 00001010 bedeutet »Ende der Zeile, beginne eine neue«.

C. Eine Programmiersprache, die zur gleichen Zeit erfunden wurde wie UNIX, und in der fast alle UNIX-Programme geschrieben sind. C ist aus vielen Gründen eine tolle Programmiersprache. C-Programme sehen wie zufällig über die Seite verstreute Interpunktionszeichen aus. Glücklicherweise müssen Sie C *nicht* kennen, um UNIX zu benutzen; deshalb sprechen wir nirgends sonst in diesem Buch darüber.

C-Shell. Die C-Shell ist eine UNIX-Shell, die so geschrieben ist, daß sie der Programmiersprache C ähnelt – mehr oder weniger. Ihr Promptzeichen ist %, ihr Programmname lautet `csh`.

CD-ROM. Eine Speichermedium, das wie eine Musik-CD aussieht, aber statt Musik Daten enthält.

Central Processing Unit (Zentraleinheit). Das Herz des Computers, der Teil, der denkt (sozusagen). Heutzutage befindet sich die komplette CPU bei allen außer den größten Computern auf einem kleinen schwarzen Chip. Dieser ist etwa daumengroß und kostet ungefähr 300 Mark. CPUs werden mit Nummern benannt, wie 68040 und 80486, mit Abkürzungen, wie SPARC, und mit erfundenen Namen, wie Pentium.

Checksum. Eine Zahl, die mit einem speziellen mathematischen Verfahren aus allen Zeichen der ganzen Datei errechnet wird. Sie können eine Checksum vor und nach einer Datenübertragung ermitteln lassen, wenn Sie befürchten, daß die Datei sich ändert oder sogar kaputt geht bei der

Übertragung über rauschende Telefonleitungen. Ist die Checksum beide Male gleich, hat sich wohl nichts verändert.

CISC. Abkürzung für *Complex Instruction Set Computer.* Eine Art von CPU-Chip. Wird »kisk« ausgesprochen. Dann gibt es auch noch RISC. Kann Ihnen egal sein.

Click-to-Type. Damit steuert ein GUI-System, in welchem Fenster Sie arbeiten. Wollen Sie in ein anderes Fenster gehen, bewegen Sie die Maus dorthin und klicken im neuen Fenster, um der GUI zu sagen, daß Sie jetzt mit diesem Fenster arbeiten wollen. Eigentlich ganz schön mühsam. Siehe Kapitel 10 und 11.

Client. Bei einem X Window und verwandten Systemen, wie Motif und OPEN LOOK, ein Programm, das wirklich Arbeiten erledigt, im Gegensatz zu Programmen, die die Ergebnisse am Bildschirm anzeigen (siehe Kapitel 11).

Client-Server-Architektur. Ein System (wird von X Window benutzt), das es einem Programm (dem Client) ermöglicht, auf einem Rechner zu laufen, während das Programm, das die Ergebnisse am Bildschirm anzeigt (der Server), auf einem anderen Rechner läuft (siehe Kapitel 10).

Command (Befehl). Ein Wort, das Sie eingeben, damit UNIX etwas macht. Eigentlich hört die UNIX-Shell auf die eingegebenen Befehle und versucht, sie auszuführen. Bei manchen Befehlen weiß die Shell, was sie tun muß. Andere Befehle sind separate Programme, die in Dateien auf der Platte gespeichert sind. Geben Sie nach einem Befehl Enter oder Return ein.

Command Mode (Befehlsmodus). Arbeiten Sie mit den Texteditoren `ed` oder `vi`, dann sind Sie entweder im Befehlsmodus oder im Eingabemodus. Im Befehlsmodus wird alles, was Sie eingeben, als Befehl interpretiert. Sie sehen in Kapitel 12, wie man `ed` und `vi` benutzt.

Compression (Komprimierung). Eine Art, Dateien zu schrumpfen, damit sie weniger Platz brauchen. Programme zur Komprimierung von Dateien, die dies machen, sind `compress` und `pack`. Um eine Datei zu dekomprimieren, verwenden Sie `uncompress`, `unpack`, `pcat` oder `zcat` (siehe Kapitel 13).

Computer. Sie sind also bis hierher gekommen und wissen immer noch nicht, was ein Computer ist? Sie haben Recht, manchmal kann es schwierig sein, ihn zu erklären. Ein Computer ist der Teil des Systems, der die Zentraleinheit (CPU), quasi das Gehirn, enthält. Manchmal meint man das

Ganze, wenn man vom Computer spricht: die Zentraleinheit, die Tastatur, den Bildschirm, die Plattenlaufwerke.

Es kann wichtig sein, zu wissen, ob man einen Computer auf dem Schreibtisch hat oder ein Terminal, das mit einem Computer anderswo verbunden ist. Benutzen Sie einen PC mit einem Programm wie Kermit oder Procomm als Terminal, um mit einem UNIX-Rechner zu kommunizieren, dann meinen wir den UNIX-Rechner, wenn wir von »dem Computer« sprechen (siehe Kapitel 1).

Control-Taste. Die Taste auf der Tastatur, die mit Control oder Ctrl beschriftet ist. Sie wird als Umschalttaste verwendet: sie macht nichts eigenständiges. Sie verwenden sie, indem Sie sie und eine weitere Taste niederdrücken, dann lassen Sie sie los. Um z.B. Ctrl-D zu drücken, halten Sie die Ctrl-Taste nieder, drücken die Taste D und lassen sie wieder los; zuletzt lassen Sie die Ctrl-Taste los.

Core (Kern). Ein veralteter Ausdruck für »Speicher«. Vor langer Zeit (in den 60ern und 70ern) bestanden die meisten Speicher aus tausenden kleiner Ringchen aus Metall, die Kerne genannt wurden und auf Felder mit winzigen Drähtchen befestigt waren. Manche UNIX-Begeisterte sprechen immer noch vom »Kern«, wenn sie vom Speicher sprechen.

CPU. Siehe Central Processing Unit.

Ctrl-Taste. Siehe Control-Taste.

Current Directory (Aktuelles Verzeichnis). Siehe Arbeitsverzeichnis.

Current Job (Aktueller Job). Der als letztes gestartete oder gestoppte Job. Benutzen Sie den Befehl `jobs`, um die Jobs anzuzeigen, dann ist der aktuelle Job mit einem Pluszeichen (+) markiert. Siehe Kapitel 15.

Cursor. Das kleine Zeichen am Bildschirm, das anzeigt, wo Sie gerade arbeiten. Seine Form hängt von dem Programm ab, mit dem Sie gerade arbeiten. Er kann als blinkender Unterstrich, als Kästchen, als Pfeil, als kleines Stundenglas oder als kleiner Stift sichtbar sein.

Daemon (Dämon, engl. »Diimä« ausgesprochen). Ein Prozeß, der ganz selbständig vor sich hin läuft und den Haushalt versorgt. Auf Ihrem Computer, oder auf einem Computer in Ihrem Netzwerk, gibt es einen Drucker-Dämon, dessen Aufgabe es ist, Dinge, die in der Druckerwarteschlange stehen, zu drucken.

Data (Daten). Computer-Jargon für Informationen.

Datei. Ein Menge von Informationen, die gemeinsam abgespeichert werden. Eine Datei kann Text, Programme oder Daten in jedem Format enthalten.

Dateisystem. Eine Gruppe von Dateien, die auf einer Platte oder in einem Bereich einer Platte gespeichert sind. Ein Dateisystem hat ein Root-Verzeichnis (die Wurzel), das Dateien und Unterverzeichnisse enthält. Diese Unterverzeichnisse können wiederum Dateien und weitere Verzeichnisse enthalten (siehe Kapitel 5).

Datenstation. Bildschirm und Tastatur, die mit einem Computer irgendwo sonst verbunden sind. UNIX und all die anderen netten Programme laufen nicht direkt auf der Datenstation, sondern auf dem Computer, den Sie mit der Datenstation nutzen können. Siehe Kapitel 1.

Desktop Publishing. Eine fesche Art Textverarbeitung. Mit einem Desktop-Publishing-Programm können Sie Schriftsatz erstellen und Bücher, Newsletters und ähnliches vorbereiten. Die am weitesten verbreiteten DPT-Programme unter UNIX sind Interleaf und FrameMaker (siehe Kapitel 12).

Directory (Verzeichnis). Eine Ansammlung von Dateien, die einen Namen trägt. Ein Verzeichnis kann man mit einem Dateien-Ordner vergleichen, der eine oder mehrere Dateien enthält. Sie können sich ein Verzeichnis auch als Arbeitsbereich vorstellen, weil es immer auch ein Verzeichnis gibt, das das Arbeitsverzeichnis ist. Verzeichnisse, insbesondere Verzeichnisse, die sich in Ihrem Home Directory befinden, werden auch manchmal Unterverzeichnisse genannt, obwohl es dafür keinen besonderen Grund gibt. Siehe Kapitel 5.

Disk (Platte). Auch als DASD bekannt (nur bei IBMlern, die das »DassDiiee« aussprechen), ist es ein rundes flaches Ding, auf dem Informationen aufgezeichnet werden, ganz ähnlich wie man es bei einem Kassettenband macht. Siehe Kapitel 7 für die Beschreibungen der verschiedenen Plattentypen.

Diskette. Eine entfernbare Platte, die auch Floppy-Disc genannt wird. Siehe Kapitel 7 für die Beschreibungen der zwei Größen von Disketten.

Display. Siehe Bildschirm.

Display Adapter (Bildschirmadapter). Das Ding im Innern Ihres Computers, das ihn mit dem Bildschirm sprechen läßt (siehe Kapitel 8).

DOS. Ein Betriebssystem, das in manchen Dingen UNIX gleicht. DOS läuft auf PCs. Siehe Kapitel 16 für einen Vergleich von DOS- und UNIX-Befehlen.

Dot-Matrix Printers. Siehe Matrixdrucker.

Doppelklicken. »Doppelklicken mit der Maus« bedeutet, die Maus zu bewegen, bis der Cursor an der gewünschten Stelle steht, und dann schnell zweimal die Maustaste zu drücken und loszulassen. Man muß ein bißchen üben, bis man die zwei Klicks schnell genug, aber nicht zu schnell hinbekommt. Hat Ihre Maus mehrere Tasten, nehmen Sie – wenn nicht anders beschrieben – die linke (siehe Kapitel 10).

Dragging (Ziehen). Siehe Ziehen.

Drucker. Ein Gerät, das Zeichen auf Papier macht, bevorzugt solche, die von Ihnen angeforderte Buchstaben oder Bilder darstellen. Es gibt viele Arten von Druckern. Der Drucker kann an Ihrem Computer hängen; arbeiten Sie in einem Netzwerk, kann er auch an irgendeinem anderen Computer in Ihrer Firma hängen. Gehen Sie dem Druckgeräusch nach, wenn Sie ihn finden wollen, oder folgen Sie eine Weile den anderen Leuten. Siehe Kapitel 9.

Dummes Terminal. Ein Terminal, das keine eigenen Verarbeitungsmöglichkeiten hat. Gewöhnlich hat es auch keine schönen Optionen, wie Mäuse oder Grafikbildschirme. In Kapitel 1 finden Sie Informationen darüber, wie Sie ein dummes Terminal benutzen.

Editor. Siehe Texteditor.

Eingabemodus. Arbeiten Sie mit den Texteditoren `ed` oder `vi`, dann sind Sie entweder im Befehlsmodus oder im Eingabemodus. Im Eingabemodus wird alles, was Sie eingeben, in die Datei übertragen. In Kapitel 12 finden Sie Informationen darüber, wie man `ed` und `vi` benutzt.

Elektronische Post (E-mail). Geschriebene Meldungen, die über ein Computer-Netzwerk geschickt werden anstatt in Papierform (siehe Kapitel 18).

Eltern-Verzeichnis. Das Verzeichnis, das das aktuelle Arbeitsverzeichnis enthält. Das heißt, das aktuelle Arbeitsverzeichnis ist ein Unterverzeichnis des Eltern-Verzeichnisses.

End of Input (Eingabeende). Gewöhnlich das Ctrl-D-Zeichen.

Enter-Taste. In einer UNIX-Shell bedeutet das Drücken der Enter-Taste, daß Sie gerade einen Befehl eingegeben haben und wollen, daß UNIX ihn ausführt. In einem Texteditor bedeutet die Enter-Taste, daß Sie eine neue Zeile anfangen wollen. Gewöhnlich machen die Enter-Taste und die Return-Taste dasselbe (auf Ihrer Tastatur gibt es vielleicht die eine oder die andere oder beide).

Escape-Taste. Die Taste, die mit Escape oder Esc beschriftet ist. Welche Auswirkungen diese Taste hat, hängt von dem Programm ab, das Sie gerade benutzen. Der Editor `vi` verwendet sie, um vom Eingabemodus in den Befehlsmodus zu wechseln.

Executable File (Ausführbare Datei). Siehe Ausführbare Datei.

Externer Befehl. Ein Befehl, den die Shell eigentlich nicht wirklich versteht. Stattdessen ist ein Programm in einer Datei mit dem gleichen Namen wie der Befehl gespeichert. Wenn Sie z.B. den Befehl `ed` eingeben (um diesen schrecklichen Editor `ed` aufzurufen), führt UNIX das Programm aus, das eine Datei mit dem Namen `ed` enthält.

Festplatte. Siehe *Platte*.

File (Datei). Siehe Datei.

File System. Siehe Dateisystem.

File Transfer (Dateiübertragung). Dateien von einem Computer zu einem anderen kopieren (siehe Kapitel 20).

Filter. Ein kleines UNIX-Programm, das für die Umleitung der Ein- und der Ausgabe verwendet wird. Die am häufigsten benutzen Filter sind die Befehle `more` und `sort`. Siehe Kapitel 6.

Fixed Disk. Siehe Festplatte.

Flag. Siehe *Option*.

Floppy Disk. Eine herausnehmbare Platte, auch *Diskette* genannt. Siehe Kapitel 7, wo die zwei Größen von Floppy-Disketten beschrieben werden.

Folder. Siehe Ordner.

Foreground. Siehe Vordergrund.

Fork. UNIX startet einen neuen Prozeß, indem es einen bestehenden klont. Das Klonen wird im UNIX-Jargon *Forking* genannt.

FTP. Ein Filetransfer-Programm, mit dem Sie sich an einem anderen Computer anmelden und Dateien von oder zu Ihrem Computer übertragen können. Siehe »Das He-Man-Filetransfer-Programm« in Kapitel 20.

Gateway. Eine Verbindung zwischen zwei Netzwerken, meist Netzwerke verschiedener Art (siehe Kapitel 17).

GUI. Ein *G*raphical *U*ser *I*nterface, eine graphische Benutzerschnittstelle. Bei GUIs können Sie mit dem Computer arbeiten, indem Sie mit der Maus auf Dinge deuten, anstatt Befehle einzugeben. Die am weitesten verbreiteten GUIs in UNIX sind Motif, OPEN LOOK und das X Window System. GUIs werden manchmal `Window-Systeme` genannt (siehe Kapitel 10).

Hardware. Die physikalischen Komponenten Ihres Computersystems, also die Kästen. Zu Ihrer Computer-Hardware können der Computer, die Datenstation, die Tastatur, der Bildschirm, das Modem, der Drucker, die Maus, der Steuerungsball, das Plattenlaufwerk und sogar ein Scanner gehören. Siehe Kapitel 7.

Header. Der erste Teil einer elektronischen Nachricht, der die Adressen von Sender und Empfänger, den Betreff und jede Menge anderen, weniger interessanten Zeugs enthält (siehe Kapitel 18).

Hidden File (Versteckte Datei). Eine Datei mit einem Dateinamen, der mit einem Punkt beginnt. Solche Dateien erscheinen nicht auf normalen `ls`-Verzeichnislisten. Nehmen Sie `ls -a`, wenn Sie die versteckten Dateien mit in die Verzeichnisliste aufnehmen wollen.

Home Directory. Das Verzeichnis, in dem Sie beginnen, wenn Sie sich anmelden, normalerweise ein Unterverzeichnis des Verzeichnisses `/usr`. Sie sollten Ihre Dateien in Ihrem Verzeichnis oder in Unterverzeichnissen davon speichern.

Huffman Codierung. Eine furchtbar schlaue Methode, Informationen zu komprimieren (wie das Zeugs in Ihren Dateien), damit sie weniger Platz brauchen (siehe Kapitel 13).

Icon. Ein nettes kleines Bildchen, das in Verbindung mit GUIs verwendet wird. Ein gutes Icon soll ein eindeutig erkennbares, unmißverständliches Symbol für das sein, wofür es steht, viel weniger Platz einnehmen als die entsprechenden Wörter und niedlich sein. In Wirklichkeit sind viele Icons eigenartige kleine Bildchen ohne besondere Aussagekraft (siehe Kapitel 11).

Impact Printer. Siehe Mechanischer Drucker.

Inbox. Siehe Mailbox.

Incremental Backup. Siehe Inkrementelle Sicherung.

Inkrementelle Sicherung. Eine Backup-Sicherung nur der Dateien, die sich seit dem letzten kompletten Backup geändert haben. Siehe Kasten »Sicherungsstrategien« in Kapitel 22.

Internet. Eine große und wachsende Gruppe von miteinander verbundenen Computer-Netzwerken, mit denen die meisten UNIX-Systeme direkt oder indirekt verbunden sind.

Input Mode. Siehe Eingabemodus.

I/O. Input und Output, das heißt Informationen gehen in ein oder kommen aus einem Programm, sie werden an einen Computer geschickt, kommen von einem Computer oder einem anderen computerähnlichen Gerät.

I/O-Umleitung. Siehe Umleitung.

Job. Ein Programm, das Sie über die Shell gestartet haben, und das starten, stoppen oder zwischen Vorder- und Hintergrund wechseln kann (siehe Kapitel 15).

K (auch KB oder Kilobyte). Eine Maßeinheit für Speicher- oder Plattengrößen, die 1024 Byte Informationen enthält. Diese Zahl entspricht 2 hoch 10, und ist eine schöne runde Zahl für Computer.

Kill. Einen Prozeß, während er läuft, anhalten (siehe Kapitel 23).

Klicken. »Mit der Maus klicken« bedeutet, die Maus bewegen, bis der Cursor an der gewünschten Stelle ist, und dann die Maustaste drücken und loslassen. Hat Ihre Maus mehrere Tasten, nehmen Sie die linke, wenn nichts anderes angegeben ist (siehe Kapitel 10).

Kludge. Ein Programm oder eine Eigenschaft, das bzw. die funktioniert, das bzw. die den Autoren aber peinlich ist.

Korn-Shell. Eine erweiterte Version der Bourne-Shell, von einem Typen namens Korn geschrieben. Für Ihre Zwecke entspricht sie weitgehend der Bourne-Shell. Sie verwendet ein $ als Promptzeichen; ihr Programmname lautet `ksh`.

Laserdrucker. Ein Drucker, der wie ein Fotokopierer funktioniert, außer daß die zu kopierenden Informationen nicht von einem Original auf Papier geholt, sondern vom Laser auf die Walze gezogen werden. Ziemlich cool. (Siehe Kapitel 9.)

Link. Ein zusätzlicher Name für eine Datei. Wenn Sie eine Datei erstellen, erstellen Sie ihren Inhalt, der irgendwo auf der Platte gespeichert wird, und geben ihr einen Namen, der in einem Verzeichnis gespeichert wird. Es gibt eine Verbindung zwischen Dateinamen und -inhalt. Sie können weitere Dateinamen erstellen und diese mit dem gleichen Inhalt verbinden, indem Sie den Befehl `ln` verwenden. Siehe Abschnitt »Wenn Sie eine Datei teilen wollen« in Kapitel 26.

Lokal mounten. Logisch verschiedene Plattenlaufwerke an den gleichen Rechner hängen, so daß sie als ein Dateisystem erscheinen. Siehe Kapitel 19.

Log in (anmelden). Dient dazu, daß Sie sich dem UNIX-System gegenüber identifizieren und Ihr Paßwort angeben können, damit UNIX glaubt, daß wirklich Sie es sind und Sie den Computer benutzen läßt. Sie haben eine Login-ID, User-ID oder ein Benutzerkennwort – das ist der Name, unter dem UNIX Sie kennt. Sind Sie fertig mit der Arbeit, dann melden Sie sich ab (log out). Siehe Kapitel 1.

.login. Eine versteckte Datei, die ein Shell-Skript enthält. Bei der C-Shell läuft dieses Shell-Skript automatisch jedes Mal, wenn Sie sich anmelden. Siehe Kapitel 14.

Login-Verzeichnis. Siehe Home Directory.

Mailbox. Die Datei, in die das Elektronische Postsystem Ihre eingehende Post schickt. Siehe Kapitel 18.

man (Handbuch-Seite). Eine kurze Datei mit Informationen über einen UNIX-Befehl. Der Befehl `man` zeigt Handbuch-Seiten zu allen UNIX-Befehlen und zu einigen anderen Themen an, auch wenn sie gewöhnlich in einem hoffnungslos technoiden Stil geschrieben sind. Siehe Kapitel 27.

Matrixdrucker. Drucker, bei denen ein Plättchen (eine Matrix) mit kleinen Stiften ein Band gegen das Papier schlägt. Jeder dieser Stifte macht einen winzigen Punkt auf die Seite (siehe Kapitel 9).

Maus. Ein Zeigegerät, mit dem man den Cursor am Bildschirm bewegt. Mäuse werden in Verbindung mit GUIs gebraucht (siehe Kapitel 10).

Mechanischer Drucker. Drucker, bei denen das Farbband gegen das Papier geschlagen wird. Sie sind altmodisch, aber funktionieren immer noch (siehe Kapitel 9).

M, MB oder **Megabyte.** Eine Einheit für Speicher- und Plattengrößen, die 1.048.576 Byte umfaßt, oder 1K mal 1K, oder 2 hoch 20.

Memory (Speicher). Der Speicherplatz, an den der Computer Informationen ablegt, mit denen er gerade arbeitet. Dies ist nur für Kurzzeit-Informationen sinnvoll (z.B. bis zum Abschalten). Für längere Zeit speichert der

Computer die Informationen auf einer Platte. Auch als *Hauptspeicher* oder *RAM* bekannt.

Menü. Eine Liste mit Auswahlmöglichkeiten, meistens Befehlen, aus der Sie wählen können.

Meta-Taste. Hat Ihre Tastatur eine Alt-Taste, dann ist diese gleichzeitig die Meta-Taste. Wenn nicht, drücken Sie die Esc-Taste, um den gleichen Effekt zu erzielen. Die Wirkung hängt von dem Programm ab, das gerade läuft. `emacs` verwendet die Meta-Taste für viele Befehle (siehe Kapitel 12).

Modem. Ein Kästchen, das Ihren Computer oder Ihre Datenstation mit einer Telefonleitung verbindet. Es konvertiert Informationen Ihres Computers in kleine Pfeif- oder Zischtöne auf der Telefonleitung und wieder zurück.

Monitor. Siehe Bildschirm.

Motif. Eine GUI, die auf X Window basiert und von der Open Software Foundation vertrieben wird (siehe Kapitel 10).

Mounting Directories. Siehe Verzeichnisse mounten.

Nerd (wird »Nörd« ausgesprochen). Eine Person, die zuviel Zeit am Computer verbringt. Z.B. eine Person, die von einer Einladung zum Essen wegläuft, um am Computer zu überprüfen, ob eine gute E-Mail angekommen ist.

Netiquette. Regeln höflichen Benehmens beim Versenden elektronischer Post. Siehe Kapitel 18.

Netzwerk. Mehrere Computer, die über irgendeine Kombination von Kabeln, Telefonleitungen, Satelliten oder was auch immer miteinander verbunden sind. Mit Hilfe eines Netzwerks können Computer (und ihre Benutzer) Informationen und Peripheriegeräte teilen. Sie eignen sich besonders gut, um Drucker miteinander zu teilen (so daß alle einen guten, aber teuren Laserdrucker benutzen können) und elektronische Post herumzureichen.

NeXTstep. Ein außerordentlich cooles GUI, das auf NeXT-Rechnern läuft (siehe Kapitel 10).

NFS. Abkürzung für *Network File System*. Ein Netzwerk-System, bei dem Sie mit Dateien eines anderen Rechners mehr oder weniger genauso umgehen können wie mit Dateien Ihres eigenen Computers (siehe Kapitel 19).

NIS, Abkürzung für *Network Information System*. Eine Datenbank mit Benutzernamen, Rechnernamen und Verzeichnisnamen, die NFS benutzt, um auf allen Rechnern eines Netzwerks mit einheitlichen Namen zu arbeiten (siehe Kapitel 19).

Novell NetWare. Ein Netzwerk-System für PCs, Macs und UNIX (siehe Kapitel 19).

Online-Dienste. Ein Computer, den Sie anwählen, an dem Sie sich anmelden und den Sie benutzen können, meist für eine Gebühr je Stunde. Manche Dienste stellen Informationen zu speziellen Themen zur Verfügung: Lexis, z.B. enthält Informationen zu rechtlichen Themen, und Nexis stellt Nachrichten zur Verfügung. Andere bieten allgemeine Informationen an: CompuServe, Delphi und Prodigy z.B. liefern ein weites Spektrum von Informationen, u.a. das Wetter, Fluglinien und Unterstützung für viele Softwareprogramme. Andere, wie MCI Mail, bieten elektronische Post an. (Siehe Kapitel 18.)

OPEN LOOK. Eine GUI, die auf X Window basiert und von USL entwikkelt wurde (siehe Kapitel 10).

Open Software Foundation (OSF). Eine Quelle von UNIX-ähnlicher und verwandter Software. Ihre bekanntesten Produkte sind OSF/1 und Motif.

Operating System. Siehe Betriebssystem.

Option. (Auch Flag oder Schalter). Eine Option ist etwas, das UNIX mitteilt, wie ein Befehl ausgeführt werden soll. Sie geben eine Option in die Befehlszeile hinter dem Befehlsnamen ein, durch ein Leerzeichen getrennt. Alle Optionen beginnen mit einem Bindestrich (-). Z.B. erstellt der Befehl `ls` mit der Option `-l` eine Dateiliste mit mehr Informationen zu jeder Datei.

Ordner. Eine Datei, die elektronische Meldungen enthält, die Sie aufheben wollen (siehe Kapitel 18).

OSF/1. Eine UNIX-Version der Open System Foundation.

Parent Directory. Siehe Eltern-Verzeichnis.

Paßwort. Eine geheime Mischung aus Kräutern und Gewürzen... Nein! Eine geheime Folge von Zeichen, die nur Ihnen bekannt ist. Sie geben Ihr Paßwort beim Anmelden ein. In Kapitel 1 finden Sie einige Ratschläge zur Auswahl eines Paßwortes.

PC. Ein Personal Computer, normalerweise einer, auf dem DOS läuft. Als UNIX-Anwender können Sie jetzt PCs als »bloßes Spielzeug« belächeln.

Sie haben jetzt einen »richtigen« Computer. Ha! Einen PC kann man auch als Datenstation verwenden, die man unter UNIX verwendet. (Einer der Autoren macht genau das in diesem Moment.) Auf einem genügend großen PC kann man UNIX auch selbständig laufen lassen (das ist es, was der andere Autor macht). Siehe Kapitel 1.

PCL. Abkürzung für *Printer Control Language*, wird von einer Vielzahl von Druckern verstanden, die von Hewlett Packard hergestellt werden (siehe Kapitel 9).

Peripherie. Etwas, mit dem der Computer mit der Außenwelt kommunizieren kann – hauptsächlich mit Ihnen. Die Tastatur, der Bildschirm, die Maus, der Drucker und das Modem sind Peripheriegeräte.

Permissions. Siehe Berechtigungen.

Pfadname. Anweisungen, wie man zu einer Datei gelangt. Ein *absoluter Pfadname* beginnt beim Root-Verzeichnis und arbeitet sich durch den Verzeichnisbaum. Ein *relativer Pfadname* beginnt genau dort, wo Sie sich jetzt befinden.

Pipe. Das Zeichen |, das verwendet wird, um die Ausgabe eines Befehles umzuleiten, so daß sie zur Eingabe eines anderen Befehls wird (siehe Kapitel 6).

Platte. Das Langzeit-Speichermedium des Computers. Platten können fest im Computer installiert werden (Festplatten) oder entfernbar sein (Disketten). Die Plattenkapazität hängt stark vom Typ der Platte ab.

Portierbare Software. Software (Programme), die auf verschiedenen Computern laufen kann. UNIX ist portierbar, weil es auf einer erstaunlichen Anzahl verschiedener Computertypen läuft.

POSIX. Das IEEE *p*ortable *o*perating *s*ystem *i*nterface. (Sind Sie nicht froh, gefragt zu haben?) POSIX trifft eine ganze Reihe von Vereinbarungen darüber, wie Computerteile miteinander und mit Benutzern kooperieren. POSIX soll wie UNIX aussehen, aber hersteller-unabhängig sein. Es gibt ungefähr ein Dutzend Mitglieder der POSIX-Familie; das interessanteste ist 1003.2 (bekannt als »Punkt zwei«) und die verwandte *u*ser *p*ortability *e*xtension (UPE). Sie definieren gemeinsam, wie Befehle und Shells funktionieren. Ein System, das 1003.2 und UPE abdeckt, sieht UNIX so ähnlich, daß Sie dieses Buch verwenden können.

PostScript. Eine Computersprache, die Drucker und mit diesen Druckern kommunizierende Programme sprechen. Mit PostScript können Drucker eine wunderbare Auswahl von Zeichen in allen Größen und Formen sowie Bilder drucken. Möchte ein Programm irgendetwas auf einem PostScript-Drucker ausdrucken, muß es ein PostScript-Programm senden, das dem Drucker mitteilt, wie gedruckt werden soll, anstatt nur einfach die zu druckenden Zeichen zu senden. In Kapitel 9 finden Sie dazu mehr, als Ihnen lieb ist.

Printer. Siehe Drucker.

Prozeß. Ein laufendes Programm (siehe Kapitel 23).

.profile. Eine versteckte Datei, die Shell-Befehle enthält. Arbeiten Sie mit der Bourne- oder Korn-Shell, dann wird diese Datei automatisch beim Anmelden ausgeführt.

Programm. Siehe Software.

Prompt, Promptzeichen. Das oder die Zeichen, das oder die angezeigt werden, immer wenn UNIX (oder ein anderes Programm) darauf wartet, daß Sie etwas eingeben. Die beiden üblichen UNIX-Promptzeichen sind $ (wenn Sie die Bourne- oder Korn-Shell haben) oder % (wenn Sie mit der C-Shell arbeiten).

Puffer. Siehe Buffer.

Queue. Siehe Warteschlange.

RAM. Abkürzung für *Random-access Memory*. Siehe Memory.

Read-only. Eine Datei, die gelesen (kopiert und so weiter), aber nicht geschrieben (geändert) werden kann. In UNIX gibt es ein System von Berechtigungen, das dem Eigentümer einer Datei, der Gruppe des Eigentümers, oder allen Benutzern die Erlaubnis gestattet, eine Datei zu lesen, zu schreiben oder auszuführen. Siehe Abschnitt »Darf ich?« in Kapitel 28.

Real-time (Echtzeit). Genau jetzt, im Gegensatz zu »dann, wann es dem Computer paßt«.

Redirection. Siehe Umleitung.

Remote Login Sich an einem anderen als dem eigenen Computer anmelden. Dies erfordert, daß Ihr Computer in ein Netzwerk eingebunden ist oder eine Telefonverbindung hat (siehe Kapitel 20).

Remotes Mounten. NFS verwenden, um Verzeichnisse auf Plattenlaufwerken anderer Computer anzubinden, so daß sie Teil Ihres Dateisystems zu sein scheinen (siehe Kapitel 19).

Request-ID (Anforderungs-ID). Die ID-Nummer eines Druckjobs, während er in der Drucker-Warteschlange darauf wartet, daß der Druck-Dämon ihn druckt. Siehe Kapitel 9. Sie müssen die Request-ID kennen, wenn Sie den Druck unterbinden wollen, z.B. weil die Ausgabe total daneben gegangen ist und Sie nicht eine Menge Papier verschwenden wollen.

Return-Taste. Bei einer UNIX-Shell bedeutet das Betätigen der Return-Taste, daß Sie gerade einen Befehl eingegeben haben und wollen, daß UNIX ihn ausführt. Bei einem Texteditor bedeutet die Return-Taste, daß Sie eine neue Zeile beginnen wollen. Die Enter-Taste und die Return-Taste machen in der Regel dasselbe (Ihre Tastatur kann die eine, die andere oder alle beide haben).

RFS. Abkürzung *für Remote File Sharing*. Mit RFS können Sie, ähnlich wie mit NFS, mit Dateien eines anderen Computers mehr oder weniger so arbeiten wie mit den Dateien Ihres eigenen Computers (siehe Kapitel 19).

RISC. Abkürzung für *Reduced Instruction Set Computer.* Eine Art CPU-Chip. Anders als CISC, aber nicht so, daß Sie sich dafür interessieren müßten.

Root. Siehe Superuser.

Root Verzeichnis. Das Hauptverzeichnis – und zwar das der obersten Ebene. Alle Dateien auf einer Platte sind entweder im Root-Verzeichnis oder in einem Unterverzeichnis des Root-Verzeichnisses (oder einem Unter-Unterverzeichnis usw.). Siehe Kapitel 5.

Rotierende Backup-Sicherungen. Nicht jedesmal beim Erstellen der Backup-Sicherungen die gleichen Bänder oder Floppy-Disketten zu verwenden. Wenn Sie mit zwei, drei oder mehreren Backup-Sets rotieren, dann können Sie auch auf ältere Datenbestände zurückgreifen und haben ein verläßlicheres System. Siehe Kasten »Backupstrategien« in Kapitel 22.

Schneckenpost. Ein Postsystem, bei dem man die zu sendende Nachricht druckt, einen Papierumschlag der passenden Größe adressiert, das Papier in den Umschlag steckt, den Umschlag verschließt, sich eine Briefmarke sucht und das Ganze in einen Briefkasten steckt. Viele UNIX-Benutzer finden die elektronische Post einfacher, schneller und bequemer (siehe Kapitel 18).

Schrägstrich. Das Zeichen /, das UNIX in Pfadnamen verwendet. Ein /, das für sich oder am Anfang eines Pfades steht, bezeichnet das Root-Verzeichnis des Dateisystems. Schrägstriche stehen bei langen Pfadnamen auch zwischen einem Verzeichnis und dem nächsten und zwischen dem Verzeichnisnamen und dem Dateinamen (siehe Kapitel 5).

Screen. Siehe Bildschirm.

Screen Editor. Siehe Bildschirm-Editor.

Skript. Siehe Shell-Skript.

SCSI Abkürzung für *Small Computer Systems Interface.* Eine Art, ein Plattenlaufwerk mit einem Computer zu verbinden. Eine SCSI-Platte (das spricht man »skussy« aus, außer in einigen Teilen Kaliforniens, wo man – typisch – »sexy« sagt) kann an irgendein SCSI-verträgliches Anschlußstück, wie es viele Workstations, PCs und Macs haben, angeschlossen werden.

Server. Siehe X Server.

Shar Message. Eine elektronische Nachricht, die ein Shell-Skript enthält, das wiederum, wenn Sie es aufrufen, eine oder mehrere Dateien erstellt. Eine raffinierte Art, Dateien über die elektronische Post zu schicken (siehe Kapitel 14).

Shell. Ein UNIX-Programm, das auf von Ihnen eingegebene Befehle wartet und versucht, sie auszuführen. Es gibt verschiedene UNIX-Shells, darunter die Bourne-Shell, die Korn-Shell und die C-Shell. In Kapitel 2 sehen Sie, wie Sie herausfinden können, mit welcher Shell Sie es zu tun haben.

Shell-Skript. Eine Datei, die eine Reihe von UNIX-Shell-Befehlen enthält. Sie können ein Shell-Skript ausführen, und damit UNIX anweisen, jeden Befehl in der Liste auszuführen (siehe Kapitel 14).

Slash. Siehe Schrägstrich.

Soft-Link. Ein Link, der den Namen einer anderen Datei enthält, die sich in einem anderen Dateisystem befinden kann. Bei einem Soft-Link sieht es so aus, als ob die Datei, die durchaus in einem anderen Dateisystem sein kann, sich in einem Verzeichnis Ihres eigenen Dateisystems befindet. Wird auch symbolischer Link genannt. Siehe Abschnitt »Wenn Sie auf anderen Rechnern nach Dateien suchen wollen« in Kapitel 26. Siehe auch Link.

Software. Eine Gruppe von Anweisungen (auch Programm genannt), die einem Computer sagen, daß er etwas tun soll. Im Gegensatz zur Hardware, zu der die physikalischen Komponenten Ihres Computers gehören, besteht die Software aus Informationen auf einer Platte (oder einem Band oder was auch immer).

Solaris. Eine Version von UNIX, die ursprünglich auf BSD-UNIX aufbaute, und später auf System V Release 4. Wird von Sun für Sun-Workstations und 486er PCs vertrieben.

Speicher. Siehe Memory.

Steuerungsball. Siehe Trackball.

Subdirectory (Unterverzeichnis). Siehe Verzeichnis.

Suchpfad. Eine Liste von Verzeichnissen, in denen UNIX nach Programmen sucht (siehe Kapitel 14).

Superuser. Der Benutzername (auch unter Root bekannt), mit dem Sie alle möglichen gefährlichen Sachen mit dem System machen können, u.a. neue Benutzernamen erstellen und neue Hard- und Software installieren. Mit etwas Glück kennen Sie das Paßwort für den Superuser nicht. Kennen Sie es doch, *behandeln Sie es sorgfältig*. Der Systemverwalter sollte wirklich der einzige sein, der sich als Superuser anmeldet.

SVR4. Release 4 (die letzte bedeutende Version) von UNIX-System-V. Enthält mehr Funktionen, als irgendjemand je benutzen möchte. Das neueste Release von SVR4 ist SVR4.2, das mit noch mehr Funktionen vollgepackt ist als die Originalversion von SVR4.

Switch. Siehe Option.

Symbolischer Link. Siehe Soft-Link.

Systemverwalter. Die Person, deren Job es ist, den Computer und am besten auch das Netzwerk am Laufen zu halten.

System-V. Eine Version von UNIX, die ursprünglich von AT&T entwickelt und vertrieben wurde, dann von den UNIX System Labs, die jetzt zu Novell gehören.

Tape. Siehe Band.

Tastatur. Das Ding, auf dem Sie tippen, um Ihrem Computer zu sagen, was er machen soll. Es gibt viele verschiedene Arten von Tastaturen mit ganz unterschiedlichen Tasten (Funktionstasten, numerische und Richtungstasten etc.) darauf.

Telnet. Ein Programm, das es Ihnen ermöglicht, sich von Ihrem Computer aus an einem anderen Computer anzumelden. Siehe Abschnitt »Anmelden und Abmelden« in Kapitel 20.

Terminal. Siehe Datenstation.

Terminal-Emulationsprogramm. Ein Programm, mit dem sich ein großer mächtiger Computer wie eine dumme billige Datenstation aufführen kann. Meistens läuft ein solches Terminal-Emulationsprogramm auf einem PC, so daß Sie einen anderen Computer, auf dem UNIX läuft, nutzen können (siehe Kapitel 1). UNIX enthält ein einfaches Terminal-Emulationsprogramm, das `cu` heißt (siehe Kapitel 20).

Terminal-Output-Stop-Modus. Eine Datenstationseinrichtung, bei der ein im Hintergrund laufendes Programm anhält, wenn es versucht, etwas an Ihren Bildschirm zu senden. Siehe Kapitel 15 und 28.

Textdatei. Eine Datei, die Zeilen mit Text enthält. Alle Zeichen in einer Textdatei müssen ASCII-Zeichen sein – keine bizarren Steuerzeichen, Daten, Programme und dergleichen. Sie können eine Textdatei mit dem Befehl `cat` am Bildschirm anschauen. Sieht eine Datei, wenn Sie sie mit dem Befehl `cat` anschauen, aus, als wäre sie von Marsmenschen geschrieben, dann ist es keine Textdatei.

Textformatierer. Ein Programm, das Textdateien liest und eine schön aussehende formatierte Ausgabe erstellt. Die häufigsten UNIX-Textformatierer sind `troff`, `nroff` und `TeX` (sieh Kapitel 12).

Trackball. Ein Zeigegerät, ähnlich wie eine Maus, die auf dem Rücken liegt, mit dem Sie den Cursor am Bildschirm bewegen können (siehe Kapitel 10).

Texteditor. Ein Programm, mit dem Sie Dateien mit Text erstellen und editieren (oder ändern) können. Die am weitesten verbreiteten Texteditoren unter UNIX sind `ed`, `vi` und `emacs` (siehe Kapitel 12).

Textverarbeitungsprogramm. Ein Programm, mit dem Sie Dokumente erstellen können, Dateien, die Text, Bilder und formatierte Zeichen enthalten (siehe Kapitel 12). Zu den Textverarbeitungsprogrammen unter UNIX gehören WordPerfect und Microsoft Word.

Tintenstrahldrucker. Drucker, die winzige Tintentröpfchen aufs Papier sprühen. Sie sind leise und verhältnismäßig schnell (siehe Kapitel 9).

Umleitung. Dient dazu, die Ausgabe eines Befehls, die gewöhnlich an den Bildschirm geht, zu entführen und woanders hinzustecken (dieser Vorgang wird Umleitung der Ausgabe – Output Redirection – genannt). Genauso können Sie Informationen von woanders her als Eingabe für einen Befehl verwenden (das heißt dann Umleitung der Eingabe – Input

Redirection), anstatt die Eingabe von der Tastatur zu lesen. Mit dem Zeichen > leiten Sie die Ausgabe eines Befehls um. Die Eingabe eines Befehls wird aus einer Datei hergeleitet mit dem Zeichen <. Sie leiten die Ausgabe eines Befehls um, so daß sie zur Eingabe eines anderen Befehls wird, indem Sie eine Pipe (|) verwenden. Kapitel 6 informiert, wie dies vor sich geht.

UNIX. Ein Betriebssystem, das 1972 von einigen Leuten in den Bell Laboratorien geschrieben wurde. Diese Leute haben auch die Programmiersprache C geschrieben. Seit damals sind einige Versionen von UNIX aufgetaucht, darunter BSD-UNIX, System-V-UNIX und XENIX.

UNIX International (UI). Ein Konsortium von Computerherstellern, das System V unterstützt und USL leitet.

UNIX System Laboratories (USL). Die Organisation, die UNIX-System V entwickelt und wartet. Ursprünglich gehörte sie in erster Linie AT&T, heute ist sie ein Teil von Novell.

Usenet. Ein sehr großes, sehr zwangloses, sehr wenig organisiertes Netzwerk, durch das jeden Tag viele Megabyte an Neuigkeiten, Gerüchten und Klatsch verbreitet werden. Siehe Abschnitt »Wie man soviel elektronischen Klatsch liest, daß man keine Zeit mehr zum Arbeiten hat« in Kapitel 28.

User Name. Siehe Benutzername.

Utility (Hilfsprogramm). Ein kleines nützliches Programm. UNIX wird mit einigen Utilities ausgeliefert, wie z.B. `diff` und `sort`.

`uucp`. Das UNIX-to-UNIX-Kopierprogramm. Eine der Möglichkeiten, wie Post, `usenet`-Neuigkeiten und Random-Dateien zwischen Computern versendet werden können. Siehe Abschnitt »Ein wirklich schwerfälliges altes Netzwerk« in Kapitel 28.

`uuencoded file`. Ein Format elektronischer Nachrichten, das eine als Text verkleidete binäre Datei enthält. Lassen Sie die Meldung durch `uudecode` laufen, dann wird die Binärdatei wiederhergestellt. Eine raffinierte Methode, binäre Dateien über elektronische Post zu versenden (siehe Kapitel 14).

Verzeichnisse mounten. Das Root-Verzeichnis eines Dateisystems logisch mit einem anderen Verzeichnis verknüpfen, so daß man alle Dateien des Dateisystems als Unterverzeichnisse behandeln kann. Mounts können lokal (auf dem gleichen Rechner) oder entfernt (auf einem anderen Rechner) sein. Siehe Kapitel 19.

Virtueller Speicher. Ein raffinierter Trick, mit dem UNIX so tut, als hätte es mehr Speicher, als tatsächlich vorhanden ist. Wenn Sie gerade nicht hinsehen, kopiert UNIX Informationen vom Speicher auf die Platte, um im Speicher Platz freizumachen. Wenn Sie die Informationen auf Platte wieder benötigen, kopiert UNIX sie wieder in den Speicher. Virtueller Speicher ist in der Regel unsichtbar, außer ein Programm macht zu begeistert Gebrauch von ihm; dann verwendet der Computer seine gesamte Zeit dazu, Zeug von und zur Platte zu kopieren, und hat keine Zeit mehr, etwas sinnvolles zu tun, eine Situation, die man *Trashing* nennt.

Vordergrund. Ein Programm, das zur Zeit mit Ihrem Bildschirm sprechen kann. Kapitel 15 enthält Informationen darüber, wie man Programme im Vordergrund oder im Hintergrund laufen läßt.

Warteschlange. Eine Warteschlange wie im richtigen Leben. Die häufigste Warteschlange ist die Drucker-Warteschlange, in der die Ausgaben des Befehls `lp` bzw. `lpr` warten, bis die Reihe an ihnen ist, gedruckt zu werden.

Wildcard. Ein besonderes Zeichen, das sich wie ein Joker verhält, wenn man es in Dateinamen oder Pfadnamen verwendet. UNIX-Shells kennen zwei davon: * und ? (siehe Kapitel 6).

WIMP. Abkürzung für *Windows, Icons and Mouse Pointing*. Siehe *GUI* oder Kapitel 10.

Window (Fenster). Eine rechteckige Fläche auf dem Bildschirm, in der ein Programm irgendetwas anzeigt. Wenn Sie mit einer GUI arbeiten, können Sie gleichzeitig mehrere Fenster am Bildschirm haben, die jeweils etwas anderes anzeigen (siehe Kapitel 10).

Window Manager. Das Programm, das einem Bildschirm insgesamt das Aussehen einer GUI gibt (siehe Kapitel 10).

Wizard. Eine Person, die mehr über UNIX weiß, als wirklich gesund ist. Ermutigen Sie Wizards, hin und wieder nach draußen zu gehen. (Ein typischer Wizard ist der Meinung, daß die Helligkeit am Bildschirm höher zu stellen dem gleichkommt, hinaus in die Sonne zu gehen.)

Working Directory. Siehe Arbeitsverzeichnis.

Workstation. Ein Computer mit einem großen Bildschirm, einer Tastatur und einer Maus. Läuft darauf UNIX, dann wird er Workstation genannt; läuft DOS darauf, dann ist es ein PC. Und wenn Macintosh Finder (oder wie auch immer das System heißt) darauf läuft, dann ist es ein Mac. (Wenn ein Zug an einer Bahnstation hält, was passiert dann an einer Workstation?)

X Server. Ein Programm, das bei Verwendung des X Window Systems oder einer auf X basierenden GUI die Bilder am Bildschirm zeichnet und den Text ausgibt (siehe Kapitel 11).

X Terminal. Ein Terminal, das sich wie ein X Server verhalten kann, so daß Sie das System X Window, Motif oder OPEN LOOK nutzen können. Es hat einen kleinen Computer eingebaut, der das X spezifische Zeug verarbeitet (siehe Kapitel 1 und 10).

X Window System, oder einfach X. Eine GUI, die von MIT entwickelt wurde. Zwei andere wichtige GUIs, Motif und OPEN LOOK, basieren auf X (siehe Kapitel 10).

XENIX. Eine von Microsoft entwickelte Version von UNIX, die jetzt von SCO (Santa Cruz Organization) gewartet und vertrieben wird.

Yellow Pages (Gelbe Seiten). Siehe NIS.

Zeileneditor. Ein Texteditor, der Text jeweils zeilenweise verarbeitet. Die meisten modernen Texteditoren zeigen jeweils einen ganzen Bildschirm Text an und lassen ihn auf diese Weise bearbeiten. Das Programm `ed` ist ein Zeileneditor; wir empfehlen, daß Sie etwas besseres verwenden. Siehe Kapitel 12.

Ziehen. »Die Maus ziehen« bedeutet die Maus zu bewegen, bis der Cursor an der Stelle steht, die Sie wegziehen wollen. Dann drücken und halten Sie die Maustaste, bewegen die Maus, bis das Ding dort ist, wo Sie es hinziehen wollen (mit immer noch gedrückter Taste), und lassen die Maustaste dann los. Hat Ihre Maus mehrere Tasten, nehmen Sie die linke, wenn nichts anderes angegeben ist (siehe Kapitel 10).

INDEX

A

B

C

D

G

H

I

N

O

P

Q

R

S

T

U

V

W

X

Y

Z

FOR YOUR INFORMATION
Greg Harvey
Excel 5 für Dumme Anfänger
Gegen den alltäglichen Frust mit Excel
IWT
Dan Gookin
Word für Windows für Dumme Anfänger
Gegen den alltäglichen Frust mit WinWord
IWT
Dan Gookin
DOS 6.2 für Dumme Anfänger
Gegen den alltäglichen Frust mit DOS
IWT
Excel 5
für Anfänger
ISBN 3-88322-529-0
DM 49,80
ÖS 390,-
SFr 49,-
Word für Windows
für Anfänger
ISBN 3-88322-473-1
DM 49,80
ÖS 390,-
SFr 49,-
DOS 6.2
für Anfänger
ISBN 3-88322-544-4
DM 49,80
ÖS 390,-
SFr 49,-
Aller Anfang ist leicht
IWT
INTERNATIONAL
THOMSON PUBLISHING
International Thomson
Publishing GmbH
Königswinterer Straße 418
53 227 Bonn
Tel.: 02 28/97 02 4-0
Fax: 02 28/44 13 42

FOR YOUR INFORMATION
Ed Tittel, Deni Connor
NetWare für Anfänger
Gegen den alltäglichen Frust mit Netzwerken
IWT
UNIX für Anfänger
Erste-Hilfe-Kasten für den ganz alltäglichen Frust mit UNIX.
IWT
John R. Levine, Carol Baroudi
Internet für Anfänger
Gegen den täglichen Frust im Internet
IWT
NetWare
für Anfänger
ISBN 3-88322-515-0
DM 49,80
ÖS 390,-
SFr 49,-
UNIX
für Anfänger
ISBN 3-88322-480-4
DM 49,80
ÖS 390,-
SFr 49,-
Internet
für Anfänger
ISBN 3-88322-531-2
DM 49,80
ÖS 390,-
SFr 49,-
Aller Anfang ist leicht
IWT
INTERNATIONAL THOMSON PUBLISHING
International Thomson Publishing GmbH
Königswinterer Straße 418
53 227 Bonn
Tel.: 02 28/97 02 4-0
Fax: 02 28/44 13 42